HISTOIRE
HÉROÏQUE
ET UNIVERSELLE
DE LA
NOBLESSE
DE PROVENCE;

Avec les Cartes Armoriales.

TOME TROISIEME.
SUPPLÉMENT.

A AVIGNON,

Chez FRANÇOIS SEGUIN, Imprimeur-Libraire,
près la Place St. Didier.

M. DCC. LXXXVI.

HISTOIRE
HÉROÏQUE
ET UNIVERSELLE
DE LA
NOBLESSE
DE PROVENCE;
Avec les Cartes Armoriales.

TOME TROISIEME.
SUPPLÉMENT.

A AVIGNON,

Chez FRANÇOIS SEGUIN, Imprimeur-Libraire, près la Place St. Didier.

M. DCC. LXXXVI.

AVERTISSEMENT.

PLufieurs Familles noüvellement ennoblies depuis 1757. avoient droit d'être placées dans cet Ouvrage. Parmi celles dont il eft déja fait mention dans les deux premiers Volumes, il en eft peu auxquelles il ne foit arrivé des changemens, tels que graces obtenues de Sa Majefté, achats de Fiefs, Charges acquifes, alliances contractées, &c. &c. Outre cela, quelque attention qu'un Rédacteur puiffe apporter à un Ouvrage de cette nature, il ne fauroit fe promettre que rien n'échappera à fes recherches : tantôt c'eft une Famille qu'on avoit cru éteinte ; tantôt une branche qu'on ne connoiffoit pas ; ce font enfin des faits & des particularités qu'on ignoroit, & qui fervent à donner une connoiffance plus exacte d'une Maifon. L'objet que nous nous propofons, en publiant ce Supplément, eft de réparer toutes ces différentes omiffions ; de forte que ce Volume ou Tome troifieme complette entiérement *l'Hiftoire héroïque & univerfelle de la Nobleffe de Provence*. Nous y fuivrons toujours l'ordre alphabétique que nous nous fommes prefcrits, dès le commencement. On a trouvé à propos d'y répéter les Armoiries des Familles dont on avoit déja fait mention dans les deux premiers Volumes, & dont on parle encore, pour la plus grande facilité du Lecteur, qui, fans remonter aux précédentes feuilles, trouvera d'abord dans celle-ci les Armoiries qui pourront intéreffer fa curiofité.

TABLE

Des Familles contenues dans ce Supplément.

A

Anjou (d') . . . . Page 1
Auda. 4

B

Barrel - Pontevés. 7
Barreme. Branche des Seigneurs de Cremille. . 10
Beaulieu. 11
Beaussier. 37
Beaussier. Branche de Châteauvert. . . . ibid.
Bernardy de Sigoyer. 44
Bernier, des Seigneurs de Pierrevert. . . ibid.
Bernus. 47
Bonaud d'Archimbaud. 49
Bonnecorse. 50
Bosse. 52
Bouquier, Seigneurs de Seillans. 54
Boutini, ou Botiny. 61
Brunet. 62
——— Branche des Seigneurs d'Estoublon. . . 66
——— Branche des Marquis d'Evry, établie à Paris. 69
——— Branche des Seigneurs de Monlhelie, établie à Beaune en Bourgogne. 70
Bruyeres-le-Chatel. 71
——— Seconde Branche, connue sous le nom de Barons de Bruyeres - Saint - Michel. . 86
Burgues, Seigneur de Missiessy & de Lhery. . 99

TABLE

C

CAIRE.	101
CARMEJANE.	107
CHAILAN.	112
——— Branche des Seigneurs de Moriés - Caſtellet.	117
——— Branche des Seigneurs de Moriés - Bouquet.	119
——— Branche des Seigneurs de Moriés - Lambruiſſe.	121
——— Branche des Seigneurs de Ville-Vieille. .	122
CHEVALIER.	123
CHIEUSSE, Seigneurs de Villepey.	124

D

DEMANDOLX, Seigneurs de la Pallun. . . .	125
DESCRIVAN.	129
DU BOIS, voyez SAINT-VINCENT.	
DURAND, Seigneurs de Fuveau.	130
——— Branche des Seigneurs de la Penne & Chaudoul.	132

E

ESTELLE.	ibid.

F

FARGES, ou FARGIS, des Marquis de Guilhem, Clermont - Lodeve.	134
——— Extrait abrégé de l'Hiſtoire de PITHON - CURT ſur la Maiſon de BUDOS.	153
FRESQUIERE.	167

G

GANTÈS.	169
——— Branche des Seigneurs d'Ablainſvelle en Artois.	173
GARDANNE.	175
GASQUET.	176
——— Branche des Seigneurs de Carros, Valettes, & Villeneuve, établie à Saint-Maximin.	183

TABLE.

GASQUET. Branche établie à Lorgues. 185
———— Branche des Marquis de Clermont. . . 190
GAY, Seigneur de Taradel Saint-Martin. . . . 191
GEOFFROY. 192
GERVAIS. 200
GILLES, ou GILLY. Branche cadette. . . . . ibid.
GINESTE. 201
GRIMALDY. Branches des Seigneurs d'Antibes, & de
    Cagnes, Marquis de Courbons, &c. 203
———— Branche établie à Nice. 213
———— Branche des Marquis de Reguſſe, Seigneurs de
    Villeneuve-Couteral, S. Martin, Mimet. 214

I

IMBERT. 217
———— Premiere & ſeconde Branches des Seigneurs de
    Rognes, à Salon. 218
———— Branche des Seigneurs d'Aurons & de Rognes,
    à Marſeille. 222
JULLIEN, ou GIUGLIENI. 232

L

LAINCEL. 233
LATIL. Branche des Seigneurs de Chaſteuil. . . 235
LAUGIER. 236
LAURENS, Marquis de Brue & de St. Martin. 238
———— Branche des Seigneurs de Peyrolles. . . 240
———— Rameau des Seigneurs de Peyrolles. . . 241
LAURIS. 242

M

MAURELLET, Marquis de la Roquette. . . . 243
MERCURIN, Seigneur de Valbonne. 244
MICHEL de LEON. 245

O

ORAISON, Seigneurs de Beaulieu. . . . . . ibid.

TABLE.

P

PELLISSIER de Saint-Ferreol. 246
PEYSSONEL. 251
———— Branche des Seigneurs de Fuveau & de Saint-
 Savournin. 255
———— Branche des Seigneurs de Roquebrune & de
 Calas. 256
———— Branche des Peyssonel de Marseille. . . 257
POCHET. 258
PRIOU, Seigneurs de Bras & de la Cadette. . 262

Q

QUEYLAR, ou CAYLAR. 263

R

RAINAUD, Seigneurs d'Auron. 269
RAISSON, Seigneurs de Valderdene. 271
RIVETTES, des Baux. 273
———— Branche des Seigneurs de Villemiane. . . 279
ROVERE St. Marc, Marquis de Fonvieille. . . 280
ROUX-BONNEVAL, Marquis de la Fare. . . . 281
ROUX, des Comtes de Laric. 284
———— Branche des Ruffo en Italie. . . . . . ibid.
———— Branche des Roux, des Comtes de Laric, Sei-
 gneurs de Gaubert en Provence. . . 295
———— Continuation de la même Branche. . . . 302
———— Branche des Roux, des Comtes de Laric, Sei-
 gneurs de Gaubert, & Barons d'Oze, établie
 en Dauphiné. 304
———— Branche cadette des Roux, des Comtes de Laric,
 Seigneurs d'Entrepierres, établie à Sisteron. 306

S

SABOULIN, ou SEBOLIN. 307
SAINT-VINCENT. (Du Bois de Saint-Vincent.) . 309

viij **TABLE.**

SAPORTA, ou SAPORTE, Seigneurs de Monsallier, &
    de Beaurepos. 315
SAUTEIRON, Seigneurs de St. Clément. . . . 320
SEIGNORET. 323
SIBOUR. 327
SIMIANE. Suite de la Branche de Simiane, de la Coste,
    de Grenoble. 330
——— Suite de la Branche de Simiane, d'Aix. . 331

T

TAMISIER. . . . . ibid.
THOMAS, ou TOMAS. Branche des Seigneurs de Saint-
    Laurens & de la Bastide. 332

V

VENEROSI PESCIOLINI. 333

ADDITIONS.

GAUDIN. 338
LEOUZE. 339

SUPPLÉMENT

SUPPLÉMENT
A L'HISTOIRE
HÉROÏQUE ET UNIVERSELLE
DE LA
NOBLESSE
DE PROVENCE.

ANJOU (d').

FAMILLE noble & ancienne de Pertuis; le premier dont nous ayons connoissance, est:

RENÉ D'ANJOU, qui, suivant la tradition, fut I. filleul du Roi René, Comte de Provence, ce que nous n'oserions pourtant pas affirmer: mais quoi qu'il en soit, ce Roi l'établit son Bailli en la Ville de Pertuis; & ce fut en cette qualité qu'il reçut l'hommage & serment de fidélité d'Honoré Meissonnier, Seigneur de Beaumont,

A

ainsi qu'il conste par l'Acte du 3 Novembre 1468 (Notaire *Aubette* de Pertuis). De son mariage avec Demoiselle Anne *Barbany*, il eut pour fils,

II. Noble Jacques d'Anjou, marié le 18 Juin 1526 (Notaire *Solery* de Pertuis) avec Dlle. Catherine *Vaugier*, fille de feu noble Balthazard Vaugier & de Dlle. Jeannette *d'Alby*, de laquelle il eut trois enfans, Paul, Antoine-Dominique, &

III. Antoine, qui seul a fait souche ; il avoit épousé en premieres nôces Dlle. Diane d'Orgon, fille de noble Joseph d'Orgon, Seigneur de Puimichel & de Dame Billione d'Arnaud, suivant l'Acte du 12 Juin 1580 (Notaire *Lieure* de Pertuis) dont il eut Sebastien & Balthazard ; & sa seconde femme Isabeau Amoureux lui donna pour fils Melchior.

IV. Sebastien épousa Dlle. Lucrece de Roux, fille de Capitaine Guilleaume Roux & de Dlle. Suffrette de Souliers, Acte du 15 Juin 1608 (Notaire *Bruny* dudit Pertuis). De ce mariage issurent Clement & Honoré.

V. Honoré fut Lieutenant en la Maréchaussée de Provence, & eut de sa femme Catherine de Ripert, Acte du 10 Juin 1647 (Notaire *Beillard* de Saint-Savournin) Jean, Joseph & Marianne.

VI. Noble Joseph d'Anjou épousa Dlle. Suzanne *de Venture*, fille de sieur André de Venture, Ecuyer, & de Dame Suzanne *de Merle*, Acte du 3 Avril 1688 (Notaire *Roquemore* de Marseille) duquel mariage issurent Joseph, mort Capitaine dans le Régiment de Vendome, Infanterie ; Nicolas, Officier dans le même Régiment, établi en Normandie ; Augustin, mort sans postérité ; & Dominique encore vivant, qui fut appellé pour servir dans le Régiment que devoit lever la Noblesse en 1746, comme on voit par la lettre des Syndics de ce Corps du 19 Décembre de la même année.

V. Clement fut Conseiller du Roi en la Sénéchaussée de Provence ; il s'allia le 28 Décembre 1642 (Notaire *Dere-*

DE LA NOBLESSE DE PROVENCE.

gina d'Aix) avec Dame Marguerite d'André, dont il eut Jean, Joseph & Anne d'Anjou.

VI. Jean épousa le 10 Août 1695 (Notaire *Martelly* de Pertuis) Dlle. Françoise de Gouiran, dont il eut Jean-Joseph & Jean-Baptiste.

VII. Jean-Joseph d'Anjou épousa Dlle. Marie-Françoise du Bessiere, de laquelle il eut

VIII. Joseph-Gaspard d'Anjou, Officier dans le Régiment d'Hainault, Infanterie, encore vivant.

IV. Balthazard, deuxieme fils d'Antoine, ayant épousé N..... de Martin, ne laissa qu'une fille mariée avec Henri *de Laurens*, Prévôt Général en la Maréchaussée de Provence.

IV. Melchior, 3e. fils d'Antoine, épousa Dlle. Marie de Laurens le 4 Juin 1628 (Notaire Barthelemy *Ollivier* de Pertuis) dont il eut 1°. Jean-Honoré mort Capitaine dans le Régiment de la Marine, & 2°. Jean qui épousa le 16 Février 1670 Dlle. Louise *de Martelly*, fille de noble André de Martelly, & de Dlle. Isabeau de Joannis (Notaire *Ollivier* de Pertuis) dont il eut

V. Melchior II. qui épousa Marianne d'Anjou, fille de noble Jean-Honoré. De ce mariage sont issus Pierre & Joseph d'Anjou; ce dernier fut aussi appellé pour servir dans le Régiment que devoit lever la Noblesse en 1746, comme il conste par la lettre des Syndics de ce Corps.

VI. Pierre a épousé Dlle. Marguerite de *Savignon*, fille de noble Jacques de Savignon, & de Dame Anne de *Martin* de la ville de Marseille, dont il a

Charles Melchior, reçu Garde de la Marine en 1755, & depuis lors Enseigne des Vaisseaux, & trois filles, Marianne, Louise-Therese, & Marie.

Cette famille a été maintenue dans sa Noblesse par Jugement des Commissaires-Députés pour la recherche des faux Nobles, du 27 Juillet 1702, dans lequel se trouvent visés tous les titres ci-dessus énoncés.

AUDA.

CETTE Famille originaire d'Espagne ou d'Arragon, suivant la tradition, s'est établie à Nice depuis quatre siecles.

LAURENS AUDA est le plus ancien qui m'en soit connu. Dans les Lettres d'Amé VIII. Duc de Savoye, datées de Ripailles le 6 Juillet 1435, & adressées aux habitans de Nice, il est qualifié de son cher & fidele Secretaire, *dilectum, fidelem Secretarium nostrum Laurentium Auda.* Ces Lettres sont aux Archives du Roi à Turin.

Il est fait mention de ce même Laurens au bas de deux pieces qui sont aux Archives de Nice, l'une du 21 Avril 1449 F°. 70, l'autre du 31 dudit Mois F°. 98, où il est signé en qualité de Secretaire Ducal & Gouverneur, en ces termes : *Ego Laurentius Auda, Ducalis & Præfati Domini Gubernatoris Secretarius, signo meo manuali signavi.* Ces deux pieces sont datées de Nice. On ignore les noms du fils & petit-fils de ce Laurens. Pour prouver la descendance, il faudroit avoir recours aux Regiſtres des Notaires de Villefranche & de Nice : on trouve seulement un

I. Jean-Michel arriere-petit-fils de Laurens, établi à Villefranche, ce qui conſte par divers Actes aux Regiſtres des Notaires dudit Villefranche, & de l'Insinuation de Nice. Il étoit Médecin, & laissa quatre fils dont trois morts sans postérité.

II. Jean-Antoine, qui étoit l'aîné, fut pourvu de la Charge de Procureur fiscal, général & patrimonial du Duc de Savoye à Villefranche ; il fut ensuite Consul Général des Nations étrangeres par Lettres-Patentes du 4 Janvier 1609, ainsi qu'il conſte par son testament du 9 Septembre 1642, Notaire Laugier, enregiſtré au livre 8 des Insinuations de Villefranche F°. 238, conservé aux Archives de Nice ; il épousa Antonia de Bermeo d'Ivice, fille du Capitaine Jean de Bermeo (c'est ainsi qu'en ce tems-là on appelloit ceux qui s'étoient illustrés dans la conduite des Troupes) dont la Famille très-ancienne, appellée de Carraan, étoit venue de Biscaye, où elle avoit la Seigneurie de la ville de Bermeo ; ceux de cette famille qui s'arrêterent en Italie lors des guerres du Levant, ont retenu le nom de la Ville, & abandonné celui de Famille, ainsi qu'il résulte du Certificat du Héraut-d'Armes de Madrid du 14 Novembre 1617. Il y eut de ce mariage plusieurs enfans, suivant le testament de ladite de Bermeo du 29 Décembre 1650, Notaire Caravadosso, aux Archives de Nice, livre 68, F°. 368, entre lesquels il n'y a eu que Jean-Augustin & Jean-Michel qui ont eu postérité.

III. Jean-Augustin fut marié on ignore avec qui ; de son mariage est issu :

IV. Jean-Antoine II. Avocat, Assesseur de la Ville de Nice ; & de celui-ci :

V. André, Comte de Villefranche, Avocat-Général au Sénat de Chamberi, & ensuite à celui de Nice, par Lettres-patentes du 20 Mars 1737, aux Archives de Turin, enrégistrées à celles de Nice, mort sans postérité.

III. Jean-Michel II. autre fils de Jean-Antoine I. & d'Antonia de Bermeo, Médecin très-renommé dans son tems, s'établit à Nice ; il parvint par son mérite à la charge de premier Médecin de Madame Christine de France, Duchesse, Régente de Savoye pendant la minorité de Charles-Emmanuel Second, son fils ; elle l'honora en même-tems de la charge de Surintendant de la Santé à Villefranche, qu'elle créa exprès pour lui. Il passa ensuite en la même qualité de premier Médecin au service de Charles-Emmanuel Second, qui lui confirma aussi la charge de Surintendant de la Santé. Sur les représentations des Villes de Nice & de Villefranche, cette Surintendance ayant été supprimée, Charles-Emmanuel Second lui fit don des Fiefs de Mirindol & de Montolive près Villefranche, par

Lettres-patentes du 30 Août 1661, enregiſtrées en la Chambre des Comptes de Turin le 16 Janvier 1663, d'où s'enſuivit l'inveſtiture le 27 Janvier de la même année, ce qui, joint au mariage avantageux qu'il fit avec Angela Gerbona, riche héritière, le rendit un des plus riches Seigneurs de Nice.

De ce mariage il y eut pluſieurs enfans, Théodore mariée avec le Médecin Henricy, mort à Taggia dans le Comté de Nice, quatre morts ſans poſtérité.

Jean s'établit à Nice, où il a fait la branche qui exiſte encore en cette Ville en la perſonne de Jean-Michel, retiré depuis peu de Petersbourg, où il a ſervi pluſieurs années en qualité de Secrétaire d'État au Département du Commerce, de Catherine, ſeconde Impératrice regnante de toutes les Ruſſies.

Jean Philippe s'établit à Villefranche, il épouſa une fille de la maiſon de Meurs reçue à Malthe; cette branche ſubſiſte en la perſonne de Victor Amédée, marié à Catherine Piana d'Oneille.

Jean-Baptiſte, l'aîné de tous, s'établit au Puget de Theniers, & fut marié avec Louiſe de Portanier, petite-fille de Coſme & d'Angélique Laſcaris, dont la famille avoit entrée à Malthe, par contrat de Mariage du 27 Septembre 1674, Notaire Gineſy, aux Régiſtres des Inſinuations dudit Puget; celui-ci a fait la branche établie à Marſeille, qui ſubſiſte en la perſonne de Gaſpard-François, marié à Claire-Marguerite Arnaud, ſuivant ſon contrat de mariage du 20 Mai 1760. Cette branche, par la mort ſans poſtérité d'André, Comte de Villefranche, deſcendu en droite ligne de Jean-Michel I, eſt devenue l'aînée de toute la famille Auda.

BARREL-PONTEVÉS.

CETTE famille, dont nous ignorions la plûpart des titres lors de l'impreffion du premier Volume, & dans la filiation de laquelle nous avons reconnu des erreurs, mérite d'être rappellée ici avec plus d'exactitude & de détail; elle eft connue en Provence, autant par le nom & armes de Pontevés auxquels elle fut fubftituée, que par les belles alliances qu'elle y a faites, & qu'elle a continué depuis fon établiffement dans la ville d'Avignon, où elle fait aujourd'hui fa réfidence; elle n'eft cependant point étrangere à notre fujet, puifque outre la réunion qu'elle a fait de la Terre du Reveft, Viguerie de Forcalquier, dont elle poffédoit deux portions, ainfi que les Co-feigneuries du Gubian & de Vacheres depuis plus d'un fiecle, on voit dans les Régiftres de la Communauté d'Aix, que

I. NOBLE HONORÉ BARREL étoit Syndic de cette Ville l'an 1492; il laiffa de Jeannette de Vacheres fa femme, Dame en partie du lieu qui porte fon nom,

II. Auguftin de Barrel, qui époufa en l'année 1525 Etiennette de Renaud, fille de Nicolas de Renaud, Chevalier, Seigneur d'Alein, Valet de Chambre du Roi Charles VIII, & fon Ambaffadeur à Rome, & de Marguerite de Quiqueran Beaujeu; il eut de cette alliance:

III. Michel de Barrel, qui fervit avec honneur dans les Armées du Roi Henry III; il en confte par un Certificat de l'an 1574 daté d'Avignon, où il eft fait mention des bleffures qu'il avoit reçues, en récompenfe defquelles, à la priere de M. de Souvray, l'un des Favoris de ce Prince, qui aimoit & eftimoit fort Michel de Barrel, il eut une gratification. Il s'étoit allié en 1569 à Peyrone d'Almeran, fille de Noble Jacques d'Almeran, Ecuyer, & de Marie de Biord de la ville d'Arles, de laquelle il laiffa:

IV. Jean-Pierre de Barrel, qui fut substitué après Michel son pere aux biens de Jacques de Renaud des Seigneurs d'Alein son cousin, par testament du 27 Août 1582 ; il passa plusieurs Actes à Avignon, reçus par Fort & Bellon, Notaires, aux années 1611 & 1643 ; il avoit épousé en 1600 Jeanne de Martel d'une famille noble du Dauphiné, de laquelle il eut Guillaume qui suit, & Anne de Barrel, qui épousa Jean de Boussicaud, Ecuyer de la ville d'Arles.

V. Guillaume de Barrel, Seigneur en partie du Revest, le Gubian & Vacheres, par l'acquisition qu'il fit (Acte reçu par Arnaud, Notaire de Forcalquier) s'adonna à l'étude des Loix, & devint un des plus grands Jurisconsultes de son tems ; il passa Docteur ès Droits en l'Université d'Avignon en 1632. Il épousa en 1638 (Vaugier Notaire à Aix) Magdelaine de Ruffi, veuve en premieres nôces du Seigneur de Porcheres du nom d'Arbaud ; il fut choisi en 1671 pour être Assesseur d'Aix, Procureur du Pays de la Province ; Beauzin, Notaire d'Aix, reçut son testament en 1684.

VI. Jean de Barrel son fils, Co-seigneur du Revest, le Gubian & Vacheres, fit alliance en 1670 (Beauzin Notaire d'Aix) avec Anne de Pontevès, des Comtes de Carcès, fille de Messire Jean-Baptiste de Pontevès, Chevalier, Seigneur de la Forest, Amirat & autres lieux, Capitaine pour le Roi dans la ville de Barjols, & de Catherine de Richery ; il prêta hommage au Roi en 1704, & fut maintenu dans sa noblesse la même année par les Commissaires généraux députés par sa Majesté en exécution de ses Déclarations des 4 Septembre 1696, 30 Mai 1702, & 30 Janvier 1703. Il eut pour fils :

VII. François-Xavier de Barrel, Seigneur en partie du Revest, le Gubian & Vacheres, qui à l'exemple de ses pere & ayeul, donna l'aveu & le dénombrement, & prêta hommage au Roi en 1725 pardevant la Chambre des Comptes de Provence ; Elisabeth de Chanut, fille unique de Noble Louis de Chanut, Co-seigneur desdits lieux, & de

Gabrielle

DE LA NOBLESSE DE PROVENCE.

Gabrielle de Montolieu, sœur du Marquis de Montolieu, Capitaine d'une des Galeres du Roi, & Chef-d'Escadre, qu'il épousa en 1696, (Beauzin, Notaire d'Aix) lui apporta en dot un tiers de ladite terre de Revest, outre ce qu'il possédoit de son chef depuis trois générations: il eut d'elle trois fils, Honoré-Guillaume qui suit, Jean-Claude, Prêtre, & Joseph-François-Gabriel, dit l'Abbé de Revest, Chanoine de la Métropole d'Avignon.

VIII. Honoré-Guillaume de Barrel, Chevalier, Seigneur en partie de Revest, le Gubian & Vacheres, ajouta le nom de Pontevés au sien, en exécution du testament d'Anne de Pontevés son ayeule, & s'établit de nouveau à Avignon, où il épousa en 1726 (Gaudin Notaire) Marie-Therese de Monery, fille unique, héritiere de Noble Jean-François de Monery, de laquelle il a laissé:

IX. Jean-François-Xavier de Barrel-Pontevés, Chevalier, Co-seigneur du Gubian & Vacheres, Seigneur du Revest & du Villars, ayant réuni les différentes portions de ces Terres, dont il a prêté hommage le 13 Août 1760. Il s'est allié en 1753 (Tartais & Brunet, Notaires d'Arles) à Julie-Therese de Barras, fille de Messire Jean-François de Barras, Chevalier, Seigneur de Lansac, Fontenelle & Beauvezet, & de Marthe de Begou, de la Ville d'Arles, de laquelle il a:

X. Un fils nommé Honoré-Gabriel-Elzear de Barrel-Pontevés encore jeune.

On trouve dans les Hommages & Actes originaux qui nous ont été présentés, qui servent à prouver la Généalogie de cette Famille, maintenue dans sa noblesse en 1704 par les Commissaires députés du Roi, & déchargée du droit de Franc-fief par Ordonnance de M. de La-Tour, Intendant de Provence, les qualifications de Nobles, d'Ecuyers, ou de Chevaliers, données à ceux qui les ont passés.

BARREME.

Branche des Seigneurs de CREMILLE.

J'AI observé sur l'article de cette Famille, tom. 1, pag. 102, que le plus ancien qui m'en soit connu, étoit Antoine Barreme, Juge des premieres Appellations de Marseille, qualifié *Nobilis & circumspectus vir* dans plusieurs Actes passés en 1404, 1405 & 1406, ainsi que les Archives de la même Ville en font foi : j'en rappellerai ici rapidement la descendance, pour en venir à la branche des Seigneurs de Cremille, dont j'avois oublié de faire mention.

I. ANTOINE DE BARREME I. du nom, eut d'Eleonor du Puget son Epouse :

II. Guillaume de Barreme, marié avec Marthe *de Fallo*, qui lui donna pour fils :

III. Antoine de Barreme II. du nom, lequel fit alliance avec Magdeleine *de St. André*, dont il eut :

IV. Jean de Barreme I. du nom, qui de son mariage avec Heleine *de Las*, eut :

V. Guillaume de Barreme II. du nom : il s'allia avec Catherine *de Province*, qui le rendit pere de

VI. René de Barreme I. du nom, qui eut pour fils, de Claire *de Cadenet* son épouse :

VII. Jean de Barreme II. du nom, Seigneur de Montravail, d'abord Juge de Tarascon, & ensuite Conseiller & Maître des Requêtes ordinaire de la Reine Marguerite de Valois. Il épousa, le 23 Octobre 1596, Honorade *de Laurens*, sœur de Gaspard *de Laurens*, Archevêque d'Arles : il laissa de ce mariage deux enfans, François & René.

VIII. François de Barreme I. du nom fut marié deux fois, 1°. avec Alexandrine *de Rolland*; 2°. avec Alexandre *de Lazari*, & eut de sa premiere femme, entr'autres enfans, l'aîné

IX. François de Barreme II. du nom, tige des Seigneurs de

Cremille, qui contracta mariage avec Jeanne *Bauthea*, dont il eut:

Gabriel de Barreme, marié le 8 Février 1686 avec X. Charlote-Angelique *de la Fontaine*; de ce mariage iſſut:

Nicolas de Barreme, qui s'eſt allié le 13 Février 1719 XI. avec Anne *de Nyon*, & de cette alliance eſt né:

Jean-Nicolas de Barreme, Seigneur de Cremille, marié XII. en la Paroiſſe de St. Cyr, le 11 Juin 1754, avec Dlle. Jeanne-Etiennette *de Chauſſay*.

BEAULIEU.

SUR des informations indirectes & faute de Titres, nous avions dit en parlant de cette Famille à la lettre B, qu'elle avoit acquis ſa nobleſſe par les armes, la croyant originaire de Marſeille; mais par la recherche que nous avons faite des Titres de cette Maiſon, autant que le peu de tems a pu nous le permettre, nous avons découvert une ancienneté bien plus reculée dans la Gaſcogne, & avant cela dans la Touraine. Dans l'impoſſibilité où nous ſommes de remonter à l'origine de la nobleſſe de cette illuſtre Maiſon, connue indifféremment ſous les noms de Ruzé de Razac ou d'Arzac, qui a rendu de ſi grands ſervices à l'Etat, nous nous bornerons à commencer ſa deſcendance depuis Gaſton, le premier qui vint s'établir en Provence.

GASTON DE BEAULIEU, Chevalier, Seigneur de Ruzé de Razac, Gentilhomme de Monſieur Duc d'Anjou, frere unique du Roi Charles IX, & qui fut depuis Henri III; il fut Gouverneur des villes & fortereſſes de Toulon, de Siſteron, & des Baux en Provence, Chevalier de l'Ordre du Roi, Capitaine entretenu par Sa Majeſté, & Colonel commandant mille hommes de pied, & trois cent Arquebuſiers à cheval.

Il vint en Provence à l'âge de vingt-deux ans, au ſecours de Marſeille & d'Arles, à la deſcente de l'Empereur

Charles-Quint, pour affiéger lefdites Villes, dans la derniere defquelles il s'enferma avec fa troupe de cinq cens hommes de pied qu'il commandoit, fous la conduite de Jean de Foix, Comte de Carmin, fon coufin-germain, en 1537.

Il commanda les enfants perdus à la bataille de Serifolles en 1544, contre le Marquis de Gaft; en 1555, il fut à la bataille de Renti, où il commandoit un corps d'Arquebufiers à cheval, contre l'Empereur Charles-Quint, d'où il fut au fecours de Boulogne-fur-mer, fous la conduite du Roi de Navarre, pere de Henri le Grand : de-là il fut, conjointement avec le fieur Baron de la Garde, Général de quarante-huit galeres, combattre l'armée navale d'Angleterre au pas de Calais, ayant le commandement de la galere La Sainte-Catherine. Il fut enfuite au camp de Metz avec ces deux corps de troupes, tant cavalerie qu'infanterie, qu'il entretenoit à fes dépens, & il y donna des preuves fans nombre de fa valeur, à la tête de trois cens Provençaux Arquebufiers à cheval qu'il commandoit. Il fut, par ordre du Roi, avec fa troupe en Italie, fous la conduite du Duc de Guife, au fiege de Sivitelle; & au retour il fut à la prife de Calais fur les Anglois.

Il fut choifi par le Roi Charles IX en 1567, pour être le feptieme Gentilhomme des dix-huit Seigneurs des plus anciennes maifons de France, deftinés à fe tenir près de la perfonne de Monfieur Duc d'Anjou, & depuis Henri III, *foit aux combats & ailleurs*. Il fe diftingua par des prodiges de valeur aux fameufes batailles de Dreux, Jarnac, Montcontour, Saint-Denis, & y fut bleffé dangereufement, à la tête de la cornette blanche, comme Capitaine entretenu par Sa Majefté.

Il fut fait Chevalier de l'Ordre du Roi, & Gouverneur des villes & forfereffes de Toulon, de Sifteron & des Baux en Provence.

Il fervit fous les regnes de fix Rois, favoir, François Premier, Henri II, François II, Charles IX, Henri III &

Henri IV, de chacun desquels il reçut des honneurs & des récompenses de ses importants services.

Ledit Gaston de Razac eut un Brevet du Roi Charles IX en 1564, qui lui fait don des droits d'Aubaine, à quelque somme qu'ils puissent se monter, tant en meubles qu'immeubles, le Roi disant qu'*ayant égard & considération aux bons & agréables services que son cher & bien-aimé Razac a fait, tant au feu Roi, ses prédécesseurs, qu'à Sa Majesté, depuis son avenement à la Couronne, & qu'il lui fait encore chaque jour en toutes les guerres, où il n'a épargné ni sa personne, ni ses biens; pour ces causes & autres bonnes & justes considérations, le Roi veut qu'il en jouisse & use, lui, ses hoirs, successeurs & ayant-cause, pleinement & à toujours, comme de leur propre héritage.* Ce don lui fut confirmé par le Roi Henri III en 1587, *pour les services que le sieur de Razac lui fait chaque jour, & pour lui donner meilleur moyen de s'y employer*, ce qu'il signa de sa main.

On voit des Lettres-patentes du Roi Charles IX en 1567, par lesquelles *il fait don à son cher & bien-aimé Gaston de Beaulieu, sieur de Razac, de mil écus d'or sol, à prendre sur les lots, quints & requints de Provence, pour égards & considérations des bons, agréables & recommandables services qu'il a par ci-devant & dès long-tems faits à nos prédécesseurs Rois, & à Nous, ayant toujours eu charge & conduite de gens de guerre & commandement de corps de troupes, tant cavalerie qu'infanterie, pour avoir été dangereusement blessé, & son cheval tué sous lui à la bataille de Saint-Denis, & desirant le bien & favorablement traiter, & qu'il ait moyen de continuer, nonobstant que tels dons ne doivent être faits & payés que sur notre épargne.*

Autres Lettres-patentes du Roi Charles IX de 1568 & 1569, portant provision de la charge de Capitaine-Concierge de sa maison Royale de Marseille, que Sa Majesté créa & érigea en chef & titre d'office en sa faveur, le Roi disant que *voulant commettre la charge à quelque personnage sûr, fidele, & à Nous agréable, & que pour la bonne &*

longue connoissance que nous avons de la personne de notre cher & bien-aimé le Capitaine Gaston de Beaulieu, sieur de Razac, l'un des Capitaines Gentilhommes entretenus près la personne du Duc d'Anjou notre très-cher & bien-aimé frere, en meilleure main ne pourrions remettre notre corps d'hôtel sur le Port de Marseille, pour y résider lui, sa femme & sa famille, avec des revenus attachés à la charge, signé de la main de sa Majesté ; ce qui a été continué à ses descendants, jusqu'à ce que le Roi désemparât cette maison par Arrêt du Conseil. Le titre de Capitaine que le Roi lui donne dans ces Lettres, étoit celui dont il faisoit le plus de cas, & qu'il prenoit toujours de préférence à tout autre.

Autres Lettres-patentes en 1668, par lesquelles le Roi se reconnoît débiteur aux Razac leurs successeurs & ayans-cause, de sommes considérables que la maison de Razac avoit fournies pour lever & entretenir des troupes, tant infanterie que cavalerie, à leurs frais & dépens, & les commander, pour les services rendus à la Couronne, & pour la défense & le soutien de l'Etat ; & dit qu'il n'y a moyen pour le présent de les payer en deniers comptants, & que cela leur est bien & loyalement dû.

Brevet du Roi Charles IX de 1571, qui dit : *Pour les bons & agréables services que le sieur de Razac a rendus à la Couronne, & depuis long-tems nous a fait & à nos prédécesseurs Rois, pour l'entretien des Corps de Troupes qu'il a levés & entretenus à ses dépens au siege de Metz, & qu'il commandoit pour notre service, & que n'ayant pour le présent moyen de le payer en deniers comptants, Sa Majesté veut qu'il tire les revenus de tous les Magasins de sa Maison Royale, la Reine sa mere présente ; & pour considérations de ses longs services, & en étant bien mémoratif, nous avons de nouveau, & en tems que de besoin, créé & érigé la Charge de Capitaine-Concierge & Garde de notre Hôtel de Marseille, aux mêmes honneurs, autorité, franchise, prééminence, profit, gage, droit, &c. Signé de notre main.*

Lettres-patentes du Roi Henri III en 1580, qui donne

DE LA NOBLESSE DE PROVENCE. 15

mil écus à prendre sur les deniers des lots & vente de Provence à notre bien-aimé & féal Gaston de Beaulieu, sieur de Razac, Commandant pour le Roi, pour plusieurs bonnes & raisonnables considérations, & en faveur des longs & continuels, bons, agréables & louables services que ledit Razac a fait à cette Couronne *en plusieurs bonnes occasions, pour & à compte des sommes qui lui sont dûes. Signé de la main de Sa Majesté.*

Autres Lettres-patentes du Roi Henri III de l'année 1584, *qui fait don à son cher & bien-aimé Razac, des droits de lots de la Terre & Seigneurie de Flayose, part & portion de la place de Ville-neuve, à quelque somme qu'ils puissent se monter, pour certaines bonnes considérations, & pour le récompenser des grands frais qu'il a fait l'année derniere, à suivre Sa Majesté, y étant envoyé de la part de notre très-cher & bien-aimé frere le Grand Prieur de France, Gouverneur de Provence, & mande le faire sans difficulté : Car tel est son plaisir, nonobstant que tels deniers soient ailleurs destinés. Signé de la main du Roi* ; Et par Arrêt du Conseil de 1584, *le Roi maintient le sieur de Razac, sans avoir égard à l'avis du Seigneur Grand Prieur de France, frere de Sa Majesté, qui protégeoit le sieur de Flassant, lequel fut débouté de ses demandes & avis donnés au Roi, & condamné aux dépens, pour les frais faits par le sieur de Razac,* pour l'entretien des Corps de Troupes, tant Infanterie qu'Arquebusiers à cheval, *commandés par ledit Seigneur, tant au Camp de Metz, qu'en tous les troubles, & en dédommagement des frais par lui faits au Service de Sa Majesté.*

Don de quatre mille écus d'or sol de 1597, à prendre sur les biens obvenus à Sa Majesté par droit d'Aubaine de Provence, sur les premiers & plus clairs deniers, par le Roi Henri de Pologne, desirant bien & favorablement traiter son cher & bien-aimé Gaston de Beaulieu sieur de Razac, étant le Roi, bien recors & mémoratif des bons, agréables & fideles services par lui rendus à la Couronne *au fait de la Guerre,*

& *qu'il rend encore à préſent* , & ceux de ſes ancêtres , *&* *en faveur & conſidérations du prix des fruits de ſes labeurs,* *& de ce qui lui eſt bien & loyalement dû, n'ayant rien tou-* *ché depuis long-tems de la* penſion de deux cens écus qu'il a ſur notre épargne , *& pour les grands frais & dépens* *qu'il a fait à nous ſuivre , & en recommandation de plus de* quatre vingts années de ſervices rendus à l'État. *Signé de* *la main de Sa Majeſté.*

Enfin on trouve des Lettres-patentes du Roi Henri le Grand de 1604 , *qui confirme à Gaſton de Beaulieu ſix* *cens livres de penſion de plus, pour lui & ſes enfans, tant* *qu'il y aura des Razac ;* elles ont été augmentées, & toujours continuées de regne en regne , comme on le verra ci-après, pour les ſignalés ſervices que cette Maiſon a rendus à la Couronne.

A toutes les actions où ledit Gaſton de Razac ſe trouva, & où il ſe ſignala toujours , non-ſeulement par ſa valeur, mais encore par les dépenſes immenſes qu'il fit pour le ſervice de l'État, on peut ajouter la bataille de Doriac, où il fut bleſſé dangereuſement, ayant eu ſon cheval tué ſous lui. Il y perdit ſes armes précieuſes , & ſes trois cens Arquebuſiers furent taillés en piece, ce qui lui coûta une ſomme conſidérable de ce tems-là.

Il fut marié en 1559 à Dame Catherine de Rainaud, de laquelle il eut trente-deux enfans, dont vingt mâles & douze filles , à qui il donna une éducation convenable à leur naiſſance, & tranſmit ſes ſentimens de zele & d'attachement pour ſes Rois, qu'il avoit ſervi , comme nous avons dit, ſous ſix regnes, c'eſt-à-dire, depuis François premier , juſqu'à Henri le Grand , avec des diſtinctions de chacun d'eux, auſſi flatteuſes qu'honorables.

Et malgré les fatigues d'une vie auſſi laborieuſe, il vécut cent trois ans, & fut enſeveli en ſa Chapelle dans l'Egliſe des Auguſtins à Marſeille, où on lui rendit les honneurs dûs à ſa naiſſance, à ſes emplois & à ſa piété, ayant été un des hommes les plus réguliers & les plus polis de ſon tems.

Il y a dans les archives de cette maison un ancien monument en latin, contenant l'arbre généalogique de la maison de Beaulieu de Razac, où on trouve le récit des actions héroïques *du très - vaillant & très - respectable Seigneur Gaston de Beaulieu, Gouverneur.*

Postérité de Gaston.

Les mâles, au nombre de 20, furent :

1. Alexandre de Beaulieu, Chevalier de Ruzé de Razac, Page du Roi Charles IX, jeune homme de grande espérance, tué à l'armée à l'âge de quinze ans.

2. Leonard de Beaulieu, Chevalier de Razac, fut reçu fort jeune Garde du Corps du même Roi, & fut tué à l'âge de 17 ans très - regretté.

3. François de Beaulieu, Chevalier de Razac, fut tué au Siege de Calais, sous la charge du Seigneur de Gourdan, Gouverneur de Calais.

4. Charles de Beaulieu, Chevalier de Razac, fut tué à Metz; il avoit reçu de la nature toutes les qualités propres au métier de la guerre, & la France fut privée des services qu'elle avoit droit d'en attendre, à l'exemple de ses ancêtres.

5. César de Beaulieu de Razac eut la Prévôté de l'Eglise Cathédrale de Toulon.

6. Jules de Beaulieu, Chevalier de Razac, montra autant de prudence dans les commandemens qui lui furent confiés, que de bravoure dans les Batailles où il se trouva. Il fut tué en Hongrie, commandant un Corps de Cavalerie, sous la conduite du Duc de Vendôme.

7. Scipion de Beaulieu de Razac, renonça aux vanités du monde, & fut Prieur dans la Chartreuse du Val-Saint-Pierre en Thiérarche, où il mourut.

8. Gaston de Beaulieu, Chevalier, Seigneur de Ruzé de Razac, s'acquit une grande réputation dans le métier des armes, auquel il s'adonna dès sa plus tendre jeunesse. Il servit sur les Galeres du Roi à Marseille en 1597, lors-

Tome III.

que les Florentins furprirent le Château-d'If, en l'abfence de Nicolas de Beauffet, fieur de Roquefort, qui en avoit la direction. Le Confeil jugea de faire conftruire un Fort dans l'ifle de Rotoneau, pour battre le Château-d'If, dont le Commandement fut donné audit fieur de Beaulieu, qui fit une bravade pour fe moquer de l'ennemi, dans laquelle il donna fottement. Enfin les Florentins donnerent l'affaut au Fort, mais ils furent repouffés par trois fois, & contraints de fe retirer avec perte, par la réfiftance du fieur de Beaulieu, qui ne fit en cette occafion que ce qu'on attendoit de fa générofité, quoiqu'il n'eût que deux cens Soldats, par le peu de tems & les empêchemens qu'il y avoit à lui faire paffer du renfort. Il fut à la Bataille de Fontaine-Françoife, contre le Connétable de Caftille, où il fut tué à la tête d'un Régiment d'Infanterie qu'il commandoit. Il avoit époufé noble Demoifelle Catherine de Gantés, fille de Pierre de Gantés, qualifié noble & généreux Seigneur dans fon contrat de mariage avec Dame Françoife de Bus, d'une ancienne maifon du Comtat, mere de ladite Demoifelle Catherine.

9. Hiérome de Beaulieu, Chevalier de Razac, ne le céda en rien à fon aîné; il fut tué avec M. de Villars, Amiral de France, devant Dourlan en Picardie, étant chargé d'y faire entrer un convoi de vivres.

10. Marc-Antoine de Beaulieu, Chevalier de Razac, étoit Capitaine dans le Régiment de Navarre, & fut tué devant Laon en Picardie.

11. Philippe de Beaulieu de Razac mourut aux études à l'Univerfité de Paris.

12. Honoré de Beaulieu, Chevalier de Ruzé de Razac, étoit le douzieme de fes freres; il fut tué au fiége d'Amiens entre les deux portes de la Ville, la pique à la main, pourfuivant les Ennemis lors de la grande fortie des Efpagnols; il étoit commandé pour foutenir l'effort des Ennemis, & les pouffa avec tant de vigueur, qu'il paffa la premiere porte avec eux; il fut long-tems à dif-

puter le terrain, mais à la fin il fuccomba à la tête des Gardes-du-Corps qu'il commandoit à la place de M. de Montmorency. Le fouvenir de cette action a été tranfmis à la poftérité par l'Epitaphe de ce brave Militaire qu'on trouve gravée fur le Tombeau de marbre qui fut conftruit à fa mémoire dans l'Eglife-Major de Notre-Dame d'Amiens.

13. Claude de Beaulieu de Razac fe fit Capucin à Paris, & eft mort en odeur de fainteté.

14. Roger de Beaulieu, Chevalier de Razac, commandant un Corps de Cavalerie, eut ordre du Roi Henri le Grand de le mener en Allemagne, où il fut tué dans la bataille.

15. Pierre qui fuit.

16. Jean-Baptifte de Beaulieu, Chevalier de Razac, fut tué devant Rouen, ayant le commandement de la Compagnie des Gardes du Roi à la place du Seigneur de Sainte-Colombe qui venoit d'y être tué.

17. Balthazar de Beaulieu de Razac fut Chanoine Régulier & Prieur de St. Valier, Ordre de St. Ruf, en Dauphiné.

18. Chriftophe de Beaulieu, Chevalier, Seigneur de Ruzé de Razac, étoit le dix-huitieme de fes freres; il fut Confeiller au Parlement de Paris, & enfuite Confeiller & Secretaire d'État, ayant le département de la paix de Henri IV, dont il figna tous les traités : dans la découverte qu'on fit de plufieurs mines d'or & d'argent, le Roi en donna la charge de Grand-Maître au Grand-Ecuyer de France, & celle de Lieutenant audit Seigneur de Beaulieu de Ruzé ; il fit les fonctions de Chancelier de France en 1590, & les Sceaux lui furent donnés en garde à la démiffion du Cardinal de Vendôme.

19. Henri de Beaulieu, Chevalier, Seigneur de Ruzé de Razac, étoit le dix-neuvieme de fes freres ; il fut dans la Vénerie du Roi, & fit les fonctions de Grand Véneur dans l'abfence du Grand Veneur de France ; il étoit Gouverneur du Château & Bois de Vincennes en 1594, qu'il

rendit à l'obéissance de Henri IV ; il mourut à Fontainebleau très-regretté de Sa Majesté Henri le Grand, qui l'honoroit de son amitié.

20. Nicolas de Beaulieu, Chevalier de Razac, se rendit fameux par son intrépidité, aimant, à l'exemple de ses peres, à se trouver dans les postes les plus périlleux ; il s'acquit beaucoup de gloire à la défense d'Ostende, assiégé par l'Archiduc Albert d'Autriche ; il marchoit toujours avec 200 hommes nuit & jour ; il étoit commandé à la tête des plus résolus, pour s'opposer aux efforts des assiégeants. Il fut atteint d'un coup de mousquet qui mit fin à sa valeur & à sa vie.

Les douze filles étoient :

1. Isabelle de Beaulieu de Ruzé de Razac, fut mariée en 1594 au Seigneur Alexandre de Perouzi, Gentilhomme Romain, neveu du Cardinal de Perouzi.

2. Marguerite de Beaulieu de Ruzé de Razac, fut mariée à noble Honoré de Faudran, Gentilhomme Marseillois.

3. Blanche de Beaulieu, morte Religieuse de l'Ordre de Ste. Claire à Marseille.

4. Suzane de Beaulieu, morte Religieuse de l'Abbaye de Saint-Sauveur de Marseille.

5. Marie de Beaulieu, morte Religieuse au Monastere de Sainte-Croix, d'Apt.

6. Victoire de Beaulieu, morte Religieuse au Couvent de la Celle-lès-Brignolles.

7. Françoise de Beaulieu fut mariée avec Melchior Sire de Pauly, à Brignolles.

8. Desirée de Beaulieu fut mariée avec Messire de Paucès, à Toulon.

9 & 10. Deux se firent Religieuses aux Augustines de Marseille.

11. La onzieme entra par son alliance dans la Maison de Flotte-Roquevaire.

12. Anne de Beaulieu mourut à Toulon, âgée de 5 ans, dans le Gouvernement de son pere.

DE LA NOBLESSE DE PROVENCE.

PIERRE-PAUL de Beaulieu, Chevalier, Seigneur de Ruzé, Marquis de Razac, ainsi qualifié dans un Arrêt du Conseil d'État de 1604, le quinzieme fils de Gaston, eut le commandement d'un corps de cavalerie, & repoussa souvent les Rebelles durant les troubles des guerres civiles de la ligue en Provence & en Dauphiné, sous le Roi Henri le Grand ; il eut les mêmes gouvernemens que son pere ; il étoit à la bataille des Reytres ; *il entretint à ses dépens un corps de troupes qu'il mena à l'armée de Savoie en 1600, & les commanda par-tout. Il fut nommé Gouverneur des forts de Toulon en 1572 par le Roi Charles IX, qui dit que c'est attendu l'importance de cette place, & ayant égard & consideration aux bons & agréables services que Gaston de Beaulieu, sieur de Razac, a ci-devant & dès long-tems faits à nos prédécesseurs Rois & à Nous, tant au fait de nos guerres, qu'en plusieurs & diverses charges pour notre service, desquelles il s'est très-bien, dignement & vertueusement acquitté : à son exemple & imitation, Pierre-Paul de Beaulieu son fils aîné sera pour y faire de même ; pour ces causes & autres, & sur la résignation que son pere en a volontairement & personnellement fait en nos mains en faveur de sondit fils, & d'autant que nous savons de quelle importance & conséquence est au bien de nos affaires & services lesdits forts, & besoin d'y tenir pour Nous un bon Capitaine expérimenté aux armées, qui ait la vigilance en tel cas requis, à la charge que pour le terme & âge de sondit fils, il exerce ladite charge pour l'importance d'icelle, ayant mis en considérations ses grands & continuels services, & autres bonnes causes, & pour l'entiere confiance que nous avons en la personne du sieur de Razac fils.*

Lettres-patentes du Roi Henri le Grand de 1610, de l'avis de son Conseil, en faveur de son cher & bien-aimé Pierre-Paul de Beaulieu, sieur d'Arzac, fils & héritier de feu Gaston de Beaulieu, Gouverneur des forts de Toulon, l'un des anciens Capitaines entretenus par le Roi, Sa Majesté lui fait don des deniers de lots & vente des maisons

& Seigneurie de Rians, Canet & du Bourguet, *en confidé-ration des bons & agréables services que son pere a fait aux Rois nos prédécesseurs, & à Nous, & tous ses enfants à son imitation, nombre desquels ont été tués pour nous servir aux derniers troubles*, signé de la main de Sa Majesté.

Autre Brevet du Roi Henri le Grand de 1603, qui *desire non-seulement reconnoître les bons & agréables services de Gaston, sieur de Razac, mais aussi ceux de Pierre-Paul son fils, qui, à l'imitation de son pere, n'a épargné sa vie ni ses moyens, & pour l'entiere confiance que nous avons en la personne dudit sieur de Razac fils.*

Lettres-patentes de Louis XIII de 1611, qui dit qu'*étant bien informé des fidelles services que Gaston, sieur de Razac, a rendu aux feu Rois nos prédécesseurs au fait de la guerre, en diverses occasions, durant quatre-vingt ans de service, & du nombre de ses enfants tués dans tous les troubles, & notamment Honoré de Beaulieu, sieur de Razac, au siege de notre ville d'Amiens, ainsi que notre cher & bien-aimé Pierre-Paul de Beaulieu, sieur de Razac, qui n'a non plus épargné sa vie ni ses moyens, & ayant gardé & conservé les forts de Toulon en notre obéissance l'espace de vingt-huit ans, & ayant entretenu des troupes de Cavalerie à ses frais & dépens, & les avoir conduits au Roi Henri le Grand à son armée de Savoie, & au siege de Montmélian, où il auroit utilement servi à l'imitation de son pere; pour ces causes & autres considérations, de l'avis de notre Reine Régente, notre très-honorée Dame & mere*, &c.

Ledit Marquis de Razac servit sous les regnes de quatre Rois, savoir, Charles IX, Henri III, Henri IV & Louis XIII, de chacun desquels il eut des récompenses de ses services. Il reçut quatre blessures au siege de Montmélian ; il eut son cheval tué sous lui, à la tête de sa Cavalerie, qu'il commandoit & entretenoit à ses dépens, & il y mourut enfin de ses blessures, & fut enseveli dans le tombeau de son pere à Marseille.

Il avoit fait alliance en 1590 avec Noble Dlle. Honorée de Saint-Martin, de laquelle il avoit eu dix enfants, sept garçons & trois filles.

Brevet de Louis XIII de 1615 *à sa chere & bien-aimée Honorée de Saint-Martin Demoiselle, veuve de Pierre-Paul de Beaulieu, qui lui fait don de mille écus d'or sol sur les droits de lots, quints & requints de Provence, de préférence à tous autres dons, ladite Dame étant chargée de sept enfants, signé de la main du Roi.*

Autre don de Louis XIII de 1615 *à sa chere & bien-aimée Honorée de Saint-Martin Demoiselle, veuve de Pierre-Paul de Beaulieu, des deniers des lots & vente de l'aliénation des Terres & Seigneuries de Rians, Canet & du Bourguet, pour les considérations des services & mérite de Gaston, & la recommandation de Pierre-Paul son fils, ayant égard & jugeant être bien raisonnable de pourvoir ladite veuve pour tant de favorables occasions, remarquées par les feu Rois, de l'avis de la Reine mere, & signé de la main de Sa Majesté.*

Lettres-patentes de Louis XIII de 1630 qui s'explique ainsi : *Pour Honorée de Saint-Martin Demoiselle, veuve de Pierre-Paul de Beaulieu, sieur de Razac, pour qu'elle jouisse héréditairement de la continuité des bienfaits des Rois, elle, ses fils & filles, successivement advenant le décès de Barthelemi de Beaulieu, sieur de Razac, l'aîné de ses enfants, sans qu'ils en puissent être dépossédés, en considération des grands & recommandables services que son mari & les ancêtres d'icelui, qui étoient établis en Gascogne, & même Gaston de Beaulieu, sieur de Razac son pere, ont rendus pour la conservation de cette Couronne, & des éminentes, relevées & honorables charges de cetui notre Royaume, sous les regnes des feu Rois nos prédécesseurs, & de tant d'années de service qu'ils avoient faits pour le bien de cet Etat, & pour l'entretien des troupes, tant de pied, que d'Arquebusiers à cheval, à leur frais & dépens, & le reconnoître de la perte de dix de ses enfants du nombre de trente-deux ; lesquels ont été tués, servants nos prédécesseurs Rois, desirant* *reconnoître lad. veuve & ſes enfants, tant en conſidération des ſervices de Gaſton de Beaulieu, ſieur de Razac, que de ſes autres enfants. & encore de ceux que Barthelemi de Beaulieu & ſes freres ont rendus & nous rendent encore journellement.*

Autres Lettres-patentes de 1632, portants don à ladite Dame de quinze cent livres de penſion pour elle & ſes enfants, fils & filles.

Cette Dame avoit ſouvent des gratifications du Roi de mille écus & de deux mille livres, indépendamment des groſſes penſions dont Gaſton jouiſſoit, & que les Rois ont rendues héréditaires, ainſi que de celle de ſix cent livres pour élever ſa famille à l'exemple de leurs ancêtres, & conſerver à l'État une race auſſi fidelle.

Les ſept garçons de Pierre-Paul furent :

1. Barthelemi de Beaulieu, Chevalier, Seigneur de Ruzé de Razac. Il ſervit dans les Gendarmes de la maiſon du Roi, & dans le Régiment de Charles de Lorraine, Duc de Guiſe. Il fut fait Enſeigne dans celui des Gardes. Il ſe trouva avec ſes freres aux fameux ſieges de Saint-Jean d'Angely, Clérac, Négrepeliſſe & Montauban. Il ſe diſtingua dans la déroute de l'Iſle de Ré, lorſque les troupes de M. de Soubiſe furent taillées en pieces par celles du Roi. Il ſe ſignala avec ſes freres aux ſieges de Rayan, Sainte-Foi, Montpellier & la Rochelle, juſqu'à ſa priſe, & à la fameuſe déroute des Anglois dans l'Iſle de Ré, étant du nombre des enfants perdus que ſon grand-pere commandoit, y ayant quinze des enfants & petits enfants dudit Gaſton, dont grand nombre furent tués ſous les yeux de ce vieillard vénérable.

Ledit Barthelemi ſe joignit avec pluſieurs Gentilshommes aux chevaux légers de M. de Toiras, qui commandoit le corps d'armée, & qui repouſſa les Anglois avec perte conſidérable.

Une aventure ſinguliere au ſiege de la Rochelle ne ſervit pas peu à faire paroître ſon courage en préſence du Roi

Roi & de toute l'armée. Dans une sortie que fit la garnison, un Militaire d'une taille avantageuse, armé de pied en cap, & piquant son cheval à toute bride, vint à la tête du Camp Royal défier les plus braves à un combat singulier. Le Roi choisit le Chevalier de Beaulieu pour réprimer son insolence. Beaulieu excité par la présence du Roi & par cette glorieuse distinction, monte sur le champ à cheval, armé de sa pique, hache & mousqueton, fond sur son adversaire, & dispute opiniâtrement & long-tems la victoire, parant tous les coups, à la réserve d'un qui le rendit si furieux, qu'il tua le cheval de son ennemi ; & le renversa sous lui : il étoit facile au Chevalier de Beaulieu de le tuer ; mais dédaignant une victoire trop facile, il le laissa se débarrasser ; alors ayant lui-même mis pied à terre, le combat recommença avec plus de chaleur ; mais Beaulieu ayant l'avantage, désarma son ennemi, qui demanda la vie, & se fit son prisonnier. Beaulieu le conduisit au Roi, aux acclamations de toute l'armée, & le Roi le fit Chevalier de son Ordre à la promotion.

Il revint du bout de la France au secours de Marseille sur le bruit d'un armement ; il eut le commandement de la Galere dite la *Contine Ducale*, du tems du Grand Prieur de France de la Maison de Lorraine, dont il étoit fort aimé : dans ce tems la ville de Marseille ayant à la Cour une affaire d'importance, envoya par deux fois deux Consuls, qui ne purent réussir ; la Ville pria le Seigneur de Beaulieu de vouloir bien aller à la Cour pour cette affaire, ce qu'il fit ; la Reine Mere lui dit en riant beaucoup : « Hé
» quoi, Beaulieu, Marseille n'avoit-elle point en sa Ville
» un plus sage personnage que vous, pour envoyer en am-
» bassade ? Oui vraiment, Madame, répondit Beaulieu,
» mais voyant que les sages n'ont pu réussir, ils se sont
» avisés d'envoyer un fou, & pour ce m'ont délégué ; que
» si Votre Majesté me fait ce bien de m'octroyer ma Re-
» quête, Votre Majesté me mettra en réputation, & de
» fou qu'on me tient, je serai désormais très-sage. » La

Reine lui octroya sa Requête : ce service ajouta aux obligations que la ville de Marseille lui avoit déja.

Louis XIII. lui confirma le don de 4000 écus d'or sol en 1615 sur les droits d'Aubaine, *suivant le don fait à Gaston, n'ayant laissé que son pere du nombre de trente-deux enfans, dont le plus grand nombre avoient été tués servant les prédécesseurs Rois, Sa Majesté lui confirme inclinant libéralement, en considération de ses services, de l'avis de la Reine sa mere,* ce que Sa Majesté voulut signer de sa main.

Le 13 Février 1630, le Roi lui écrivit en ces termes : *Monsieur de Razac, les grands, signalés & recommandables services de vos ancêtres étant en charge éminente de cetui notre Royaume, avec vos vertus & grands services que vous avez rendus à notre Infanterie & Cavalerie pour le bien de cet Etat & conservation de cette Couronne . . . qu'est la cause que j'écris présentement au Duc de Chevreuse, Chevalier de notre Ordre de Saint-Michel, & lui envois les mémoires & instructions de vous bailler de ma part le Colier dudit Ordre . . . qui sera de plus en plus pour augmenter l'affection que je vous porte de vous donner occasion de persévérer en la dévotion que vous avez toujours eu à me faire service, ainsi que vous fera plus particuliérement entendre ledit sieur Duc de Chevreuse . . . priant sur ce notre Seigneur qu'il vous ait, Monsieur de Razac, en sa sainte & digne garde,* signé, LOUIS. A Paris ce 13 Février 1630. Et dans le Mémoire des instructions du Roi à Monsieur le Duc de Chevreuse, *Chevalier des Ordres du Roi, Conseiller en ses Conseils, grand Chambellan, grand Fauconnier de France, Gouverneur & Lieutenant-Général du haut & bas pays d'Auvergne*, on y lit : *baillera au sieur de Razac la lettre que le Roi lui écrit, par laquelle il saura que pour ses grands & recommandables services, ses vertus & mérites, & ceux qu'il a rendus à l'Etat & Couronne de France, il a été choisi par icelui Seigneur Roi, Chef souverain de l'Ordre de Monsieur Saint-Michel.* Et dans la lettre du Roi au Duc de Chevreuse, il lui dit : *Mon Cousin, pour plusieurs gran-*

DE LA NOBLESSE DE PROVENCE.

des considérations, le sieur de Razac a été choisi & élu en l'Assemblée des Chevaliers de mon Ordre.... & retenant de lui l'Acte de son acceptation en ce faisant, me ferez service très-agréable.

Il fut au sanglant combat des quinze Galeres de France contre les quinze d'Espagne devant Gênes en 1638, où il commandoit la générale dite la *Contine*; & après s'être rendu maître d'une Galere où il avoit sauté à l'abordage, quoique déja blessé, il la mena en sûreté; mais voyant que les ennemis en emmenoient une des nôtres nommés *Heguebomne*, il fut aborder cette seconde, & investit celle d'Espagne qui l'emmenoit, après avoir dégagé la nôtre; mais dans cette seconde attaque il reçut quatre blessures, desquelles il mourut couvert de gloire à Marseille, cinq jours après que les Galeres y furent arrivées victorieuses, & il fut enseveli dans le tombeau de ses peres.

Il étoit au service depuis l'âge de 13 ans. L'Historien Jean de Serre dans son Inventaire général de l'Histoire de France, pag. 134, dit que le Chevalier de Beaulieu, Seigneur d'Arzac, Gentilhomme de Marseille, commandant la générale, y eut le bras & l'épaule rompus d'une mousquetade, n'ayant pas voulu se faire panser sur l'heure, craignant une nouvelle attaque, il revint à Marseille où il mourut peu de jours après; il est encore parlé de ses freres par le même Auteur.

2. Nicolas, qui suit:

3. Henri de Beaulieu, Chevalier de Razac, fut reçu très-jeune dans la Maison du Roi; se trouvant en 1622 dans une action qui le couvroit de gloire, quoiqu'il n'eût encore que 15 ans, après avoir pris un Drapeau du Régiment de Pilon, qui vouloit entrer dans Nîmes, son cheval fut tué sous lui, & il y reçut une blessure dont il mourut, après avoir fait des prodiges de valeur.

4. Louis de Beaulieu, Chevalier de Razac, fut tué au combat des quinze Galeres de France, contre les quinze d'Espagne, allant au secours de la Galere de son

frere Nicolas, qui venoit d'y être dangereusement blessé.

5. François de Beaulieu, Chevalier de Razac, fut tué sur un Brigantin qu'il avoit armé en course *à ses frais & dépens*, comme il conste par le Certificat du Seigneur de Poncourlay en 1636.

6. Antoine de Beaulieu, Chevalier de Razac, fut tué dans le combat qui se donna dans la Manche contre les flottes d'Angleterre & de Hollande.

7. Jacques de Beaulieu, Chevalier de Razac, périt dans un combat que le Grand Prieur de France de la Maison de Lorraine donna, & dans lequel il fut victorieux, quoiqu'il n'eût que quatre Galeres contre six, trois desquelles prirent la fuite; l'une fut emmenée en triomphe, une cinquieme coulée à fond, & quant à la derniere, le Chevalier de Beaulieu y ayant sauté dedans, & venant à l'abordage, y trouva une résistance considérable, tellement que se voyant presque seul, & obligé de ressauter dans sa Galere, il descendit à la cheminée, prit un tison, & mit le feu aux poudres, ce qui fit sauter la Galere, & lui avec.

Telle fut la mort glorieuse des fils de Pierre-Paul.

Ses trois filles furent:

1. Isabelle de Beaulieu de Ruzé de Razac fut mariée en 1615 à M^{re}. Jean de Mériaud, Chevalier, Seigneur du Breuil, Gentilhomme Breton, de l'ancienne Maison de Charette, qui subsiste au Parlement de Bretagne, & fils de Dame Françoise Charette de Nante, dont Marie-Magdeleine-Gabrielle Charette de Monbert, fille du Conseiller de ce nom audit Parlement, & d'Elisabeth-Gabrielle de Montignier, qui épousa en dernieres nôces Anne-Leon de Montmorency, premier Baron de France: ladite Elisabeth avoit de son premier mariage Louis de Serrant, Marquis de Kersilly, qui fut marié à Dame Félicité de Montmorency-Luxembourg, fille de Sigismon, Duc d'Olone, & de Marie de Fervac, Dame de Bullion, arriere petite-fille du Maréchal de Luxembourg; & du mariage de ladite Isabelle de Razac nâquirent deux filles, la premiere fut:

DE LA NOBLESSE DE PROVENCE.

Honorée de Mériaud, à qui le Roi fit une pension, parce qu'elle étoit fille d'une Razac ; elle fut mariée en 1638 avec M^re. Melchior de Fourbin, Seigneur de Saint-André, fils de M^re. Jean-Baptiste de Fourbin, Président à Mortier au Parlement de Provence, Seigneur de la Roque, & de feue Dame Anne de Simiane.

La derniere fille d'Isabelle de Beaulieu fut Honorée-Isabelle de Meriaud, mariée à M^re. Pierre d'Ouzar, Seigneur de La-Pierre, Exempt des Gardes du Corps du Roi.

2. La seconde fille de Pierre-Paul fut Marguerite de Beaulieu Ruzé de Razac, qui fut mariée en 1634 à M^re. Jean-Augustin de Flotte, branche des Seigneurs de Saint-Joseph, Conseiller du Roi en sa Cour de Parlement de Provence, fils de M^re. Nicolas de Flotte, auteur du premier rameau de la branche des Seigneurs de Roquevaire, & de Dame Anne de Meinier de la ville d'Aix ; ladite Marguerite de Razac eut un fils de ce mariage nommé Jean-Augustin. Le Roi fit aussi une pension à cette Dame, étant une Razac.

3. La troisieme fille de Pierre-Paul fut Alayonne d'Arzac, qui épousa M^re. Honoré de Valbelle.

Nicolas de Beaulieu, Chevalier, Seigneur de Ruzé, Marquis de Razac, fils de Pierre-Paul, se trouva dans tous les Sieges & Batailles de son tems ; il servit dans la Maison du Roi, & dans le Régiment des Galeres. Il se trouva aux Sieges de Saint-Jean d'Angely, Saumur, Clerac, Saint-Antonin, Nerac, Montpellier, Sainte-Foi, Bergerac, Négrepelisse, Montauban, La Rochelle, Rayan, à la déroute de l'Isle de Ré en 1636. *Il arma & équipa à ses dépens un Bâtiment de dix-huit bancs, douze gros pierriers, trente-deux mousquets & vingt piques, agrêts, voiles & rames*, qu'il commanda pour les Isles de Saint-Honorat & Sainte-Marguerite, & eut ordre de suivre les Galeres du Roi au nombre de douze, qui alloient chercher celles d'Espagne.

En 1609, des Pirates tenoient le Détroit de Gibraltar comme bouché, & attaquoient des Flottes entieres. Beaulieu se mit à la tête de quelques Navires, & concevant le plus hardi deſſein qu'on pût imaginer, il réſolut d'aller brûler leurs Vaiſſeaux dans le Port de Tunis, au-deſſous du Château de la Goulette; & pour cela, ſe mettant bravement à l'avant-garde, il entra dans le Havre en plein midi, paſſa ſous l'Artillerie du Fort, contre lequel il fit tirer cent cinquante volées de canon; & voyant que ſes Vaiſſeaux ne pouvoient approcher de plus près, il ſauta dans une Barque avec quarante hommes ſeulement; & perçant au travers d'un feu continuel de quarante-cinq pieces de canon qui tiroient du Fort, il alla brûler le plus grand Vaiſſeau: d'où il ſe porta enſuite à tous les autres, & en conſuma trente-trois, dont il y en avoit ſeize armés en guerre, & une Galere. Il eut le commandemeut de la Galere *Grimaldy* en 1641; il fut dangereuſement bleſſé à l'attaque des Iſles Sainte-Marguerite, eut le Commandement d'un Vaiſſeau de Guerre, lorſque Charles de Lorraine, Duc de Guiſe, gagna la Bataille contre les Rochelois. Il fit le voyage de l'Oriſtan au retour, & tout couvert de bleſſures, il combattit à la repriſe des Iſles Sainte-Marguerite. Il avoit été en Piémont, commandant un Corps de Troupes; & ſe trouva aux Sieges de la Motte & Verſeille. Il fut au Combat naval des quinze Galeres de France, contre les quinze d'Eſpagne devant Gênes, où il fut encore dangereuſement bleſſé: il ſe diſtingua à la deſcente des Anglois dans l'Iſle de Ré; il fit pluſieurs voyages en Italie par ordre de Sa Majeſté.

En 1639, Louis XIII, entr'autres graces, confirma toutes les penſions qui avoient été données à cette Maiſon pour tous les deſcendans, en conſidération *des plus importans & ſignalés ſervices que Nicolas-Barthelemy, Jacques & Louis, enfans de Pierre-Paul rendirent, trois deſquels furent tués, tant au Combat naval des quinze Galeres de France, contre les quinze d'Eſpagne, qu'au Combat particulier des quatre Galeres du Grand Prieur de France, contre ſix.*

Ledit Marquis de Beaulieu fut marié en 1630 à noble Demoiſelle Anne de Flotte, fille de M^{re}. Louis de Flotte de Roquevaire, & de Dame Marguerite de Martin d'Arenc, dont il eut huit enfans.

Il étoit fils, petit-fils, & neveu de Gouverneur de Place.

Postérité de Nicolas.

1. JACQUES DE BEAULIEU, Chevalier, Seigneur de Razac, servit très-utilement en Candie & en Sicile ; il reçut une lettre du Roi en 1668, dans laquelle Sa Majesté dit *qu'elle met en considération les services qu'il a rendus & qu'il rend encore à présent, & ceux de ses peres, freres & ayeux, à l'exemple de ses ancêtres, qui n'ont jamais discontinué de servir les Rois en ses Armées, toujours en qualité de Commandant, tant par mer que par terre.*

2. Barthelemi qui suit.

3. Henri de Beaulieu, Chevalier, Seigneur de Ruzé, Comte de Razac, ainsi qualifié dans tous les Actes. Dès sa plus tendre enfance, il fut avec son pere à toutes les guerres de son tems, tant par mer que par terre ; & dans une occasion où il se signala beaucoup, il fut tué à la fleur de son âge, étant Lieutenant de Vaisseau.

Il avoit fait alliance en 1668 avec noble Demoiselle Elisabeth d'Aucour, de laquelle il eut un fils nommé Gaston, qui mourut en bas âge. Marie-Therese, dont nous parlerons, & Marianne, qui épousa Melchior de Fleuri, Chevalier de l'Ordre de Saint-Louis, Enseigne des Gardes de Monsieur, frere unique du Roi. De ce mariage, nâquirent un fils, & une fille nommée Genevieve-Louise, qui fut mariée en 1737 à Mre. Claude-François de Ferette, Colonel de Dragons.

4. Marguerite de Beaulieu Ruzé de Razac, fille de Nicolas, fit alliance en 1681 avec noble Bernard de Sara de la ville de Toulouse, Seigneur de Saint-Michel & de Soucale.

5. Jeanne de Beaulieu Ruzé de Razac, fut mariée en 1664 à Mre. Alexandre de Villeneuve.

Les autres sont morts en bas âge.

BARTHELEMI DE BEAULIEU, fils de Nicolas, Chevalier, Seigneur de Ruzé, Baron de Brouillard, ainsi qualifié dans nombre d'Actes, Marquis de Razac, aussi qualifié tel dans le contrat de mariage de son fils, fut Capitaine au Régiment de la Marine. Il servit long-tems sur mer à ses frais & dépens, en plusieurs campagnes. Il eut des Lettres-patentes du Roi Louis XIII en 1639, qui confirment le testament que Barthelemi son oncle avoit fait en sa faveur, pour qu'il succédât à tous les bienfaits de Sa Majesté, où le Roi dit, *qu'ayant égard aux fidelles services que notre cher & bien-aimé Barthelemi de Beaulieu, Chevalier de notre Ordre, nous a rendus, à l'exemple de ses prédécesseurs, ayant été tué en commandant la Générale dite la Contine; nous avons agréé la nomination qu'il a fait par son testament, de la personne de notre cher & bien-aimé Barthelemi de Beaulieu son neveu; à ces causes, pleine confiance en sa personne, & affection à notre service, &c.*

Il avoit fait alliance en 1674 avec Noble Dlle. Melchior de Montet, fille de Mre. François Montet de Grammont de Cluni, Chevalier, Baron de Brouillard, Comte de Lusigny en Bourgogne, & de Dame Marie de l'Enoncourt, dont Louis-François de Brancas, Duc de Villars, Pair de France, avoit épousé Claire-Magdeleine de l'Enoncourt, fille d'honneur de la Reine, & dont Hercule, Duc de Monbason de la Maison de Rohan, Pair & grand Veneur de France, épousa en premieres nôces Magdeleine de l'Enoncourt.

De ce mariage, également distingué du côté maternel & du côté paternel, nâquirent deux fils.

I. JACQUES-MAGDELEINE DE BEAULIEU, Chevalier, Seigneur de Ruzé, Marquis de Razac, filleul de haut & puissant Seigneur Mre. Jacques de Noaille, Lieutenant-Général des Galeres en 1675; il fut Capitaine-Lieutenant des Grenadiers, Aide-Major des Galeres de Sa Majesté, où il servit avec distinction, comme il se voit par les Certificats de service de l'an 1696, du Bailli de Noaille, Lieutenant-Général des Galeres, pour Mr. le Marquis de Ruzé

DE LA NOBLESSE DE PROVENCE.

Ruzé de Razac, & par une permission du Duc de Vendôme, Général des Galeres en 1697, pour le sieur Marquis de Ruzé de Razac, de s'absenter, & dans diverses lettres de M^r. de Pontchartrin, Ministre, des années 1703, 1709 & 1710 au sieur Marquis de Razac : on voit les choses les plus flatteuses de la part du Roi. Il fut fait Chevalier de l'Ordre de S. Louis avec son frere en 1713 ; la lettre signée de Sa Majesté commence ainsi :

Pour le sieur Marquis de Razac... les services que le sieur Marquis de Razac... nous rend avec distinction... nous convient à lui donner des marques de notre satisfaction..., à ces causes & autres... nous avons le sieur Marquis de Razac... établi... par ces présentes signées de notre main, Chevalier dudit Ordre militaire de S. Louis : Si donnons à toute grand-Croix... & Chevalier... de faire reconnoître ledit sieur Marquis de Razac en ladite qualité. Au revers de laquelle est écrit par le Ministre : *Le Roi étant à Versailles, le sieur Marquis de Razac dénommé aux présentes, a prêté entre les mains de Sa Majesté le serment qu'il étoit tenu de faire... moi Conseiller-Secretaire d'Etat... présent.* Signé PHELIPEAUX.

Les Rois ont écrit de tout tems aux Razac les plus obligeantes lettres. Ledit Marquis de Razac, ainsi qualifié dans son contrat de mariage en 1693, épousa Noble Dlle. Marie-Therese de Beaulieu Ruzé de Razac sa cousine, fille de M^{re}. Henri de Beaulieu, Chevalier, Seigneur de Ruzé, Comte de Razac, & de Dame Elisabeth d'Aucour, en présence du très-haut & très-puissant Seigneur Monseigneur Charles-Honoré d'Albert, Duc de Chevreuse, haut & puissant Seigneur Messire Chevalier, Seigneur, Marquis de Ruzé Deffiat, dont la fille Marie de Ruzé épousa le Maréchal de la Meilleraye, qui eut pour fils le Duc de Mazarin, & de M^{re}. Thomas-Nicolas Thellier, Seigneur de Gardanne, parent des futures ; il eut de ce mariage :

1. Marie-Therese de Beaulieu, qui est morte Religieuse en 1762, au premier Monastere de la Visitation Ste. Marie à Marseille.

Tome III. E

1. François de Beaulieu, Chevalier, Seigneur de Ruzé, Marquis de Razac, fils de Barthelemi, servit dans la compagnie des Gardes-Marine, ensuite dans le Régiment de Tournon, qui fut incorporé dans celui de Poitou, s'étant trouvé dans les occasions où lesdits Corps ont combattu. Il fut fait Chevalier de l'Ordre de S. Louis, & eut à ce sujet une lettre très-flatteuse du Ministre en 1613, qui dit : *Je vous apprends avec plaisir que le Roi vient de vous donner une Croix dans l'Ordre militaire de S. Louis ; vous ne devez pas douter que j'ai été très-aise de pouvoir vous procurer cette marque de distinction, & que je ne sois toujours très-disposé à faire valoir vos services auprès de Sa Majesté....* Signé Pontchartrin ; & au-dessous : *A Monsieur le Marquis de Razac.* Il étoit en relation intime avec ce Ministre, comme on voit, par des lettres depuis 1705, toutes plus obligeantes, concernant ses propres affaires, signées *Pontchartrin* ; & au-dessous : *au Marquis de Razac*. Il fut fait Capitaine du Régiment de Poitou en 1704. Il est mort Commandant du second bataillon dudit Régiment, où il servoit avec beaucoup d'honneur & de distinction. Il avoit fait alliance en 1708 avec Dame Marie-Charlotte-Louise de Villelongue, de l'ancienne maison de Villelongue de Remilly en Champagne ; il eut deux fils de ce mariage.

 1. Charles-Antoine de Beaulieu, Chevalier, Seigneur de Ruzé, Marquis de Razac ; il est mort Capitaine-Lieutenant d'une des galeres de Sa Majesté, ayant toujours servi dans ce Corps avec beaucoup d'honneur ; il y fut reçu Chevalier de l'Ordre militaire de S. Louis, ayant eu le commandement en 1747 de la demi-galere nommée *La Découverte*, dont sa mort, arrivée bientôt après, le priva.

 2. Charles-Jean de Beaulieu, Chevalier, Seigneur de Ruzé, Marquis de Razac, marié à Marseille en 1752 à Demoiselle de Jaquemin, de la ville de Paris ; il a servi long-tems Officier dans le Régiment de Poitou, sous le commandement de son pere.

DE LA NOBLESSE DE PROVENCE.

Il résulte de cette foule de Titres respectables, le prix des services & de la valeur de cette maison, que dans tous les tems les Razac ont généreusement répandu leur sang pour servir l'État, & que c'est avec raison que les Commissaires députés pour la recherche de la Noblesse en 1682, disoient que *s'il se pouvoit ajouter quelque chose à la gloire de cette maison, c'étoit la continuité des marques d'estime dont les Rois l'ont toujours honorée.* En effet, il y a peu de maisons dans le Royaume qui se soient autant distinguées que celle-ci, par le sacrifice de la vie & des biens pour l'État, & par leur attachement inviolable à la personne sacrée de nos Rois, qui se sont toujours ressouvenus des services que les ancêtres du fameux Gaston avoient rendus à l'État avant l'établissement de cette maison en Provence.

C'est encore avec raison que les mêmes Commissaires députés pour la recherche de la Noblesse, disoient que celle de cette maison est justifiée non-seulement par des titres bien favorables & très-particuliers, mais encore par des charges éminentes dans le Royaume, étant de la Noblesse la plus recommandable & la plus illustre, par des qualifications plus que centenaires, qui seules suffiroient, & par des services aussi importants dans tous les tems & sans interruption ; remarquant que tous les Razac ont presque tous péri les armes à la main, servant l'État, surtout en Provence, & par prédilection la ville de Marseille, tant par mer que par terre, comme il a été prouvé : d'où il suit que c'est à juste titre que nos Rois ont accordé de tous les tems des récompenses & des distinctions à cette maison, en mémoire des héros qu'elle a produit.

Il y a des Beaulieu de Razac de l'ancienne branche de cette maison établis depuis des siecles dans la Bretagne & dans le Parlement, & doublement liés par les alliances des maisons de Montmorenci-Luxembourg, des Ducs de Mazarin, de Villeroi, de Rohan-Soubise, d'Aumont, de Richelieu, par Marie de Ruzé & de l'Enoncour, & avec Jeanne de Fourbin-Janson, sœur du Cardinal Toussaint, & comme on le voit aux maisons de Perouzi Romain, de Cluny en Bourgogne & en Provence, de Villars, Brancas, Simiane, Faudran, Vabelle, Flotte, Fourbin, &c.

Il y a eu dans la branche de cette maison établie en Provence, deux Chevaliers des Ordres du Roi, trois Gouverneurs de Place, un Ministre & Secretaire d'État, ayant fait les fonctions de Chancelier de France, & de Garde des Sceaux; & tous ont entretenu à leurs dépens des troupes, tant par mer que par terre, ainsi que des Bâtimens, aussi armés à leurs dépens, toujours commandé des corps de troupes, tant Cavalerie qu'Infanterie; & tous, tant chefs de famille que Chevaliers, sont morts avec des marques de distinction des Ordres du Roi, jusqu'à Charles-Antoine, dernier mort.

C'est avec raison que cette illustre maison, qui dans ses armes porte d'or à trois corneilles de sable, becqués & membrés de gueule, a toujours pris pour devise: *Vita perit; mortis gloria non moritur*; puisqu'on voit que les grands hommes qu'elle a produit, ne se sont jamais proposés pour objet que la gloire, ayant compté pour rien les biens & la fortune, & sacrifié même leurs propres patrimoines & de riches dots qui y étoient entrées, au service de l'État & de leurs Rois, qui l'ont déclaré dans tous les tems. En effet, Honorée de Saint-Martin avoit été une riche héritiere, qui avoit porté de grands biens dans cette maison. Marie de Montet l'Enoncour eut plus de vingt mille écus de dot de ce tems-là; & Marie-Therese Ruzé, fille du Comte de Razac, fut dotée de 80000 liv. ce qui étoit considérable, & ainsi des autres; mais malgré cela & les bienfaits des Rois, rien ne s'accumuloit dans cette maison, parce qu'on y préféra toujours la gloire à la fortune.

Consultez sur cette maison l'Histoire de France par Mezeray, l'Abbé Robert, Brantôme dans ses hommes illustres, Ruffi, Histoire de Marseille, Nostradamus, qui dit que Gaston étoit fermé dans Arles avec sa troupe, contre l'Empereur Charles-Quint, l'Histoire de France par Jean de Serre, les papiers domestiques, &c. L'on trouve encore des anciens monumens conservés dans les Archives de la maison de Ruzé Deffiat, branche des Ducs de Mazarin à Paris, qui attestent que St. Martin, Evêque de Tours, en étoit parent.

BEAUSSIER.

UNE branche cadette de cette Maison existe dans Marseille depuis un siecle en la personne de Messire Sauveur-Antoine de Beaussier, Ecuyer, qui de son mariage avec Dame Marianne Boyer de Pontleroy, a six enfans, savoir: André de Beaussier, Ecuyer; Antoine de Beaussier St. Vincent, Officier dans le Régiment Royal; François de Beaussier de Lantignane, Officier dans le Régiment de Normandie; Joseph-Marie de Beaussier, & Dlles. Elisabeth & Marianne-Elisabeth de Beaussier.

La branche de Nicolas de Beaussier, Juge-Royal de Toulon, est aujourd'hui éteinte, n'existant plus qu'une fille mariée à Mr. de Baillet, Lieutenant de Vaisseau du Roi.

BEAUSSIER,

Branche de CHATEAUVERT.

L'ANCIENNETÉ de cette Famille est prouvée par divers actes, dans lesquels les Beaussier ont toujours pris la qualification de Nobles & d'Ecuyers, & notamment par la reconnoissance que passa, le 12 Décembre 1446, Pierre Beaussier, en faveur de Mre. Guilleaume Atanulfe, Prêtre & Vicaire du lieu d'Ollioule, en qualité de Procureur général du sieur Bertrand de Marseille, de la plus grande partie des salins de Mourrillon, que cette

Famille tenoit de la libéralité des Comtes de Provence, récompenſe de ſes ſervices militaires, & dans laquelle on trouve l'énonciation d'une plus ancienne paſſée par Noble Jean Beauſſier le 10 Janvier 1375.

Nous avons parlé dans notre premier Volume de la Branche des Beauſſier la Chaulane, & dans l'Article précédent, d'une ſeconde exiſtante à Marſeille. Il nous reſte à parler de celle de Beauſſier de Châteauvert, qui s'eſt tranſplantée de Toulon à Breſt, où elle continue ſa poſtérité en la perſonne de M^{re}. Louis de Beauſſier de Châteauvert, Capitaine de Frégate, fils aîné de M^{re}. André de Beauſſier de Châteauvert, Chef-d'Eſcadre des Armées navales de Sa Majeſté, retiré à Toulon.

Cette Branche reconnoît pour ſouche commune avec les deux autres :

I. Honoré Beauſſier, qui, de ſon mariage avec Iſabeau *de Niſſard*, eut deux fils ; 1. Eſprit, triſayeul de Felix Beauſſier maintenu en ſa nobleſſe par Jugement de M^r. de Lebret, Intendant de Provence, du 27 Mars 1700 ; 2. & Antoine qui ſuit :

II. Antoine Beauſſier eut de ſa femme Marguerite *Iſnard* du lieu de Six-Fours :

III. Bonaventure Beauſſier, qui de ſon mariage avec Dlle. Marthe *Audibert*, fille de Barthelemy & de N..... Valaire (acte reçu le 6 Août 1617 par Jacques Denans, Notaire du lieu de Six-Fours) laiſſa Vincent qui ſuit, & Lucrece Beauſſier morte dans le célibat.

IV. Vincent Beauſſier fit alliance le 22 Mai 1659 (Notaire ledit Jacques Denans) avec Marguerite *Daniel*, fille de Pierre & de Marguerite Guigoneſſe du lieu de la Seyne, de laquelle il eut trois garçons ; 1. Louis qui ſuit ; 2. Laurens ; 3. & Joſeph.

Laurens & Joſeph Beauſſier furent les auteurs de deux Branches qui exiſtent encore à Marſeille. Le premier mourut étant Lieutenant de Vaiſſeau & de Port, & Chevalier de St. Louis ; & le ſecond n'étant encore qu'Enſeigne de Vaiſſeau du Roi & de Port.

Louis Beauffier après avoir fucceffivement paffé par les V.
grades d'Enfeigne, Lieutenant des Vaiffeaux du Roi,
Chevalier de l'Ordre Royal & Militaire de St. Louis,
& de Capitaine de Vaiffeau du Roi & de Port, laiffa à
fa mort, du mariage qu'il avoit contracté avec Claire
Portanier, fille de Jofeph & de Magdeleine Aube du lieu
de la Seyne, le 10 Novembre 1680 (Notaire Jean Denans dudit lieu) cinq filles, qui n'ont point eu de poftérité, & trois garçons; 1. André Beauffier de Châteauvert
qui fuit; 2. Louis-Jofeph Beauffier de l'Ifle; 3. &
Jerôme Beauffier. Ce dernier mourut fans alliance dans le
grade de Lieutenant de Vaiffeau du Roi.

Louis-Jofeph Beauffier de l'Ifle, eft mort Chef-d'Efca- VI.
dre des Armées navales de Sa Majefté & Chevalier de
l'Ordre Royal & Militaire de St. Louis, après s'être acquis,
dans tous les grades Militaires par lefquels il a paffé, la
réputation d'un des plus braves & des plus habiles Officiers de fon tems.

On a lû dans les nouvelles publiques de la guerre de
1744, que n'étant encore que Lieutenant de Vaiffeau, il
commandoit la Frégate du Roi *La Subtile*, avec laquelle
il étoit à obferver l'Efcadre Angloife qui attendoit celle
de M. le Duc d'Anville, ce qu'il fit pendant 20 à 30
jours, fans que les ennemis puffent le joindre dans
les différentes chaffes qu'ils lui donnoient; mais dans une
nuit obfcure s'étant trouvé fous le beaupré d'un Vaiffeau
de 40 canons & d'une Frégate de 20 qui n'étoient point
de l'Efcadre qu'il obfervoit, il fut forcé de combattre, &
il ne rendit la Frégate à l'ennemi, qu'après une défenfe
opiniâtre, & coulant bas d'eau.

Il fut fait Capitaine de Vaiffeau & de Port en 1749;
& en 1755 il commandoit le Vaiffeau *Le Défenfeur* dans
l'Efcadre de Mr. Bois de la Mothe, deftinée pour Louis-
Bourg; ce fut dans fon retour en France qu'il fit voir
quelles font les reffources d'une bonne manœuvre avec des
forces inférieures; puifque les Anglois, quoique fort fu-

périeurs en nombre, n'oferent attaquer *Le Bifarre* & *Le Défenfeur*, qui gagnant le vent à l'ennemi, continuerent leur route pour Breft.

En 1756, il commandoit une Efcadre de deux Vaiffeaux de lignes, & deux Frégates, deftinés à paffer des Troupes à Quebec & de l'argent à Louis-Bourg. Ayant rempli fa premiere miffion & faifant route pour Louis-Bourg, il fut chaffé par deux Vaiffeaux de 74 canons & deux Frégates; il ne pouvoit engager le combat, parce que fes ordres étoient de tout éviter avant d'avoir rempli fa derniere deftination : il ne fe dérangea donc pas de fa route. Mais dès qu'il eut mouillé dans le Port de Louis-Bourg, il ne s'occupa qu'à mettre à terre l'argent dont il étoit chargé pour cette Colonie, ainfi que les malades qu'il avoit à fon bord, & à fe mettre en état d'être au plutôt fous voile pour aller attaquer les ennemis qui l'avoient fuivi jufqu'à l'entrée. Ces opérations fe firent avec tant de célérité & de bonne volonté, qu'il fut en état d'appareiller dans la nuit, & il dirigea fa route en conféquence de celle que pouvoient avoir tenu les ennemis fuivant les différens vents qui varierent, & le relevement qu'il avoit fait des Vaiffeaux à l'entrée de la nuit. A neuf heures du matin en ayant connoiffance, il fit fignal de chaffe à toute fon Efcadre ; mais le Vaiffeau *Le Héros* qu'il montoit, marchant beaucoup mieux que le refte de fon Efcadre, il joignit les ennemis qui prenoient chaffe, & fe trouva à portée de combattre feul les deux Vaiffeaux pendant fix heures. Le calme qui furvint, empêcha le Vaiffeau *L'Illuftre* de joindre ; & auffi-tôt que le vent fe leva, les deux Vaiffeaux Anglois forcerent de voile autant que le mauvais état où ils étoient réduits pouvoit le leur permettre. Le Vaiffeau *Le Héros* étant défemparé, ayant toutes fes manœuvres hachées & ayant perdu beaucoup de monde, fut hors d'état de pourfuivre les ennemis, qui ne pouvoient foutenir la partie ; il relâcha à Louis-Bourg pour fe raccommoder. Les Anglois, à leur arrivée à Alifax, avouerent que fi le Vaiffeau *L'Illuftre* avoit pû être à portée

de

de tirer quelques coups de canon, ils se rendoient ; mais le calme étoit contraire à la bonne volonté du Capitaine qui le commandoit. Le Commandant Anglois détacha un Officier pour se rendre à Louis-Bourg avec pavillon de Parlementaire, pour demander des nouvelles du Commandant François, le complimenter & savoir avec qui ils avoient eu affaire ; il rentra ensuite au Port de Brest avec son Escadre.

En 1757, il commanda une Escadre de deux Vaisseaux de ligne, & une Frégate destinée à croiser à l'ouvert des deux manches. Son neveu Louis de Beaussier de Châteauvert commandoit la Frégate ; ils reçurent un coup de vent à l'ouvert des deux manches où ils attendoient une Flotte Angloise, escortée seulement par deux Vaisseaux de 40 canons, lorsque par un coup de vent violent & la grosse mer, le grand mât de *L'Amphion* rompit, ce qui les obligea à quitter la croisiere & à relâcher à Brest, où ledit sieur Beaussier de l'Isle fut si dangereusement malade, qu'on fut obligé de nommer un autre Capitaine pour commander cette Escadre, qui eut une destination différente. A peine eut-il rétabli sa santé peu de tems après & dans la même année, qu'il commanda une autre Escadre composée de quatre Vaisseaux de ligne & une Frégate, destinés à passer des Troupes à Louis-Bourg, où il se rendit malgré l'Escadre ennemie qui en bloquoit l'entrée. Il y fut fait prisonnier lors de la reddition de cette Place, son Vaisseau ayant été brûlé par l'effet des bombes des Ennemis, ainsi que plusieurs autres.

En 1762, le Ministre qui connoissoit ses talens & sa capacité, demanda son échange à la Cour d'Angleterre, ce qui fut accordé ; on le nomma aussi-tôt au commandement d'une Escadre composée du *Royal-Louis* de 116 pieces de canon, 5 Vaisseaux de ligne, 2 Frégates, & plusieurs Bâtimens de transport pour une expédition secrete. La paix s'étant faite avant son départ de Brest, il fut destiné avec partie de cette Escadre & Bâtimens de transport pour aller prendre possession des Isles du Vent, d'où il fut ensuite à Saint-Domingue avec une voie d'eau considérable, quoique le Navire fût à sa première campagne ; mais ce fut sur-tout à l'occasion de son retour à Brest, que cet Officier donna des preuves de la profonde connoissance qu'il avoit de son métier, & de son attachement aux intérêts de son Prince. Contre l'opinion de tous les gens qui lui conseilloient de faire caréner son Vaisseau, il part sans faire cette opération, qui auroit coûté des sommes immenses, & des frais considérables de séjour. Quelque confiance que l'Équipage eût en son Commandant, il ne put dissimuler la répugnance qu'il avoit à entreprendre ce voyage ; cette voie d'eau augmenta pendant la traversée, & malgré les mauvais tems qui le séparerent de son Escadre, il arriva enfin au Port de Brest peu d'heures après la totalité de ses Vaisseaux, ses Équipages excédés de fatigue d'avoir pompé continuellement pendant la traversée. C'est ainsi qu'il sauva ce Vaisseau au Roi. On peut voir un plus grand détail des importantes missions dudit Louis-Joseph Beaussier de l'Isle dans les nouvelles publiques de ce tems. Il fut nommé Chef d'Escadre en 1764, & mourut en 1765 à l'âge de 65 ans. Il avoit épousé Louise Jouenne de *Losriesre*, fille à Galien Jouenne de Losriesre, Chevalier de l'Ordre Royal & Militaire de St. Louis, & de Dame Celeste de Tiange (Acte du 10 Novembre 1757 devant l'Abbé, Notaire à Brest) de laquelle il laissa Louis-Bernard Beaussier de l'Isle, mort à l'âge de 5 mois, & deux filles encore jeunes ; l'aînée Claire-Celeste-Louise, née le 9 Février 1760, & la cadette Angelique-Louise, née le 13 Décembre 1761.

VI. André Beaussier de Châteauvert, fils aîné de Louis, mort Capitaine de Vaisseau du Roi & de Port, & de Dame Claire Portanier, fit alliance en 1723, étant Enseigne de Vaisseau, avec Marie-Therese *de Giraudy Piosin* de Montauban, fille à feu noble Pierre de Giraudy de Piosin de Montauban, & de Dame Anne de Bousquet ; les articles de ce mariage se trouvent enrégistrés à la date du 12 Juillet 1743, aux écritures de Me. Amyot, Notaire à Toulon. Ledit André Beaussier de Châteauvert, après avoir été créé Chevalier de l'Ordre Royal & Militaire de St. Louis, & passé par

DE LA NOBLESSE DE PROVENCE.

tous les Grades Militaires, a été fait Chef d'Escadre le 3 Septembre 1764, & le 16 le Roi lui a accordé sa retraite.

Ses enfans sont: 1. Louis Beaussier de Châteauvert qui suit; 2. Pierre-André Beaussier de Châteauvert Montauban, Lieutenant de Vaisseaux du Roi; 3. Marie-Anne-Louise Beaussier, mariée à M^e. Honoré-Marie Regnier du Tillet, Avocat au Parlement de Provence, Commissaire de la Marine & aux Classes, au département d'Antibes; 4. Marie-Gabrielle non encore établie; 5. & Therese, mariée à M^{re}. Louis Armand, Comte de la Poype-Vertrieux, de la ville de Paris, Capitaine de Vaisseau du Roi au département de Toulon, fils à M^{re}. François, Comte de la Poype, Marquis de Vertrieux, Exempt des Gardes du Corps du Roi, & à Dame Marie-Anne Forest, Marquise de Vertrieux, duquel mariage est issu une fille, nommée Therese-Elisabeth.

VII. Louis Beaussier de Châteauvert, fils aîné de M^{re}. André Beaussier de Châteauvert, Chef d'Escadre, & de Dame Therese de Giraudy Piosin de Montauban, après avoir passé successivement par les Grades de Garde de la Marine, Sous-Brigadier, Brigadier, Enseigne, Lieutenant & Capitaine d'une des Compagnies franches de la Marine, a été créé par le Roi Chevalier de l'Ordre Royal & Militaire de St. Louis, & fait Capitaine de Frégate en 1765.

Il s'est marié le 15 Octobre 1760 avec D^{lle}. Françoise-Seraphine *Jacquet de Cuvray*, fille de M^{re}. François-Séraphin Jacquet, Ecuyer, Seigneur de Cuvray, à Verneuil en Perche, & de Dame Marguerite Poupar, de laquelle il a un garçon appellé Louis-André Beaussier, Seigneur de Cuvray & du Nouvet.

BERNARDY DE SIGOYER.

ON n'a rien à ajouter à cette Famille, sinon que depuis 1757, Dominique-Jacques-Christol, second fils de François-Dominique-Bruno de Bernardy, a été Officier dans le Régiment de Foix, Infanterie.

Corrections à faire au Tome I. de cette Histoire.

A la page 131, ligne 5e. lisez : il est qualifié Noble & Ecuyer dans ledit testament.

Ligne 19, lisez *Bernus*, au lieu de *Bennes*.

Ligne 32, lisez *Bertet*, au lieu de *Cartel*.

BERNIER.
Des Seigneurs de PIERREVERT.

LA généalogie de cette Maison a été plusieurs fois imprimée, & nous n'en donnerons qu'une notice générale, suivie de son état actuel. Elle est originaire du Piémont où elle a été toujours reconnue parmi la plus illustre & la plus ancienne Noblesse du Pays ; elle a passé en France & en Provence à la fin du quinzieme siecle en 1480, & elle y possede depuis près de deux cens ans la terre de Pierrevert, qui fut acquise de la Maison de Levy Ducs de Ventadour, par Pierre de Bernier. Le Roi en récompense de ses services l'exempta des droits de lods, comme il conste par l'enrégistrement à la Cour des Comptes, des Lettres-patentes données par le Roi à cet effet. Pierre de Bernier, premier Seigneur de Pierrevert, épousa en 1575 Nicole de Roux ; il étoit fils d'un autre Pierre de Bernier, marié à Marseille en 1545 & petit-fils de Henri de Bernier & de Catherine de Bardallante, d'une illustre Maison du Piémont, qui se retirerent en Provence, à la suite de quelques

DE LA NOBLESSE DE PROVENCE.

défagrémens qu'ils eurent à la Cour de Savoie un peu avant l'année 1480.

Cette Maifon a donné des preuves de fon zele & de fa fidélité dans les tems de la Ligue & de la Fronde ; & Pierre de Bernier troifieme du nom , Seigneur de Pierrevert , eut dans différentes occafions plufieurs chevaux tués fous lui.

Elle eft actuellement repréfentée par Paul-Augufte de Bernier, Seigneur de Pierrevert, ancien Syndic de la Nobleffe de Provence, retiré du fervice, après avoir fervi avec diftinction & s'être trouvé en 1734 au fiege de Philifbourg. Il a épousé Magdelaine-Euphroifine de Suffren St. Tropés, fœur de l'Evêque de Sifteron , & du Bailli de Suffren, Chevalier des Ordres du Roi , Vice-Amiral de France. Les enfants fortis de cette alliance ont été :

1°. Louis-Jérome-Charles-François de Bernier de Pierrevert, Lieutenant des Vaiffeaux du Roi , Chevalier de St. Louis , Capitaine d'une des Compagnies de la Marine. Il s'eft trouvé au combat de la Grenade, & à toutes les actions de la campagne du Comte d'Eftaing en 1778 & 1779. Il obtint après cette campagne le commandement du *Tigre*, & bientôt après il combattit avec avantage & mit en fuite fur les parages de Corfe un bâtiment Anglois de force fupérieure. Il eut en récompenfe le commandement de la *Sardine*, avec ordre de croifer pour intercepter les bâtimens ennemis & neutres , qui viendroient porter des vivres & des munitions à Mahon alors affiégé par les Efpagnols & les François : la maniere dont il remplit fa miffion , lui mérita un troifieme commandement , & il obtint celui de la *Blonde*.

2°. Charles-Eugene de Bernier de Pierrevert, Docteur de Sorbonne , Vicaire-Général des Dioceses d'Aix & de Sifteron, Député à l'Affemblée générale du Clergé en 1775 , Prieur de la maifon de Sorbonne en 1776 , nommé par le Roi à l'Abbaye de Malans en 1784.

3°. Antoine-Melchior-Gafpard-Balthazard de Bernier

de Pierrevert, Chevalier de Malthe, Lieutenant des Vaisseaux du Roi, Capitaine d'une des Compagnies de la Marine. Il s'étoit trouvé au combat de la Grenade en 1779, à celui de la Praya en 1781, aux combats livrés dans l'Inde par le Bailly de Suffren son oncle le 17 Février 1782, 12 Avril, & 6 Juillet de la même année. Il eut ensuite le commandement de la Frégate du Roi la *Bellone*, & bientôt après il fut tué d'un coup de canon, en attaquant sur la Côte de Ceïlan la Frégate Angloise la *Coventry*. Il fut généralement regretté de toute l'Armée, & du corps entier de la Marine, qui crut avoir fait une perte, en apprenant qu'il avoit été tué.

4°. Ferdinand-Marc-Antoine de Bernier de Pierrevert, Chevalier de Malthe, Enseigne des Vaisseaux du Roi, Brigadier de la Compagnie des Gardes de la Marine. Il s'est trouvé avec ses freres au combat de la Grenade, & à toutes les actions de la campagne du Comte d'Estaing en 1778 & 1779, aux trois combats livrés en Amérique en 1780 par le Comte de Guichen à l'Amiral Rodney, & aux combats du Cap Salomon, & de la Chesapeac, livrés par le Comte de Grasse en 1781. De retour en France & la paix faite, il obtint un congé pour aller faire ses caravannes à Malthe; & les Frégates de Malthe, commandées par le Commandeur de Suffren son oncle avec lequel il étoit embarqué, s'étant réunies à l'Armée Espagnole, il se trouva aux deux bombardements d'Alger aux années 1783 & 1784. Il est actuellement embarqué sur la *Boussole*, & est un des Officiers de M. de la Perouse qui va faire le tour du monde & chercher à faire des découvertes.

5°. Sophie-Therese de Bernier de Pierrevert, élevée à S. Cyr, mariée au Vicomte de Flotte de Roquevaire, ancien Officier des Vaisseaux du Roi.

6°. Jéronime de Bernier de Pierrevert, mariée au Marquis du Castellet de Monier, Capitaine des Vaisseaux du Roi, Chevalier de S. Louis de l'association de Cincinnatus, commandant actuellement le Vaisseau du Roi le *Séduisant*.

Paul-Augufte de Bernier, Seigneur de Pierrevert, chef de fa Maifon, a pour frere Louis-Nicolas-Balthazard de Bernier de Pierrevert, Capitaine aux Gardes, Chevalier de S. Louis, Brigadier des Armées du Roi, Lieutenant de Roi de la ville & citadelle de Honfleur; il s'eft trouvé à différentes actions, & entre autres, à la bataille de Laufeld en 1747, & au fiege de Maftricht en 1748. Il avoit un troifieme frere, d'abord Officier de Galere, & mort enfuite Officier de Vaiffeau.

Les Armes de cette Maifon font d'azur à trois pals d'argent, à l'écuffon encomblé de gueules, au lion rampant auffi d'argent, barbé, barboté & langué de gueules; fupports deux lions, cimier un lion iffant du timbre. Devife. *Hoftium terror tutatur amicos.*

Les alliances font en Piémont avec les Bardallantes & autres. En Provence avec les Maifons de Gratian, Seigneurs de Confonove; de Garnier, Seigneurs de Montfuron; de Piolenc; de la Cepede; de Riqueti, des Marquis de Mirabeau; d'Agout, des Seigneurs de Seillon; de Tributiis, Seigneurs de Ste Marguerite; de Boniface, des Seigneurs de Fontbeton; de Suffren, des Marquis de St. Tropès; de Flotte de Roquevaire; de Monier du Caftellet, &c.

BERNUS.

DANS les différens Mémoires qu'on m'a fait paffer fur les premieres Maifons qui ont habité Apt, j'ai découvert des documens fur celle des Bernus, dont j'ai cru devoir faire mention en paffant, crainte qu'on ne m'accusât d'avoir omis une Famille auffi ancienne & auffi diftinguée par fes alliances.

Elle étoit divifée en deux branches; l'une figuroit dans Apt avec les premieres; l'autre s'attacha à la Maifon des Comtes de Sault, où ils faifoient leur demeure; ils ont joui de tous les privileges de la Nobleffe, ainfi que leurs auteurs, dans le Duché de Lorraine, d'où ils étoient originaires ; ils furent naturalifés & confirmés dans leur Nobleffe par Louis XII, Roi de France, Comte de Forcalquier, en confidération de fervices rendus à l'Etat, par Lettres-patentes données à Blois en 1510. Ils ont poffédé depuis le 23 Février 1545 la Terre & Seigneurie de Lioux, avec exemption de la taxe de Franc-Fief ; ils fe font alliés aux Maifons d'Albert & de Vintimille par le mariage de magnifique Seigneur Antoine d'Albert, Contrôleur-Général des Finances, & Seigneur de Reguffe, avec Honnorée de Bernus, des Seigneurs de Lioux, dont une fille étoit mariée aux Comtes de Vintimille, le 15 Novembre 1559 (Tifaty Notaire.) Ils tiennent encore à cette Famille par le mariage de François de Bernus, Ecuyer, Seigneur de Lioux, qui s'allia le 24 Novembre 1561 (Notaire Paul Hortie d'Apt) avec Pierrete d'Autric, fille de Noble & généreux Seigneur Elzear d'Autric, Seigneur de Beaumetes, Ecuyer de la ville d'Apt, & de Noble Louife de Vintimille, Dame de Beauduen, Ramatuelle & Ste. Croix, laquelle étoit fille de magnifique Seigneur Marc de Vintimille Seigneur defd. lieux, & de noble Honnorade de Simiane. Ils n'eurent de ce mariage qu'une fille unique, Honnorée de Bernus, Dame de Lioux, qui s'allia à Noble & illuftre Seigneur François-Louis d'Aftuaud, Marquis de Murs, Seigneur de Befaure, le 17 Septembre 1585 ; elle hérita de tous les biens de la branche d'Apt, & fa poftérité fubfifte encore aujourd'hui dans la perfonne du Marquis de Murs.

La Branche de Sault a fait alliance aux Maifons de Peliffier, de Bernardy, de Sigoyer, de Sainte-Marie, de Pafcalis & autres. Elle a été tranfplantée à Rouffillon en la perfonne de Denis Bernus, Ecuyer, qui eft pere de trois enfans, & d'une fille ; dont l'aîné eft Curé & Recteur perpétuel de la ville de Bonieux ; le fecond marié fans poftérité à Dame Marie-Jeanne de Bouquet ; & le troifieme veuf, n'ayant eu de fon mariage que Dlle. Marie

DE LA NOBLESSE DE PROVENCE. 49

Marie-Anne de Bernus, Pensionnaire au Couvent des Ursulines à Lisle, & la fille nommée Marie-Anne de Bernus, Religieuse à la Visitation de Ste. Marie à Apt.

L'égarement des Titres de cette Famille ne m'a pas permis d'en suivre la filiation.

Voyez l'Histoire de l'Abbé de Robert, celle de Pithon-Curt à l'article *de Vintimille*, & ce que j'ai dit au même article, tome II.

BONAUD D'ARCHIMBAUD.

I. Famille originaire de Pertuis. Noble ANTOINE DE BONAUD, fils de Noble François, & de Melchione *de Flotte*, épousa le 26 Avril 1629 (Notaire Olivier dudit Pertuis) Colette-Marguerite de Savournin, fille d'Honoré de Savournin de la Ville d'Aix, Ecuyer, & de Dlle Magdeleine *d'André*, dont il eut :

II. André de Bonaud, qui épousa le 22 Avril 1663 (Notaire Gily de Pertuis) Suzanne *d'Archimbaud*, fille de Noble André d'Archimbaud, Seigneur de Chantereine, & de Dame Françoise *d'Anjou*.

III. Il eut de cette alliance Jean-François de Bonaud, qui de son mariage avec Dlle. Rose de *Thomas*, fille de Noble Alphonse de Thomas, Seigneur de St. Roman, & de Dame Catherine de *Joannis* de Bedoin, (Acte du 23 Février 1700, Notaire Favory, de Bedoin) eut pour fils :

IV. Alphonse de Bonaud ; il se maria le 24 Novembre 1734 (Notaire Blanc de l'Isle), avec Dlle. Scolastique de *Donodey* de Campredon, fille de Mre. Louis-François-Alexis de Donodey de Campredon, & de Dame Marie de *Prily* de Malassagne ; & de cette alliance est issu :

V. Noble Charles-Louis-Alphonse de Bonaud d'Archimbaud, né à Pertuis, marié avec Dlle. Marie-Therese de *Moreau* de Verone, native du Buix en Dauphiné, fille à Noble Denis de Moreau, Seigneur de Verone, Co-sei-

Tome III. G

gneur de Vinſobre, & Vi-bailly du Buix, & de Dame Jeanne-Marie de *Grangeat*.

Par Arrêt de la Cour des Comptes, Aydes & Finances du 19 Novembre 1667, cette Famille fut maintenue dans ſa Nobleſſe, à la requiſition de Noble Gilibert de Bonaud, l'un des petits-fils de François, qui y fut déclaré Noble, & iſſu de noble race & lignée.

BONNECORSE.

FAMILLE noble, établie à Marſeille depuis près de trois ſiecles : elle y a toujours tenu un rang diſtingué ; elle a fourni pluſieurs Officiers dans les armées de nos Rois ; ils ont été employés pour diverſes négociations, de la part des Rois de France. N. de Bonnecorſe, Evêque de Saint-Paul-Trois-Châteaux, étoit iſſu de cette famille ; il mourut à Aix.

I. Le premier par lequel nous commencerons la filiation, eſt noble Julien Bonnecorſe, Secretaire, Tréſorier-Général de toutes les Finances tant ordinaires qu'extraordinaires du pays de Provence, en conſidération des ſervices qu il avoit rendus au Roi, par Lettres-patentes du 2. Mars 1523. ſignées par le Roi Comte de Provence, & plus bas le Bâtard de Savoie ; il eut 1. Guillaume qui ſuit, 2. & Gaſpard ; celui-ci eut le commandement d'une Compagnie de cinquante hommes de pied ; il mourut au ſervice de ſon Prince ſans alliance.

II. Guillaume Bonnecorſe, fils aîné de Julien de Bonnecorſe, continua la poſtérité ; il eut 1. Bernardin qui ſuit, 2. & Jean qui mourut au ſervice de ſon Prince ſans alliance.

III. Bernardin Bonnecorſe, fils aîné de Guillaume de Bonnecorſe, eut Jacques & Antoine de Bonnecorſe qui formerent deux Branches ; celle d'Antoine n'eut aucun enfant du mariage qu'il contracta avec Jeanne de Brunet ; elle eſt éteinte.

DE LA NOBLESSE DE PROVENCE.

IV. Jacques de Bonnecorfe, fils aîné de Bernardin de Bonnecorfe, s'allia avec Antoinette Seguier, de laquelle il eut François qui fuit, & Elifabeth morte fans alliance.

V. François de Bonnecorfe, fils unique de Jacques de Bonnecorfe & de Dame Antoinette Seguier, époufa Anne d'Aguilhenquy, de laquelle il eut 1. Balthazard, 2. & François qui mourut au fervice de fon Prince.

VI. Balthazard de Bonnecorfe, fils aîné de François de Bonnecorfe & de Dame Anne d'Aguilhenquy, fut employé à diverfes négociations de la part de nos Rois; il remplit fes miffions avec diftinction; il eut de fon mariage avec Anne de Gardane, 1. Louis qui fuit, 2. Charles, 3. & Marguerite. Charles, époufa Lucrece de Meyronnet, de laquelle il n'eut qu'une fille nommée Françoife qui mourut en bas âge.

VII. Louis de Bonnecorfe, fils aîné de Balthazard de Bonnecorfe, & de Dame Anne de Gardane, après avoir fervi long-tems fon Prince, époufa Catherine de Franlhefquy, de laquelle il eut 1. François qui fuit, 2. autre François. Celui-ci époufa Anne de Fournier, 3. & Anne de Bonnecorfe, époufa N. d'Ollivier, Seigneur de Puget.

VIII. François de Bonnecorfe, fils de Louis de Bonnecorfe & de Dame Catherine de Franlhefquy, fut Commandant pour le Roi des Ifles & Château de Porte-Cros; il époufa Elifabeth-Marguerite de Gerard-de Benat, fille de François de Gerard, Seigneur de Benat, & de Dame Therefe d'Etienne de Beauregard, de laquelle il eut François-Ignace, qui fuit, & Marie-Anne, vivant fans alliance.

IX. François-Ignace de Bonnecorfe, Seigneur de Beauregard, fils de François de Bonnecorfe & de Dame Elifabeth-Marguerite de Gerard-de Benat, a époufé Therefe le Blanc de Caftillon, fille de Meffire Jean-François-André le Blanc de Caftillon, Procureur-Général au Parlement de Provence, de laquelle eft né:

X. 1... Auguftine, morte en enfance. 2. François-Marie. 3. Jean-Baptifte-Balthazard-Eugene. 4...... pofthume.

BOSSE.

ON trouve dans les anciennes Chartes du Bailliage de Seyne sous le Roi Louis I. d'Anjou, & Louis II. son fils, Comte de Provence, que la Famille du nom de Bosse, en latin *Bossia* étoit employée à la défense de la frontiere du Pays. Guillaume, Bertrand & Isnard Bosse y avoient des commandemens dans l'Armée du Prince.

En l'an 1331, Raimond Bosse commandoit dans le Bailliage de Seyne un corps d'armée pour le service des Comtes de Provence. Louis II. par Lettres-patentes du 1 Décembre 1411, donna le commandement du Château de St. Vincent situé audit Bailliage, à Antoine Bosse, aux gages de 100 florins d'or par an.

Tous les anciens Actes du lieu de la Breoule, d'où les Bosse sont originaires, leur donnent la qualité d'illustres & de Chevaliers. On voit en une Transaction passée le 17 Janvier 1321, entre les Nobles dudit lieu & les autres habitans, pour raison du payement des Tailles, qu'Anselme Isoard & Raimond Bosse, enfans d'Arnoux, y sont qualifiés du nom de *Milites*; deux autres freres du nom de Jean, l'un dit le Majeur, & l'autre le Mineur, prennent la même qualité de Chevalier dans un autre Acte passé avec ladite Communauté le 14 Décembre 1480.

Jean de Bosse, dit le Majeur, eut pour fils Michel I. du nom, qui par Antoine & Michel ses enfans, a fait diverses branches.

Antoine de Bosse, marié en 1540 avec Jeanne de Serre, eut pour fils Benoit, qui en 1558, épousa Julie de Rame, d'une des plus nobles familles du Dauphiné.

Ledit Benoit de Bosse, sieur Duperier, Capitaine de cent hommes de pied, eut de son mariage Jean & Annibal; ce dernier étoit Châtelain de la ville d'Embrun

DE LA NOBLESSE DE PROVENCE.

en 1619, puis Capitaine de la Tour de Queirasq en Dauphiné. De Jean son fils aîné, nâquirent Benoit & Guillaume, qui n ont laissé aucune postérité masculine. Benoit est mort en 1728.

Michel de Bosse II, fils de Michel I, se maria en 1544 avec Magdeleine-Etienne de Brouchiers de la Villette; il eut de ce mariage un fils appelé Elzeas; l'un & l'autre s'étant joints à nombre d'autres Gentilshommes de la Haute-Provence, ils accompagnerent en l'année 1567 le sieur de St. Martin, Gouverneur de Sisteron, lorsqu'il vint renforcer les Troupes Catholiques commandées par le Comte de Tende. Ledit Michel à la tête d'une Compagnie de gens de pied, fut chargé de la garde du Château de Lauris, & ensuite employé à la défense de celui de Lambesc, conjointement avec Elzeas son fils, qu'il maria dans cette Ville en 1569 avec Jeanne Perrot d'Orleans, d'une famille distinguée du Comtat. Le contrat de mariage qui est du 18 Août, certifie que ledit Michel de Bosse, présent à l'Acte, & Elzeas son fils, étoient Ecuyers, natifs du lieu de la Breoule. Elzeas fut pere de Jean & de Louis-Antoine. Ce dernier, Capitaine dans le Régiment de Rambures, fut tué au Siége de St. Jean d'Angeli en l'année 1621. Jean, qui avoit épousé en l'année 1616 Elisabeth de Gajot, en eut un fils appellé Joseph, qui fut pere d'un autre Joseph; de ce dernier, marié en 1712, est né Jean Joseph de Bosse, Seigneur de Bonrecueil, qui de son mariage avec Dlle. Marie-Elisabeth de Gilles, a eu plusieurs enfans, entr'autres deux Garçons, dont l'aîné a les noms de Louis-Joseph-Antoine, & l'autre s'appelle Joseph-Jean-Hypolite.

Tous les descendans de Michel de Bosse de la Breoule ont été reconnus & déclarés issus de noble race & lignée, & maintenus en leur qualité par Jugement des Commissaires délégués en l'année 1667.

BOUQUIER.

ENTRE les familles Nobles de la ville de Marseille, celle de Bouquier, en latin *Boquerii*, est mise au rang des plus anciennes de la Provence ; ils ont été toujours fideles à leurs Souverains & à leur Patrie.

Adam Bouquier Ier. du nom, dont la fidélité pour son Prince étoit connue, fut député à Raymond Berenger, Comte de Provence. Bertrand Bouquier, fut fait premier Consul de la ville de Marseille en 1493 & 1494. Adam Bouquier IIe. du nom, étant premier Consul de la ville de Marseille en 1561, fit lever deux Compagnies de 200 hommes de pied, pour envoyer du secours au Comte de Sommerive, qui assiégeoit la ville de Sisteron dont les Huguenots s'étoient rendus les maîtres ; & par ce secours rendit cette Ville sous l'obéissance du Roi. François de Bouquier fut Capitaine d'une Compagnie de trois cens hommes de pied ; fut fait premier Consul de la ville de Marseille en 1568 & 1581. Député au Roi par délibération de l'Hôtel de la même Ville en 1569, il s'acquitta de sa mission avec distinction ; conserva cette même Ville au Roi en 1585, en s'opposant aux entreprises de Louis la Motte Dariés second Consul, lequel profitant de l'absence d'Antoine d'Arene premier Consul, se lia avec le S^r. de Vins, chef de la Ligue, pour lui livrer la Ville ; mais Bouquier se mit à la tête des autres Gentilshommes, & se rendit maître de Dariés qui fut pendu à la place du Palais.

Pierre de Bouquier, Gouverneur de la Tour de Bouc, fut premier Consul de la ville de Marseille en 1571, Viguier Royal de la même Ville en 1581, pour lors affligée de peste ; cette même année, il fit lever une troupe de six mille hommes, pour s'opposer aux entreprises des galeres de Florence, qui menaçoient d'assiéger Marseille ; mais ayant été instruites des démarches de ce Commandant, elles prirent la fuite.

DE LA NOBLESSE DE PROVENCE.

Ils ont tous servi dans les armées de terre & de mer avec distinction sous les Comtes de Provence & les Rois de France leurs successeurs ; l'origine de cette Maison se perd dans la nuit des tems ; nous ne commencerons la filiation qu'à Adam Boquier, V^e. du nom ; il fut député à Raymond Berenger Comte de Provence, (Archives de l'Hôtel-de-Ville de Marseille) il eut un fils nommé Pierre. — I.

Pierre Bocquier, fils d'Adam Bocquier, fut Cosseigneur de St. Cannat ; il eut de son mariage avec Jeanne N. Antoine de Bocquier qui suit : — II.

Antoine Bocquier, épousa Dlle. Nicole N. en 1370, il eut de son mariage 1. Jacques ci-après, 2. & 3. Nicolas & Jean ; on ignore s'ils eurent postérité. Antoine Bocquier fit son testament le 26 Juillet 1407. — III.

Jacques Boquier Ier. du nom, eut de son mariage avec Dlle. Urbaine, Bertrand Bocquier qui suit : — IV.

Bertrand Bouquier, épousa Dlle. André, de laquelle il eut deux fils nommés Jean ; l'aîné alla s'établir au Martigues ; cette branche fut éteinte en 1590. Elle avoit donné plusieurs Officiers dans les armées ; un premier Consul de la ville de Marseille en 1571, & un Viguier Royal en 1581. de la même Ville. Bertrand Bouquier fut premier Consul de la Ville de Marseille en 1493 & 1494.; il s'acquitta de cette charge avec distinction & fidélité. — V.

Jean Bocquier, dit le Jeune, fils cadet de Bertrand Bocquier, & de Dlle. André N. continua la postérité à Marseille, par le mariage qu'il contracta le 14 Janvier 1495 (Notaire *Barthelemy Darnety* à Marseille) avec Dlle. Comtesse de Caradet, *alias* Bourgogne, fille de noble Jean de Caradet *alias* Bourgogne & de Dame Marquise Albanel ; de ce mariage naquit 1. Adam, 2. Artaud ou Aymar ; on prétend que celui-ci fit branche au Comté Venaissin ; de cette Branche il y a eu divers Chevaliers de Malte, dont Philippe-Augustin, est mort Commandeur de St. Blaise des Monts en 1757. 3. Baptrone épousa noble François d'Arsaquy ; elle fit son testament le 13 Février 1587. — VI.

(Notaire *Ferrier* à Marseille) 4. Marguerite fut Abbesse de l'Abbaye Royale de St. Bernard de Sion de la ville de Marseille en 1550. 5. Pierre, fut Archidiacre de l'Eglise Majeur, de Marseille.

VII. Adam Bouquier, II. du nom, fils de Jean Bouquier dit le jeune & de Dlle. Comtesse de Caradet, fut élu premier Consul de la ville de Marseille en 1561. & 1562. Il se distingua pendant son Consulat, & donna des preuves de sa fidélité pour son Prince & de son attachement pour sa Patrie : Ce fut lui qui envoya du secours au Comte de Sommerive, comme nous l'avons dit ci-devant; il épousa en 1515. Dlle. Jeanne du Bois, Cornilhe, de laquelle il eut François & Jean; il fit son testament le 8. Janvier 1558. (Notaire *Deoliolis* à Marseille) François continua la postérité, & Jean fut Archidiacre de l'Eglise Majeur de Marseille en 1550.

VIII. François de Bouquier Ier. du nom, fut élu deux fois premier Consul de la ville de Marseille aux années 1568 & 1581. fut député au Roi, étant premier Consul en 1569, par délibération de l'Hôtel-de-Ville de Marseille, s'acquitta de sa mission avec distinction; il eut le commandement d'une Compagnie de trois cens hommes de pied. En 1550, il sauva la ville de Marseille au Roi au mois d'Avril 1585, en faisant arrêter Louis de la Motte Dariés; second Consul de Marseille, qui commandoit en l'absence d'Antoine d'Arene, premier Consul; il vouloit livrer cette Ville au Sr. de Vins Chef de la Ligue; Bouquier se mit à la tête de la Noblesse, fit arrêter Dariés, on écrivit à Henri d'Angouleme Gouverneur de la Provence, qui étoit à Aix à cause des mauvais déportemens de Dariés; l'action de Bouquier; il vint tout de suite, alla droit à l'Hôtel-de-Ville où tous les principaux Habitans étoient assemblés; il embrassa Bouquier, en lui disant qu'il avoit gagné une bataille au Roi. (*Histoire de Marseille de Ruffi* pag. 360. & *Archives de Marseille.*) Dariés fut accusé du crime de Leze-Majesté; il fut pendu à la place du Palais.   Ledit

DE LA NOBLESSE DE PROVENCE.

Ledit François de Bouquier, fut marié deux fois. 1°. Le 13. Août 1552, (contrat reçu par *Marc Flotte*, à Marseille) avec Dlle. Barthelemie Claret, fille de Jacques Claret & de Dlle. Jeanne Martin, duquel mariage il eut 1. Antoine, 2. & Adam. Antoine continua la postérité rapportée au degré suivant ; & Adam fut Archidiacre de l'Eglise Majeur de Marseille, 2°. avec Madelaine de Leon, fille de noble Gaspard & de Dame Marguerite de Huc par contrat du 14 Février 1573, acte reçu par *Sausede* Notaire à Marseille ; de ce second mariage il eut 1. Elisabeth qui épousa noble Pierre de Trichaud, Seigneur de St. Martin, Président aux Enquêtes au Parlement de Provence ; lequel eut un fils nommé François qui fut Conseiller au même Parlement. Elle fit son testament le 13 Février 1647. (Notaire *de Regina* à Aix.)

2. Autre Elisabeth qui épousa noble Jean de Raynier de la ville de Marseille en 1594. (Notaire *Sausede* à Marseille) 3. & 4. Jeanne & Lucrece mortes en enfance ; 5. Marquise fut Abbesse de l'Abbaye Royale de St. Bernard de Sion de Marseille en 1619. confirmée par Arrêt du Conseil d'État du Roi en 1643.

Ledit François de Bouquier fit son testament, étant premier Consul de Marseille le 25 Janvier 1569. reçu par *Deoliolis* Notaire à Marseille ; il dit dans son testament que comme il a à s'absenter pour aller en Cour à la Majesté du Roi, il fait son testament.

Antoine de Bouquier, II. du nom, fils aîné de François de Bouquier & de Dame Barthelemie Claret sa première femme, fut Capitaine d'une des Galeres du Roi en 1600. Il épousa par contrat du 27 Juin 1584, (Notaire *Honoré Arnaud* à Marseille) Marguerite d'Arene, fille de noble Antoine d'Arene, Seigneur de Septeme, & de Dame Catherine de Valbelle-Montfuront ; ils eurent de leur mariage neuf enfants. 1. Honoré, mort en enfance ; 2. François qui suit ; 3. Charles reçu Chevalier de Malte en 1697 ; 4. Catherine épousa noble Pierre de Piquet,

IX.

par contrat du 24 Octobre 1646 (Notaire *Prat* à Marseille;) elle fit son testament le 28. Mai 1672 (Notaire *Berardy* même Ville,) en faveur de Jean de Bouquier son neveu, fils de François de Bouquier son frere & de Dame Lucrece de Bourguignon de la Mure. 5. Nicolas fut Religieux à l'Abbaye St. Victor-lès-Marseille. 6. Elisabeth fut mariée à noble Benoît de Robert. 7. Marguerite fut Religieuse au monastere de Ste. Claire de Marseille, 8. Blaise Religieux Dominicain à Marseille, 9. & Françoise qui mourut sans alliance. Antoine de Bouquier fit son testament en 1634. Marguerite d'Arene sa femme, fit le sien le 8 Avril 1605. (Notaire *Amiel Prat* à Marseille.)

X. François de Bouquier II. du nom, fils aîné d'Antoine de Bouquier II. & de Dame Marguerite d'Arene, fut Capitaine d'une des Galeres du Roi en 1615., il continua la postérité à Marseille, par le mariage qu'il contracta le 11 Décembre 1620. (Notaire *Piquet* à Marseille,) avec Lucrèce de Bourguignon de la Mure, fille de noble Pierre de Bourguignon, Biffieres, Seigneur de la Mure, & de Dame Marguerite d'Alphantys; ils eurent de ce mariage six enfans. 1. Jean de Bouquier II. du nom, qui suit, 2. François mourut sans alliance, 3. Marguerite fut Religieuse au Couvent des Bernardines à la Ciotat; 4. Anne fut mariée à noble François de Piquet, fils de Theodore & de Dame Drevone David; 5. Nicolas fut Religieux à l'Abbaye St. Victor-les-Marseille, & Prieur de Ste. Madelaine, par résignation de Pierre de Bourguignon la Mure son oncle maternel; 6. Elisabeth qui épousa noble Charles de Harley, par contrat du 22. Novembre 1650. (Notaire *Amiel Prat* à Marseille.) Elle fit son testament le 9. Juin 1709. (Notaire *Moisson* à Marseille.)

XI. Jean de Bouquier II. du nom, fils aîné de François de Bouquier II. & de Dame Lucrece de Bourguignon de la Mure, fut Capitaine d'Infanterie; il épousa Dlle. Lucrece de Gerard de Benat, fille de Henri de Gerard,

DE LA NOBLESSE DE PROVENCE.

Seigneur de Benat & de Beauregard, & de Dame Elisabeth Capus, par contrat du Ier. Avril 1677. (Notaire *Richelme*, à Marseille,) de laquelle il eut six enfans.

1. Henri, qui mourut sans alliance; 2. Thomas qui suit; 3. Elisabeth mourut à 80. ans sans alliance; 4. Lucrece fut Religieuse au Couvent des Dominicaines à Marseille, 5. Joseph-Cosme, a continué aussi la postérité, & a fait Branche à Marseille, rapportée au degré après Thomas son frere; 6. & Marie-Therese qui fut Religieuse au Couvent des Bernardines de Riveneuve à Marseille.

Ledit Jean de Bouquier fit son testament le 14 Février 1713. (Notaire *Richelme*, à Marseille.) Dame Lucrece de Gerard de Benat son épouse fit le sien le 14. Août 1720. (Notaire *Richelme*, à Marseille.)

XII. Thomas de Bouquier, fils puîné de Jean de Bouquier II. & de Dame Lucrece de Gerard de Benat, fut fait Capitaine d'Infanterie le Ier. Janvier 1734; il épousa Dlle. Catherine-Susane Menestrier par contrat du 31. Mai 1726. (Notaire *Maure* à Marseille,) de laquelle il eut, Jean-François qui suit, & Susane morte en enfance.

XIII. Jean-François de Bouquier III. du nom, né le 8. Juin 1726. fut fait Enseigne au Régiment de Provence le 5. Septembre 1744. Lieutenant le 8. Mars 1745. Lettre de passe pour passer à la Compagnie en second des Grenadiers Royaux; fait Capitaine le 5. Septembre 1759. Chevalier de l'Ordre Royal & Militaire de St. Louis le 28. Juillet 1763. il vit sans alliance.

XII. Joseph-Cosme de Bouquier Ier. du nom, fils cadet de Jean de Bouquier II. & de Dame Lucrece de Gerard de Benat, fut Capitaine d'Infanterie par commission du 5. Avril 1735; il épousa Dlle. Françoise d'Arvieux, fille de noble Laurent d'Arvieux & de Dame Catherine Vernier, par contrat du 10. Novembre 1724. (Notaire *Armeny* à Marseille,) de laquelle il eut 1. Elisabeth-Barbe née le 4. Décembre 1727. vivant sans alliance, 2. François-Philippe qui suit, 3. & Marie-Therese née le 15. Octobre 1733. morte sans alliance.

H 2

Il fit son testament le Ier. Septembre 1747. (Notaire *Lablache* à Marseille.)

XIII. François-Philippe de Bouquier III. du nom , Seigneur de Seillans , (dont il a prêté hommage le 26 Juillet 1785 à la Cour des Comptes de Provence) , né le 6. Août 1729 , fut marié deux fois ; 1°. avec Françoise Capussy, le 12. Mai 1749. (Notaire *Gourdan* à Marseille), morte sans enfans le 14. Avril 1759 ; elle avoit fait son testament le 5. Septembre 1755. (Notaire *Gourdan*) ; 2°. avec Marie d'Adaoust , fille de noble Pierre - François d'Adaoust, de la ville d'Aix , & de Dame Jeanne Cornille, le 28 Août 1759. Ses articles de mariage furent enregistrés le 28. Janvier 1763 , (Notaire *Raspaud* à Aix) de laquelle il a eu :

XIV. Alexandre-Frederic de Bouquier I. du nom, né le 28. Août 1760. Seigneur de Seillans , fut reçu Page du Roi dans sa grande Ecurie le 23. Octobre 1773. aspirant Garde de la Marine au département de Toulon le 29. Mai 1776. Garde de la Marine le 9 Mai 1777. Garde du Pavillon, le 23. Septembre 1777. Enseigne de Vaisseau le 1er. Avril 1778., Lieutenant du Corps Royal de la Marine le 1er. Juillet 1781 : il a fait une Campagne dans la Méditerranée , & toutes celles de l'Amérique, jusqu'au 6. Août 1783 ; il est actuellement dans le Levant embarqué sur la Frégate la *Minerve*.

Bouquier porte d'azur au croissant d'or posé de côté. Consultez pour cette Famille , le Nobiliaire Héraldique de la Chenaye des Bois , le Supplément, Nobiliaire d'Artefeuil , Armorial de France de 1767 & 1782 ; Réglement du Port de la ville de Marseille ; Histoire de la ville de Marseille, Histoire des pestes de Marseille par Bertrand, pag. 9. Mémoires imprimés de la Noblesse de la ville de Marseille en 1759. qui demandoit d'être réintégrée dans les charges Municipales ; Archives du Roi à Aix , celles de la ville de Marseille , papiers domestiques.

BOUTINY OU BOTINY.

FAMILLE ancienne de la ville d'Hieres, où elle subsiste encore.

I. Claude Boutiny est le plus ancien dont nous ayions connoissance.
Il eut de son mariage avec Marie de Thomas :

II. Pierre Boutiny, Seigneur de la Bastide, qui fit alliance avec Catherine *Valieue*, fille de Noble Jacques, & de Marguerite de Puget de Toulon. Il conste par le contrat de mariage en latin dudit Pierre Boutiny, du 10 Février 1531 (Notaire *Jean Cabasson* de Toulon) qu'il est qualifié *Nobilis & generosus vir*. Il eut de ce mariage deux enfans ; 1. Barthelemy qui suit ; 2. Pierre, qui fut d'abord Avocat en la Cour, & ensuite Procureur-Général en la Chambre des Comptes, ensuite du legs que lui fit son pere de cette Charge par son testament du 20 Avril 1556, ainsi que de la Terre de la Bastide (Notaire *Jean Reisson* de Toulon.)

III. Barthelemy Boutiny, qui fut Visiteur-Général des Gabelles, hérita des biens que son pere possédoit à Hieres & à Toulon ; il contracta mariage avec Louise de *Vitalis*, fille de Noble Jean de Vitalis, sieur de Montfort, & de Dlle. Catherine de Lorme, le dernier Décembre 1573 (Notaire *Borrilly* d'Aix), dont il eut pour fils :

IV. Pierre, qui fit alliance le 6 Février 1633 (Notaire *Bertrand* de Grasse) avec Dlle. Claude *Bernardy*, fille de Me. Alexis Bernardy, Avocat en la Cour, & de Dlle. Helie Cavasse de la ville de Grasse. On trouve à la date du 12 Décembre 1645, & dans les écritures de Me. Aiguier, Notaire d'Hieres, un Acte de bail passé par par ledit Pierre Boutiny, Ecuyer, de quelques biens y mentionnés, aux nommés Pierre & Jacques Castil, pere & fils.

V. François Boutiny, Avocat en la Cour & Ecuyer, fils dudit Pierre, contracta mariage le 13 Octobre 1661 (Notaire *Rambert* de Fos-Amphoux) avec Marie *de Gasquy*, fille d'Honnoré de Gasquy, Seigneur de Bregançon & de Leoube, & de Dame Marguerite de Castellane Montmeyan ; il eut de cette alliance :

VI. Joseph de Boutiny, Ecuyer, qui de son mariage contracté le 16 Mars 1698 (Notaire *Villeneuve* d'Hieres) avec Dlle. Genevieve *de Janin*, fille de Jean, eut deux enfans ; 1. Louis; 2. Jean-Joseph.

VII. Louis de Boutiny, Ecuyer, résidant à Hieres, a eu de son mariage avec Dlle. Anne-Catherine *Richaud* :

VIII. Mre. François-Victor de Boutiny, marié avec Dlle. Félicité-Elizabeth *le Blanc de Castillon*, fille de l'Avocat-Général de ce nom, & deux filles, dont une est mariée à noble Jacques de la Chassagne, fils de noble Jacques de la Chassagne, mort Lieutenant de Vaisseaux du Roi, Capitaine d'une Compagnie Franche de la Marine, & Chevalier de l'Ordre Royal & Militaire de St. Louis, & l'autre non encore établie.

IX. Jean-Joseph a eu de son mariage avec Dlle. Anne *de Vialis*, un fils appellé Joseph, & qui est marié avec Dame Marguerite *Richaud*.

BRUNET.

LORSQUE nous parlames, dans le premier volume de cet Ouvrage pag. 199 & suivantes, de la Maison de Brunet, nous ignorions bien des faits, & des particularités, & même des Branches qui depuis-lors sont venues à notre connoissance ; c'est pour réparer toutes ces omissions, que nous redonnons un abrégé généalogique de cette Maison.

Tous ceux qui ont écrit sur la Noblesse de Provence, en ont parlé comme étant une des plus anciennes, & d'ancienne Chevalerie. Nostradamus, dans son Histoire chronique de

DE LA NOBLESSE DE PROVENCE.

Provence, dit: « la Maison de Brunet est fort noble & fort
» ancienne; aussi ont été ceux de cette famille autrefois
» grands faulconiers & gros chasseurs, auxquels aucuns
» disent que le lieu de Brunet avoit appartenu. Si à l'a-
» venture ils ne sont extraits & descendus des Brunets de
» Florence qui en l'an 1260. y ont été Gonfaloniers; tant
» y a qu'ils sont au rang des premieres races ; l'enseigne
» des Brunets est d'or composé de sable au levrier ram-
» pant de gueules, blazon certe convenable & répondant
» à l'humeur de ceux qui le portent, lesquels, comme
» j'ai dit, ont été merveilleusement adonnés à la fau-
». connerie; devise : *fidelitate & audace lucet.*

Dans l'Armorial de France où les armoiries de toutes les anciennes Familles nobles sont rapportées par ordre alphabétique, celles de Brunet sont comme ci-dessus.

On voit dans l'acte de partage de la Provence de l'an 1125. entre Sibile & Douce, filles de Gilbert Comte de Provence, que Guillaume de Brunet y est présent & témoin.

Au rapport du Moine des Isles d'or, Hugues de Brunet fut fameux entre les Poëtes Provençaux appellés *Troubadours.*

Gaufridi dans son Histoire de Provence, l'Abbé Robert dans son État de Provence, s'accordent à dire que la Maison de Brunet est de la plus ancienne noblesse. Elle y a été confirmée par les Commissaires députés le 30 Mars 1667.

On voit dans l'Histoire de Malthe par l'Abbé Vertot, que les Brunets sont à Malthe depuis 1616.

On lit dans la critique de l'État de Provence, faite par Barcilon de Movans, qui en remit l'original écrit de sa main dans les archives généalogiques du Roi, que les Brunets étoient Barons & Chevaliers des anciens Comtes Souverains de Forcalquier dès l'an 1160.

Le Pere Colombi, Jésuite, dans son Histoire de la ville de Manosque & de celle des Comtes de Forcalquier, rapporte dans ses Chartes du douzieme siecle, que les Brunets étoient alors Barons & Chevaliers des Comtes de Forcalquier, & que Philibert de Brunet assista en cette qualité à un acte d'inféodation que Guillaume de Forcalquier fit à un de ses Barons.

I. Pons de Brunet, un de ses descendans, & depuis lequel on suit la filiation, quitta Manosque pour se transplanter à Arles avec sa famille en 1350. Il fut reçu au rang des nobles, certifiant par acte être de la noble Famille des Brunets de Manosque, ainsi qu'il conste par les registres de l'Hôtel-de-ville d'Arles de la même année : il fit son testament en 1374.

II. François I. du nom de Brunet son fils fit le sien en 1412. laissant de sa femme dont j'ignore les noms :

III. Honoré de Brunet I. du nom, marié avec Antoinette de Martia, eut 1°. Jacques de Brunet. 2°. Honoré de de Brunet. 3°. Pons de Brunet. Il tint à Manosque sur les Fonts de Baptême Fouque de Brunet son petit-fils, enfant de Pons son 3me. fils. Il est dit dans cet acte qui est du 7. Avril 1438. *Natus & baptizatus fuit in Parochiâ Sancti Salvatoris Fulquetus Bruneti filius nobilis Pontii Bruneti militis & Dominæ Margaritæ Gasqui, cujus patrinus fuit nobilis Scutiferus Honoratus Bruneti paternus avus, Arelatensis, & matrina Matilda Gasqui matertera.*

IV. Honoré de Brunet II. du nom, se maria avec Madelaine de Bouic, de laquelle il eut :

V. Guillaume de Brunet, Viguier pour le Roi de la ville d'Arles, marié deux fois, 1°. avec Jeanne de Balb, de laquelle il eut Laurent, dont la branche, qui avoit donné deux Chevaliers à l'Ordre de Malthe, se termina à ses petits-fils. 2°. avec Madeleine de Jausseran.

VI. Jean-Antoine-Annibal de Brunet, issu de ce mariage, alla fixer sa demeure à Salon, où il épousa Françoise d'Etienne, de laquelle il laissa :

VII. Jean-Antoine de Brunet, qui de son mariage avec Jeanne d'Eiguesier Dame de Confoux, eut :

VIII. Antoine de Brunet, Seigneur de Confoux & de Lamanon, lequel épousa en 1640. Charlotte de Cadenet qui le rendit pere de

François

DE LA NOBLESSE DE PROVENCE. 65

François de Brunet, Seigneur de Lamanon & de Con- IX.
fous, marié en 1671. avec Marguerite de Damians, des
Seigneurs du Vernegues; dont le dernier mâle de cette
branche est mort à Salon sans être marié.

Pons de Brunet II. du nom, troisieme fils d'Honoré de IV.
Brunet Ier. du nom, retourna à Manosque d'où ses ancêtres tiroient leur origine; il épousa Marguerite de Gasqui;
il passa un acte de reconnoissance à Lazaze de la Croix,
devant Louis Fabri Notaire à Manosque le 3. Juin 1461.
où il est qualifié *nobilis Pontus Bruneti*, *miles Arelatensis*,
in urbe Mannacæ commorans. On trouve dans les registres
de la Paroisse St. Sauveur de Manosque, l'acte de son
enterrement du 15. Juin 1464. avec les mêmes qualifications. Il fut pere de

Fouque de Brunet qui fut baptisé & tenu sur les Fonts V.
de Baptême le 7. Avril 1435. comme on l'a dit ci-devant,
par Honoré de Brunet I. du nom son ayeul. Il passa aussi
reconnoissance à Lazare de la Croix riere Montaneri Notaire, à Manosque, le 23. Mai 1493. Il est qualifié dans
cet acte noble & discret Seigneur; il laissa de son mariage avec Catherine de Varadier:

François II. du nom de Brunet, né & baptisé dans la VI.
Paroisse St. Sauveur de Manosque le 28. Octobre 1487.
Il épousa Felicité de Pontevès qui le rendit Pere; 1°. de
François, 2°. d'Antoine, 3°. de Fouque, 4°. d'André,
5°. de Hugues; 6°. de Gilles, 7°. de Jean-Antoine, 8°.
de Philibert. François fit la branche des Seigneurs de Ramatuelle; il continua à Manosque sa Postérité qui s'est
éteinte de nos jours; Antoine a fait la branche des Seigneurs d'Estoublon; Fouque fut Capitaine d'une Compagnie d'Arquebusiers, & se distingua dans les armes, au rapport de Gaufridi. André fut s'établir à Lyon où il fit
une branche qui s'est éteinte, il y a environ 50 ans, &
qui avoit donné plusieurs Prévôts des Marchands à cette
Ville. Hugues fut Conseiller à la Cour des Comtes, Aîdes
& Finances de Provence; Gilles alla fixer sa demeure à

Tome III.   I

Beaune en Bourgogne ; de lui font fortis les Brunets Marquis d'Evry établis à préfent à Paris , & les Brunets Seigneurs de Monlhelie réfidants encore à Beaune ; j'ignore la deftinée de Jean-Antoine , & de Philibert ; je penfe cependant qu'un des deux a formé la ligne des Brunets Marquis de Villeneuve, établie à Beziers en Languedoc.

François II. fit fon teftament pardevant J.... Toleti Notaire à Manofque le 3. Novembre 1559. Il y eft qualifié noble François de Brunet, Ecuyer, Capitaine de cent hommes d'armes des Ordonnances du Roi. Il nomme dans ce teftament fes huit garçons. Il fait François fon fils aîné fon légataire univerfel, les fept autres fes héritiers particuliers, & fait un legs à Dame Félicité de Pontevès fa femme. Il fut enfeveli le 8 du même mois daus la Paroiffe St. Sauveur à Manofque , ainfi qu'il confte par les regiftres de cette Paroiffe.

*Branche des Seigneurs d'*ESTOUBLON.

VII. Antoine de Brunet Ecuyer, né & baptifé le 20 Mars 1538. deuxieme fils de François II. fonda & dota en 1578 une Chapelle fous le titre de St. Antoine dans l'Eglife St. Sauveur de Manofque : *Hiftoire du P. Colombi L. 3. n. 82. p. 363.* Il fut marié avec Catherine de Moret , il tranfigea le 26 Février 1574, Notaire Lambellot, avec François de Brunet Seigneur de Ramatuelle fon frere aîné , fur les droits qui lui revenoient de la fucceffion de Dame Félicité de Pontevès leur mere, tant pour lui que pour fon frere Gilles , & fit fon teftament le 4 Mai 1615. Il laiffa de fon mariage :

VIII. Paul 1er. de Brunet Ecuyer qui fut baptifé le 9 Avril 1590 dans l'Eglife Paroiffiale de St. Sauveur ; il eut de fon mariage avec Marie de Faucher , qu'il contraêta le 20 Mai 1633, Paul de Brunet qui fuit, & Claire de Brunet, Religieufe Profeffe aux Dames de St Bernard de Cîteaux de Manofque. Il fit fon teftament le 5 Janvier 1663. riere Gomber, Notaire à Manofque.

DE LA NOBLESSE DE PROVENCE.

IX. Paul de Brunet II. du nom, Seigneur de Molan & d'Eſtoublon, baptiſé le 25 Juillet 1639. dans la Paroiſſe St. Sauveur, épouſa par contrat de mariage du 15 Novembre 1666. Marie de Robert fille de Jean-Claude de Robert Ecuyer, de Manoſque, Commandant pour le Roi de la ville de Graſſe, & de Catherine d'Aiminy. Il prêta hommage au Roi pour ſa terre d'Eſtoublon le 14 Avril 1714, & le 28 du même mois il donna le dénombrement des droits Seigneuriaux qu'il il poſſédoit; fit ſon teſtament le 30 Mars 1727. laiſſant de ſon mariage 1°. Paul de Brunet qui ſuit, 2°. Jean-Baptiſte de Brunet ci-après, 3°. Jacques de Brunet Chevalier de l'Ordre Royal & Militaire de St. Louis qui avoit ſervi en qualité de Capitaine dans le Régiment de Toulouſe Infanterie, placé Commandant & Lieutenant pour le Roi de la ville & Citadelle de Villefranche en Rouſſillon.

X. Paul de Brunet III. du nom, Seigneur d'Eſtoublon, de Molan & en partie de St. Juers, né & baptiſé à Manoſque, dans la Paroiſſe St. Sauveur le 9 Septembre 1679, prêta hommage au Roi pour ſes Terres le 24 Avril 1730. fit ſon teſtament le 26 Janvier 1744. laiſſant de Thereſe de Pochet fille de noble Jean-François de Pochet qu'il avoit épouſé le 17 Janvier 1712. 1°. Paul qui ſuit, 2°. Jacques de Brunet mort, Capitaine d'Infanterie retiré. 3°. Joſeph-Elzeard mort, nommé à la Prévôté de Barjols. 4°. Autre Paul mort jeune dans l'état Eccléſiaſtique, n'ayant encore que les quatre mineurs, & 5°. Marie-Thereſe de Brunet encore vivante, veuve de Meſſire Joſeph de Flotte Roquevaire, Capitaine des Galeres du Roi.

XI. Paul IV. du nom de Brunet, Seigneur des mêmes terre, né à Manoſque le 13 Octobre 1712. & baptiſé le lendemain 14 du même mois, après avoir ſervi, en qualité de Cornette dans le Régiment de Villars Cavalerie, & s'être diſtingué dans les guerres d'Italie où il ſervoit en qualité d'Aide-de-Camp de Mr. le Maréchal de Villars, fut contraint de ſe retirer par le mauvais état de ſa ſanté.

I 2

68 HISTOIRE HÉROIQUE

Il se maria le 20 Mai 1736 (Notaire Bouteille à Manosque) avec noble Jeanne de Pochet. Fit son testament le 9 Septembre 1711. riere Laurens Notaire de Bras-Dasse, ne laissant de son mariage que

XII. Paul V. du nom de Brunet, Seigneur des susdites Terres, desquelles il a prêté hommage au Roi le 23 Juin 1778. Il entra Garde de la Marine en 1755. fut fait Chevalier de St. Louis, à dix-neuf ans de service, à cause de ses blessures ; il a été forcé, par le scorbut, de quitter, Lieutenant de Vaisseau. Sa Majesté, en témoignage de la satisfaction de ses services, lui a accordé une pension de 800 liv. sur les fonds de la Marine ; il s'est marié le 8 Août 1763. dans l'Eglise Cathédrale de Toulon avec Anne-Antoinette de Clavel, fille de Messire Ange Rodolphe de Clavel Goubran, ancien Officier des Vaisseaux du Roi, & de Dame Anne Gabrielle Agathe de Taxil. il a eu de son mariage Paul de Brunet qui suit, Marie-Anne-Pauline de Brunet, morte le 28 Juillet 1779. Marie-Therese-Angelique-Marguerite de Brunet, Marie-Anne-Blanche de Brunet.

XIII. Paul de Brunet VI. du nom est Garde de la Marine au département de Toulon.

*Rameau des Seigneurs d'*ESTOUBLON.

X. Jean-Baptiste de Brunet deuxieme fils de Paul II. Seigneur d'Estoublon & de Molan, & de Marie de Robert, fut directeur des jeux d'exercice qu'on montroit au feu Roi Louis XV. dans sa jeunesse. Il fut pourvu du Gouvernement de Manosque en 1722. Il étoit Chevalier de St. Louis & avoit servi en qualité de Capitaine dans le Régiment de Languedoc Dragons. Il se maria le 24 Avril 1733. laissant de son mariage avec Anne-Rose de Salve Gaspard-Jean Baptiste de Brunet qui suit, & Françoise-Helene de Brunet, mariée avec Messire de Vachere, Seigneur de St. Martin & autres Places ; il fit son testament en 1757.

XI. Gaspard-Jean-Baptiste de Brunet, Gentilhomme de feu

DE LA NOBLESSE DE PROVENCE. 69

Staniflas Roi de Pologne Duc de Lorraine & de Bar, Chevalier de l'Ordre Royal & Militaire de St. Louis, Gouverneur de la ville de Valanfolle, Lieutenant-Colonel du Régiment Provincial d'Artillerie d'Auxenne, marié le 1er. Juillet 1765. avec Marie-Jofephine de Conglian, fille de Meffire Bernard de Conglian, Agent de feu S. M. le Roi de Pologne, & de Dame Marie-Jofeph de Malhieu: il n'a eu de fa femme morte en 1769. que

Jean-Baptifte-Jofeph de Brunet, né à Manofque le 1er. XII. Septembre 1766. marié avec Elifabeth-Louife de Salve, de laquelle il a eu un garçon qui eft mort. XIII.

Branche des Marquis d'EVRY établie à Paris.

Gilles de Brunet Ecuyer Ier. du nom, né à Manofque VII. & baptifé dans la Paroiffe St. Sauveur de la même Ville le 13 Mai 1548. fixieme fils de François II. & de Félicité de Pontevès, fut s'établir à Beaune en Bourgogne, où il fut pourvu de la charge de Lieutenant-Général: il époufa en 1581 Judith de Galois, qui le rendit pere 1°. de Jean-Baptifte de Brunet mari de Jeanne le Gonfe dont les biens ont paffé dans la maifon des Dutillet de Paris par les filles. 2°. de Philibert qui fuit. 3°. de Gilles ci-après.

Philibert de Brunet, Chevalier, fixa fa demeure à Paris VIII. par le mariage qu'il y fit de Jeanne Tavault de Mongibeau qui le rendit pere de

Paul-Etienne de Brunet, Chevalier, qui époufa Mlle. de IX. Colbert d'Ecoffe fœur de la Ducheffe d'Atri d'où eft venu:

Gilles de Brunet II. du nom, Chevalier, Marquis d'Evry, X. premier Baron du Bourbonnois; il époufa Mlle. Bignon de laquelle il a eu, entre autres enfans,

Jofeph Moulin de Brunet, Chevalier, Marquis d'Evry, XI. Seigneur de Nancel, Chatelmontagne, premier Baron du Bourbonnois, Chevalier de St. Louis, ci-devant Meftre de Camp Lieutenant, Commandant & Infpecteur du Régiment Colonel Général Cavalerie, à préfent Maréchal des Camps & Armées du Roi. Marié le 20 Avril 1750. avec

Marie-Espérance Masson du Plissay, de laquelle il a 1°. Antoine-Louis-Gilles de Brunet qui suit. 2°. Armand-Jerome, Officier aux Gardes-Françoises. 3°. Petronille-Jeanne, mariée le 21 Juillet 1778. à Charles-Albert-Xavier Marquis d'Aguesseau d'Aubercourt, Maréchal des Camps & Armées du Roi, Gouverneur de Ham, & Major-Général des Gardes du Corps de Sa Majesté.

XII. Antoine-Louis-Gilles de Brunet, dit le Comte d'Evry, Colonel en second des Chasseurs à cheval du Régiment des Cevenes, a épousé en Janvier 1785. Mlle. de Chabanal de la Malmaison.

Branche des Seigneurs de MONLHELIE *établie à Beaune en Bourgogne.*

VIII. Gilles de Brunet Ecuyer 3°. fils de Gilles premier, fut Président aux Traittes Foraines....... de Bourgogne ; & marié à Madelaine Rousseau. Il eut entr'autres enfans :

IX. Jacques de Brunet Ecuyer, qui exerça la même charge que son pere ; il épousa le 6 Janvier 1664. Jacquette de Boulhin ; il en eut 5 enfans dont l'aîné fut :

X. François de Brunet III. du nom Ecuyer, Seigneur de Monlhelie & de la Courtine, qui a laissé de Jeanne de Fromageot. 1°. Gerard qui suit. 2°. Elisabeth de Brunet veuve sans postérité de Jacques Blancheton Ecuyer, Seigneur de Thorey, tué au service ; 3°. Marie de Brunet veuve de François de Bizouard Ecuyer, Seigneur de Montille & de la Courtine, dont elle a postérité.

XI. Gerard de Brunet Ecuyer, Seigneur de Monlhelie, Marjolet, Barin, &c. a épousé le 13 Janvier 1752. Dlle. Susane Suremain, fille de Hugues, Ecuyer, ancien Officier au Régiment de Royal Comtois, Infanterie, niece de Philippe, & sœur de Jean-Baptiste Claude Suremain Conseiller au Parlement de Dijon, de laquelle il a eu 8. enfans, 1°. Hugues-Jeande Brunet, mort Conseiller au Parlement de Dijon. 2°. Jean-Baptiste-François. 3°. Louis-

XII. François, destiné à remplir la charge de feu son frere aîné.

4°. Jean-Baptiste-Marie-Joseph. 5°. Antoine-Louis-Marie-Charles. 6°. Louis. 7°. Susanne - Bernarde, mariée à N. Lebelin Ecuyer, Seigneur de Chatellenot, &c. & 8°. Elisabeth de Brunet.

Lorsque Gerard de Brunet voulut faire pourvoir son fils aîné d'une charge de Conseiller au Parlement de Dijon, il produisit ses titres pour ne point payer la taxe à laquelle sont assujettis, dans pareil cas, les Roturiers; lesquels titres furent examinés par le Conseil d'État du Roi, qui par son Arrêt du 31 Juillet 1775. le déclara être d'ancienne Noblesse de Provence « suivant, y est-il
» dit, les pieces justificatives & authentiques qu'il a pro-
» duit, & suivant le certificat de Paul de Brunet d'Es-
» toublon, chef de cette maison.

Consultez Nostradamus dans son Histoire chronique de Provence, Gaufridi dans son Histoire de Provence, l'Abbé Robert dans son État de Provence, l'Abbé de Vertot dans son Histoire de Malthe, Barcilon de Mouvans dans son manuscrit, le Moine des Isles d'or, Colombi dans son Histoire de Manosque, & celle des Comtes de Forcalquier; regîtres de la Cour des Comptes de Provence, ceux du Parlement de cette Province, ceux des Archives de cette même Province, & ceux des Archives généalogiques du Roi; le Dictionnaire de la Noblesse de France & son Supplément, &c. &c. &c.

Les armes de la maison de Brunet, sont d'or au levrier de gueules, à la bordure componée de sable.

BRUYERES-LE-CHATEL.

CETTE Maison existe en deux branches; l'aînée en Languedoc, sous les noms & les titres de Baron de Bruyeres - Chalabre, Diocèse de Mirepoix; la cadette en Dauphiné, sous celui de Baron de Bruyeres - Saint-Michel, Diocèse de Die.

HISTOIRE HÉROIQUE

Cette Maison, d'ancienne Chevalerie, est illustre par ses alliances & services rendus à nos Rois & à l'Etat.

On voit par un état des Chevaliers François, qui suivirent le Roi Louis VII, à la Terre Sainte, en 1147, que Thibault de Bruyeres étoit du nombre des Chevaliers Croisés.

On trouve aussi dans un Cartulaire de Saint Vincent-aux-Bois, Diocèse de Chartres, une donation en Latin de 1186, qu'un Seigneur Gervais de Château-Neuf, & Marguerite sa sœur, en aumône & rémission de leurs péchés, firent en faveur de l'Eglise & Chanoines de Saint-Vincent de Nemours, de cent sols pentionels, à prendre sur le péage de Brajolle, du consentement du Seigneur Henry qui leur avoit donné cette rente, & de celui de Guillaume & Philippe, d'Henry & de Gervais leurs enfans, en préfence des Seigneurs, soussignés *Nicolaus de Brueria*, *Reginaldus de Cruille*, *Galarenus de Olneto*, *Baldricus Abbas*, *Nicolaus Gaudin*, *Guillelmus Gazellii*, *Simon de Illon*. *Anno ab incarnatione Domini* M. C. LXXXVI.

On voit dans nombre de dépôts publics du Comté de Bourgogne, qu'un Pons de Bruyeres, dans les commencemens du siecle de onze cents, est cité avec les plus grands Seigneurs de cette Province, où il y a deux terres & villages faisant partie de la Seigneurie de Quingey (gros Bourg à trois lieues de Besançon & trois de Salins) auxquels ledit Pons donna son nom de Bruyeres, & par des dotations, qu'il a existé une branche de cette Maison en Bourgogne & Franche-Comté qui s'y est éteinte.

Il est probable que Thibault de Bruyeres, croisé en 1147, étoit pere de Nicolas de Bruyeres, premier signataire de cette donation de 1186, trente-neuf ans après la croisade dudit Thibault, de même que Nicolas pouvoit être pere de Pons de Bruyeres, qui se croisa avec Siméon, Comte de Montfort, en 1209, vingt-trois ans après cette donation de 1186; mais comme il n'existe aucune preuve de filiation suivie par titres, que depuis ledit Pons, on ne commence la descendance de cette maison, qu'à l'époque de son établissement en Languedoc.

Pons

DE LA NOBLESSE DE PROVENCE.

Pons de Bruyeres, I. du nom, Seigneur de Bruyeres-le-Chatel, paſſa, ſuivant la tradition, en Languedoc avec Guy de Levis, & Pierre de Voiſins, à la ſuite de Siméon de Montfort, dont ils étoient alliés & voiſins des terres de Montfort-Lamaury en l'Iſle de France; la terre de Bruyeres-le-Chatel eſt ſituée dans la forêt d'Iveline en l'Iſle de France. Voyez Moréry. Elle a paſſé dans la Maiſon de M. de Maupeou, ancien Premier Préſident au Parlement de Paris, Vice-Chancelier, Garde des Sceaux, pere du Chancelier actuel.

Siméon de Montfort, dès qu'il fut élu chef de la Croiſade contre les Albigeois, donna ordre audit Pons de Bruyeres, en 1209, d'aller, en qualité de ſon Lieutenant, avec un corps de 6000 hommes, dans le pays de Chercors, où il prit, en 1210, pluſieurs Châteaux, entr'autres celui de Puyvert, qui ſe rendit après trois jours de ſiege; ce trait eſt rapporté par Dom Vaiſſette, Bénédictin, en ſon Hiſtoire du Languedoc, *tome 3*, imprimé en 1737, *page 202*, & aux Titres originaux qui ſont dans les Archives de la Maiſon de Bruyeres, au Château de Chalabre.

Le Comte de Montfort, fit don audit Pons de Bruyeres de tout le pays qu'il avoit conquis, diviſé en deux Baronnies Chalabre & Puyvert, avec leurs dépendances, de la premiere deſquelles les deſcendants dudit Pons I. du nom, ſont encore en poſſeſſion; Guy de Levis eut auſſi pour récompenſe de ſes exploits guerriers, la Baronnie de Mirepoix, en 1213, érigée depuis en Duché-Pairie; & Pierre de Voiſins, la Cize de Limoux en 1216.

Ledit Pons de Bruyeres, I. du nom, épouſa en 1216, *Anne du Moulin*, ou *de Moulin*, de même Maiſon que Roger de Moulin, (huitieme Grand-Maître de l'Ordre de Saint-Jean-de-Jéruſalem, en 1179, & de Jean du Moulin, Cardinal en 1358.) Voyez *Moréry*, article du Moulin, ou *de Moulin*, *Tome IV*, *pages 332 à 335*.

Ledit Pons eut de ſon mariage, entr'autres enfants : — 1. Jean, qui ſuit : — 2. Et N... de Bruyeres, mariée à

Guy de Lévis, dit *Guyot*, dont nous avons à parler.

II. Jean de Bruyeres-le-Chatel, I. du nom, Seigneur de Bruyeres-le-Chatel, Baron de Chalabre, Puyvert & dépendances, Chambellan de Philippe III, dit *le Hardy*, fut le premier appellé pour accompagner, au voyage de Bordeaux, en 1283, ce Prince, qui lui accorda, en considération de ses services, des priviléges considérables, confirmés par ses successeurs, comme d'avoir ses vassaux taillables à sa volonté, déchargeant en conséquence, toutes les terres dépendantes de ces deux Baronnies, de toutes sortes d'impôts à perpétuité, & déclarant au surplus, ledit Jean de Bruyeres, Gouverneur-né de ces Châteaux, lui en confiant la garde par ses vassaux, pour laquelle garde il fut établi une Compagnie de cinquante hommes d'Armes des Ordonnances du Roi, dont lesdits Seigneurs seroient toujours les Capitaines-nés ; (les Officiers de cette Compagnie jouissent encore de plusieurs priviléges, entr'autres de l'exemption du ban & arriere-ban, Milice, &c.) Le Roi Henri IV. ayant confirmé, ainsi que ses prédécesseurs, les priviléges d'exemption des Baronnies de Chalabre, Puyvert & dépendances, écrivit une lettre conservée aux archives de Chalabre, adressée à François de Bruyeres, III. du nom, Baron de Chalabre, &c. Capitaine de cinquante hommes d'Armes, Sénéchal de Lauraguai, & Chevalier de son Ordre, qui est des plus flatteuses, par laquelle, il est invité, ledit François, de contribuer, sans conséquence, par un don gratuit, aux besoins de l'État ; lequel don a toujours subsisté, mais à la levée des Seigneurs, Barons de Chalabre, sur leurs vassaux, &c.

Jean de Bruyeres passa plusieurs actes sur les limites de ces terres, entr'autres, en 1223, une transaction avec Pons de Villars, Prieur de Camon, où il est qualifié de haut & puissant Seigneur ; il est parlé de lui dans le troisieme Volume *de l'Histoire du Languedoc, pages* 584 *&* 585. Il épousa *Eustachie de Lévis*, fille de *Guyot* II, Baron de Mirepoix, Monségur, &c. vivant en 1224, comme on le voit dans

Moréry, *article de Lévis-Mirepoix*, où il est rapporté, qu'*Eustachie de Lévis*, épousa Jean de Bruyeres, Chevalier. On voit aussi dans la Généalogie de Lévis-Mirepoix, par le pere *Anselme*, dans son Histoire des grands Officiers de la Couronne, *Tome IV*, que N .... sœur de *Guy de Lévis*, dit *Guyot*, III. du nom, épousa Jean de Bruyeres, avec laquelle ledit Guyot eut un grand Procès, qu'il perdit pour ses droits. Il avoit lui-même épousé N..... de Bruyeres, ce qui prouvoit dès-lors une double alliance de leurs maisons. Jean de Bruyeres eut de ce mariage, avec *Eustachie de Lévis* : — 1. Thomas, qui suit : — 2. & Agnès de Bruyeres, femme *d'Aubert d'Angel*, Seigneur de Genlis; elle eut de ce mariage une fille, nommée Eléonore d'Angel, qui acquit, étant veuve, la terre des Mondiscourt; fit bâtir en 1310, 11, 12 & 13, la grosse tour de Varrennes, & fut mere de Raviel de Flamenc, VII. du nom, Seigneur de Cani, rapporté par le pere Anselme, *Tome III. Page* 38, *collection premiere*, & *page* 744.

Thomas de Bruyeres, I. du nom, Baron de Chalabre, III. Puyvert, Sonac, Rivel, &c Gouverneur-né de ces Châteaux, Capitaine de cinquante hommes d'Armes des Ordonnances du Roi, servit dans les guerres de 1314. Il fut demandé de nouveaux subsides à la Province du Languedoc ; mais en considération des services qu'il rendoit à l'État, des priviléges accordés à Jean de Bruyeres, son pere, & des dépenses qu'il avoit faites pour se mettre en armes, allant joindre l'Armée du Roi, on ne demanda que 30 liv. à ses vassaux, attendu qu'ils n'étoient, ainsi que ceux de Mirepoix, taillables qu'à volonté, des Seigneurs desdits lieux, comme on le voit rapporté dans l'Histoire générale du Languedoc.

Ledit Thomas de Bruyeres, I. du nom, prenoit, ainsi que son pere, la qualité de haut & puissant Seigneur, & de Chevalier. Il prêta serment de fidélité au Roi, en la Sénéchaussée de Carcassonne & de Biteris, & y dénombra, le 3 avril 1317, les châteaux, terres & Baronnies de Puyvert, Chalabre, villes de Nebiac, de Saint-Jean, Révèl, Paracol, Villefort, Mongardin, Sonac, Paris, de Maffario & Beaumont, avec tous les villages en dépendants, &c. Il mourut en 1360, & laiffa de fon mariage, contracté en 1310, avec *Ifabelle de Mellun* : — 1. Thomas, qui fuit : — 2. Philippe, rapporté après fon frere aîné, qui continue la poftérité : — 3. Jeanne, mariée le 23 Mai 1342, avec *Guy de Nefle*, ou *de Néefle*, Seigneur de Mélo, Capitaine général du Pays d'Artois & Boulonnois, Maréchal de France dès l'an 1545. Guy de Nefle, après avoir rendu de grands fervices au Roi & à l'État, fut tué dans un combat donné à Moron, le 13 Août 1351, comme on le voit dans Moréry, *Tome II. article de Clermont-Beauvoifis, & à l'article de Nefle*. Jeanne de Bruyeres, dévenue veuve, époufa un Comte *de Soiffons-Bourbon* ; elle eft citée morte par le Pere Anfelme, dans les grands Officiers de la Couronne, en 1392, *Tome IV*, page 396. Le mariage de Thomas de Bruyeres, I. du nom, avec ladite *Ifabelle de Mellun*, eft auffi cité par le Pere Anfelme, *Tome V*, page 226.

IV. Thomas de Bruyeres, II. du nom, Seigneur de Bruyeres-le-Chatel, Baron de Chalabre, Puyvert & dépendances, & Capitaine, Gouverneur-né de ce Châteaux, Sénéchal de Carcaffonne & de Bennes, dénombra en 1367, la terre de Quillan : & prêta enfuite hommage des villes de Puyvert, Château, & villes de Nébiac, de Saint-Jean-de-Paradele, Villefort, &c. le 22 Mars 1371. Il paffa un acte de partage avec Philippe, fon frere cadet, en 1350, pour les terres & Baronnies de Chalabre, Puyvert, &c. venant de leur pere & mere. Il époufa en 1346, *Béatrix de Barence*, & n'eut de ce mariage, que quatre filles : — 1. Helix, femme *de Girard* ou *Guiraud de Voifin*, Seigneur d'Argues, Magnot, &c. elle porta la Baronnie de Puyvert, dans la Maifon de Voifin, étant devenue veuve en 1414, comme on le voit dans les grands Officiers de la Couronne, *Tome IV*, page 17 : — 2. Alix, mariée avec *Philippe de Caraman*, fils d'Arnault, Vicomte de Caraman, en 1367 : — 3.

DE LA NOBLESSE DE PROVENCE.

Isabelle, femme *de Raymond de Villemur*, ainsi qu'il paroît par un acte de 1362 : — 4. Et Marguerite de Bruyeres, mariée à *Guillaume des Bordes*, Chambellan du Roi en 1374. *Voyez* les grands Officiers, &c.

Philippe de Bruyeres, I. du nom, second fils de Thomas I. & d'*Isabelle de Mellun*, perpétuant la maison de Bruyeres par les mâles, fut Baron de Chalabre, Rivel, Sonac, &c. Gouverneur & Capitaine-né, &c. servoit dans les Armées de Philippe de Valois, où il reçut plusieurs blessures, & rendit de grands services au Roi Jean ; il prêta hommage pour sa terre de Campendu en 1349 ; se partagea avec son frere aîné Thomas II, en 1350, passa reconnoissance le 22 Mars 1370, pour le Comté de Castres, dont il étoit Gouverneur, comme procureur fondé d'excellente Dame Marie de Ponthieu, Comtesse de Castres & de Vendôme, sa niece, & fit serment de fidélité audit Seigneur Roi, comme Baron de Chalabre & dépendances, le 22 Mars 1371. Il testa en ladite année 1371, & de son mariage avec *Marguerite de Campendu*, Dame dudit lieu, il eut : — 1. Philippe, qui suit : — 2. Jacqueline, mariée en 1373, à *Pierre de Broé*, fils de Jean : — 3. & Eustachie de Bruyeres, femme *de Ratier de Landoire*, fils d'Arnault, Vicomte de Cadras, Diocèse de Rhodez, ce qui est prouvé par un acte de 1388.

Philippe de Bruyeres, II. du nom, Baron de Chalabre, V. Rivel, Sonac, &c. Gouverneur & Capitaine-né, &c. fut Chambellan du Roi Charles VI, auquel il rendit de grands services, & à l'État, mérita l'estime de son maître, qui lui donna le Gouvernement de Montpellier, & de la forteresse de Monteau en 1396. Il testa en 1404, & fut marié trois fois, 1°. à *Judith*, Dame de Gaillac ; 2°. à *Jordanne de Pérepetuze ;* & 3°. à *Jordanne de Damat*, fille de Raymond, Seigneur dudit lieu, Diocèse d'Agdes, en 1395. On voit par le testament de ladite *Judith de Gaillac*, trouvé dans les archives de la Chambre des Comptes, Aides & Finances de Montpellier, à la date du 18 Mai 1395, que ladite Dame testa dans le Château & Palais Royal de Montpellier, &

instiua héritiers, sa fille Fustachie de Bruyeres, fille qu'elle avoit eue dudit Seigneur Philippe de Bruyeres, & la Comtesse sa fille, qu'elle avoit eue de noble *Jean de Châteauneuf*, son premier mari, & noble Bertrand Députario, son fils, & petit-fils de la testatrice, les faisant tous trois ses co-héritiers, & son dit mari, Philippe de Bruyeres, son exécuteur testamentaire. Il n'eut d'autres enfans que du troisieme lit : savoir 1. Jean, qui suit : — 2. Henri, mort au service : — 3. Thomas: — 4. Jeanne de Bruyeres, qui épousa en 1402, *Roger-Bernard de Lévis*, Seigneur, Baron de Mirepoix.

Dans l'Histoire générale du Languedoc par Dom Vaissette, on trouve qu'il y est fait mention des enfans de Philippe de Bruyeres, II. du nom, *Tome IV*, & dans les Lettres-patentes du 23 Mars 1419, *page* 421, portant exemption des tailles, en faveur des Baronnies de Chalabre, Puyvert & terres adjacentes, en date du 23 Mars 1419, on lit ces mots : *Orphalinorum & hæredum defuncti Philippi de Brueriis, Domini quondam loci, & Baronis ac terræ Chialabræ, ac etiam Domini Baronis ac terræ de Povideridi Gualernis ejusmodi negotium ipsos tangit, &c.*

On trouve auxdites archives de la Chambre des Comptes de Montpellier, une prestation de serment de fidélité ou hommage de Jean de Damat, comme Procureur fondé de Jordanne de Damat sa sœur, veuve de Philippe de Bruyeres, Gouverneur de Montpellier, Chevalier, Baron de Chalabre, lequel prête ledit serment de fidélité pour Jean, Henri & Thomas, freres, mineurs de trois ans, fils dudit Bruyeres, & de *Jordanne de Damat*, le 17 Novembre 1404. Ce sont les mêmes orphelins cités par Dom Vaissette dans son Hist. du Languedoc.

VI. Jean de Bruyeres, II. du nom, Baron de Chalabre, Rivel, &c. Gouverneur & Capitaine-né, &c. se maria avec *Béatrix de Moléon*, en 1434, & mourut en 1442, laissant de son mariage deux fils & deux filles. — 1. Roger-Antoine, qui suit; — 2. Jean, auteur de la branche cadette de Bruyeres-Saint-Michel, établie à Crest en Dauphiné, Diocese de Die, rapporté ci-après; — 3. Catherine; — 4. Et Marguerite de Bruyeres, mariée au Seigneur de Montagut, en 1497.

DE LA NOBLESSE DE PROVENCE.

S'eſt encore trouvé au meme dépôt des archives de la Chambre des Comptes de Montpellier, une preſtation de ferment de fidélité, par M^e. Etienne de Vivaderii, Procureur fondé de noble & puiſſant homme Jean de Bruyeres, Chevalier, Baron de Chalabre, Rivel & dépendances, fils majeur de vingt-ſept ans, de puiſſant Seigneur Philippe de Bruyeres, Baron, quand il vivoit, de Chalabre, Rivel & dépendances, Gouverneur de Montpellier, &c. qui prêta le ferment de fidélité, que devoit ledit Jean de Bruyeres au Roi Charles, promettant prêter hommage & dénombrement aux Paques ſuivantes, &c. Cet acte eſt du 4 Décembre 1424, & la Dame *Béatrix de Moléon* a, après la mort de ſon mari (ſans diſpoſer de ſes biens,) pris la garde-noble de ſes quatre enfans, laiſſés pupilles & portionnaires deſdits biens, terres, Baronnies, &c. dont elle prêta pour eux hommage au Seigneur Roi, en attendant leurs majorité & partages.

Roger-Antoine de Bruyeres, fils aîné de Jean II. de Bruyeres, Baron de Chalabre, Rivel, Sonac, &c. & de *Béatrix de Moléon*, hérita, par égales part & portion, avec Jean, Catherine & Marguerite, ſes frere & ſœurs, des biens & terres de leur pere. Jean, mort ſans teſter, ainſi que ſes ſœurs, vécurent ſous la tutelle & garde-noble de ladite *Béatrix de Moléon*, leur mere, en attendant les partages à faire à leur majorité.

VII.

Ledit Roger-Antoine continua la branche aînée de ſa maiſon, par ſon mariage avec *Conſtance de Pérepetuze*, qu'il contracta en 1450; ladite *Conſtance* fille de Guillaume, Seigneur de Raballot en Rouſſillon. Il étoit Gouverneur-né des châteaux de Chalabre, &c. & Capitaine de cinquante hommes d'Armes; & quoique *Béatrix de Moléon*, ſa mere, comme ayant la tutelle & garde-noble de ſes enfans, eût été obligée de prêter pour eux l'hommage qu'ils devoient au Roi pour leurs terres, ledit Roger fut obligé d'en prêter un pour lui, ſon frere & ſœurs, dès qu'il fut majeur de vingt & un ans, ſon pere étant décédé depuis dix-huit ans ou environ. Il remplit cette obligation le 14 Janvier 1454, comme on le voit auxdites archives de la Cour des Comptes.

& Aides de Montpellier, (où ont été portés tous les titres de la Sénéchauffée de Carcaffonne & de Bithries.) Il y dénombra la Baronnie de Chalabre, & autres terres en dépendantes, Rivel, Sonac, Sainte-Colombe, Souplaine, Montjardin, Laforeft, & tous droits quelconques. Il eut dudit mariage avec *Conftance de Pérepetuze* : — 1. Jean, qui fuit ; — 2. Gafton, qui hérita des biens de la Maifon de *Pérepetuze*, fous la charge d'en porter le nom & les Armes, & tefta en 1480, en faveur d'Hélix, fa fœur ; — 3. Philippe ; — 4. Hélix, femme de *Hugues de la Roque*, Seigneur de Jouares, comme on le voit dans une quittance de 1477 ; — 5. Jeanne de Bruyeres, femme de *Montefquieux*, Seigneur de Caladru, ainfi qu'il eft prouvé par un acte de 1510.

Ledit Roger-Antoine mourut en 1474, après avoir fait fes partages avec fon frere Jean, & fes fœurs Catherine & Marguerite de Bruyeres.

VIII. Jean de Bruyeres, III. du nom de la branche, Baron de Chalabre, Sonac, Rivel, &c. (car toutes les terres de la Maifon fe réunirent fur fa tête) Gouverneur & Capitaine-né de ces châteaux, &c. fut Chambellan du Roi Charles VIII. Louis XII. lui accorda, par Lettres-patentes de 1511, nombre de priviléges, &, entr'autres, l'exemption de toutes fortes de fubfides, mis, ou à mettre fur la terre & Baronnie de Chalabre & dépendances. Il les hommagea en 1503. Il époufa, le 8 Juillet 1489, *Cécile de Voifins*, fille de Jean, Seigneur d'Ambres, & de Marguerite de Cominges-de-Bruniquel, dont il eut : — 1. François, qui fuit ; — 2. Jean-Antoine, Seigneur de Sarotte, qui époufa *Marguerite du Vivier*, ce qui eft prouvé par un acte de 1552 ; — 3. Françoife, mariée, en 1520, à *Germain de Lévis*, Seigneur de Léran, (qui mourut à Stafort le 12 Août 1572.) *Voyez* les grands Officiers de la Couronne du P. Anfelme, *Tome IX*, *p.* 227, R. 4. & — 5. Etiennette & Marguerite de Bruyeres.

IX. François de Bruyeres, I. du nom, Baron de Chàlabre, Rivel,

Rivel, &c. Gouverneur & Capitaine-né, &c. reçut, en 1519, le ferment de fidélité des vaffaux & habitans de fes terres. Il avoit époufé, le 7 Novembre 1516, *Françoife de Château-neuf*, fille de Sigifmond, Seigneur de Sainte-Récuze, Tourniel, &c. & de Gabrielle Gravier. Il eut de ce mariage; — 1. François, qui fuit; — 2. Françoife, mariée à *Bernard de Narbonne*, Seigneur de Fimarcon, qui donna reconnoiffance de la dot de fa femme, de tous droits paternels & maternels. *Voyez* le P. Anfelme, *tome IX, page* 227, R. — 3. Gloriande, mariée 1° en 1547, à *Jean Dupuy de la Jugie*, Comte de Rieux, Seigneur de Moreffe, Cajoul, &c., fon coufin germain; & 2°. en 1566, à *Pierre de Cailus*, Seigneur de Colombieres, Diocefe de Béziers; — 4. & — 5. Anne & Marguerite; — 6. Et Magdeleine de Bruyeres, Religieufe au Monaftere de Cazel.

X. François de Bruyeres, II du nom, Baron de Chalabre, &c. Gouverneur & Capitaine-né, &c. Chevalier de l'Ordre du Roi, Capitaine de cent Chevaux-légers, en faveur duquel il fut ordonné de lui paffer nouvelle reconnoiffance, en 1542; époufa, le 6 Octobre 1529, *Anne de Joyeufe*, fille de Jean, Vicomte de Joyeufe, Baron de Grandpré, en Champagne, de Puyvert, d'Argues, &c. & de Françoife de Voifins. (*Voyez* Moréry, art. *de Joyeufe*.) François de Bruyeres, II du nom, tefta le 15 Mars 1551, & en 1552; Jean de Joyeufe, fon beau-pere, fubftitua tous fes biens, par fon teftament, à ladite *Anne de Joyeufe*, fa fille, & aux fiens, à perpétuité. De ce mariage vint : — 1. Jean-Paul, Chevalier de l'Ordre du Roi, Capitaine de cent Chevaux-Légers, Sénéchal de Lauraguais. Il reçut ordre d'Anne de Joyeufe, fon coufin, Lieutenant-de-Roi du Languedoc, pour l'union, de faire démolir la maifon de la Roque-de-Linez, préjudiciable à l'Etat & au pays, en 1580; & en 1581, de faire exécuter les Edits de Sa Majefté dans ladite Province. Il époufa en 1573, *Louife de Lévis*, fille de Philippe, Baron de Mirepoix, & de Louife de la Trémoille. Il mourut fans poftérité, & la dot de *Louife de Lévis*, fa veuve, montant à 45000 livres, fut rendue à fon fecond mari Dodon de Lévis, cadet de Léran ; — 2. François, qui fuit ; — 3. Jean-Antoine, Abbé de Villeloin & de Fontaine les Blanches, Prévôt de l'Eglife de Touloufe, Député, en 1594, par le Clergé de cette Ville, aux Etats-généraux. Il revint chargé d'une lettre de créance du Roi au Parlement ; ce Prince l'ayant auffi chargé de traiter la paix avec le Duc de Joyeufe, & les Villes de la Province qui fuivoient fon parti. Il fut compris dans les articles fecrets accordés au Duc de Joyeufe, qui pria Sa Majefté de conférer à cet Abbé un Evêché ; mais le Roi en ayant difpofé, il en fut indemnifé par une fomme de cinquante mille écus. Il fut nommé par Madame la Ducheffe de Guife, tuteur de la Princeffe fa fille, (comme l'un des plus proches parens ;) — 4. Gabrielle, mariée au Seigneur *de Cucurail*, en 1562, lequel donna la même année quittance de fa dot ; — 5. Cécile, mariée au Seigneur *de Save* ; — 6. Et Françoife de Bruyeres, mariée au Seigneur *de Longuitaud* ; ce qui eft prouvé par une quittance du 25 Octobre 1587.

XI. François de Bruyeres, III. du nom, Baron de Chalabre, Gouverneur & Capitaine-né, &c. Chevalier de l'Ordre du Roi, Capitaine d'une compagnie de cent hommes d'Armes, Sénéchal de Lauraguais, en 1595, nommé, par Lettres-patentes du Roi de 1558, Chef d'une Légion de fix cents hommes, qu'il commanda à l'armée du Maréchal de Noailles, en 1573 ; fut marié deux fois ; la premiere, à *Philippe de Lordat*, dont il n'eut point d'enfans ; la feconde, en 1550, à *Ifabeau de Barthelemy-de-Grammont*. Il mourut en 1595, laiffant de ce mariage : — 1. Guillaume, auffi Sénéchal de Lauraguais, après fon pere, mort fans poftérité ; — 2. Jean-Antoine, qui fuit ; 3. Antoinette, mariée au Seigneur *de Bonrepaux*, appellé *Guyot*, Seigneur de Pérignan ; 4. & Françoife de Bruyeres, mariée à *Jacques de Béliffens*, comme on le voit dans un acte de 1580.

DE LA NOBLESSE DE PROVENCE. 83

XII. Jean-Antoine de Bruyeres, I. du nom, Baron de Chalabre, &c. Gouverneur & Capitaine-né, &c. Capitaine de 50 hommes d'Armes & Ordonnances du Roi, par commission du 8 Janvier 1617, Colonel d'Infanterie, par commission du 19 Septembre 1622, Gouverneur pour le Roi du Pays de Sault, dès l'an 1613, fonda en 1630 un Couvent de Capucins dans la ville de Chalabre, testa le 4 Mai 1632, après s'être marié deux fois; la premiere, avec *Paulle d'Orbessan*, fille de Jean, Seigneur de la Bastide, &c. dont il n'eut point d'enfans; la seconde, avec Béatrix de Poitiers-la-Therasse, en 1606, dont il eut : — 1. Jean-Pierre, qui suit: — 2. Emeric qui passa en Lorraine, sous le nom de Bruyeres, dit *Sonac*. Il y fut Capitaine de Cavalerie, & Chambellan du Duc, dont il épousa la fille naturelle, de laquelle il eut deux fils, morts sans postérité : — 3. Cecile, mariée au Seigneur de Montlezun-de-Busca, Colonel d'Infanterie: — 4. Et Marthe de Bruyeres, Abbesse de Rieunette.

XIII. Jean-Pierre de Bruyeres, I. du nom, Baron de Chalabre, Rivel, Lanac, &c. Gouverneur & Capitaine-né, &c. fut Gentilhomme de la Chambre du Roi, Colonel du Regiment de Languedoc, ensuite d'un Régiment de son nom, & Gouverneur du Pays de Sault, ainsi que son pere. Il avoit épousé, le 11 Avril 1681, *Gabrielle de Lévis-Léran*, dont : — 1. Jean-Emeric, qui suit : — 2. François : — 3. Un autre François : — 4. Un qui fut nommé l'Abbé de Bruyeres : — 5. Isabeau, mariée le 15 Juin à *Jean d'Ax*, Seigneur d'Ozat, &c. Lieutenant des Maréchaux de France dans l'étendue de la Sénéchaussée de Limoux, fils de Raimond d'Ax, & de Delphine de Sauton de Monsteron: — 6. Et Louise de Bruyeres, mariée à N.... *de Sauton de Monsteron*, Seigneur des Coulombres, dont une fille, mariée à son neveu.

XIV. Jean-Emeric de Bruyeres, I. du nom, Baron de Chalabre, Capitaine & Gouverneur-né, &c. Capitaine de Cavalerie au Régiment de Léran, dont il fut Lieutenant-Colonel, passa une transaction avec Monsieur, frere de

Louis XIV, devant Belanger le jeune, & fon Confrere, Notaires au Châtelet de Paris, le 30 Mai 1695, par laquelle, comme héritier en partie de Mlle. de Montpenfier, fa coufine germaine, poffédant les biens de la Maifon de Joyeufe & de Guife (auxquels celle de Bruyeres-Chalabre étoit fubftituée), ce Prince affigne audit Jean-Emeric de Bruyeres la fomme annuelle de 1500 liv. de rente, à prendre & recevoir fur fes recettes de Rouen & Caen, en Normandie; Son Alteffe Royale promettant de plus, audit Jean-Emeric, par ladite tranfaction, de lui fournir tous les actes néceffaires pour pourfuivre ladite fubftitution du Duché de Joyeufe, &c.

Ce Jean-Emeric de Bruyeres époufa en 1661, *Jeanne de Lasbordes*, dont il eut : — 1. François, qui fuit : — 2. autre François, dit *le Jeune*, qui époufa en 1722 N.... *de Sauton-Monfteron*, fille de Sauton-Monfteron des Coulombres, & de Louife de Bruyeres, fa tante, dont il eut un fils établi à Fanjeaux, près de Caftelnaudary, encore garçon, fous le nom de Bruyeres-le-Chatel, en 1764, & deux filles, dont une Religieufe à Limoux : — 3. Louis, Abbé : — 4. Gabrielle mariée le premier Mai 1761, à *François d'Ax* : — 5. Et, Cécile de Bruyeres, non mariée.

XV. François de Bruyeres, IV du nom, dit *l'aîné*, Baron de Chalabre, Rivel, Sonac, &c. Gouverneur & Capitaine-né, &c. fervit à la tête d'un bataillon d'Infanterie, appellé *du Roi*, fous les ordres d'Anne-Jules de Noailles, Maréchal de France, Vice-Roi de Catalogne, s'étant trouvé, ainfi que fon frere le jeune, à la bataille du Thir, que le Maréchal, leur parent, gagna en 1694. Il époufa en 1698 *Catherine Gaillard-la-Graulet*, Dame des Allemants & des Aumelles, & Valcornouze, fille de Jean, Baron defdits lieux, & de *Françoife de Villeneuve-Sainte-Camille* ; il en eut : — 1. Jean-Emeric, qui fuit : — 2. François, appellé le Chevalier *de Beaumont* : — 3. Jean, appellé le Chevalier *de Chalabre* : — 4. Louis, appellé l'Abbé *de Chalabre* : 5. 6. Anne, & Françoife de Bruyeres, mortes filles.

Jean-Emeric de Bruyeres, II. du nom, Baron de Cha- XVI.
labre, Capitaine & Gouverneur-né de ces Châteaux, appellé le Comte *de Bruyeres*, épousa en 1724, *Marie de Saint-Etienne de Caraman*, Dame de la Pomarede, Baronne dudit lieu, dont il eut : — 1. François-Jean, appellé le Marquis *de Chalabre*, qui suit : — 2. Louis-Henri, appellé l'Abbé *de Chalabre*, d'abord Vicaire-Général du Diocese de Carcassonne, nommé à l'Abbaye de la Peié, Diocese de la Rochelle, puis Evêque de Saint-Pons, le 12 Mars 1753 : — 3. Jacques-Paul, appellé le Vicomte *de Chalabre*, d'abord Capitaine au Régiment de Royal-Marine, puis au Corps des Grenadiers de France ; après, Major au Régiment Provincial de Montpellier, Colonel en second du Régiment d'Anjou, & ensuite Colonel-Commandant du Régiment de Limousin, Chevalier de Saint-Louis : — 4. Alexandre-Joseph, appellé l'Abbé *de Bruyeres*, Vicaire-Général du Diocese de Lyon, Abbé de l'Abbaye de *la Peié*, après son frere, & Évêque de Saint-Omer : — 5. Louis-Gabriel, appellé le Comte *de Bruyeres-Chalabre*, Capitaine de Vaisseau du Roi, Chevalier de Saint-Louis cordon rouge : — 6. Jean-Baptiste, appellé le Baron *de Chalabre*, Capitaine au Régiment de Royal-Marine, Chevalier de Saint-Louis : — 7. Angelique, mariée au Seigneur de *Belle-Vese-Dupuy-Vatan*, Comte de Saint-Pierre, ayant des enfans : — 8. Marthe, mariée au Seigneur *de Voisins*, Marquis d'Alzeau, avec trois filles : — 9. Et Marie de Bruyeres, femme du Comte *de Badins*, avec un fils en 1770. Ledit Jean-Emeric est mort en 1781, âgé de quatre-vingt-quatre ans.

François-Jean de Bruyeres, I. du nom, Baron de Chala- XVII. bre-la-Pomarede, Seigneur de Sonac, Montbel, Montjardin, Cantarate, la Bastide-de-Beaumont, & autres terres, au Diocese de Mirepoix, Gouverneur de ces Châteaux, & Capitaine-né de cinquante hommes d'Armes, & Ordonnances du Roi pour leur garde, appellé le Marquis *de Chalabre*, fut Page du Roi de la petite Écurie en 1744, Cornette au Régiment de Royal-Étranger, Cavalerie, Aide-de-Camp du Maréchal Duc de Richelieu dans les dernieres campagnes de Mahon, & fur le Rhin, fucceffivement de M. le Comte de Clermont, Prince. Il a époufé le 24 Novembre 1760, *Louife-Françoife de Bon*, fille de Louis-Guillaume, premier Préfident au Confeil fouverain de Rouffillon, & Comté de Foix, Intendant de Rouffillon, &c. & d'Elifabeth-Jeanne-Thérefe de Bernage. Il a de ce mariage : — 1. Jean-Louis-Félicité, appellé le Comte *de Chalabre*, né le 28 Octobre 1762, Officier au Régiment du Roi, Infanterie : — 2. Et Jeanne-Elifabeth-Fortunée, appellée Mademoifelle *de Bruyeres*, née le 29 Août 1761.

Seconde Branche de la Maifon de BRUYERES, *connue fous le nom de Barons* de Bruyeres-Saint-Michel, *Diocefe de Die, en Dauphiné, depuis fa féparation en* 1470.

VII. Jean de Bruyeres, III. du nom, qui eft le premier qui forma cette feconde branche, étoit fils cadet de Jean de Bruyeres, II. du nom, Baron de Chalabre, Rivel, Sonac, &c. Capitaine & Gouverneur-né de ces Châteaux, &c. & de *Béatrix de Mauléon*, qu'il laiffa avec quatre enfans pupilles, cohéritiers, (étant mort fans tefter) Roger-Antoine, Jean, Catherine & Marguerite de Bruyeres, fous la tutelle & garde-Noble de leur mere, qui hommagea les terres de fes enfans au Roi, en attendant leur majorité & partage.

Ledit Jean de Bruyeres céda fa portion cohéréditaire à la branche aînée, étant paffé au fervice de Sa Sainteté, Pie II, Capitaine d'une troupe Italienne, & récompenfé de fes fervices par le Pape Paul II, qui le nomma Commandant de la ville de Valreas, au Comtat-Venaiffin.

Il fe maria, par contrat du 4 Janvier 1470, reçu par Limojéoni, Notaire de Nions, avec *Honorade*, ou *Honorée de Vefc-de-Comps*, fille de Dalmas, Seigneur defdits lieux, & d'Alix Dancezune de Caderouffe, donna quittance de partie de la dot de fa femme le 14 Mars 1471, reçue par le même Notaire.

DE LA NOBLESSE DE PROVENCE. 87

La famille de *Comps* a donné deux Grands-Maîtres de l'ordre de Saint-Jean-de-Jérusalem dans *Arnauld* & *Bertrand de Comps*. Voyez Morery, *tome II. page 465, collect.* 2.

Jean de Bruyeres eut pour enfans : — 1. Jeaume, qui fuit : - 2. Et Pierre, qui ne fut pas marié, & traita avec son frere Jeaume de ses droits paternels & maternels, par contrat du 28 Novembre 1500, reçu par Limojéon, Notaire; dans lequel acte, Pierre de Bruyeres prend la qualité de Gouverneur de Li!le & de Cavaillon, places qui lui furent données par Sa Sainteté, en récompense de ses services, à la tête de la Compagnie d'Italiens, qu'il eut après son pere.

Jeaume de Bruyeres, I. du nom, combattit vaillamment à la bataille de Ravennes, & à celle de Marignan, à la tête d'une Compagnie de cent hommes, épousa, par contrat du 15 Août 1500, passé par Limojéon, Notaire, *Louise d'Artize*, fille de noble Louis, & d'Isabelle de Telmes de la ville de Nions, en Dauphiné, où son pere habitoit. Il eut de ce mariage : — 1. Jacques, qui fut massacré par les Religionnaires; ce qui est constaté par un Arrêt du Parlement de Grenoble, qui adjuge à ses héritiers les biens de ses Meurtriers : — 2. Jean, qui suit : — 3. Et Robert de Bruyeres, auteur d'un rameau qui fit son établissement à Nions, qui finit à la troisieme génération.

VIII.

Ce Robert épousa, par contrat passé devant Cotharel, Notaire de Nions, le premier Septembre 1558, *Catherine Urgéas*, fille de Guillaume, Gentilhomme de Rousset, en Comtat, & de Jeanne d'Eymieux, dont il n'y eut point d'enfans. Secondement, le 3 Août 1663, il fit une autre alliance avec *Victoire d'Urre*, fille d'Esprit, Seigneur de la Battie-Verdun, & de Jeanne Silve, par contrat reçu par le même Cotharel, Notaire de Nions, où il est, ainsi qu'au premier contrat, qualifié Gentilhomme de la Chambre du Roi, &c.

Ledit Robert eut une nombreuse postérité de ladite *Victoire d'Urre*, dont les fils se distinguerent au service du Roi dans divers emplois, le dernier sur-tout, Claude-Joseph, Lieutenant-Colonel du Régiment de Bourbonnois, fut Chevalier de Saint-Louis à la création dud. Ordre, comme on le voit dans M. d'Aspect, Historiographe de l'Ordre de Saint-Louis, ayant été Lieutenant de Roi de Luxembourg, Gouverneur du Château Leure & de Rodemont, dans le Comté de Bourgogne, successivement Brigadier des Armées du Roi, & Lieutenant au Gouvernement de Maubeuge, en remplacement de celui de Luxembourg, rendu ; & ayant épousé *Marie d'Agout*, fille de François, Seigneur de Monjeay, Chanousse, Vadeluse, &c. & de Marie de Virieu, mourut sans enfans dans son Commandement, laissant sa terre d'Emiscon à son neveu M. *Dupuy-la-Marne*, Gouverneur du Buis, fils aîné de Marie de Bruyeres, derniere de cette Branche, formée par Robert de Bruyeres, éteinte en elle.

Ledit Robert de Bruyeres, fils cadet de Jeaume, prêta hommage noble à la Chambre des Comptes de Dauphiné, le 27 Avril 1592, où il est dit habitant de Nions, dont il fut Gouverneur, du Buis & de Menouillon, après avoir été Capitaine d'une Compagnie de cent hommes des Ordonnances du Roi, & Mestre de Camp, du Régiment du Prince Thomas de Savoie ; Il fut un des plus zélés Catholiques, lors des guerres de la Religion, & soutint avec vigueur les sieges des trois places dont il avoit le Gouvernement, & quelque-temps après fut tué au siege de Crémone.

IX. Jean de Bruyeres, IV. du nom, & le second de sa branche, étoit Capitaine d'Infanterie, ainsi que son frere Robert, comme on le voit, par un acte d'emprunt que fit Jeaume leur pete, de Georges d'Urre, Seigneur de Venterol, de la somme de 2000 liv., pour fournir au rétablissement de leurs Compagnies, acte reçu, Georges Cotharel, Notaire de Nions, du 15 Janvier 1555, que ces deux freres Jean & Robert rembourserent audit Georges d'Urre, comme il conste par le reçu devant le même Notaire, le 2 Octobre 1559.

Ledit

Ledit Jeaume, leur pere, avoit acquis de Noble Jean de Montauban de Nions, une terre audit lieu, par contrat du 26 Avril 1515, rieres Limojeon, Notaire dudit Nions, où fur les qualités refpectives de Nobles audit acte, & autres inférées dans d'autres, produites par les enfans & petits enfans dudit Jeaume de Bruyeres, M. de Bouchu, Intendant, rendit Jugement contradictoire en maintenue de Nobleffe, pour les defcendans dudit Jeaume, qu'il nomme Nobles d'extraction (en qualité de Commiffaire du Roi en cette partie de la recherche des Nobles en Dauphiné,) ledit Jugement de cet Intendant de Bouchu, eft du 15 Février 1699.

Jean céda fes droits co-héréditaires paternels & maternels, par un acte de partage, du 22 Mai 1581, paffé devant ledit Cotharel, Notaire, à Robert, fon frere, Gouverneur de Nions, &c.

Ils pafferent un acte de fubftitution réciproque, le 14 Octobre 1582, devant le même Cotharel, Notaire, pour eux & leur plus près de nom & Armes; ledit Jean prêta hommage en la Chambre des Comptes, & tefta, le 24 Mai 1573, devant Piffis, Notaire de Creft, & prend dans cette difpofition la qualité de Guidon des Gendarmes de la Compagnie du Seigneur de Simiane, Marquis de Gordes, Lieutenant-Général de la Province de Dauphiné.

Ledit Jean de Bruyeres IV, avoit époufé, le 24 Février 1548, *Enemonde de Foreft*, fille de Charles, Seigneur de Blacons, & de Juftine de la Tour-Gouvernet. La Maifon de Foreft, en Dauphiné, étoit d'ancienne extraction Noble, éteinte par la mort d'Alexandre de Foreft, Seigneur de Blacons, Mirabel, &c., qui ne laiffa de Juftine de la Tour-Gouvernet, fa femme, que trois filles, dont l'aînée, Ifabeau de Foreft, époufa Jean d'Armant, Baron de Lux, auquel elle porta les biens de fa Maifon, que poffedent aujourd'hui Meffieurs de Blacons, fes defcendans.

La feconde, appellée Lucrece de Foreft, fe maria à Pierre de Pellegrin, Seigneur de la Baftide-Goudarguesl,

dont les biens sont passé dans la Maison d'un Comte de
Vogué, ayant épousé l'héritiere de la Maison de Cadouelle-
Cadouanne en Languedoc ; & la troisieme, nommée Jeanne, eut pour mari François de Thollon-Sainte-Jealle,
dont la fille unique, Marguerite de Thollon-Sainte-Jealle
épousa François Lers-de-Jony, Seigneur de Pennes, Barnave, Piegros, Aubenas, Saint-Médard, la Clastre, &c.
habitant de Crest en Dauphiné.

Ledit Jean de Bruyeres, IV du nom, eut de son mariage avec *Enémonde de Forest*: — 1. Pons, qui suit : — 2.
Antoine, Capitaine au Régiment d'Aiguemorte, qui eut
de *Claudine de Laudun*, un fils, nommé Jean, mort jeune :
— 3. autre Jean, tué au Siege de Lille en Flandres, où
il servoit en qualité de Mousquetaire : — 4. Robert, Capitaine de Chevaux-Légers, qui s'établit en Picardie, où
il forma deux rameaux, l'un sous le nom de Bruyeres d'A-
vaucourt ; & l'autre, sous celui de Bruyeres de Caumont,
tous les deux tombés en quenouille, chez MM. de Gautier
Couveron : — 5. Imberte, mariée à *Roman Monier*, Seigneur de Rochechinard, Réculés, &c. : — 6. Jeanne, mariée à *Charles de Veillieu*, Conseiller au Parlement de Dauphiné : — 7. & Anne de Bruyeres, mariée à *Jean Flotte de
Mollieres*, Gouverneur des Ville & Citadelle de Romans,
dont les biens sont passés dans la branche de Castellanne-
Noueysan, Ambassadeur à la Porte.

X. Pons de Bruyeres, II du nom, Seigneur de la Maison-
Forte de la Bruyeres-en-Maron, fut successivement Gendarme & Guidon dans la Compagnie des Gendarmes du
Comte de Tournon, ensuite Capitaine de cent hommes
des Ordonnances du Roi ; il se distingua aux sieges & prises de Gap, Livron, Loriol, Allés, Eurre, Armins, Beau-
voir, Saint-Quentin, Sainte-Greve, &c. sous les ordres de
MM. de Glandage & Maugiron, Lieutenants-Généraux
en Dauphiné, & des Ducs de Mayenne & de la Valette,
du Comte de Tournon, & du Baron de Saint-Vidal ; il
fut un des plus zélés défenseurs de la Religion Catholique,

se distingua dans une guerre de Malte contre les Infideles, où il fut, avec bien d'autres Gentilshommes, servir à ses dépens, en revint avec la Croix pour récompense, & mourut Commandant pour le Roi à Crest.

Il est parlé de lui dans l'Histoire Générale du Dauphiné, in folio 2 volumes, par Chorier, au tome second.

Ledit Pons de Bruyeres, II du nom, épousa, par contrat du 10 Octobre 1584, reçu par Villeneuve, Notaire de Roche-Colombe en Vivarais, *Françoise de Vogué*, fille de Guillaume, Marquis de Roche-Colombe, & d'Antoinette de Vedene-Gadagne; la Maison de Vogué en Vivarais, a donné nombre de Barons, aux États de Languedoc, Grands Baillis du Vivarais, Officiers-Généraux distingués, même de nos jours, Commandans de Province, Commandeurs de l'Ordre de S. Louis & du S. Esprit, de S. Jean de Jérusalem, &c. Un Evêque de Saint-Paul-trois-Châteaux, deux de Viviers, un de Dijon, &c.

Pons de Bruyeres, eut de son mariage avec *Françoise de Vogué* : = 1. Antoine, qui suit : — 2. Guillaume, Capitaine de cent hommes au Régiment de Montoison, mort sans postérité, Commandant à Bagnols en Languedoc : — 3. Susanne, mariée par contrat de 1605, à François de Corbeau en Savoie (auteur de Messieurs de Corbeau Saint-Albin) ausquels ledit Pons de Bruyeres fournit les titres de sa Maison, pour faire recevoir ses petits-fils (François, & François-Aimé de Corbeau,) Chanoines au Noble Chapitre de S. Pierre à Vienne, en 1668 & 1672, ainsi que les arrieres-petits-fils, Pierre, Joseph & Antoine de Corbeau, en 1704 & 1708. Ledit Pons de Bruyeres, II du nom, testa, le 9 Avril 1617, par acte reçu par Récoin, Notaire de Grenoble, instituant son fils aîné Antoine, son héritier.

XI. Antoine de Bruyeres, Seigneur de Saint-Michel, vendit la Seigneurie de la Maison Forte de la Bruyeres-en-Maron, située sur le chemin de Crest à Valence, à Gasparde de la Beaume-d'Autun, Baronne de Montoifon, le 31 Décembre 1629, devant Roche & Chaſte, Notaires de Creſt, quoiqu'elle fût ſubſtituée à ſes deſcendans, dont procès, à raiſon de ce, avec le Comte de Clermont-Montoiſon, Capitaine de Gendarmerie.

Ledit Antoine de Bruyeres-Saint-Michel, épouſa, par contrat de mariage, reçu par François, Notaire de Grenoble, le 29 Avril 1617, *Florence de Pouroy*, fille de Paul, Maître ordinaire en la Chambre des Comptes, & Receveur-Général de la Province de Dauphiné, & d'Eliſabeth du Faure ; elle étoit ſœur de Sebaſtien de Pouroy, Préſident à Mortier au Parlement de Grenoble, même Maiſon que le Préſident de Lauberiniere-Quinſonas, dont le fils, Préſident à Mortier audit Parlement, fut choiſi, par Sa Majeſté, pour être placé à la tête de celui de Beſançon, où il eſt mort en 1770 ; ſon frere cadet, Commandeur de Malte ; un troiſieme, Chevalier dudit Ordre ; le quatrieme, Evêque de Québec ; & une fille, mariée au Marquis de Bailly-Bourchenu, Premier Préſident en la Chambre des Comptes de Dauphiné.

Ledit Antoine de Bruyeres, I du nom, laiſſa de ſon mariage avec ladite *Florence de Pouroy* : 1. — Pons, qui ſuit : — 2. Jean-François, mort ſans poſtérité, Brigadier des Armées du Roi, Chevalier de Saint Lazare, & de Saint Louis (*Voyez M. d'Aſpect.*) — 3. Catherine, mariée à *Cathelin d'Aillan*, qui épouſa le Comte *Dumeſnil*, Chef du Corps des Carabiniers, Brigadier des Armées du Roi, Gouverneur de Creſt & de Nions, qui, morte ſans enfans, laiſſa héritiers de tous ſes biens, ſon couſin germain, Jean-François de Bruyeres-Saint-Michel, Capitaine de Cavalerie, Chevalier de Saint Louis : — 4. Et Françoiſe de Bruyeres, mariée à *Antoine de Ripert*, Capitaine au Régiment de la Baſtie-du-Vere, Infanterie, dont la fille unique fut mariée au Préſident du Claux.

XII. Pons de Bruyeres, III du nom, Seigneur de Saint-Michel, fut émancipé devant le premier Magiſtrat, le premier Avril 1649, par Antoine ſon pere, après s'être marié, le 3 Juin 1648, devant Farfac, Notaire de Creft, avec *Florence de Vincens*, fille de Jean (des Seigneurs de Caufans) & de Catherine Dupont.

Il figna, ainfi que fon pere Antoine, un concordat de la Nobleffe de France, du mois de Novembre 1694, avec un grand nombre de Gentilshommes des plus diftingués du Bas-Dauphiné, comme il appert dudit concordat enregiftré aux Notes de M^e. Bernard, Notaire à Creft, le 25 Août 1762.

Il mourut *ab inteftat*, & laiffa de fon mariage : — 1. Jean - François, qui fuit : — 2. Paul, mort en bas-âge : — 3. Pons, Chanoine Régulier & Pitancier de l'Abbaye de Saint-Tiers de Saou : — 4. Marianne, morte à douze ans : — 5. Sébaftienne, à quatorze : — 6. Florence, à vingt : — 7. Et Gabrielle de Bruyeres, morte auffi, fort âgée, en odeur de fainteté, Capucine à Marfeille.

XIII. Jean - François de Bruyeres, I du nom, Seigneur de Saint-Michel, fut d'abord Enfeigne au Régiment de Navarre, Infanterie, puis Cornette au Régiment de Montplaifir, Cavalerie, Lieutenant au Régiment de Brionne (qui fut enfuite Broglie,) où il fut Capitaine, Chevalier de l'Ordre Royal & Militaire de S. Louis, de la deuxieme promotion (comme on le voit dans M. d'Afpect,) Gentilhomme ordinaire de la Maifon du Roi Louis XIV, ayant fait toutes les guerres avec ce Prince, qu'il fut obligé d'abandonner dévoré de goutte, ayant époufé par conventions privées du 24 Mars 1699, rédigées en contrat public, reçu par Sibeud, Notaire de Creft, le 31 Mai 1703, *Marianne de Lers de Jony*, fille de François, Seigneur de Pennes, Barnave, Aubenas, Piegros, la Claftre, Saint-Médard & autres lieux. Les biens de la Maifon de Lers de Jony (des plus anciennes du Dauphiné) font paffés dans une branche de celle de la Tour-du-Pin, à la charge d'en porter les nom, & armes, (y étant tombée en quenouille;) & de Marguerite de Thollon - Sainte - Jealle ; Didier de Thollon-Sainte-Jealle, fut le quarante-cinquieme Grand-

Maître de Malte, élu en 1536 (*Voyez Moreri* ;) le Pape Clément V, dit-on, étoit auſſi de la même Maiſon.

Jean-François de Bruyeres-Saint-Michel, eut de ſon mariage avec ladite *Marianne de Lers* : — 1. Pons-Laurent-François, qui ſuit : — 2. Marguerite-Florence de Bruyeres, morte fille, agée de plus de quatre-vingt ans.

XIV. Pons-Laurent-François de Bruyeres, I du nom, appellé le Baron de Saint-Michel, fut deſtiné, dès ſes plus tendres ans, à l'état Militaire, à l'exemple de ſes ancêtres; il fut d'abord Cornette au Régiment de Chartres, Cavalerie, ſucceſſivement Lieutenant au Régiment de Beaujolois, Infanterie, Lieutenant de Roi de Creſt, & de MM. les Maréchaux de France, Chevalier de S. Louis, comme on le voit dans l'Hiſtoire de cet Ordre, par M. d'*Aſpect*.

Il tranſigea avec Etienne de Bernardy, Vicomte de Vallernes en Provence, en qualité de co-Seigneur dudit lieu, le 15 Mars 1731, acte reçu par Chaix, Notaire de Siſteron, pour terminer les différends qu'ils avoient, à raiſon de ladite Seigneurie de Vallernes, érigée en Vicomté, en 1350, par la Reine Jeanne, en faveur de Guillaume Roger, Comte de Beaufort, frere de Clément VI, avec privilege qu'elle porteroit le titre de Vicomté, à tous les poſſeſſeurs de ladite terre, à perpétuité. (*Voyez les Tablettes Généalogiques.*)

Ledit Pons-Laurent-François de Bruyeres, fut choiſi par le Clergé & la Nobleſſe de la ville de Creſt, pour traiter tous les différends qu'avoient les deux premiers Ordres avec le Tiers-État, par procuration ſyndicale, paſſée devant M^e. Bouvet, Notaire à Creſt, le 28 Juillet 1751, en vertu de laquelle il tranſigea avec MM. les Conſuls & Députés de ladite ville, au gré des parties, le 9 Novembre 1753, devant M^e. Gaillard, Notaire de ladite ville. Ayant été propoſé au Roi pour remplir la place de Syndic de la Nobleſſe de la Sénéchauſſée de Creſt, ſur la démiſſion de François de Grace, Gentilhomme de ce département, qui avoit perdu la vue, il remit à M. de la

DE LA NOBLESSE DE PROVENCE. 95

Porte, Intendant de la Province, les titres de fa Nobleffe, pour être envoyés au Miniftre, & vérifiés par MM. les Généalogiftes de France, d'Hozier & Clairambault, aufquels il joignit un certificat de cent Gentilshommes des plus diftingués de la Province, de tous les Etats, vifé par MM. les Commandant & Intendant de la Province, qui certifierent l'ancienne & noble extraction de la Maifon de Bruyeres-Saint-Michel, au bas duquel certificat, eft l'atteftation des Officiers de l'Election de Montelimar, & du Chatelain-Royal, Confuls, Officiers, Notables, & principaux Habitans de la ville de Creft, qui difent, que MM. de Bruyeres-Saint-Michel, font une branche de la Maifon de Bruyeres du Languedoc, établie en cette ville, depuis plus de deux fiecles, y ayant toujours vécu noblement, & de la maniere la plus diftinguée. Lefdits certificats ont été enregiftrés au Greffe de la Sénéchauffée de ladite ville, par ordre du premier Magiftrat, fur les conclufions des Gens du Roi, le 28 Avril 1762; ladite Ordonnance, fignée Pétrement, premier Greffier, fur lefquelles preuves littérales & teftimoniales, ledit Pons-Laurent-François de Bruyeres, Baron de Saint-Michel, fut nommé au Syndicat de la Nobleffe de la Sénéchauffée de Creft, par Lettre de cachet du Roi, du 11 Novembre 1757.

Il a eu par nouvelle Lettre de cachet, le département de l'Election de Montelimar, qui contient tout le Bas-Dauphiné.

Ledit Pons-Laurent-François de Bruyeres, Baron de Saint-Michel, eft décédé le..... 1785: il avoit contracté mariage, devant M^e. Martinel, Notaire de Vaureas, au Comtat Venaiffin, le 12 Février, avec Dame *Marie de Reynier*, lors veuve fans enfans, d'un Seigneur, Marquis des Ifnards, fille unique de Jean de Reynier, Gentilhomme du Comtat, Capitaine de Dragons, & de Marie de Boné d'Honieres, d'où font nés fix enfans: — 1. Pons-Laurent, mort au berceau : — 2. François-Pons-Laurent-Jacques-Louis, qui fuit: — 3. Marianne, Religieufe Urfuline à Vauréas, puis à Saint-Marcellin : — 4. Gabrielle

Spérite, Religieuse à l'Abbaye Royale de Saint-Juft, à Romans : — 5. Diane-Pauline, morte fille à quinze ans : — 6. Et Marianne de Bruyeres, fans alliance, en 1782.

Ledit Pons-Laurent-François, & François-Pons-Laurent-Jacques-Louis de Bruyeres, Barons de Saint-Michel, pere & fils, fon donataire, acheterent conjointement, par acte rieres Rafpail, Notaire de Creft, du 10 Juin 1776, les fiefs, maifon forte de Mont-Chalapt, l'hôtel d'Urre, &c. ainfi que la co-Seigneurie de Saou, Cellas & Francillon, de Madame la Marquife de Vogué, & autres cohéritiers de la maifon de Laftic, qu'ils hommagerent au Roi, le 19 Juillet 1779.

XV. François-Pons-Laurent-Jacques-Louis de Bruyeres, I. du nom, Baron de Saint-Michel, Seigneur de Mont-Chalapt, l'hôtel d'Urre, l'Orient, &c. co-Seigneur de la Vicomté de Vallernes, Saou, Cellas, Francillon, &c. entra au fervice, très-jeune, Lieutenant au Régiment de l'Ifle de France, où il parvint bientôt au grade de Capitaine, & paffa en cette qualité au corps des Grenadiers de France, où il fut reçu Chevalier de Saint-Louis, comme on le voit dans M. d'Afpect; il paffa affez rapidement aux grades de Major; Lieutenant-Colonel, & Colonel audit corps, qui fut à l'époque de 1769, & ce corps fut réformé en 1717; après, Colonel en fecond du Régiment de Royal-Marine, où il fut fait Brigadier des Armées du Roi, à la promotion du premier Mars 1779, & Maréchal de Camp en 1784.

Il eut par fon mariage, contracté, fur la procuration de fes pere & mere, (dont le Comte de Corbeau-Volcere, fon parent, fut porteur,) une donation générale de fes pere & mere, comme il confte par cet acte, reçu par Turlat & Maréchal, fon Confrere, Notaires à Paris, du 6 Mai 1755, avec *Anne de la Motte*, fille de Nicolas, & d'Anne de Mirey, quatre enfans, — 1. Nicolas-Jean-François-Marianne : — 2. Denis-Félix-Augufte, appellé le Baron de Bruyeres, fous-Lieutenant au Corps des Carabiniers, Gouverneur des ville & château de Morlaix en Bretagne,

DE LA NOBLESSE DE PROVENCE.

Bretagne, en furvivance de fon pere, qui fut nommé à ce Gouvernement en 1771, & au Commandement des ville & château de Creft, & Lieutenant des Maréchaux de France en 1770 : — 3. Antoinette-Marianne-Siméone-Perrette, morte jeune : — 4. Marianne-Louife-Aimée de Bruyeres, appellée Mademoifelle de Bruyeres, encore fille en 1784.

Il y a eu dans les deux branches de la Maifon de Bruyeres, plufieurs terres, outre celles qui y reftent, qui font la Baronnie de Chalabre & de la Pomarede, les Seigneuries de Sonac, Rivel, Montbel, Montjardin, la Baftie de Beaumont-Catarate, Mont-Chalapt, l'hôtel d'Urre, & l'Orient; co-Seigneurs de la Vicomté de Vallernes, de Saou, Cellas, Francillon, &c.

Il y a eu auffi, dont on a preuves littérales, un Chevalier croifé avec Louis VII, deux de Saint-Lazare, deux de l'Ordre du Roi, fept de Saint-Louis, & un Commandeur dudit Ordre, quatre Confeillers-Chambellans, quatre Sénéchaux d'Épée, un Syndic de la Nobleffe, un Député de cet Ordre, trois Gentilshommes de la Chambre du Roi, feize Gouverneurs de différentes Places, outre ceux des Baronnies de Chalabre & Puyvert, (dont les Seigneurs le font nés de droit) nombre de Commandants, Lieutenants de Roi, trois Brigadiers de fes Armées, plufieurs Colonels, Lieutenant-Colonels, Chefs de Légions, Capitaines d'Hommes d'Armes, & autres de tous Corps, deux Evêques de nos jours, &c.

Les alliances (de la Maifon de Bruyeres) directes par les filles qui y font entrées, ou qui en font forties, font ; de Moulin *ou* du Moulin, en 1216 ; de Lévis-Mirepoix, en 1273 ; qui a donné celles de la Tremoille, Guife, Lorraine, d'Angeft, de Melun, en 1310 ; qui a donné celles de Nefle *ou* Néelle, Soiffons-Bourbon, de Barence, en 1346 ; qui a donné celles de Voifins, Caraman, Villemur, des Bordes, de Campendu-Broé, en 1348 ; qui a donné celles de Landoire, Cadras, de Gaillac, en 1395 ;

98　　HISTOIRE HÉROIQUE

qui a donné celles de Damas, Pérepetufe, Lévis-Mirepoix, de Molléon, en 1434 ; qui a donné celles de Montagut, Pérepetufe, de Raballot, en 1450 ; qui a donné celles de Jouares-la-Roque, Montefquieu, Caladru, de Vefc-de-Comps, en 1450 ; qui a donné celle d'Ancefune-de-Caderouffe, de Voifins, d'Ambres, en 1489 ; qui donne celles de Cominges-de-Bruniquel, du Vivier, de Lévis-Lerans, de d'Artife, en 1500 ; qui donne celles d'Urre, Labaftide, Verdun, Silve, de Châteauneuf, en 1516 ; qui donne celles de Gravier, Fimarcon, Dupuy-Cailus, de Foreft-Blaçons, en 1540 ; qui donne celles de la Tour-Gouvernet, Laudon, Monier, Veillieu, Flotte, de Joyeufe, en 1529 ; qui donne celles de Voifins, Lévis, la Tremoille, Cucurail, Longuitaud, de Vogué, en 1584 ; qui donne celles de Védene, Gadagne, de Corbeau-Saint-Albin, de Grammont, Barthelemy, en 1570 ; qui donne celles de Lordat, Benque, Bonrepaux, Béliffens, de Pouroy-l'Aubermiere, Quinfonas, en 1617 ; qui donne celles du Faure, d'Aillan, de Ripert, de d'Orbeffan, en 1606 ; qui donne celles de Poitiers-la-Théraffe, Lorraine, Montlezun, de Bufca, de Vincent, en 1648 ; qui donne celles de Caufane, de Sauoillan, de Mafade, de Lévis-Lerans, en 1631 ; qui donne celles d'Ax-d'Axat, Sauton, Monfteron, d'Excoulonbres, de Délers-de-Jony, en 1699 ; qui donne celles de Tholon-Sainte-Jealle, de Reymond, la Borde, en 1661 ; qui donne encore celles de Sauton, Monfteron, d'Ax-d'Axat, d'Efcoulonbres, de Reynier, en 1722 ; qui donne celles de Boné-d'Honieres, de Cailleau, la Graulet, en 1698 ; qui donne celles de Villeneuve-Sainte-Camelle, de la Motte, en 1755 ; qui donne celles de Mirey, la Motte, Chenaye, Deniges, de Saint-Etienne, Caraman, en 1724 ; qui donne celles de la Pomarede, Dupuy, Vattan, Voifins, de Badins, d'Alzeau, de Bon, en 1760 ; qui donne celle de Bernage, &c.

Les Armes font : *d'or au lion de fable, la queue fourchée, nouée & paſſée en ſautoir.* La deviſe, (*ſola fides ſufficit.*)

Généalogie dreſſée ſur les titres originaux, produits par la branche cadette des Barons de Bruyeres-Saint-Michel, & par la branche aînée des Barons de Bruyeres-Chalabre, ſur un Mémoire tiré de leurs titres, repoſant dans leurs archives, où ils ont noté, ledit Jean, auteur de la branche cadette de Bruyeres-Saint-Michel, établie en Dauphiné en 1470.

BURGUES.

CETTE Famille eſt originaire d'Eſpagne, ainſi qu'il conſte dans les archives de la ville de Montpellier, où elle vint s'établir avec pluſieurs autres, lors de l'invaſion des Maures dans ce Royaume. Elle y eſt qualifiée, ainſi que celles des Suarès & des Sanchès, du titre de Familles diſtinguées, qualification qu'elle a toujours ſoutenue, puiſqu'il paroît par le jugement rendu par M. Claude Bazin, Chevalier, Seigneur de Bezons, Intendant du Languedoc, que la maiſon de Ranchin ne fut maintenue dans ſa nobleſſe, qu'en prouvant qu'en 1557, Jean de Ranchin avoit ſuccédé à Jean de Burgues dans la charge de Conſeiller & Général à la Cour des Aides de Montpellier.

I. Ce Jean de Burgues, eut de ſon mariage avec Claire de Caſſagne.

II. Antoine de Burgues, eut de ſon mariage avec Eleonor de St. Jean, 1. Gabriel qui ſuit ; 2. & Jean qui s'établit à Toulon, y remplit la charge de Viguier, Commandant pour le Roi, & y rendit des ſervices diſtingués.

III. Gabriel de Burgues, eut de ſon mariage avec Jeanne de Sanchès, 1. Gabriel, qui ſuit : 2. & Antoine.

IV. Gabriel de Burgues, continua la Branche établie à Montpellier, qui s'eſt éteinte & qui a perdu tous les titres antérieurs qu'elle avoit, comme la Branche aînée.

IV. Antoine de Burgues, ſecond fils de Gabriel & de

Jeanne de Sanchès, appellé à Toulon par son oncle Jean, qui y étoit établi, forma par son mariage avec Suzanne de Noble, la Branche qui existe dans cette ville; & ce fut en sa faveur, & en récompense des services que son oncle & lui, avoient rendus à l'État, que Louis XIV. dans son voyage en Provence, érigea en Fief & Seigneurie la terre de Missiessy. Il avoit acquis la Baronnie d'Orgon que les héritiers du Prince de Joinville reprirent.

Il eut de son mariage avec Suzanne de Noble, 1. Gabriel, qui suit: 2. Antoine; 3. & Pierre. Antoine, Lieutenant de Vaisseau du Roi, se noya sur le Vaisseau *le Sage*, commandé par le Chevalier de la Guiche qui se perdit en 1692 en passant le Détroit. Pierre mourut aussi Lieutenant de Vaisseau; ils n'ont point laissé de postérité.

V. Gabriel de Burgues, Seigneur de Missiessy, eut de son mariage avec Gabrielle de Pebre, Marthe de Burgues, mariée à Charles d'Augustine, Chevalier, Seigneur de Septemes, & Jean de Burgues.

VI. Jean de Burgues, Seigneur de Missiessy, eut de son mariage avec Anne-Marie de Bernard,

VII. Jacques-Gabriel de Burgues, Seigneur de Missiessy & de Lhery, Chevalier de l'Ordre Royal & Militaire de St. Louis, Chef-d'Escadre des Armées navales de Sa Majesté, vivant à Toulon, a eu de son mariage avec Anne de Monier, quatre garçons & une fille, qui sont:

VIII. 1. Claude-Laurent, actuellement Chevalier de Saint Louis, Capitaine de Vaisseau, marié avec Marianne de Suffret de Villeneuve. 2. Jean-Fréderic-Claude de Burgues, tué Enseigne de Vaisseau au bombardement de Souza. 3. Joseph-Marie de Burgues, Chevalier de Saint Louis, Lieutenant de Vaisseau, Aîde-Major de la Marine, marié avec Julie de Ginefte. 4. Thomas-Édouard de Burgues, Lieutenant de Vaisseau. 5. & Suzanne-Catherine de Burgues, mariée à Felix-Madelon de Ginefte, Capitaine de Vaisseau.

Il a prêté foi & hommage pour la terre de Lhery, le

8 Mai 1776, & pour celle de Miſſieſſy, le 26 Mars 1778.

Les Armes de cette Famille ſont de gueules à la tour d'or.

CAIRE.

JEAN-MARIE Caire, qui vivoit avant l'an 1358, eſt qualifié de Noble dans le teſtament de François-Marie ſon fils, par lequel nous commencerons la Généalogie de cette Famille, les titres authentiques ne remontant pas plus loin.

I.

François-Marie, fils de Jean-Marie, étoit Seigneur & Commandant du Fort du Lauzet & de la Vallée de Barcelonnette, ainſi qu'il eſt prouvé par des Lettres-patentes, conſervées en original, données en forme de Réglement le 29 Juin 1358 par Louis de Tarente, alors Souverain de cette Vallée, par leſquelles ce Prince accorde à Noble François-Marie Caire des prérogatives & privileges conſidérables, en récompenſe des ſervices qu'il en avoit reçu à la guerre.

II.

Le teſtament de François-Marie eſt du 26 Avril 1379; il porte en titre: *Teſtamentum Nobiliſſimi Domini Franciſci-Maria Caire, quondam Joannis-Maria Lauzeti Domini* (Berard, Notaire au Lauzet.) On voit par ce teſtament qu'il étoit marié avec Marie de *Jacobis*, qu'il fit uſufructuaire de tous ſes biens; qu'il n'avoit qu'un ſeul garçon nommé Joſeph, qu'il fit ſon héritier univerſel, & deux filles, Marie-Catherine mariée à Noble *Pierre-Antoine de Jaubertis de la Roüine*, & Juliane-Felice, mariée à Noble *Philippe-Vincent de Grimaldis*, de Turin.

Joſeph, fils de François-Marie, ſe maria le 20 Octobre 1381, avec *Catherine-Louiſe de Beſſonny*, fille de Noble *Jean-Louis de Beſſonny*; il prend la qualité de *très-Noble* dans ſon contrat de mariage (de Falconne, Notaire au

III.

Lauzet.) Il conste par son testament, reçu par le même Notaire le 7 Octobre 1405, dans lequel il est qualifié : *Illustrissimus ac Nobilissimus Dominus Josephus Caire, cujusdam Francisci-Maria hujus loci Dominus & Magister*, &c. qu'il n'avoit qu'un fils appellé *Jean-Pierre*, qu'il institue son héritier ; & en cas de mort, laisse la jouissance de ses biens à *Noble Catherine-Louise de Bessonny* sa femme, & les substitue après elle à *Juliane-Felice* sa sœur, mariée à *Noble Philippe-Vincent de Grimaldis*, & aux siens.

IV. *Jean-Pierre*, fils de *Joseph*, dans son contrat de mariage reçu le 5 Septembre 1417, en langue Italienne, par Joseph Jovelly, Notaire au Lauzet, est qualifié *Illustrissimo Nobile & Signore del Lauzeto*. Il épousa *Marie de Hugonis*, fille de très-Illustre Seigneur *Joseph de Hugonis de la Maure*, Famille dont est sorti le Cardinal *Hugues de St. Cher*. Il eut de ce mariage six enfans, savoir ; *Gabriel*, *Joseph*, *Pierre*, *Claude*, *Antoine* & *Jeanne*, ainsi qu'il est prouvé par son testament en date du 17 Novembre 1447, reçu par Cadry, Notaire au Lauzet, dans lequel on lui donne les qualifications de *Illustrissimus ac Nobilissimus Dominus*. Il institue par ledit testament *Gabriel* son fils, & *Marie de Hugonis* sa femme, ses héritiers universels, & fait des legs & des pensions à ses autres enfans, deux desquels se marièrent dans le Pays, savoir ; *Joseph*, avec *Marie-Josephine de St. Jean* ; & *Claude*, avec *Therese-Angelique Despons*.

V. *Gabriel*, fils de *Jean*, se maria le 4 Février 1448, avec *Marie de Isoardis de St Flary*, ainsi qu'il conste par son contrat de mariage, dans lequel il est dit : *Matrimonium verbaliter tractatum fuerit inter & per Illustrissimum Nobilem Gabrielem Caire, quondam Joannis-Petri Lauzeti Dominum ex una parte, & Nobilem Mariam de Isoardis de St. Flary, quondam Capitanei Jacobi ex alterâ parte*, &c. Il n'eut de ce mariage qu'un fils nommé *Jacques*, qu'il institua son héritier, avec legs d'usufruit de tous ses biens à *Marie de Isoardis* son épouse.

DE LA NOBLESSE DE PROVENCE.

Jacques entra au service du Duc de Savoye, pour lors **VI.** Souverain de sa Patrie, & fut fait Capitaine, Commandant des Troupes de la Vallée, en considération de ses services.

Philibert II, Duc de Savoye, lui accorda ensuite le Gouvernement de ladite Vallée, ainsi que le commandement particulier du Fort du Lauzet, par Lettres-patentes, conservées en original, du 20 Août 1501. Il s'étoit marié le 4 Octobre 1483, avec *Catherine Donaudy de l'Arche*, fille de *très-Noble Capitaine Antoine*; & on le trouve qualifié dans le contrat en idiome Italien, de *Illustrissimo e Nobilissimo* (George Javalli, Notaire à l'Arche.) Il eut cinq enfans de ce mariage, savoir; Marc-Antoine, qui fut son héritier, Pierre, Antoine, Louis & Marie; ce qui se voit par son testament du 17 Mai 1503 (Maurice Mariny, Notaire au Lauzet.)

Marc-Antoine succéda à son pere dans le commandement **VII.** des Troupes & du Fort du Lauzet, en vertu des Lettres-patentes, conservées en original, du 4 Mars 1506, données par Charles III. Duc de Savoye.

Par son contrat de mariage du 2 Juin 1504 (Maurice Mariny, Notaire au Lauzet,) ses titres & ceux de son épouse *Antoinette-Marie de Condorcet*, sont énoncés en ces termes: *Illustrissimus Dominus Marcus-Antonius Caire, Lauzeti Domini, & Illustrissima Domina Antoineta-Maria, filia Illustrissimi Stephani-Desderii Condorceti, Dominus, &c.* Il provint deux enfans mâles de cette alliance; savoir; Pierre qui servit dans le Régiment de Savoye, & Louis qui fut l'héritier.

Les Troupes Françoises voulant pénétrer en Piémont en 1536, sous le regne de François I, prirent leur route par la Vallée de Barcelonnette, & attaquerent le Fort du Lauzet, à la défense duquel Marc-Antoine Caire, qui en étoit Commandant, reçut un coup d'Arquebuse à la cuisse, dont il mourut peu de tems après à Barcelonnette, où il s'étoit retiré. Il fut enterré chez les PP. Dominicains de cette Ville, dont les Annales font foi de cet événement, ainsi que son testament (Imbert, Notaire de Saint-Paul, & pour lors au Lauzet,) dans lequel il est dit... *a été présent en sa personne, Noble Marc-Antoine Caire, fils à feu Jacques, Seigneur & Commandant les Milices de ce lieu (du Lauzet,) lequel craignant de mourir d'une blessure qu'il a reçu par un coup d'Arquebuse à la cuisse ces jours derniers par les Troupes Françoises, a résolu de faire son dernier & valable testament, &c.*

VIII. Louis, fils de Marc-Antoine, fut aussi Commandant du Lauzet, ainsi qu'il est prouvé par son testament. Il se maria le 3 Février 1538 avec *Anne de Bologne*, fille à feu le *Capitaine Joseph* de Barcelonnette. Leur contrat de mariage fut reçu par Guillaume Imbert, Notaire à Barcelonnette.

Par son Testament du 17 Octobre 1569 (de Falconne, Notaire à Faucon) dans lequel il est qualifié de *Noble Sire, Seigneur & Commandant du Lauzet*, on voit qu'il avoit une fille nommée Marie-Elisabeth, mariée avec le Capitaine *Jean d'Audifrec*, de Jauzier, & deux garçons, savoir; Esprit & Pierre, qu'il institua ses héritiers universels.

IX. Esprit fut fait Commandant du Fort du Lauzet, & des Milices de toute la Vallée de Barcelonnette, en considération de ses services, ainsi qu'il conste par les Lettres-patentes, conservées en original, données par *Emmanuel Philibert*, Duc de Savoye, le 25 Février 1567, dans lesquelles ce Prince le qualifie de Noble.

On voit par son testament fait le 7 Juillet 1592, reçu par Berard, Notaire au Lauzet, qu'il avoit épousé *Marguerite-Therese d'Armardis de Saint-Salvador* en la Comté de Nice. Il eut de ce mariage six garçons, & une fille nommée Suzanne-Marie, mariée à *Noble François-Guillaume de Bonne*; il fit ses deux aînés Pierre & Jean ses héritiers par égale part.

Après la mort d'Esprit, Pierre & Jean ses fils se diviserent son héritage par contrat du 3 Novembre 1593 (Berard, Notaire au Lauzet;) Pierre fut fait Préfet de toute la Vallée par Lettres-patentes du 2 Juillet 1602, données par *Victor Amedée I*.

Jean

DE LA NOBLESSE DE PROVENCE. 105

Jean se maria à Barcelonnette le 4 Juillet 1602, avec *Anne-Françoise le Brun de Larra*, fille à Noble *Honnoré*, ainsi qu'il conste par son contrat de mariage (Antoine Chalret, Notaire au Lauzet.)

Par son testament reçu le 4 Novembre 1629 par Jean Blangui, Notaire Dual du lieu de Meolans, on voit qu'il n'eut que deux garçons, Jean-Pierre & Honnoré, qui servoient dans les Troupes Maritimes de Provence.

Jean, fils d'Esprit, & ses descendants, ont cessé de prendre la qualité de Seigneur du Lauzet, attendu que les Communautés de la Vallée ayant envoyé des Députés à *Charles-Emmanuel I*, pour le supplier d'éteindre tous les Droits Seigneuriaux de ladite Vallée, ce Prince, moyennant le Don Gratuit de cent mille livres de Piémont, les en exempta. Depuis-lors cette Vallée ressort directement à la Couronne, & n'a plus eu de Seigneurs. Ceci se trouve prouvé par la Transaction qui fut passée entre les Députés de la Vallée, & Charles-Emmanuel, le 16 Septembre 1600.

Jean-Pierre, fils aîné, & héritier de Jean, fut s'établir à Toulon ; il avoit été marié à *Marie de Teisseires*, de Faucon, & il n'eut de ce mariage que deux filles, savoir ; Marguerite, qui fut mariée au *Comte Joseph-Antoine Bonaventure Paraquin* de Turin ; & Rose, qui fut mariée au *Comte Hyacinte Nomis*, de la même Ville.

Honnoré, second fils de Jean, naquit au Lauzet le 28 Décembre 1606 (extrait des Régistres Baptistaires de la Paroisse du Lauzet.) Il passa quittance de sa légitime à Jean-Pierre son frere par-devant Jean Blangui, Notaire Dual du lieu de Meolans le 2 Août 1636, par laquelle on voit qu'il s'étoit retiré à Toulon, y étant dit : *A été présent en sa propre personne Noble Honnoré Caire, fils à feu Noble Jean, ci-devant Lieutenant ez Troupes Maritimes de Provence, & habitant actuellement en la Ville de Toulon, lequel se trouvant à recevoir de Noble Jean-Pierre son frere, &c.*

Il se maria la même année 1636, le 6 Septembre, à *Blanche Negre*, fille à *Noble Antoine*, Seigneur ci-devant

Tome III.   O

de Saint-Barthelemi du Lavere. Leur contrat de mariage a été reçu par Jean Blangui, Notaire à Meolans.

XII. Noble Jean Caire, fils d'Honnoré & de Blanche Negre, se maria le 9 Mars 1666 à *Therese Jouliane*, fille de *Mr. Pierre Jouliane*, & de *Chriſtine Artigue*, (extrait du greffe du Sénéchal de Toulon, & des Régiſtres des mariages de l'Égliſe Cathédrale de la même Ville.)

XIII. Joſeph, fils de Jean, & de Therese Jouliane, fut fait Enſeigne dans le Régiment d'Infanterie Royal des Vaiſſeaux, le 20 Juillet 1704, Lieutenant le 8 Avril 1705, & Capitaine le 15 Novembre 1710; Chevalier de Saint-Louis & Major de Siſteron en 1723, & Major d'Antibes, en 1724, où il eſt mort le 5 Août 1764. Il s'étoit démis de ſa majorité en 1760; il s'étoit marié à Taraſcon le 20 Juin 1722 avec *Françoiſe de Bergier*, fille de feu Noble *Jean-Louis de Bergier*, *Ecuyer*, & de Noble *Dame Elisabeth de Coulet*, de Taraſcon (Joſeph Aymini, Notaire à Taraſcon.)

Il a laiſſé de ce mariage deux filles & un garçon, ſavoir :

Eliſabeth veuve de Noble Jean-Gui-Canabalin de Laborde, Chevalier de Saint-Louis, Brigadier des Armées du Roi, & Colonel, Commandant en ſecond des Grenadiers de France.

Françoiſe, mariée à Noble *Etienne de Courton*, Chevalier de St. Louis, & actuellement Major d'Antibes.

Et François, qui ſuit.

XIV. François fut fait Lieutenant au Régiment de Picardie le 4 Décembre 1743, dans lequel il ſe trouva aux principales actions & aux principaux Siéges de la précédente guerre, tant en Allemagne qu'en Flandres. Il paſſa enſuite dans le Corps du Génie, où il eſt actuellement Chevalier de Saint-Louis & Capitaine. Il s'eſt marié en Canada le 20 Janvier 1760 avec *Marie-Eliſabeth Lebé*, fille de feu Noble *Jacques Lebé*, & de feue *Marie-Eliſabeth de Girardin*. De trois enfans qu'il a eu juſqu'à préſent de ce mariage, il ne reſte qu'une fille, Françoiſe-Marie-Eliſabeth-Antoinette-Joſephe-Adelaïde, & un garçon, nommé François-Urſule-Marie Caire.

Cette Famille a fourni à l'Eglise plusieurs Prélats recommandables par leur piété & leur mérite, tels que *Lazare Caire*, Evêque d'Ecumenie, mort en 1461 ; *Jerôme Caire*, d'abord Prévôt de la Cathédrale de Carmagnole en Piémont, & Vicaire-Général de l'Archevêque de Turin, & ensuite Evêque de *Latran*, mort en 1573 ; *Guillaume Caire*, Abbé de St. Pierre ès Ferrare, mort en 1625, & *Pierre-François Caire* son frere, qui lui succéda en la même Abbaye, mort en 1632.

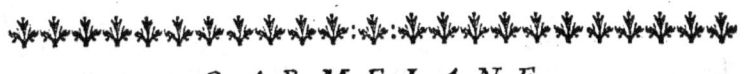

CARMEJANE.

I. LE plus ancien de cette Maison, & du nom duquel on ait eu connoissance, est à la fin du XV siecle, & au commencement du XVI. à l'époque de la construction d'une nouvelle Paroisse à Menerbes, dans le Comté-Venaissin, où il habitoit ; il obtint la concession du privilege de faire bâtir à ses frais dans cette Église, une Chapelle sous le titre *du St. Sépulcre*, lequel privilege ne fut accordé qu'à des familles Nobles, comme il conste, d'un côté de l'Église aux Maisons des Barailliers, des Grignans, de Constance ; de l'autre est celle des Curés, Magistrats, & celle-ci, dans laquelle ou voit un Tombeau antique & relevé, le seul qui soit ainsi, où reposent les cendres de chacun de ses chefs, de génération en génération jusques à présent. Ses descendans ont augmenté les fondations pieuses qu'il y fit, & ont mis cette Chapelle sous l'invocation de St. Charles. Outre cela il possédoit un corps de plus de 100 Directes dans Menerbes, dont il reçut l'aveu, & le dénombrement de ses Emphiteotes.

II. Jean de Carmejane, formant le second degré, fut reçu citoyen d'Avignon, quoiqu'il eût habité Menerbes la majeure partie de sa vie, où il possédoit des Domaines & les directes mentionées ci-dessus, dont il reçut l'aveu & dénombrement & reconnoissance de ses Emphiteotes aux années 1514, 1515, & 1521, & s'allia avec Dlle. Andriette de Blado, d'une ancienne famille éteinte, du lieu de Mazan, Diocese de Carpentras, en 1515, qui lui donna deux enfans, en faveur desquels il disposa de ses biens le 8. Août 1551, savoir : 1. Jean qui suit ; 2. & Marie de Carmejane, qui épousa Antoine d'Autran. Cette alliance est rappellée dans l'Essai généalogique de la Noblesse du Comté-Venaissin, article *Autran*.

III. Jean de Carmejane, II. du nom, se maria avec Eustache Laurenti (des Laurens) fille de Guillaume & de Peirone de Colin. Il nâquit de ce mariage Andriette de Carmejane, mariée à Jean-Malachier, connu à Menerbes pendant les guerres civiles où il se distingua, &

IV. Gilles de Carmejane, I. du nom, citoyen d'Avignon, qui fut Consul de cette ville du rang des ultramontains. Il augmenta la dotation de la Chapelle, fondée par son bisaïeul où il le nomme pour faire prier Dieu pour lui, & ses aïeul & bisaïeul le 26 Avril 1609 (*Michaëlis*, Notaire de Menerbes.) Il eut deux femmes : 1°. Sibille de Fourneiron, fille d'Esprit & de Jeanne de Sade ; 2°. Marguerite de Beaux, fille de Jean des Seigneurs de Roax (dont la maison s'éteint dans celles des Javon-Baroncelli, & Soissans,) & de Dame Antoinette de Croset.

Gilles de Carmejane, transigea avec Andriette sa sœur, pour un supplément de sa dot provenant de la succession de Dame Eustache des Laurens leur mere, rieres *Benoît Michaëlis* Notaire de Menerbes le 30 Mai 1608.

Il eut de son premier mariage Gilles de Carmejane, qui a formé la branche d'Avignon aujourd'hui éteinte. Du second, Simon de Carmejane, auteur de celle qui a continué sa demeure à Menerbes.

Branche d'Avignon.

Gilles de Carmejane, II. du nom, citoyen d'Avignon, s'allia, avec Isabeau de Laurens *de Valence*, fille de Nicolas & de Marguerite de Borelli. Leurs fils furent : 1. Jean-François, qui épousa Catherine de Merindol de Vaux,

DE LA NOBLESSE DE PROVENCE.

fille de noble Achille, Conseiller du Roi, & de Catherine de Vernet de Mourmoiron, duquel mariage il n'eut point d'enfans, & il fit substituer son bien à François-Augustin de Carmejane, dont nous parlerons ci-après. 2. Gilles, III. du nom, marié avec Anne de Bouchard, fille de Henri & d'Anne de Folard, dont il eut plusieurs enfans, entr'autres, Jacques, Chanoine de l'Église Collegiale de St. Genet de la même ville, & Louis, Chevalier de l'Ordre Royal & Militaire de St. Louis, qui disposa de ses biens en faveur de François-Augustin son cousin.

Branche de Menerbes.

V. Simon de Carmejane, fils de Gilles I, s'allia le 6 Novembre 1632, avec Françoise de Folard, fille de noble Nicolas, (oncle du Chevalier de Folard, de l'Ordre Royal & Militaire de St. Louis, Mestre de Camp d'Infanterie, célebre dans l'Art Militaire, par sa nouvelle Tactique & ses ouvrages connus dans toute l'Europe,) & de Marguerite de Tarquet.

Simon passa transaction avec son frere Gilles. Ses enfans furent au nombre de dix-huit; François fut le seul marié.

Henri fut Major de la Croix-Blanche, alors Régiment des Gardes du Roi de Sardaigne, où il fit ses preuves de Noblesse, suivant l'usage de ce Corps; il testa le 19 Décembre 1686, (Notaire *Joseph Michaëlis* de Menerbes.)

Joseph de Carmejane, mort à l'âge de 20 ans, en garnison à Pignerol, au service de France.

VI. François de Carmejane se maria le 2 Janvier 1680, (Notaire, *Joseph Blanqui* de Bonieux) avec Christine de Savournin, fille de Virgile, Ecuyer de Lauris (chef de la branche aînée de cette ancienne famille de Provence, qui eut 3. fils, l'un Exempt des Gardes du Corps, tué au siege de Lille; l'autre Paul Savournin, Capitaine au Régiment de Picardie, & trois filles, l'une entrée dans la maison d'Amat de Cadenet, l'autre dans celle de Redourtier

Magnan du lieu de Lauris, qui s'eſt éteinte dans celle de Barras Valcriche. Le dernier (actuellement Chanoine à St. Victor à Marſeille,) & de Marie de Blanc, laquelle étoit fille de Jean d'Autran, & de Victoire des Iſnards, ce qui a renouvellé l'ancienne alliance des Autrans, ci-devant mentionnée.

François de Carmejane fut député avec Alexandre Juſtin d'Aſtier, Baron de Montfaucon, Major du Régiment de Toulouſe Infanterie, pour empêcher un détachement des volontaires du Dauphiné de forcer le dépôt du grenier à ſel de Bonieux petite ville du Comté-Venaiſſin enclavée dans la Provence, ainſi qu'il eſt cité dans l'Eſſai généalogique de ce Comté.

Il diſpoſa de ſes biens rieres *Joſeph Michaëlis*, Notaire de Menerbes le 18 Novembre 1694, en faveur de ſon fils unique qui ſuit.

VII. François-Auguſtin, I. du nom, ſe maria le 18 Août 1716, (Notaire *Jean-Michel Tempier* à Menerbes) avec Dlle. Anne-Thereſe de Malachier, dont l'alliance ci-devant fut renouvellée; il eut de ſon mariage : 1. Jean-Antoine, marié avec Dlle. Jeanne-Marie de Serpillion, qui mourut à Liſle du Comté-Venaiſſin, & deux fils qu'il avoit laiſſé; la veuve s'eſt remariée à ... de Rouſſiere, chargé des affaires du Roi à Avignon, Chevalier de l'Ordre Royal & Militaire de St. Louis. 2. François-Auguſtin qui ſuit; 3. & Marguerite de Carmejane.

Il fut qualifié de noble dans un jugement des Officiers de la Chambre apoſtolique en 1724, ainſi que dans un Arrêt du Parlement d'Aix du .... 1735. Il tranſigea par une procuration faite rieres Me. *Jean-Michel Tempier* Notaire de Menerbes le 18 Mai 1718, avec ſon couſin Lagouge de St. Etienne, dont la maiſon s'éteint dans celle de Sade d'Eiguiere, pour les droits qui lui revenoient de leur tante Anne de Savournin.

VIII. François-Auguſtin, II. du nom, Capitaine au Régiment d'Hainault, Chevalier de l'Ordre Royal & Militaire de St. Louis, penfionnaire du Roi, a été élevé dans l'Art Militaire par le Chevalier de Folard que nous avons cité ci-deffus : par fa conduite diftinguée au fiege d'Harbourg, il eut une gratification de 400 liv. & la Croix de St. Louis à 13 ans de fervice.

Il s'eft allié avec Marie-Magdelene d'Antoine de Taillas, fille de Jean-Jofeph-Jacques, Seigneur de Taillas & de Blioux de Puiredon, & de Marie Sufanne de Nantes le 16 Avril 1771, Notaire *Silveftre* de Gorde, & *Granier* Notaire de Menerbes, dont il a :

1. Jofeph-Charles de Carmejane de Puiredon, Éleve du Roi au College de Beaumont-en-Auge. 2. François-Marie, enrégiftré pour l'École Royale & Militaire, né le 8 Septembre 1775. 3. Jean-Baptifte, né le 12 Février 1777. 4. Auguftin, né le 28 Août 1778. 5. Etienne, né le 3 Avril 1780. 6. Gabriel-Jofeph-Bruno, né le 6 Novembre 1781. 7. Marie-Therefe, née le 17 Mars 1784.

Son Éminence le Cardinal Durini étant Préfident-Pro-Légat d'Avignon & Comté-Venaiffin, fit examiner fous fes yeux par Mr. Salamon fon Archivifte & Secretaire d'État, les titres de la maifon de Carmejane ; c'eft ce Préfident qui avoit préfenté au Miniftre de France les baptiftaires des deux fils propofés pour l'École Militaire, dont le certificat eft enregiftré aux Archives du Palais Apoftolique. La Nobleffe de cette Famille a été prouvée auffi devant le Juge d'Armes de France, Commiffaire député par le Roi pour certifier celle des Élèves de l'École Royale & Militaire.

Les titres adreffés au Juge d'Armes de France, reftent ordinairement quelque tems aux Archives, ce qui nous a privés de bien des détails.

La Terre de Puiredon que cette Famille poffède en Provence, & les alliances qu'elle y a, nous ont autorifés à lui donner une place dans ce Nobiliaire.

CHAYLAN.

LA Maison de Chaylan possede depuis une grande antiquité la Seigneurie de Moriés, & depuis une plus grande encore, la Seigneurie de Lambruisse, & celle du Castellet-la-Robine. Les Chaylan en sont Seigneurs depuis que les Comtes de Provence ne permettoient qu'aux Gentilshommes de tenir Fiefs. ils avoient part aussi très-anciennement à la Seigneurie de Clumanc, qu'ils ont aliénée depuis. Dans la Transaction du 5 Juin 1419, Bertrand de Chaylan est qualifié : *Nobilis vir Bertrandus Chaylani, Dominus de Clumano & Condominus de Castelleto Robinæ.* Cette Maison s'est divisée en plusieurs branches, dont quelques-unes sont éteintes. Elle fait remonter sa généalogie à Noble Geofroy de Chaylan, Seigneur de Lambruisse & du Castelet-la-Robine.

I. Geofroy de Chaylan prêta hommage avec plusieurs autres Gentilshommes à Louis II, Roi de Sicile, & Comte de Provence, de la Terre & Seigneurie de Lambruisse, & autres Places, le 12 Octobre 1399. On voit dans cet hommage la confirmation qui lui est faite de tous les privileges, concessions & franchises qui lui avoient été accordées à lui & à ses prédécesseurs par tous les Rois, Comtes de Provence, depuis Raymond Berenger qui regnoit en 1145, jusqu'à la Reine Jeanne inclusivement.

Ledit Geofroy de Chaylan réunit une portion de ladite Seigneurie de Lambruisse qu'il acquit de Noble Jacques Lhancoymi, Seigneur de Thoard, mari de Noble Françoise Guirand, fille & héritiere de Jean, en son vivant Co-Seigneur de Lambruisse & d'Ayglun, par acte du 9 Mars 1409, ratifié par ladite Françoise Guirand son épouse, le 28 Mai 1410.

Le même transigea avec Noble Bertrand de Chaylan, Seigneur de Clumanc, Co-seigneur du Castellet-la-Robine,

DE LA NOBLESSE DE PROVENCE. 113

ne, au sujet des différens mûs à l'occasion des biens & héritages de feu Noble Pierre de Chaylan, Co-seigneur dudit Castellet-la-Robine, leur oncle; & en vertu de cette Transaction passée le 5 Juin 1419, ledit Geofroy de Chaylan eut toute la Jurisdiction & les autres droits que ledit Pierre possédoit audit Castellet.

Geofroy de Chaylan eut de Dame Alaëte sa femme trois fils: 1°. Mathieu; 2°. Jean; 3°. Guillaume, Chevalier de l'Ordre de St. Jean de Jerusalem, & une fille nommée Philippe, qui fut mariée avec Jacques Lambert.

II. Mathieu & Jean de Chaylan eurent procuration de Noble Geofroy leur pere pour prêter hommage & administrer ses affaires le 12 Avril 1420; & en conséquence, le 25 du même mois, ledit Noble Mathieu de Chaylan prêta hommage au nom de Noble Geofroy son pere pour le Domaine & Jurisdiction du Castellet, qu'il tenoit de l'héritage de feu Noble Pierre de Chaylan son oncle. Ledit Geofroy ratifia cet hommage le 10 Septembre 1422. Mathieu & Jean de Chaylan, conjointement avec Geofroy leur pere, transigerent le 26 Octobre 1425 avec Boniface de Castellane, Seigneur d'Allemagne, & Co-seigneur de la Vallée de Moriés, du Castellet, Troins, &c. pour le droit de faire dépaître leur bétail dans le Terroir & Vallée de Moriés, Troins, en qualité de Co-seigneurs du Castellet, ainsi qu'en avoit joui Noble Pierre de Chaylan leur auteur en la susdite qualité.

Mathieu de Chaylan eut deux enfans: 1°. Pierre; 2°. Jacques.

Jean de Chaylan eut aussi deux fils: 1°. Boniface; 2°. Monet. Boniface eut un fils nommé Honnoré, qu'il laissa sous la tutelle de Monet son oncle, comme le prouve le partage du 8 Juillet 1448. Monet, frere de Boniface, réunit par acte du 16 Octobre 1471 tous les droits de Pâturages, Passages, Pulverages, Bans, Péages, & autres droits Seigneuriaux que Noble Honnoré de Monblanc, fils de feu Noble Eloy, Co-seigneur du Castellet, de Saus-

Tome III. P

ses, Diocèse de Glandevès, possédoit au lieu & territoire de Lambruisse, & il en reçut l'investiture le 14 Octobre 1472. Monet eut un fils nommé Antoine.

III. Pierre I. & Jacques de Chaylan, fils de Noble Mathieu; & Boniface & Monet de Chaylan, fils de Jean, demeurerent pupilles par la mort de leurs peres. Pierre & Boniface, fils aînés des deux freres, ayant à peine atteint la majorité de 14 ans, & ne pouvant pas encore administrer leurs biens, établirent leur Curateur Frere Guillaume de Chaylan, de l'Ordre de St Jean de Jérusalem, leur oncle paternel, par acte du 8 Septembre 1429.

En vertu de cette procuration, ledit Guillaume paya au nom de ses neveux pupilles, ce qui restoit dû de la dot de Philippe de Chaylan sa sœur, ainsi qu'il paroît par la quittance de Jean Richieud.

Pierre & Jacques de Chaylan, fils de Noble Mathieu, & Noble Monet de Chaylan, fils de Noble Jean, tant en son nom, que comme Tuteur de Noble Honnoré, fils de Boniface son frere, se partagerent entr'eux les biens qu'ils possédoient en commun, à la réserve des biens Nobles & droits Seigneuriaux qu'ils voulurent être communs, & posséder par indivis. Cette Transaction & partage du 8 Juillet 1448.

Lesdits Pierre & Jacques de Chaylan freres, firent hommage de leurs Terres & Fiefs au Roi René, Comte de Provence, le 3 Février 1469. Ce fut en cette même année que, comme le rapporte Nostradamus dans son Histoire Chronologique de Provence, page 631, le Procureur du Roi Fiscal de Digne s'étant avisé de contester la qualité & Noblesse de Pierre & Jacques Chaylan freres, & de Monet & Honnoré de Chaylan oncle & neveu, Seigneurs de Lambruisse & du Castellet, la Cause fut dévolue au Conseil du Roi René, qui les déclara Nobles, & issus d'ancienne Noblesse, habiles & capables, eux, leurs héritiers & successeurs, *utriusque sexûs*, de tenir & posséder leurs Fiefs & Châteaux héréditaires; & le Procureur Fiscal amendé

DE LA NOBLESSE DE PROVENCE.

par Arrêt donné & signé de la propre main du Roi, & de Benjamin son Sécretaire le 21 Juin 1470.

Les mêmes Pierre & Jacques de Chaylan firent le 27 Décembre 1480 leur procuration à Nobles François, des Comtes de Vintimille, & Monet de Chaylan, pour prêter hommage en leur nom au Roi Charles des Fiefs de Lambruisse & du Castellet-la-Robine, de la Vallée de Moriés, &c.

Pierre de Chaylan eut Valentin qui suit.

IV. Valentin de Chaylan, Seigneur de Lambruisse & du Castellet-la-Robine, prêta hommage à Charles VIII, Roi de France & Comte de Provence. Cet hommage fut prêté le 23 Juin 1488 par Noble Antoine Rostagni de Digne, en qualité de Procureur, & au nom de Nobles Jacques, Monet, & Honnoré de Chaylan, & de Noble Valentin de Chaylan, fils & cohéritier de feu Noble Pierre de Chaylan de Lambruisse, Seigneurs dudit Lambruisse & de Castellet-la-Robine. Il est fait mention de l'hommage prêté au Roi René par ledit Chaylan.

Valentin de Chaylan eut Antoine qui suit.

V. Antoine I. de Chaylan de Lambruisse, qualifié dans un Acte du penultieme Août 1506: *Nobilis vir Antonius Chaylani de Lambruscâ, filius & hæres quondam Valentini Chaylani, Condomini dicti loci dùm in humanis ageret, Seneeensis Diœcesis*, eut 1°. Pierre qui suit; 2°. François, Chevalier de l'Ordre de St. Jean de Jérusalem.

Le Pere de Joussancourt, Minime, dans son Martyrologe des Chevaliers de St. Jean de Jérusalem morts pour la Foi, fol. 127, fait mention de frere François Chaylani de Provence, qui portoit d'or à un cœur de gueules, duquel sort une pensée, lequel fut tué au combat naval contre le Turc de l'an 1557, sous le Chevalier de Guise, où ses actions, ajoute-t-il, montrerent que de son cœur procédoient de belles pensées.

VI. Pierre II. de Chaylan, Seigneur de Lambruisse, transigea avec les Syndics & Communauté de Lambruisse le 2 Mai 1542, & il lui remit quelques droits Seigneuriaux.

Il obtint le 28 Juillet 1558 contre la Communauté de Saint-André, & Melchior de Castellane, Seigneur dudit lieu, une Sentence du Lieutenant de Digne, qui le maintient, comme descendant de Noble Geofroy de Chaylan, dans la possession & faculté de faire dépaître ses troupeaux dans le terroir de Troins, aux termes de la Transaction du 26 Octobre 1425, passée entre ledit Geofroy de Chaylan & ses fils d'une part, & Boniface de Castellane, Baron d'Allemagne, d'autre. Cette Sentence fut confirmée par Arrêt du Parlement de Provence du 24 Octobre 1559, signé Etienne, Greffier.

Pierre eut de Dlle. Anne d'Oraison, fille de Nicolas d'Oraison, Seigneur de Clumanc, qu'il épousa le 23 Juillet 1548, 1°. Antoine qui suit; 2°. Paul, qui fut pourvu d'un Office de Conseiller au Parlement de Provence, dont est issue la branche des Seigneurs de Moriés-Lambruisse; 3°. Daniel, qui a fait la branche des Seigneurs de Villevieille. Par son testament du 25 Juillet 1572, il fit cohéritier Antoine & Paul, & légua trois mille écus à Daniel son troisieme fils.

VII. Antoine II. de Chaylan, fut en communion de biens avec Paul son frere, Conseiller au Parlement ; ils réunirent toute la terre de Lambruisse & celle de Moriés & du Castellet-la-Robine, qu'ils possédérent conjointement, & dont ils prêterent hommage le premier Février 1580. La Jurisdiction de Moriés & du Castellet, & tous les droits & biens qu'ils possédoient dans lesdites Terres, furent partagés également entre ledit Paul Conseiller, & les enfans & héritiers d'Antoine ses neveux, par Actes du 2 Avril 1598, & du 9 Octobre 1617.

Antoine épousa le 8 Avril 1570 Dlle. Jeanne de Gombert, fille de François de Gombert, Ecuyer, Seigneur de Verdaches, & de Dlle. Catherine de Sclaphanatis. Il en eut deux fils, 1°. Paul, dont est issue la branche des Seigneurs de Moriés-Bouquet; 2°. Pierre, d'où est venue celle des Seigneurs de Moriés-Castellet, lesquels il fit cohéritiers de tous ses biens, à partager également, par son testament du 15 Juillet 1596.

DE LA NOBLESSE DE PROVENCE. 117

Branche des Seigneurs de Moriés-Castellet.

VIII. Pierre III. de Chaylan, Seigneur de Moriés & du Castellet, deuxieme fils d'Antoine, fut avec Paul son frere aîné sous la tutelle de Gaspard de Gombert, sieur de Verdaches, leur oncle maternel, qui prêta hommage en leur nom au Roi Henri IV. pour lesdites Places, le 8 Mai 1597. Ce fut le 2 Avril de l'année suivante 1598, que ledit sieur de Gombert, en qualité de Tuteur, fit au nom de ses pupilles le partage de leurs biens, & de ceux de Paul, Conseiller au Parlement, leur oncle. Par ce partage, les deux freres pupilles eurent la moitié des Terres & Seigneuries de Moriés & du Castellet, qu'Antoine & Paul de Chaylan freres avoient possédé en commun. Cette moitié fut dans la suite encore divisée par moitié entre les deux freres Paul & Pierre de Chaylan, fils & cohéritiers d'Antoine, par Acte du 15 Mars 1638; & en vertu de ce partage, lesdits freres demeurerent Seigneurs chacun pour un quart de la Terre de Moriés & du Castellet. Par Arrêt de la Chambre des Francs-Fiefs du 12 Avril 1636, lesdits freres furent déchargés conjointement de la taxe des Francs-Fiefs, & déclarés d'ancienne & noble extraction, non sujets à la taxe & payement desdits droits. Par un second Jugement contradictoire, rendu par les Commissaires députés par le Roi Louis XIV. pour la vérification des titres de la Noblesse de Provence le 20 Décembre 1668, ledit Pierre de Chaylan fut derechef déclaré Noble & issu de noble race & lignée.

Ledit Pierre de Chaylan, & autre Pierre, fils de Paul, oncle & neveu, se distinguerent par leur fidélité au service du Roi durant les troubles excités dans la Province, comme il conste par un Certificat de Louis de Valois, Comte d'Alais, Gouverneur & Lieutenant-Général pour le Roi en Provence, du 25 Juillet 1650, qui porte : « Nous certi-
» fions que les sieurs Pierre de Chaylan, oncle & neveu,
» Seigneurs de Moriés, ont très-dignement servi le Roi

» ſous nos ordres aux derniers mouvemens excités en cette
» Province, &c.

Pierre épouſa le 30 Avril 1617, Dlle. Diane de Gaſquy, fille de Noble Melchior de Gaſquy, Gouverneur pour le Roi de la Forterefſe de Brianſon, & de Dlle. Anne de Blanquard, ſœur cadette de Dlle. Catherine de Gaſquy, mariée avec Paul ſon frere aîné par le même contrat de mariage. Il en eut deux fils : 1°. Paul qui ſuit ; 2°. Jean mort ſans poſtérité, & pluſieurs filles.

Ledit Pierre ayant ſurvêcu à Paul ſon fils aîné, fit ſon teſtament le 16 Février 1670, par lequel il inſtitue héritier Pierre ſon petit-fils, fils aîné de Paul, lui ſubſtituant Charles ſon frere puîné, & il ſubſtitue à l'un & à l'autre Jean leur oncle, frere cadet de Paul.

IX. Paul de Chaylan, ſieur de Moriés & du Caſtellet, paſſa le 9 Octobre 1660 un Bail emphithéotique avec le Monaſtere de Lerins pour les Terres, Cenſes, & revenus dépendants de la Chapelle ou Prieuré de Notre-Dame du Serret, ſituée au lieu de Moriés, ſous la redevance d'une penſion de 45 liv. franche de toutes charges. Il épouſa le 28 Juin 1657 Dlle. Marguerite de Blacas, fille d'Honoré de Blacas, Seigneur de Carros, & de Dlle. Iſabeau de Grimaldy, dont il eut trois fils : 1°. Pierre qui ſuit ; 2°. Charles, mort ſans poſtérité ; 3°. Jean-Gaſpard, mort en bas-âge. Paul mourut à Paris en 1661, âgé de 32 ans.

X. Pierre IV. de Chaylan, Seigneur de Moriés & du Caſtellet, prêta hommage au Roi Louis XIV. pour leſdites Terres le 9 Janvier 1673. Il réunit une portion deſdites Terres & Seigneuries obvenue en partage à Me. Joſeph de Chaylan, ſieur de Moriés, fils aîné de Jean, Conſeiller au Parlement, par Acte du 22 Mars 1712. Il épouſa le 10 Septembre 1686, Dlle. Françoiſe de Flotte d'Agoult, fille de Noble Jean de Flotte d'Agoult, Seigneur de Saint-Auban, & de Dlle. Claire de Lombard-Saint-Benoît. Il en eut trois fils ; 1°. Jean mort au berceau ; 2°. François qui ſuit ; 3°. Alexandre, Prévôt de l'Égliſe Cathédrale

DE LA NOBLESSE DE PROVENCE.

de Glandevès, & une fille Marie, mariée le 23 Novembre 1716, avec Messire François-René de Grasse, Chevalier, Seigneur de Briançon.

François de Chaylan, Seigneur de Moriés & du Castellet, prêta hommage au Roi Louis XV, d'heureuse mémoire, pour lesdites Places le 17 Juin 1720. Il épousa le 17 Octobre 1718, Dlle. Françoise d'Arbaud, fille de Noble Alexandre d'Arbaud, Baron de Foz, Seigneur de Château-vieux, &c. & de Dlle. Marguerite de Pontevez-Bargeme, dont il eut : 1°. Pierre qui suit ; 2°. Alexandre-Melchior, Prévôt de l'Eglise Cathédrale de Glandevès, & Grand-Vicaire dudit Evêché, nommé à l'Abbaye de Bournet, Ordre St. Benoît ; 3°. Charles-François, Chevalier de l'Ordre de St Jean de Jérusalem, Officier des Vaisseaux du Roi ; 4°. Jean-François, mort à Toulon, Garde du Pavillon, à l'âge de 18 ans, & deux filles, 1°. Marie-Anne, & 2°. Catherine-Therese, mariée le 5 Septembre 1759, avec Claude-César de Blacas, Marquis de Carros. XI.

Pierre V. de Chaylan, Seigneur de Moriés & du Castellet, Chevalier de l'Ordre Royal & Militaire de Saint Louis, Capitaine des Vaisseaux du Roi, a épousé le 19 Mars 1765, Dlle. Cécile de Glandevès, fille de Charles-François de Glandevès, Chevalier, Baron de Glandevès, Seigneur du Castellet, St. Cassien, Vergons, Amirat, &c. Sénéchal au Siege de Castellane, & Chevalier de l'Ordre Militaire de St. Louis, & de Dame Marie-Hieronime de Bruny. XII.

Branche des Seigneurs de Moriés-Bouquet.

Paul de Chaylan, sieur de Moriés, fils aîné d'Antoine, fut laissé en bas-âge avec Pierre son frere, sous la tutelle de Gaspard de Gombert, sieur de Verdaches, leur oncle, qui prêta hommage en leur nom le 8 Mai 1597, & qui fit aussi en leur nom le partage du 2 Avril 1598 avec Paul de Chaylan, Conseiller au Parlement, leur oncle. Ledit VIII.

Paul prêta de nouveau hommage au Roi Louis XIII. le 21 Juin 1610. Il fut déchargé, conjointement avec son frere, de la taxe des Francs-Fiefs, & déclaré d'ancienne & noble extraction, non sujet à la taxe & payement desdits droits par Arrêt du 12 Avril 1636, & il fit avec Pierre son frere le partage du 15 Mars 1638.

Paul épousa Dlle. Catherine de Gasquy, sœur aînée de Diane, mariée avec Pierre son frere par le même contrat de mariage du 30 Avril 1617, dont il eut: 1°. Pierre qui suit; 2°. Melchior, mort au berceau; 3°. Paul Prieur de Moriés & de Courchon; 4°. Jacques, Chevalier de l'Ordre de St. Jean de Jérusalem en 1643, & mort à Paris à la suite de Mr. le Grand-Prieur de France; 5°. François; 6°. Honnoré, morts tous les deux en Piémont au service de Savoye; 7°. Melchior, mort sans postérité.

IX. Pierre de Chaylan, sieur de Moriés, prêta hommage au Roi Louis XIV. en 1643, le premier de son Regne. Les Commissaires députés pour la vérification de la Noblesse de Provence, rendirent en sa faveur le 27 Mai 1667 un Jugement contradictoire qui le déclare Noble, issu de noble, race & lignée. Il fut Lieutenant Principal des Submissions au Siége de la ville de Castellane. Il épousa le 5 Juillet 1642 Dlle. Marie de Demandols, fille de Jean de Demandols, Seigneur dudit lieu & de Château-vieux, Gentilhomme ordinaire de la Chambre du Roi, & d'Isabeau de Raymondis, dont il eut quatre fils, 1°. Joseph qui suit; 2°. Jean; 3°. Balthazard; 4°. François, morts tous les trois en bas-âge.

X. Joseph de Chaylan, sieur de Moriés-Bouquet, épousa le . . . . . 1690 Dlle. Honnorate de Bertatis Puy-Michel, dont il eut deux fils; 1°. Joseph qui suit; 2°. Augustin, marié avec Dlle. de Châteauneuf-Mireval, mort sans postérité, & une fille.

XI. Joseph II. de Chaylan, sieur de Moriés-Bouquet, a épousé en 1716 Dlle. Isabeau Perier, dont il a eu un fils mort au berceau, & deux filles: 1°. Anne mariée avec

Joseph

DE LA NOBLESSE DE PROVENCE. 121

Joseph d'Amalric, Seigneur du Chaffaut, de Freissoles, ancien Maire de Digne; 2°. Marie, mariée avec Hipolite de Jassaud, Seigneur de Thorame-Basse : au moyen de quoi cette Branche est éteinte.

Branche des Seigneurs de Moriés-Lambruisse.

VII. Paul de Chaylan, Seigneur de Moriés & de Lambruisse, deuxieme fils de Pierre II, posséda, conjointement avec Antoine son frere, lesdites Terres, dont il eut la moitié, en vertu du partage du 2 Avril 1598. Il réunit toute la Terre de Lambruisse. Il fut pourvu d'un Office de Conseiller au Parlement de Provence, & reçu le 16 Décembre 1575. Il fut l'un des Commissaires députés pour tenir la Chambre de Justice établie à Marseille, pour pacifier le reste des troubles de la Ligue, après la destruction de Casaux & de Louis d'Aix. Il épousa Dlle. Jeanne d'Étienne, dont il eut trois fils : 1°. Scipion qui suit; 2°. Joseph; 3°. Pierre, ces deux derniers sans postérité, & une fille nommée Sibile, mariée avec Me. Joseph de l'Isle, sieur de Taulane, Avocat au Parlement, le premier Mai 1605.

VIII. Scipion de Chaylan, Seigneur de Moriés & de Lambruisse, eut l'Office de Paul son pere, & fut reçu le 28 Mai 1627. Il épousa le 2 Juillet 1625 Dlle. Suzanne d'Agoult, fille d'Antoine, Baron d'Ollieres, & de Dlle. Eleonor de Vallavoire, dont il eut trois fils : 1°. Jean qui suit; 2°. Etienne; 3°. César, ces deux derniers sans postérité.

IX. Jean de Chaylan, sieur de Moriés & de Lambruisse, succéda à l'Office de Scipion son pere, & il fut reçu le 26 Juin 1656. Il épousa Dlle. . . . . de Monier, dont il eut trois fils : 1°. Joseph; 2°. Jean-Etienne; 3°. Jean-Baptiste : il les fit tous les trois cohéritiers, & ils ont tous laissé de postérité.

X. Joseph de Chaylan, Seigneur de Moriés, fils aîné de Jean, vendit l'Office de son pere. Il aliéna par Acte du 22 Mars 1712 en faveur de Pierre de Chaylan, sieur de Moriés & du Castellet, la portion desdites Terres qui lui

Tome III. Q

étoit échue en partage en vertu de la Transaction passée avec ses freres. Il épousa Dlle. Françoise de Joannis, des Seigneurs de Châteauneuf, dont il a eu Auguste.

Jean-Etienne de Chaylan, sieur de Moriés, & de Lambruisse, deuxieme fils de Jean, eut en partage la terre de Lambruisse, & le quart de celle de Moriés. Il épousa Dlle. Claire Ripert, dont il a eu un fils Jean-Baptiste, & une fille, laquelle il a institué héritiere à l'exclusion de sondit fils, par son testament du . . .

Jean-Baptiste de Chaylan, troisieme fils de Jean, n'a eu dans son lot que des biens roturiers audit lieu de Moriés. Il a eu de Dlle. Jeanne Bernard son Epouse : 1°. Jean-Joseph ; 2°. Jean-Etienne, Prêtre ; 3°. Hilarion, Lieutenant de Frégate ; 4°. Antoine, & deux filles.

Branche des Seigneurs de Ville-vieille.

VII. Daniel de Chaylan, troisieme fils de Pierre II, épousa le 19 Février 1592 Dlle. Anne d'Aillaud, dont il eut 1°. Balthazard qui suit ; 2°. Pierre, Prieur de St. Jean d'Aix de l'Ordre de St. Jean de Jérusalem.

VIII. Balthazard de Chaylan, épousa le 22 Avril 1616 Dlle. Lucrece de Richieud, dont il eut Honnoré qui suit.

IX. Honnoré de Chaylan, acquit la Terre de Ville-vieille, obtint plusieurs Jugemens en sa faveur qui le déchargent du droit de Franc-Fief, & qui le déclarent Noble & issu de noble race & lignée ; lesdits Jugemens des 21 Juin 1664, & 2 Juillet 1667. Il épousa le 17 Octobre 1652, Dlle. Jeanne de Flotte d'Agoult, dont il ne reste point de postérité. Cette branche est éteinte.

Toutes les pieces ci-dessus mentionnées, dont on conserve les originaux, ont été produites & vérifiées aux preuves de Chevalerie de Malthe, & aux divers Jugemens rendus en faveur de la Noblesse des Chaylan.

On peut voir pour cette Famille l'Histoire de Provence par Gaufridy *in-fol.*, pag. 852, & le nouvel État de Provence par Maynier, part. 2, pag. 59.

CHEVALIER.

CETTE Famille qu'on avoit cru éteinte, subsiste encore en Provence en la personne de noble Jean-Louis de Chevalier, résidant à Trets; elle est de la même tige que les Chevaliers, Seigneurs des Oches & d'Istras en Dauphiné, & remonte par conséquent jusqu'à Raymond Chevalier, vivant l'an 1458, & compris au nombre des Nobles du Vicomté de Clermont. Nous nous bornerons cependant à l'exemple de l'Abbé Robert qui en fait mention, à commencer sa filiation depuis

I. Etienne de Chevalier, Seigneur de Saint-Martin, fils de Jean, qui à cause de quelque dérogeance, fut réintégré dans sa Noblesse par des Lettres de Louis XIII. du mois de Janvier 1623, vérifiées le 13 Mai suivant, en récompense de ses services militaires, s'étant signalé sous le Roi Henri IV, d'abord en qualité de Lieutenant, & ensuite de Capitaine d'une Compagnie de gens de pied. S'étant marié avec Anne *de Lausane*, il en eut pour fils:

II. Pierre de Chevalier, Seigneur de Saint-Martin, Juge Royal de la ville de Seyne qui fut marié deux fois, & qui de sa premiere femme Magdeleine *de l'Olivier*, de Noble Famille de Dauphiné, eut 1. Jean de Chevalier, marié en 1674 avec Marie *de Gueirot de la Brimaudière*, dont il n'eut qu'une fille; 2. & François qui suit, & qui a continué la postérité: & sa seconde femme fut Claire *de Forbin*, des Seigneurs de Gardanne, qui lui donna plusieurs enfans.

III. François de Chevalier, fut comme son pere, Juge de la ville de Seyne; il épousa le premier Mars 1650 Dlle. Lucrece *du Vache*, (Notaire Pascal à Chabeul en Dauphiné,) de laquelle il eut:

IV. Etienne de Chevalier, qui fit alliance le 29 Décembre 1698, avec Dlle. Marguerite *de Joannis-Châteauneuf*, de laquelle il eut deux enfans; 1. Jean de Chevalier qui suit; 2. & Ayme de Chevalier mort sans enfans.

V. Jean de Chevalier épousa au mois de Mai 1729 Dlle. Enemonde-Auguſtine *de Laugier* de Boſſe-Duperier, & de ce mariage eſt iſſu :

VI. Noble Jean-Louis de Chevalier, actuellement vivant & demeurant à Trets, marié avec Dlle. Magdeleine-Antoinette-Deſirée *de Ferry*, dont il a une fille née le 6 Avril 1770.

CHIEUSSE VILLEPEY.

Famille originaire de la Ville de Lorgues.

LE plus ancien qui m'en ſoit connu, eſt Noble Jacques de Chieuſſe, Seigneur de Taulane, qui épouſa Marguerite *de Chabert*, de laquelle il eut pour fils Antoine, ainſi qu'il conſte par le contrat de mariage de ce dernier du 10 Novembre 1536, avec Magdeleine *de Boyer*, & dans lequel il eſt qualifié *Noble & Ecuyer*, ainſi que ſon pere, duquel mariage il eut :

Antoine de Chieuſſe II. du nom, qui de ſon mariage avec Magdeleine *de Vintimille*, fille de Balthazard & de Jeanne *de Villeneuve*, ainſi qu'il conſte par le contrat de mariage du 4 Octobre 1582, fut pere de Berenger de Chieuſſe; & celui-ci eut de ſon alliance avec Jeanne *d'Arbaud*, fille de Marcellin d'Arbaud, Seigneur de Breſc, & de Dlle. Blanche *de Barras*, ſuivant le contrat de mariage du 8 Mars 1610, deux enfans, ſavoir : Scipion & Honnoré; le premier, Avocat en la Cour, & mort ſans alliance; & le ſecond qui eut poſtérité du mariage qu'il contracta le 3 Avril 1645 avec Magdeleine *de Sicole*, fille de Noble Jacques de Sicole, Ecuyer, & de Dame Dorothée *de Chabaud* de Tourretes.

Noble Charles de Chieuſſe, fils dudit Honnoré, s'allia le 12 Février 1668 avec Dlle. Marthe *de Mouriés*, fille de Noble Honnoré de Mouriés, & de Dame Anne *de Commendaire*, de la ville de Lorgues, de laquelle il eut pour fils Noble Honnoré-Joſeph de Chieuſſe, Conſeiller du Roi,

Juge Royal de la Ville & Viguerie de Lorgues, qui de son mariage avec Dlle. Claire *de Chieuſſe*, fille de Noble André de Chieuſſe de Combaud, & de Dame Honorade *de Raymondis*, de la ville de Draguignan, eut pour fils :

Noble François de Chieuſſe, Seigneur de Villepey, qui épousa en 1744 Dame Marie *de Brunel*, fille de Noble Marc-Antoine de Brunel, de la ville de Fréjus, Seigneur de Villepey, de laquelle il a eu deux fils & une fille, Charles-Joseph, Esprit-François-Joseph, & Elisabeth-Françoise-Etiennette.

Cette Famille a été confirmée dans sa Nobleſſe par Ordonnance de M. l'Intendant du 23 Mars 1747, qui débouta le Fermier des Domaines de la demande du Droit de Franc-Fief qu'il avoit faite au sieur François de Chieuſſe, à l'occasion de l'acquisition de sa Terre de Villepey, & ensuite de l'examen de ses Titres, & du consentement du Fermier, à qui ils furent communiqués.

DEMANDOLX.

CE Nom qui est celui de la Famille, & du principal Fief qu'elle poſſéde, n'a pas toujours été prononcé dans le langage vulgaire, comme il se trouve écrit, & son orthographe même a beaucoup varié en divers temps.

Dans les anciens régistres de l'Ordre de Malthe, auquel cette Famille a fourni un nombre considérable de Chevaliers, leurs noms se trouvent écrits en latin *de Demandolis*.

Postérieurement & dans le cours des quinzieme & seizieme siecles, on les y trouve inscrits sous le nom de *Demandes*, & plus ordinairement sous celui de *Demende*. L'orthographe de ce Nom est encore plus variée dans les actes notariaux de cette même époque ; & ceux de *Demandoux*, *Demandos*, *Demandaux*, *Demandaux*, de la De-

mande, & *de Demandol*, &c. sont indifféremment employés dans les titres & monuments de cette Famille, & souvent mêlés dans les mêmes actes.

Une branche de cette Famille, établie à Marseille depuis le milieu du seizieme siecle, y étoit désignée sous le nom *de Demende*, & étoit demeurée fidele à cette prononciation & à cette orthographe, tandis que les autres branches, après toutes les variations qu'on a citées, & quelques autres encore, s'étoient enfin fixées à la dénomination *de Mandolx*, & plus ordinairement à celle *de Demandolx*.

La Branche de Marseille s'est crue intéressée à faire cesser cette sorte de diversité dans la dénomination des individus, soit des générations, soit des Branches d'une même Famille, & a eu recours pour cet effet à l'autorité Publique.

Elle a justifié de l'unité d'origine, en produisant au Parlement & à la Chambre des Comptes & Cour des Aîdes de Provence trente contrats, testamens ou autres actes contemporains Ecclésiastiques & Civiles, premieres expéditions pour la plupart qui remontent jusqu'à l'année 1492. & qui liés & suivis jusqu'à ce jour, prouvent démonstrativement la descendance de la branche *de Demende* de Marseille, de celle des Seigneurs de la Pallud & Meyreste, 2de. Branche existante de la Maison *de Demandolx*, par Antoine *de Demande* ou *de Demende* qualifié cadet de *la Pallun*, fils de *Louis de Demandolx* premier du nom, & frere de Jean 2^{d.} du nom, Seigneur de la Pallun, Meyreste & Clumene.

D'après la communication originelle ordonnée, de ces titres, aux parens du nom qui en ont vérifié & constaté l'authenticité & la suite, en présence de conseils éclairés, & sur les conclusions du ministère Public, par Arrêts des 9. & 20. Avril 1785, les membres de la Branche *de Demandolx* dits *de Demende*, de la ville de Marseille, ont été autorisés à présenter tous ces actes, comme titres de leur Famille, nonobstant les diversités d'orthographe du nom originaire qui s'y trouvent; & les deux Cours ont ordonné que même foi feroit ajoutée à la fignature de De‑mandolx à laquelle ils ont déclaré vouloir le fixer pour l'avenir, qu'à celle de Demende par eux ci‑devant em‑ployée, comme les deux ne formant que la défignation des mêmes perfonnes, & la premiere n'étant que l'expreffion plus correcte du même nom, la Chambre des Comptes a ordonné que ces titres & actes dans lefquels les qualifica‑tions de Nobleffe fe trouvent exactement conferveés & en‑tretenues jufqu'à ce jour, fuffent enrégiftrées aux archives du Roi près la Cour.

Ces actes juftifient que *Jean de Demandolx* 2^d. *du nom*, héritier des terres de la Pallun, Meyrefte & Clumenc, fils *de Louis de Demandolx*, eut pour freres; 1°. *Antoine* qui fuit: 2°. *Alexandre* S^r. de St. Maurin; 3°. une fille *Mar‑quife de Demandolx*, qui époufa Noble *Louis* de Bondil, Seigneur de St. Martin d'Alignofc, & en 2des. nôces No‑ble *Claude de Bezieux*.

Antoine de Demandols ou *de Demendes, cadet de la* I. *Pallun* époufa à Marfeille Dlle. *Françoife de Glandevez*, des Seigneurs de Greoulx, fille de Noble *Ardouin*, & de Dame *Françoife de Vénafque*. Il concéda quittance des droits do‑taux de fon époufe à *Allemand de Glandevez de Greoulx fon Beau‑frere*, par acte du 21 Mai 1617. Notaire Mal‑let. Le payement y eft déclaré fait en exécution d'Arrêt du Parlement de Provence intervenu le 17. Février même année dans l'inftance Bénéficiaire *d'Ardouin de Glandevez* Seigneur de Greoulx.

De ce mariage nâquit *Efprit de Demendes de la Pal‑lun* qui fuit, & *Magdelaine de Demende de la Pallun* qui n'a été que trop célebre par le procès criminel du Prêtre *Louis de Gauffridi* rapporté dans tous les recueils de Cau‑fes célebres, & jugé par Arrêt du 30 Avril 1611. qui condamna ce Prêtre comme forcier.

Magdelaine de Demende de la Pallun fonda à Marfeille

le Couvent des Trinitaires déchauffés, qu'on appella depuis *les PP. de la Pallun*, à caufe du don qu'elle leur fit d'une petite propriété & maifon de campagne dans le terroir de cette Ville qui fut le premier hofpice de ces Religieux, & qui a donné le nom *de la Pallun* au quartier où le couvent fut bâti.

II. Esprit de Demendes ou de Demende de la Pallun Ecuyer, fils d'*Antoine* & de *Françoife de Glandeves*, fut appellé à la fubftitution des biens de la Branche de *Demandolx de la Pallun*, à défaut d'enfans des fils & filles de *Jean de Demandolx* fon oncle, fuivant fon teftament du 26. Mai 1611. Notaire André à Mouftiers. il époufa le 7. Juin 1634. Dlle. Catherine de Boquis de la ville d'Avignon, fille de Jean, & de Dame Laure de Morigny.

III. *François Demende* leur fils époufa le 21. Septembre 1673. Notaire Antoine Roquemaure à Marfeille, *Dlle. Magdelaine de Camps*, & eut de ce mariage une fille mariée avec Noble d'Eydoux Sr. de Sougleiron, & un fils nommé

IV. *Dominique de Demende* Ecuyer, lequel époufa riere Me. Reynier Notaire à Marfeille, le 16. Mars 1709. *Dlle. Marguerite de Guillermy*.

V. De ce mariage nâquit Noble *Louis de Demende* marié le 5 Janvier 1738, Notaire Me. Louie à Marfeille, avec Dlle. *Rofe-Gabrielle de Bremond* fœur des Dames de Raymond, de Caftillon & de Sabran Beaudinar.

VI. Noble Dominique *de Demandolx*, & Jean-François *de Demandolx* Chanoine Théologal de l'Églife de Marfeille, Vicaire-Général de Marfeille & d'Autun, font iffus de ce mariage.

Dominique, par fon mariage avec Dlle. Marie-Anne-Elifabeth *Aubert*, eft pere de Louis-Victor *de Demandolx*, & de Jean-Louis-François *de Demandolx*; il a auffi deux filles non mariées.

DESCRIVAN,

DESCRIVAN.

CETTE Famille que l'on croit originaire d'Italie, a toujours été qualifiée Noble dans les actes qu'elle a passé depuis son établissement en Provence.

I. Noble Raymond Descrivan fut le premier qui vint s'y établir ; il eut de sa femme Nicolosine *Pollierre*, Pierre, qui fut son héritier, conjointement avec François son petit-fils, ainsi qu'il conste par le Testament dudit Raymond, du 9 Août 1591 (Notaire Pons au Bar.)

II. On ignore le nom de l'épouse dudit Pierre, mais il est constant qu'il eut pour fils Louis, comme on voit par le contrat de mariage de ce dernier, du 16 Août 1637, riere ledit Pons, Notaire au Bar.

III. Louis Descrivan eut de sa femme Isabeau *Albert*, François Descrivan, comme il conste par le contrat de mariage dudit François, du 3 Mars 1670 (Notaire Gasquet à Saint-Maximin.)

IV. François se maria avec Jeanne *Touche* d'Entrevaux, comme on voit par le susdit contrat de mariage, de laquelle il eut :

V. Gaspard, qui contracta mariage le 27 Janvier 1721 avec Dlle. Therese *de Guiot*, fille de Noble Joseph-Guiot de Seillon, & de Dame Marquise *de Guerin*, sœur du Commandant de Guerin ; c'est ce qui conste par le contrat de mariage du 27 Janvier 1721, (Notaire Rolland de Brignoles) & dans lequel ledit Gaspard est qualifié Noble, ainsi que ses ancêtres l'avoient toujours été ; ledit Gaspard Descrivan résidant à la Roquebrussane, a eu de ce mariage quatre fils ; 1. François-Charles ; 2. Jean-Antoine ; 3. Gaspard ; 4. & Pons-Victor, & deux filles, Jeanne-Chrétienne, & Paule, tous actuellement vivans.

VI. Jean-Antoine est marié avec Dlle. Therese *Bon* du lieu de Simiane-lès-Aix, dont il a un garçon actuellement vivant, nommé Henry-Gaspard, & une fille nommée Apollonie.

II. Gaspard est marié avec Dlle. Pauline *de Castellane*, dont il a un garçon encore jeune appellé Leon, un cadet dont nous ignorons le nom, & une fille appellée Claire. Victor & François-Charles vivent dans le Célibat.

DURAND.

I. La Famille des Seigneurs de Fuveau, qui fait sa demeure ordinaire à Aix, descend de Louis de Durand, originaire de Marseille, qui acquit une partie de la Terre du Castellet de Saute, dont il prêta hommage au Roi René en 1480. Il avoit été pourvu en 1469 de l'Office de Maître-Rational de la Grande Cour Royale de Provence, & fit son testament l'an 1484. Il eut de sa femme, dont j'ignore le nom :

1°. Bertrand qui suit ; 2°. & une fille Louise de Durand, mariée dans la Maison de *Flotte*.

II. Bertrand de Durand, Seigneur du Castellet & de Peynier, Conseiller au Parlement de Provence en 1501, lors de son établissement, épousa Magdelaine de *Pontevès*, de laquelle il laissa : 1°. George de Durand, Conseiller au Parlement, qui fit une branche à présent éteinte, après avoir donné deux Conseillers au Parlement, & fait alliance dans les Maisons *d'Arbaud-Bargemon* & de *Marin* ; 2°. & Jacques qui suit.

III. Jacques de Durand, Seigneur de Fuveau, fut élu premier Consul d'Aix, Procureur du Pays en 1537. Il laissa de Dame de *Gasqui* sa femme trois enfans mâles : 1°. Joseph ; 2°. Honoré ; 3°. Jean, reçu Chevalier de Malthe.

IV. Joseph de Durand, Seigneur de Fuveau, élu premier Consul d'Aix en 1574, fut marié avec Anne de *Roubaud*.

V. Pierre de Durand, Seigneur de Fuveau, issu de ce mariage, fut premier Consul d'Aix en 1608, & marié

DE LA NOBLESSE DE PROVENCE.

deux fois ; 1°. avec Heleine de *Lincel-Romoules* ; 2°. le 26 Février 1611 avec Marguerite de *Castelane-Esparron*. Il eut de son premier mariage : 1°. André ; 2°. Esprit ; 3°. & Claude de Durand, qui furent maintenus dans leur Noblesse par les Commissaires députés pour la vérification des titres de Noblesse le 7 Janvier 1669.

VI. Sextius de Durand, Seigneur de Fuveau, issu du second mariage de Pierre, épousa le 17 Décembre 1642 Victoire de *Gallaup*, des Seigneurs de Chasteuil, dont il eut Jean-Baptiste qui suit ; 2°. & Jean-Henry, dont j'ignore la destinée.

VII. Jean-Baptiste de Durand, Seigneur de Fuveau, s'allia par contrat du 8 Juin 1680 avec Therese de *Chazelles*; de ce mariage sont nés : 1°. Joseph de Durand, Prêtre de l'Oratoire de Jesus ; 2°. Pierre, mort sans alliance; & 3°. Esprit de Durand, qui ne s'est pas marié.

III. Honoré, second fils de Jacques de Durand, Seigneur de Fuveau, & de Dame de *Gasqui*, se retira dans la ville d'Annot, & se maria le 30 Décembre 1583 (Notaire Trabaud) avec Dlle. Gasparde de *Clari de Pontevès*, fille de Noble Melchior Clari de Pontevès, Seigneur d'Ubraye, & de Dame *Reymond d'Eous*, qui eut de son mariage Gaspard, & une fille. Il fit son testament le 18 Mars 1613, (Notaire Desangles) & fit son petit-fils Noble Laurens de Durand son héritier.

IV. Gaspard se maria en 1610 avec Dlle. Jeaumette de *Durand* sa cousine, fille de Noble Louis de Durand, & d'Honorade de *Flotte*, duquel mariage est issu :

V. Laurens de Durand, qui se maria en 1641 avec Dlle. Antorone de *Rabier*, des Seigneurs de Châteauredon, duquel mariage sont issus : 1°. Joseph qui suit ; 2°. & Raphael.

VI. Joseph, Seigneur de Sausse, se maria en 1673 avec Dlle. Magdeleine *d'Ailhaud*, duquel mariage sont issus : 1°. Jean ; 2°. & Esprit.

VII. Jean de Durand, Seigneur de Sausses, se maria en 1703 avec Dlle. Christine de *Castelane d'Alvis*, fille de Jean de Castelane, Gouverneur pour le Roi de la Ville & Citadelle de Guilleaumes, & de Dame Gabrielle de *Mevouillon*, duquel mariage sont issus : 1°. Jean-Baptiste ; 2°. Louis ; 3°. Jean-Joseph ; & 4°. Jean, & fit son testament le 1 Janvier 1746.

VIII. Jean-Baptiste de Durand se maria en 1732 avec Dlle. Marie-Lucrece de *Clari de Pontevès*, fille de Mre. André de Clari de Pontevès, Seigneur d'Ubraye, & de Dame Delphine de *Sabran Beaudinar* ; de ce mariage est issu Jean-Baptiste-Alexandre de Durand d'Ubraye, Garde de la Marine, & deux filles.

Louis de Durand, second fils de Jean, Officier de Cavalerie, retiré avec une Pension de la Cour.

Jean-Joseph de Durand, troisieme fils de Jean, ancien Lieutenant-Colonel de Cavalerie, Chevalier de l'Ordre Royal & Militaire de St. Louis, retiré avec une pension de la Cour, qui fait sa résidence dans sa Terre de la Penne & Chaudoul, s'est marié en 1752 avec Dlle Françoise-Gabrielle *d'Authier*, fille de Noble Jean d'Authier, Seigneur de la Penne & de Chadoul, Commandant pour le Roi de la Ville & Château de Guilleaumes, & de Rose-Gabrielle de *Castelane*.

Jean de Durand, quatrieme fils de Jean, Lieutenant de Vaisseau du Roi, Chevalier de l'Ordre Militaire de St. Louis.

ESTELLE.

J'AI parlé de cette Famille dans le premier Volume à la lettre E, selon la connoissance que j'en avois. J'en avois encore parlé au second dans les Additions ; mais mieux instruit depuis, je dois observer qu'il s'est glissé des fautes dans l'un & l'autre article, telles que d'avoir dit au sixieme degré, qu'Elisabeth de Bounaud de Roquebru-

DE LA NOBLESSE DE PROVENCE. 133

ne étoit fille de Marie de *Robion*, au lieu de dire de Marie *Heron*; comme aussi que cette Famille sortoit d'Allemagne, au lieu de dire de Naples. C'est ce que j'ai vérifié dans un Nobiliaire de cette Ville très-estimé, qui a pour titre: *Difesa della Nobilta Napoletana scritta in latino dal P. Carlo Borrelli C. R. M. contro il libro di Francesco Clio Marchese; Volgarizzata dal P. Abbate D. Ferdinando Vghelli*, imprimé à Rome, *in Roma appresso l'herede di Manelfo Manelfi M. D. C. L. V.* Il cite à l'article de *Capeci* un Concordat passé entre l'Archevêque de Benévent & les Consuls de Naples, en Latin & en Italien, que je vais rapporter dans cette premiere langue. On y voit Oligame *Stella*, premier Consul, qualifié Duc, page 25: *Nos Oligamus Stella Dux, Ginellus Capicius, Balthasar Juvanus, & Burrus Brancatius, Consules magnificæ civitatis Neapolis quæ in præsentiâ est in magnâ penuriâ tritici, olei, casei, & ordei, promittimus quibuscumque salmatariis Vallis Beneventanæ Avellini & aliorum locorum, qui Venerabili in Christo Patri, mundo, præsuli Beneventano subjecti sunt, pro qualibet salmâ farinæ, vel tritici, tarenos duos; pro qualibet salmâ ordei, tarenum unum; pro qualibet salmâ olei, & casei, tarenos tres, qui ipsis in introïtu portarum solventur, ultra pretium, quod pro illis rebus accipient, & ideo vobis venerabili Antistiti præsentes scripsimus, ut civitati nostræ gratum faciatis, ad vocem præconis bannire faciatis per omnes terras vobis obedientes, quod vobis promittimus & ratum habebimus. Datum Neapoli, die decima Martii* 1011, *sedente Sanctissimo Papa nostro Sergio quarto.*

Voilà ce que j'avois à dire sur l'origine de cette Maison, n'ayant plus qu'à y ajouter ses alliances, qui sont par Anne de *Ripert Bodouin* sa quatrieme ayeule, avec les Maisons de *Cambe*, de *Boyer*; par *Magdeleine Sicole* sa troisieme ayeule, avec les *Vintimilles*, & de *Chabaud Tourretes* avec *Martin Puget*; par sa bisayeule Anne de *Renalde*, avec les *Faudran*; par son ayeule Gabrielle de Moustiers, avec les *Barras Clément*, *Gaspary Belleval* ; par fa mere Elifabeth de Bounaud de Roquebrune, avec *Flotte* de Meaux, *Renaud* d'Alein, d'Agoult, *d'Angle*, *Requiston* & *Sabran* ; par Anne d'Eftelle fa tante, avec *de Fauris* de Beaune, de Manofque, femme d'André de Fauris ; & par fa fille, avec *Laugier de Beaucoufe* fon gendre, dont il a quatre enfans, deux garçons & deux filles.

FARGES OU FARGIS.

NOUS avons obfervé fommairement dans notre premier Volume, pag. 363, d'après les preuves rapportées par Pithon-Curt dans fon Hiftoire de la Nobleffe du Comté Venaiffin, tom. 2., pag. 80 & fuivantes, que cette Maifon defcend des anciens Seigneurs de la ville de Clermont au Diocefe de Lodeve, du furnom de *Guilhem* ou *Guilhermi*, laquelle vers le commencement du treizieme fiécle, a paffé du Languedoc dans la Guienne, à l'occafion d'alliances & d'acquifitions de Fiefs confidérables qu'elle y a fait. Berenger Guilhem, troifieme du nom, Chevalier, Seigneur de Clermont-Lodeve, contracta mariage en 1249 avec Marquife ou Mathilde de Gouth, *alias*, Goth, fœur à Bertrand de Goth, originaire & Archevêque de Bordeaux, depuis Pape fous le nom de Clément V, d'illuftre & ancienne Maifon de la Guienne, qui le premier fiégea à Avignon, & qui donna aux Chevaliers de l'Ordre de St. Jean de Jérufalem une grande partie des biens des Templiers, qu'il fupprima dans le Concile de Vienne en 1311, & qui révoqua la Bulle d'excommunication que le Pape Boniface VIII. avoit fulminée contre le Roi Philippe-le-Bel, ayant reconnu par une Bulle expreffe, que les Papes n'avoient nulle Jurifdiction fur le temporel des Rois de France, & qu'ils ne relevoient que de Dieu à cet égard. Ce mariage de Berenger Guilhem a produit une nombreufe & illuftre poftérité ; lui & fes defcendants ont poffédé plusieurs Terres considérables dans la Guienne, entr'autres celle dite Notre-Dame *de Fargis* ou *Farges*, aujourd'hui Fargues par corruption, au Diocese de Bordeaux, dans l'Archiprêtré de Cernès, dont cette Famille prit le nom, selon l'usage des Gentilshommes de ce tems-là; & dans la suite, Etienne de Fargis ou Farges, de lad. ville de Bordeaux, où il résidoit & mourut en 1439, ayant eu une nombreuse famille, Jean de Farges l'un de ses fils, vint s'établir en Provence, où s'est formé la branche dont nous avons donné la filiation dans notre premier Volume, depuis ledit Etienne inclusivement de pere en fils, jusques à présent.

Nous ne connoissions pas alors le Testament de Berault de Fargis, Evêque d'Alby, dont Pithon-Curt a donné la traduction du Latin en François au tom 2, pag. 485 & suivantes, qui est une piece, comme il le dit avec raison, *essentielle & instructive*; & cet Auteur ne la connoissoit pas encore lui-même, lorsqu'à la pag. 114 & suivantes il dressa la généalogie de la branche de Farges de Provence, car il en eût tiré des inductions certaines pour commencer la filiation de cette branche à l'époque même de sa séparation d'avec la branche de Budos, en donnant pour pere à Etienne de Fargis, Guillaume de Fargis, & à celui-ci, Raymond de Fargis, frere du premier, Seigneur & Baron de Budos; de sorte que le vuide des deux générations eût été rempli, & la chaîne de la filiation eût été suivie depuis le premier des anciens Seigneurs de Clermont, dont on peut avoir connoissance, jusques audit Etienne; & cet Auteur en eût tiré cette conséquence certaine, que la Famille de Fargis avoit été séparée de la branche de Budos après l'alliance de Mathilde de Goth, sœur du Pape Clément V, au lieu de supposer, comme il a fait, que cette séparation avoit précédé cette alliance. Nous ne donnons cependant pas ce testament comme un titre exprès & positif, qui autorise à donner ces deux ascendans audit Etienne, mais seulement comme une piece qui fournit des inductions assez fortes pour le faire présumer de même ; c'est pourquoi, sans intervertir l'ordre de filiation que nous nous sommes prescrit dans notre premier Volume, nous nous bornerons, en rappellant chaque article, d'y appliquer les additions & les observations qui lui sont propres.

A l'article du Cardinal de Fargis, pag. 364, nous ajoutons que cette Famille résidoit alors dans la ville de Bordeaux, puisque trois Historiens des Cardinaux François, Ciaconius, Onuphre & Aubery, disent qu'il y nâquit ; il étoit frere de Bernard de Fargis, Archevêque de Narbonne ; d'Amanieu de Fargis, Evêque d'Agen ; de Berault de Fargis, Evêque d'Alby ; & de Raimond Guilhem de Clermont, Chevalier, premier Seigneur de Budos, ainsi qu'il est prouvé par le premier testament de celui-ci du 19 Avril 1323, mentionné dans Pithon-Curt, tom. 2, pag. 96, & autres Titres ; il avoit aussi pour freres, au rapport de cet Historien, pag. 88 & 89, Berenger Guilhem IV. du nom, & Dieudonné Guilhem, l'un & l'autre Co-seigneurs de Clermont, & trois autres freres, suivant ledit testament de Berault de Fargis, trouvé après l'impression de l'Histoire composée par Pithon-Curt, savoir, Bertrand de Fargis, Raimond Guilhem de Fargis, & Raimond de Fargis ; ces deux derniers ont fait branches, selon le même testament, auquel nous reviendrons bientôt.

Cæsar Nostradamus, dans son Histoire de Provence, & dans la liste qu'il y a inséré en la partie trois, au feuillet 35 des Cardinaux, qui en 1316 composoient la Cour du Pape Jean XXII à Avignon, y a compris le Cardinal Raimond de Farges.

A l'article qui suit au sujet de Bernard de Fargis, Archevêque Primat de Narbonne, Président né des Etats du Languedoc, nous ajoutons que Mrs. de Sainte-Marthe dans leur *Gallia Christiana*, ont observé que *ce Prélat, après avoir été nommé en 1306 à l'Evêché d'Agen, le fut bientôt après à l'Archevêché de Rouen, & en 1311 à celui*
de

de Narbonne, enſuite de la permutation qu'il fit avec Giles Aicelin, pour être plus près de ſon oncle Clément V. Dubreuil, ſur les antiquités de Paris, dit que ce Prélat y fonda en 1317 le College de Narbonne dans la rue de la Harpe pour neuf Bourſiers & un Prêtre, du dioceſe de Narbonne, la préférence donnée à ceux de ſon nom; & Pithon-Curt a obſervé, pag. 91, qu'il fonda en 1330 dans Narbonne, un Chapitre en l'honneur de St. Etienne, dans le Fauxbourg de Villeneuve, qui fut transféré en 1637 dans l'Egliſe Paroiſſiale de St. Sebaſtien de la même Ville par Jean d'Arcourt, l'un de ſes ſucceſſeurs; depuis-lors ce Chapitre eſt appellé *Chapitre de St. Etienne & de St. Sebaſtien*. Les Titres domeſtiques diſent que le Roi Philippe-le-Long l'employa dans les affaires qu'il eut avec le Comte de Flandres au ſujet de l'hommage de cette Province. Il fut enterré dans le Chœur de l'Egliſe primatiale de Narbonne, dans un tombeau de marbre, du côté de l'Evangile.

A l'article dudit Evêque d'Alby, nous ajoutons que M[rs]. de Sainte-Marthe en font mention dans leur *Gallia Chriſtiana*, de même que l'Abbé Frixon dans ſa *Gallia purpurata*, pag. 276. La-Faille au premier tome de ſon Hiſtoire des Capitouls de Touloufe, rapporte que cet Evêque prit avec beaucoup de zele le parti du Roi Philippe-le-Bel dans l'Aſſemblée des États du Languedoc tenus à Toulouſe en 1313, ſous la préſidence de Bernard de Fargis ſon frere, Archevêque Primat de Narbonne, au ſujet des nouvelles impoſitions que ce Prince demandoit pour ſubvenir aux frais de la guerre. Il fonda en 1333 dans la ville d'Alby le Prieuré de Notre-Dame de *Fargis* ou *Farges* pour l'entretien de quatre Chapelains; ce Prieuré fut depuis réuni au Monaſtere de l'Annonciade de la même Ville, appellé aujourd'hui communément le Monaſtere de Fargues par corruption. Il fit ſon teſtament le 7 Janvier 1333, & mourut peu de tems après. Il fut enſeveli dans le Chœur de ſon ancienne Egliſe Cathédrale, ayant fait de grandes

Tome III. S

libéralités aux pauvres & aux Eglises de son Diocese, & notamment à la nouvelle Église Cathédrale d'Alby, pour la construction de laquelle il laissa une grande somme d'argent. Voyez ce que dit Pithon-Curt, tom. 2, pag. 82, au sujet des quatre Prélats ci-dessus dénommés.

Au deuxieme degré de ladite filiation, qui est au sujet de Jean de Farges, l'un des fils dudit Etienne, & Secretaire des Commandemens & d'État de Charles III, Duc d'Anjou, Roi de Sicile & de Jérusalem, Comte de Provence, nous ajoutons que Mr. de Maynier-Francfort dans son Histoire de la principale Noblesse de Provence, imprimée en 1719, dit qu'il avoit exercé la même Charge sous le regne de René Duc d'Anjou, Roi de Naples, de Sicile & de Jérusalem, Comte de Provence, prédécesseur immédiat dudit Roi Charles; & l'on ne sait pas positivement à la suite duquel de ces deux Princes ledit Secrétaire vint en Provence, lorsque de leur Duché d'Anjou ils vinrent prendre possession de ce Comté & y résider l'un après l'autre; il y a quelque apparence que ce Secretaire y vint avec le Roi René, puisqu'on lit dans la même Histoire, qu'il suivit ce Prince en son Royaume de Naples, & lui rendit de grands services.

Mais après la mort du dernier de ces deux Rois, les Seigneurs Barons de Budos & de Portes dans le Vivarais, où ils résidoient alors, ayant attiré auprès d'eux ce Secretaire leur parent, il est à présumer qu'il fit sa résidence en la ville d'Annonay, l'une des principales du Vivarais, à trois lieues du Bourg & Château de Portes, puisque son fils Jean de Farges, II du nom, s'y maria deux fois, & qu'il y mourut après y avoir fait son testament en l'année 1501, par lequel il institua son héritiere Mathée de Farges sa fille unique du second lit.

Au troisieme degré, qui est l'article dudit Jean de Farges, II du nom, fils dudit Secretaire, nous ajoutons, qu'on l'a qualifié Noble dans les Actes, même après sa mort, ainsi qu'on voit dans le testament d'Etienne II du nom

DE LA NOBLESSE DE PROVENCE. 139

fon fils aîné ci-après. Nous ajoutons encore que les Titres domeftiques, & ledit teftament en latin, dans lequel ledit Etienne fe dit être originaire de la ville d'Annonay, Diocefe de Vienne, *villa Nonnaici, Viennenfis Diœcefis*, font préfumer que ledit Jean II. du nom y avoit fait fa réfidence, d'autant qu'il s'y étoit marié deux fois; & il eft obfervé dans lefdits Titres, qu'après fa mort fadite fille fon héritiere tranfigea dans la même Ville en 1504 avec ledit Etienne fecond fon frere aîné, par lequel Acte elle lui céda les biens que le Secretaire leur ayeul avoit acquis en Provence, & elle fe retint tous ceux qu'ils avoient dans le Vivarais, procédants des fucceffions de leur pere & ayeul, & la plupart de ceux qui en procédoient dans la Guienne. Ledit Etienne, en conféquence de la perte defdits biens, vint fe retirer en Provence, où infenfiblement lui & fes defcendants fe trouvant éloignés de la réfidence des M^{rs}. de Budos, comme de leur ancienne parenté, & ceux-ci ayant fait dans la fuite leur demeure à la Cour ou à la guerre, ils fe font réciproquement oubliés.

Nous ignorons fi ledit Secretaire a laiffé d'autres enfans; il y a pourtant apparence qu'il a eu un autre fils qui a fait branche dans le Vivarais, & qui y a poffédé des biens nobles, ce qui s'induit de l'inféodation faite par les Officiers Royaux de Nîmes, le 7 Octobre 1583, « en faveur
» d'Honnoré d'Albert, Seigneur de Luines, &c......
» d'une Ifle affife fur le Rhône vis-à-vis Codolet & St.
» Etienne de Sors en Vivarais (où il eft ajouté) joignant
» d'un côté l'Ifle & crément des hoirs à feu noble Guil-
» leaume de Fargis.

Et comme l'Auvergne eft un Pays limitrophe du Vivarais, il fe pourroit que M^r. de Fargis, qui étoit en commerce de lettres avec le célebre Voiture, & qui réfidoit alors en l'année 1633 dans l'Auvergne, fût un des defcendants de celui du Vivarais.

Au quatrieme degré, qui eft celui dudit Etienne II. du nom, nous ajoutons que l'on trouve dans le contrat de

S 2

son second mariage fait à Trets en 1513, la qualification de Noble, ainsi que dans tous les autres Actes qu'il y passa. Ce fut dans la Guienne & à Guistres en l'Archi-prêtré de Fronsac, au même diocese, qu'il se maria en premieres nôces avec Liesse de Pomiers, ce qui, joint aux Titres domestiques, & au testament du même Etienne II, du 2 Avril 1530, (Garnier Notaire à Trets) qui font mention de quelques biens restants à ce testateur dans la Guienne, & procédants de la succession dudit Secretaire son ayeul, acheve de démontrer que le Secretaire étoit originaire de Bordeaux. Les descendants dudit Etienne avoient d'abord fixé leur résidence dans la ville d'Aix, & ce n'est que depuis trois générations qu'ils ont leur domicile à Trets.

Jean de Farges, cinquieme fils dudit Etienne II, fut d'abord Maître Rationnal en la Cour des Comptes, Aides & Finances de ce Pays, dérivée de la premiere & grande Cour des Maîtres Rationnaux, les plus anciens Officiers Souverains de nos Comtes de Provence, qualifiés alors Augustes & Magnifiques, & reçu ensuite Conseiller en ladite Cour le . . . . 1555, ainsi qu'appert par la résignation qu'il fit de cet Office le 26 Juin 1570, pour avoir valeur après sa mort, à Joseph de Farges ci-après dénommé. Il prouva dans son inventaire de production du 20 Octobre 1568, au procès qu'il avoit contre Jean de Pontevès, Comte de Carcès, Grand-Sénéchal & Lieutenant de Roi en Provence, sa descendance de pere en fils dudit Secretaire son bisayeul ; & les Titres domestiques ajoutent, que pour surabondante preuve de cette descendance, ce Magistrat produisit la susdite attestation des Consuls-Jurés de Bordeaux, que nous avons rapportée à l'article dudit Etienne son trisayeul, pere du Secretaire ; il fut par sa médiation & son crédit l'auteur de la transaction solemnelle qui fut passée entre les Seigneurs & Communauté de la ville de Trets, le 2 Février 1554 (Notaire Tisaty de la ville d'Aix) dans l'Église Paroissiale de Trets, en pré-

DE LA NOBLESSE DE PROVENCE. 141

fence defdits Seigneurs & des habitans & poffédans-biens à Trets, affemblés pour terminer à l'amiable tous les procès qui étoient pendants depuis long-tems en divers Tribunaux, foit de la ville d'Aix, ou hors la Province, entre lefdits Seigneurs d'une part, & la Communauté & plufieurs particuliers d'icelle d'autre, ainfi qu'il eft dit dans cet Acte. Ce Confeiller, Seigneur de Mallignon, de la moitié de Meaulx, & de partie de Seillans, fit fon dernier teftament le 12 Avril 1572 dans fa maifon de campagne de Trets (Notaire Roy,) en faveur de Jofeph de Farges, ayant fait des legs à la Chapelle de la Confrairie des Pénitens Blancs, érigée en l'honneur des cinq plaies de Notre Seigneur Jefus-Chrift, fous la direction des grands Carmes de la ville d'Aix, & dans laquelle Confrairie il avoit été Recteur. Il mourut en 1574 en ladite Ville dans fa grande maifon ainfi dénommée, qui a été divifée en deux dans la fuite, étant au bout de la grande rue du Pont-Moreau, vifant par devant à la place de Prêcheurs, & par derriere à la petite rue de St. Jean.

Sur le cinquieme degré, qui eft l'article de François de Fargis, nous remarquons que dans un acte qu'il paffa avec fon frere Jean ledit Confeiller en 1560, (Notaire Tifaty à Aix) il s'eft figné *de Fargis*, & que fondit frere s'eft figné *de Farges*; ils en ont fait de même dans un autre Acte du 19 Octobre 1568, (Notaire Barthelemy Catrebars de la même Ville,) & nous voyons qu'Etienne III, l'un des fils du premier lit d'Etienne II, s'eft figné *de Fargis* en plufieurs occafions, ce qui prouve que cette différence dans la terminaifon de ce furnom, n'en fait aucune dans la Famille; & le public dans tous les tems a varié de même dans la prononciation de ce furnom; on a auffi toujours donné audit François de Farges les mêmes qualités de Noble & d'Ecuyer qu'on lui avoit donné pendant fa vie, ainfi qu'on le voit, entr'autres actes, dans celui du 30 Janvier 1580 (Notaire Nicolas Borrilly à Aix;) il mourut en 1570 dans ladite maifon de fa famille en la même Ville, & il fut inhumé dans ladite Chapelle de l'Eglife des grands Carmes, & qui eft la plus proche du Sanctuaire du côté de l'Evangile.

Au fixieme degré concernant Joseph de Farges, Confeiller en la Cour des Comptes, Aides & Finances de ce Pays, Seigneur de Mallignon & de la moitié de Meaulx, où il eft dit qu'il fut pourvu de cet Office le 20 Octobre 1572, ç'a été le 20 Octobre 1574 que fes provifions furent expédiées, & fa réception fut faite & enregiftrée le 22 Novembre fuivant; il eft qualifié Seigneur defd. Terres dans les Actes, entr'autres, dans ceux du 21 Mai 1576 (Notaire Melchior Garnier à Trets,) 6 Septembre 1577 (Notaire Palayony de la ville de Draguignan,) & 30 Janvier 1580 (Notaire Nicolas Borrilly à Aix.) Il y a auffi erreur fur la date du Brevet ou Commiffion de Capitaine entretenu fur les Mers du Levant, donné à Claude de Farges fon fils; elle n'eft pas de l'année 1605, mais bien de 1608 : le 9 Mars celui-ci fut pourvu par Brevet du 20 Février 1613, de la charge de Garde de l'Arfenal des Galeres à Marfeille, & il mourut dans cette Ville fans avoir été marié, après avoir fervi avec beaucoup de diftinction environ 45 ans. Son corps fut tranfporté dans l'Églife des Grands Carmes à Aix, lieu de fa naiffance, pour y être enfeveli dans le tombeau de fes ancêtres en ladite Chapelle. Il avoit fait fon teftament à Marfeille le 20 Avril 1639 (Notaire Garnier) contenant des legs à la même Chapelle de la Confrairie des Pénitens dont nous avons parlé; il y en avoit plufieurs pour des Hôpitaux & des Eglifes, & un entr'autres à la Chapelle de Notre-Dame d'Efpérance de l'Églife Métropolitaine St. Sauveur de la ville d'Aix, de la Chaîne d'or émaillée qu'il avoit apportée de Portugal. Il inftitua pour fon héritier univerfel, Annibal de Farges, Seigneur en partie de Rouiffet, ci-après.

Au feptieme degré où il eft parlé de Jofeph de Farges, II. du nom, fon frere aîné, nous ajoutons qu'il eft juftifié par Actes publics qu'il étoit Seigneur de Mallignon &

DE LA NOBLESSE DE PROVENCE.

de la moitié de Meaulx, entr'autres par celui du 6 Septembre 1621 (Notaire Antoine Poëte à Marseille); il y eſt auſſi qualifié Ecuyer de la ville d'Aix, de même que dans l'Acte du 11 Novembre 1624. Il mourut à Aix dans l'ancienne maiſon de ſa Famille, & fut inhumé dans la ſuſd. Chapelle de l'Egliſe des Grands Carmes.

Au huitieme degré concernant Annibal de Farges, nous ajoutons que par la Tranſaction du 23 Novembre 1645, dont nous avons fait mention dans notre premier Volume, il lui fut déſemparé par Gaſpard de Garnier, Seigneur de Rouſſet & de Saint-Antonin, ſon beau-frere, pour la dot de ſon épouſe, en conformité du contrat de ſon mariage, des biens Nobles, avec Juriſdiction haute, moyenne, baſſe, mère, mixte, impère, ſur tout le lieu & terroir de Rouſſet.

Sur le neuvieme degré, qui eſt celui de Jean-Auguſtin de Farges, il convient de remarquer que lors du Jugement confirmatif de la Nobleſſe de ſa Famille, duquel nous avons parlé dans notre premier Volume, il fut fait mention ſurabondamment dans le vû des pieces de ce Jugement, de la ſuſdite atteſtation des Conſuls-Jurats de Bordeaux, faite en faveur de la Nobleſſe du ſuſdit Etienne de Farges, premier du nom, de ladite Ville, où il mourut en 1439; & de celle de Lucie de Ricard ſon épouſe. Nous ajoutons auſſi que ledit Jean-Auguſtin étant Forain de la Communauté de Peinier, qui plaidoit depuis long-tems avec les Meſſieurs de Thomaſſin, Seigneurs dudit lieu, les ayant porté d'arbitrer leurs procès, & le Jugement arbitral ayant été rendu, ils y acquieſcerent de part & d'autre *par ſon entremiſe*, ainſi qu'il eſt dit dans la Tranſaction paſſée en conſéquence le 5 Décembre 1695 (Notaire Achard dudit lieu.) Ç'a été encore par la médiation de Joſeph de Farges III. ſon fils, que la même Communauté a tranſigé avec ſon Seigneur & Marquis, ſur divers objets qui alloient faire matiere de procès, & enſuite d'un Jugement arbitral, le 5 Février 1763 (Notaire Jean à Peinier.)

Enfin, sur l'onzieme degré concernant Henry de Farges-Budos, nous ajoutons que son beau-pere Antoine-François-Louis de La-Forge étoit Seigneur de Racquinguhem en Artois, & que la Noblesse des seize quartiers requise pour entrer dans les Abbayes de Flandres, doit être d'épée.

Jean-Augustin de Farges, frere aîné dudit Henry, Seigneur en partie de Rousset, ancien Capitaine d'Infanterie, a eu de son mariage avec Dame Magdeleine *Rastil*, fille de feu Hiacinthe, d'une ancienne Famille, & de feue Françoise Hainaud, un fils, né le 21 Avril 1759, nommé François-Esprit-Frederic de Farges.

Nous n'aurions rien à ajouter à ce qu'a dit Pithon-Curt, sur l'identité d'origine des Maisons de Farges & de Budos, si cet Auteur, en donnant la filiation de ces deux Maisons, avoit eu sous les yeux le testament de Beraul de Fargis, Evêque d'Alby, du 7 Janvier 1333 (Notaire Jean Coste) découvert dans les Archives de la Cathédrale d'Alby, après l'impression de son ouvrage; & il eût sans doute prévenu les inductions que nous allons tirer de cette piece, qui nous donnera la clef de la séparation des Maisons de Farges & de Budos, à l'époque de laquelle, ni cet Auteur, ni nous, n'avions pu faire remonter la filiation d'Etienne de Fargis, mort à Bordeaux en 1439.

Ce testament nous fournit en effet la preuve de trois autres fils du surnom de Fargis issus de l'alliance de Berenger Guilhem III. avec Mathilde de Goth, outre les sept dénommés par Pithon-Curt, lesquels trois fils furent Bertrand, Raimond Guilhem, & Raimond de Fargis; & ce fut ce dernier qui fut l'auteur de la branche de Provence, qui a porté le seul surnom de Farges, comme nous le prouverons par l'analyse de quelques dispositions de ce testament.

On lit en effet dans cet Acte, page 486 dudit tome 2 de Pithon-Curt, que ce Prélat a fait des legs au pauvers de la Paroisse de Farges, au Diocese de Bordeaux: *Pauperibus*

… *peribus Parrochiæ de Fargis, Burdigalenfis diœcefis.*

Cette premiere difpofition fait d'abord penfer que cette Terre appartenoit à fa famille : car il n'eft pas vraifemblable qu'il eût fait des legs aux pauvres d'une Seigneurie étrangere

Plus, en la même page, *des legs à la Chapelle de Notre-Dame de Farges* (en latin Fargis) *qu'il a fait bâtir dans la ville d'Alby.*

Il faut induire du titre que cet Evêque a donné à cette Chapelle, que la Terre nommée *Notre-Dame de Fargis*, au diocefe de Bordeaux, appartenoit à fa Famille ; car il eft à préfumer, & même certain, que fi le nom de cette Terre lui eût été étranger & indifférent, il ne l'auroit pas pris pour le titre & le nom du Prieuré qu'il fonda dans Alby à l'honneur de la Sainte-Vierge. Cette Seigneurie eft dite être dans ledit diocefe, & en l'Archiprêtré de Cernès, & voifine de Saint-Romain de Budos, dans le dénombrement qu'on voit des Paroiffes de ce diocefe, à la fin de l'Hiftoire de l'Église de Bordeaux, compofée par Jérôme de Lopès, Chanoine-Théologal de la Métropole, & de même dans la Carte du diocefe de Bordeaux, inférée dans le *Gallia Chriftiana* de Mrs. de Sainte-Marthe, imprimé au Louvre.

Plus, en la page 487, un legs *à l'Eglife paroiffiale de Farges*, dite *de Fargis* dans le latin du teftament, *au diocefe de Bordeaux* : nouvelle preuve que cette Terre appartenoit à la Famille de ce Prélat, puifqu'il n'eft pas à préfumer qu'un Seigneur qui a des Terres dans fa Famille, porte fes libéralités dans les Paroiffes des Terres qui lui font étrangeres.

Plus, en la même page 487, un legs à fon frere Bertrand de Fargis.

Plus, à Raimond de Fargis fon neveu, fils de fon frere Raimond.

Plus, un legs pour » la dotation d'une Chapelle, où » l'on priera Dieu pour le Pape Clément V fon oncle, » dont la préfentation appartiendra à Raimond de Far-

» gis fon frere, & à fes héritiers & fucceffeurs mâles. »

Il faut induire de cet article, que ledit Raimond de Fargis continuoit la poftérité ; car ce font ceux-là auxquels un frere donne la préfentation à perpétuité d'une Chapelle.

Plus, en la page 488, » il fonde 12 autres Chapel-
» les, pour lefquelles il legue une fomme d'argent pour
» être employée en biens-fonds, à la difpofition & vo-
» lonté du Cardinal Raimond de Fargis, & de Raimond
» de Fargis fes freres, & il en donne le patronage à fon
» frere Raimond de Fargis, & à fes héritiers & fuccef-
» feurs mâles » : nouvelle preuve que cet Evêque avoit un frere du furnom de Fargis, marié, ayant des enfans qui ont continué la Famille.

Plus, en la même pag. 488, il fait un legs *à fa niéce Regine de Fargis, fille de Raimond Guilhem de Fargis fon frere*, lequel, apparemment pour fe diftinguer de fes freres furnommés de Fargis, continuoit de porter le furnom de Guilhem, en y joignant celui de Fargis ; & voilà le commencement d'une autre branche, qui vraifemblablement étoit cadette, puifque l'autre avoit le *Patronage des Chapelles*.

Plus, en la même pag. 488, un legs à *Raimond Guilhem de Fargis fon neveu*.

L'on voit que c'étoit le fils de Raimond Guilhem de Fargis ci-deffus.

Plus, en la pag. 489 & fuivantes : » il remet & legue
» à Raimond de Fargis fon frere, & à Guillaume de
» Fargis fon neveu, & à leurs héritiers & fucceffeurs, tous
» fes droits paternels. »

Cet article prouve que la Terre & Seigneurie de Fargis, ou Farges en François, appartenoit à Raimond de Fargis ou Farges, comme héritier des biens de la Famille, & que Guillaume de Fargis étoit le fils aîné de celui-ci ; car c'eft à ceux-là & à leurs héritiers & fucceffeurs, qu'un frere qui n'a point d'enfans, legue ordinairement

DE LA NOBLESSE DE PROVENCE.

ſes droits paternels pour ſoutenir la Maiſon, en y conſervant les biens; & c'eſt de-là que s'eſt formée la Branche qui a porté ſeul le ſurnom de *Fargis* ou *Farges*.

Voilà donc l'exiſtence prouvée de trois autres freres de l'Evêque d'Alby, outre les ſept dont Pithon-Curt fait mention, deſquels trois freres deux ont eu poſtérité; ſavoir: Raimond de Fargis, qui vraiſemblablement, comme nous l'avons obſervé, forma la Branche aînée, puiſque ce fut à lui & à ſondit fils Guillaume & à leurs ſucceſſeurs, que ledit Evêque Teſtateur légua ſes droits paternels; & Raimond Guilhem de Fargis ayant un fils nommé & ſurnommé de même dans ledit Acte, qui forma la Branche cadette; & comme il a été prouvé que le ſuſd. Raimond Guilhem de Clermont, premier Seigneur de Budos, étoit un des freres de cet Evêque, il s'enſuit néceſſairement que les Fargis ou Farges, & les Budos, ſont de la même Famille deſcendante des anciens Seigneurs de Clermont-Lodeve.

Nous avons dit en commençant, qu'il y avoit de fortes préſomptions qu'Etienne de Fargis, mort à Bordeaux en 1439, deſcendoit de Raimond de Fargis, frere de l'Evêque d'Alby, & nous les tirons des circonſtances qui ſuivent.

1°. Ledit Etienne étoit de Maiſon Noble, de même que ſa femme, puiſqu'on leur en donnoit les qualifications, ce qui eſt prouvé par lad. atteſtation en latin des Conſuls-Jurats de Bordeaux, expédiée après leur mort, & le ſuſdit Teſtament du Roi Charles, Comte de Provence, qui qualifie du titre de Noble, Jean de Farges ſon Secretaire, fils dudit Etienne; ce qui prouve que, quoiqu'étranger en Provence, il étoit reconnu être de famille noble, d'autant mieux qu'un autre Secretaire de ce Roi dénommé dans ce Teſtament, n'eſt qualifié d'aucun titre de nobleſſe, ainſi que Pithon-Curt l'a obſervé, page 118.

2°. Ledit Etienne étoit de la même ville de Bordeaux

que la famille defdits Fargis, puifque Etienne, felon ladite atteftation, s'y maria & y mourut, & que trois Hiftoriens des Cardinaux Français que nous avons nommés,
ont dit que le Cardinal de Fargis y étoit né.

3°. Ce Secretaire, après la mort du Comte de Provence,
au lieu de refter en Provence où il avoit acquis du bien,
ou de s'en retourner en Guienne où il en avoit, préféra
d'aller établir fon domicile au voifinage de Portes où il
n'avoit aucun bien, mais pour être près des Mrs. de Budos qui alors y réfidoient, à caufe de leur Baronie de
Portes Bertrand ; & ce fut vraifemblablement dans la
ville d'Annonay qu'il fit fa plus ordinaire réfidence, comme nous l'avons obfervé ci-devant.

Nous avons encore obfervé dans notre premier Volume
fur l'art de Jean de Farges II., que Gabriel fon fils puîné du premier mariage qu'il avoit contracté avec Jeanne
Marck ou de la Marche (*Marchæ*) étoit retourné en Guienne dans le domicile de fes peres ; & dans l'article fubfé-
quent d'Etienne II., que les trois fils qu'il avoit eu de
fa première femme qu'il avoit époufée dans le Diocefe
de Bordeaux, étoient également retournés en Guienne
après la mort de leur pere, le tout felon les Titres domeftiques, & ledit Teftament dudit Etienne II. du nom,
dans lequel Acte il eft fait mention de quelques biens dans
la Guienne qui reftoient audit Teftateur ; & fi l'on ajoute
à cela l'obfervation que fait Pithon-Curt en la page
115, que l'on trouve dans les principaux & les plus anciens Titres de la branche de " *Budos* plufieurs Seigneurs
„ du nom de Fargis, employés comme parens, témoins,
„ que c'eft par leur avis que les Seigneurs de Budos fe
„ font mariés, & en leur préfence, & qu'ils ont tefté,
„ & que ces de Fargis y ont été nommés à des legs
„ comme proches parens & exécuteurs teftamentaires ; „
toutes ces circonftances prouvent l'identité d'origine des
deux maifons de Farges & de Budos, & font préfumer
qu'Etienne de Fargis, mort à Bordeaux en 1439, étoit

fils de Guillaume de Fargis, fils de Raimond de Fargis, l'un des freres de Beraul de Fargis, Evêque d'Alby, & du premier Seigneur de Budos : car il n'eſt pas vraiſemblable qu'entre ledit Guillaume, qui, ſelon les apparences, étoit encore jeune lors du Teſtament de l'Evêque d'Alby, & la mort dudit Etienne, dont la vie n'a pas été courte, puiſqu'il a eu une nombreuſe famille, il y ait eu une génération entre deux.

Ces obſervations ſur la filiation d'Etienne, pere de Jean le Secretaire, n'avoient pas échappé à l'Auteur de la ſuſdite Hiſtoire de la principale Nobleſſe, puiſqu'il y obſerve que ledit *Jean, Secretaire, étoit arriere-petit-fils de Raymond de Farges, qui étoit frere* (ainſi qu'il ajoute) *du Cardinal de Farges, de Bernard de Farges, Archevêque de Narbonne, & du Baron de Budos*; il auroit pu ajouter, *& de l'Evêque d'Alby*, comme nous avons ci-devant prouvé. Il y a apparence que cet Auteur a ſu ce point de généalogie d'autre part que du teſtament dudit Evêque d'Alby, puiſqu'il a écrit ſon Hiſtoire en 1719, & que cette piece n'a été découverte qu'en 1743 ; & on ne doit pas être ſurpris que cet Auteur n'en ait pas dit davantage, puiſqu'il s'eſt moins attaché à décrire exactement les filiations, qu'à rapporter ce qu'il a ſu de plus relevant dans les Familles.

L'égarement des anciens Titres de celle-ci, cauſé par les pertes & les révolutions qu'elle a eſſuyé, nous a mis dans l'impoſſibilité de prouver d'une maniere littérale la filiation dudit Etienne; nous croyons cependant avoir ſuppléé au défaut des Titres, par des préſomptions qui ne laiſſent aucun lieu de douter que Raymond de Fargis, frere du Cardinal de Fargis, de l'Evêque d'Alby, & du premier Seigneur de Budos, n'ait été l'ayeul d'Etienne de Fargis, & par conſéquent la tige de la Branche de Farges de Provence.

On ne ſauroit douter, comme nous venons de dire, qu'il n'ait été égaré biens des Papiers dans cette Famille, puiſqu'on voit dans un Livre de ſes Titres domeſtiques, commencé en 1574 par le Conſeiller Joſeph de Farges

Seigneur de Mallignon & de la moitié de Meaulx, qu'après sa mort, Joseph II. son fils a noté en ces termes : que *son Pere, par modestie, s'est contenté de laisser fort sommairement par écrit le Mémoire des noms, familles & habitations de ses ayeux, ayant tû volontairement les grades, charges & honneurs qu'ils ont possédé* ; & ce Mémoire ne se trouve plus aujourd'hui. Le même Joseph II, suivant l'exemple de son Pere, déclare dans le même Livre vouloir garder le silence sur *divers témoignages & remarques fort curieuses, qu'il auroit,* dit-il, *pu choisir sur une grande quantité, pour la décoration & le lustre de sa Maison* ; & il s'y borne à rapporter mot à mot l'attestation des Consuls ou Jurats de Bordeaux, d'après l'original écrit sur papier velin, que le Conseiller Jean de Farges produisit au procès qu'il avoit contre la Communauté de Carcès. On a pu remarquer le même esprit de modestie dans le testament de Beraul de Farges, Evêque d'Alby, dans lequel il nomme simplement *Raymond de Fargis* son frere, *Guillaume de Fargis* son neveu, sans ajouter aucune qualification de noblesse ou de dignité. Les anciens Titres des plus grandes Maisons nous fournissent des exemples pareils.

On peut ajouter une derniere réflexion, pour prouver l'identité d'origine des deux Maisons de Farges & de Budos ; c'est qu'une Branche cadette, descendante dudit premier Seigneur de Budos, & résidente dans le Comté Venaissin, se qualifioit des deux surnoms de Farges, de Budos ; le premier, comme plus ancien, & apparemment pour se distinguer de la Branche aînée de Budos, qui n'a jamais porté que ce dernier surnom. C'est ce qu'on voit dans l'article de Gaultier de Girenton audit tome 2, pag. 30 & 31, de lad. Histoire de Pithon-Curt, où il est dit que Charles Gaultier de Girenton épousa en 1428 Dauphine *de Fargis de Budos* ; & dans un recueil des titres & filiations de cette Maison de Gaultier Girenton, il y est dit que *Charles Gaultier de Girenton épousa Delphine de Farges de Budos en 1428, Maison illustre qui a donné un* Cardinal, *neveu du Pape Clément* V, *qui siégea à Avignon*; & *qu'*Antoine, *fils puîné de ce mariage, fut reçu Chevalier de St. Jean de Jérusalem.* C'est celui dont Pithon-Curt a dit au même endroit qu'il fut Commandeur de Macon. C'est par cette alliance que la Terre de l'Auriol, Diocese de Carpentras, est entrée dans la Maison de Gaultier de Girenton, où elle se trouve encore.

Nous avons prouvé que presque tous les enfans sortis de l'Alliance de Berenger Guilhem, III du nom, avec la Dame de Goth ou Gouth, ont porté le surnom de Fargis, & que cette Terre étoit dans cette Famille; il faut donc croire que ce Berenger l'avoit acquise ou par sondit Mariage ou autrement; & que conséquemment s'il n'en a pas porté le surnom, ç'a été apparemment parce qu'il étoit encore Seigneur de Clermont-Lodeve, & connu par ce surnom de Clermont, comme par celui de Guilhem, & qu'un surnom nouveau n'auroit pu valoir davantage: cependant il y a lieu de croire qu'il s'est donné quelquefois le surnom de Fargis, ou seul, ou conjointement à celui de Guilhem, puisque les Historiens des Cardinaux François, Ciaconius, Onuphre, Aubery, assurent que le Cardinal de Farges étoit fils de Raymond de Fargis, & d'une sœur du Pape Clément V; de même qu'Etienne Baluze, dans son Histoire en latin des Papes qui ont siégé à Avignon, imprimée à Paris en deux Tomes *in-4°.*, depuis 1698, dans ses Notes sur les Vies de ces Papes, tom. 2, page 662. Et de même, si ensuite ledit Raymond Guilhem, Chevalier, Seigneur en partie dud. Clermont, premier Seigneur de Budos, troisieme fils dudit Berenger & de Mathilde de Goth, n'a pas porté le surnom de Budos, ç'a été vraisemblablement par mêmes raisons que son pere, qui ne voulut pas quitter celui de Guilhem-Clermont, pour porter celui de Fargis. Mais il n'a pas moins été dans la volonté que ses Descendans prissent celui de Budos, ce qu'ils ont fait, suivant l'usage d'alors, afin que par ce surnom de Budos, de même que par des armoiries différentes qu'ils prirent aussi, ils fussent distingués des autres Branches, telles que de celle du surnom de Fargis, & de celle qui a continué de porter celui de Guilhem, & qui existe dans le Diocese de Carpentras à Mourmoiron, dont Pithon-Curt a décrit la filiation, page 110 & suivantes, & fait mention que dans trois générations elle a donné des Chevaliers à l'Ordre de St. Jean de Jérusalem. Nous avons observé ci-devant que Delphine de Fargis de Budos, mariée à Charles de Gaultier de Girenton, en eut un fils Chevalier du même Ordre, & Commandeur de Macon; & l'on auroit lieu d'être surpris que la Branche de Farges de Provence n'eût point donné des Chevaliers du même Ordre, si on ne savoit que la rareté des Sujets, & les pertes que cette famille a essuyées, en ont été la seule cause, n'y ayant eu d'ailleurs aucun empêchement.

Il seroit inutile au surplus de rien ajouter à ce que dit Pithon-Curt pour démontrer que la maison de Farges de Provence, celle de Budos en Vivarais, & celle de Guilhem de Pascalis dans le Comtat Venaissin, tirent leur origine des Seigneurs de Clermont-Lodeve, & que le premier nom des uns & des autres a été *Guilhermi* ou *Guilhem*; c'est pourquoi nous nous contentons de renvoyer à la dissertation que fait cet Auteur aux pag. 115, 116 & 117. On peut voir encore ce que dit Mr. de la Chesnaye des Bois, concernant la Branche dont nous parlons, qu'il a comprise dans son Histoire généalogique, héraldique, chronologique, au second Supplément, tom. 5, pag. 58, col. 2, où il confirme tout ce que dit Pithon-Curt de cette maison, & de sa descendance des anciens Seigneurs de Clermont-Lodeve. Nous croyons cependant devoir rapporter ici mot à mot la Généalogie que donne le même Pithon-Curt de la Branche de Budos, depuis le premier Seigneur de ce nom, d'après les Titres de cette maison, qu'il nous assure avoir vu & extrait dans les Archives de l'Hôtel de Conti où ils sont conservés en original, & où ils sont entrés ensuite de la succession des grands biens de la maison de Budos, obvenue

à

DE LA NOBLESSE DE PROVENCE.

à Armand de Bourbon, Prince de Conti, par Teftament de Marie-Felice de Budos, Marquife de Portes, & fa tante à la mode de Bretagne, morte dans le célibat; & l'Extrait que nous allons en donner convient d'autant plus à notre fujet, que nous avons prouvé l'identité d'origine des maifons de Farges & de Budos, & que l'on a pû voir ci-devant au onzieme degré, que Henri de Farges portoit conjointement les deux furnoms de Farges Budos, pour fe diftinguer de fon frere aîné Jean-Auguftin de Farges.

Extrait abrégé de l'Hiftoire de Pithon-Curt, tom. 2, pag. 93 & fuiv. à l'article de la maifon de Budos.

Raimond *Guilhem de Clermont* (alias *de Claromonte*) V. Chevalier, troifieme fils de Berenger, III du nom, Seigneur de Clermont-Lodeve, & de Marquife ou Mathilde de *Goth*, fut nommé Recteur ou Gouverneur de Bénévent par le Pape Clément V. fon oncle maternel, le 7 Avril 1307. Le Roi Édouard d'Angleterre lui fit don de la Seigneurie de Budos au Diocefe de Bordeaux, en toute Juftice, par le miniftère de Gauthier Evêque de Wigorn, de Jean de Bretagne, Comte de Richemont, & d'Aimar de Valence (Luzignan) Comte de Pembroke, fes Agens & Commiffaires à la Cour du Pape, fous la réferve de l'hommage-lige aux Ducs de Guienne, & la redevance annuelle d'une lance neuve à fer doré, par lettres données à Avignon le 15 Mai 1309 en préfence de Jean, Evêque de Norwik, &c. Cette invefiture fut depuis confirmée par le Roi Philippe-le-Bel à Paris, au mois de Juillet 1311. Le Pape Clément V. lui donna, par un Bref daté du Prieuré de Granzel près de Malaucene, le 16 Septembre 1309, la Charge de Recteur & Maréchal de l'Eglife Romaine au Comté Venaiffin. Il donna l'année fuivante en cette qualité, une commiffion à Guillaume, Evêque d'Orange, pour réparer les torts dont les Barons de la Province fe plaignoient; ce que celui-ci exécuta

Tome III. V

par une ordonnance rendue dans le Château de Mornas le 19 Novembre 1315........ Il acheta par Acte passé devant Guerin de Tilleres & Jacques-Nicolas de Garcine, Notaires, le 14 Août 1310, d'Aimar de Poitiers, Comte de Valentinois, les Château & Châtellenie de Lauriol au Diocese de Carpentras ; & par un autre Contrat passé devant André & Pierre Teyssonier, Notaires d'Avignon, le 10 Février 1321, il fit l'acquisition de la Baronnie de Portes-Bertrand au Diocese d'Usez, de Guillaume de Randon (Polignac) Seigneur de Luc, &c. Le 24 Juillet 1314, Raimond Guilhem, Seigneur de Budos, & Bertrand de Goth, Vicomte de Lomagne & d'Auvillars, son cousin, entrerent dans la ville de Carpentras à la tête d'une troupe de gens de guerre, tant à pied qu'à cheval, qu'ils avoient levés dans leurs terres de Gascogne, sous prétexte d'enlever le corps du Pape Clément V. leur oncle qui y avoit été porté de Roquemaure sur le Rhône où il étoit mort en allant en Guienne. Ils pillerent la Ville, y mirent le feu en plusieurs quartiers, & firent tant de violences aux Cardinaux assemblés dans le Conclave, qu'ils les obligerent d'en sortir. Les Cardinaux Italiens qui étoient le principal objet de la haine & du courroux de ces deux Seigneurs, furent contraints d'abandonner la ville de Carpentras, & de se sauver au péril de leur vie. Le Pape Jean XXII, successeur de leur oncle, leur fit faire leur procès en 1320, & sembla vouloir les traiter comme coupables des plus grands crimes, moins pour avoir dissipé le Conclave & causé des dommages immenses aux habitans de Carpentras, que pour avoir enlevé 300 mille florins du trésor de son prédécesseur, destinés aux frais d'une croisade contre les infideles de la Terre Sainte. Mais après une procédure qui dura près de deux ans, le Vicomte de Lomagne convint d'avoir pris 200 mille florins, & s'excusa sur l'ordre que son oncle lui avoit donné d'employer cette somme en aumônes & œuvres pies ; sur quoi le Pape Jean XXII lui accorda une Bulle d'absolution le 11 Juillet 1321. Raimond Guilhem se soumit au jugement & à la volonté de ce même Pape, le 5 de Mars 1333, au sujet de la dispute qu'il avoit avec Louis de Pierre-Grosse, Procureur-Général du Comté Venaissin, pour la perception de quelques rentes de la Province. Il fut marié trois fois : 1°. avec Esclarmonde de *la Motte*, dont le mariage ne se trouve pas, mais qui est nommée dans son premier Testament. 2°. Par Contrat passé dans le Château de Brayes au Diocèse de Viviers, le 18 Décembre 1314, devant Raimond Tarani, Notaire des Baux, par le conseil & en présence d'Aimar de Poitiers Valentinois, de Bertrand Moissy Damoiseau, Seigneur d'Astefort; de Bertrand de la Motte Damoiseau; d'Assal de *Fargis*, Chevalier, ses parens & alliés, avec Cecile, dite Rascasse de *Baux*, à qui Barral & Agoult de Baux ses freres donnerent pour dot les Châteaux & Châtellenies de Caromb & de Bedouin au Diocèse de Carpentras, & d'Entraigues au Diocèse d'Avignon, avec 16500 livres tournois hypothéquées sur des fonds de terre ; elle étoit fille d'illustre mémoire feu noble Bertrand, sire de Baux, Chevalier, Comte d'Avellin, &c ; & de Philipine de *Poitiers Valentinois*. Son mari lui assigna pour douaire le Château de Lauriol, & se remaria en troisiemes nôces avec Laure *Bermond* (que je crois être de la maison de Bermond d'Anduze) qui vivoit encore lors de son second Testament. Par le premier qu'il fit dans le Château de Budos devant Vidal de Drano, Notaire, le 19 Avril 1323, & dont il nomma exécuteurs Raimond, Cardinal Diacre ; Bernard, Archevêque de Narbonne ; Amanieu, Evêque d'Agen ; & Berauld, Evêque d'Alby, ses freres ; Bertrand & Raimond Guillaume de Goth, & Raimond de Fargis ses cousins. Il institue André son fils aîné du premier lit, son héritier en tous ses biens situés dans le Comtat Venaissin & Diocèse de Carpentras, de Mendes, d'Usez, de Viviers & du Puy ; légue à Raimond Guillaume son fils aîné du second lit, les Châteaux & Châtellenies de Lauriol, de Caromb & de Bedouin, &

600 liv. de rente fur la Baronnie de Portes; fubſtitue ſes autres enfans mâles à ſes deux aînés, & leur lègue des ſommes d'argent. Il lègue auſſi à ſes deux filles, à Artime & Aſſal de *Fargis*, &c.: Veut & ordonne que ſes héritiers envoyent en pélerinage à St. Jacques de Galice, à St. Antoine de Viennois, & à St. Thibaud, deux Ecuyers montés & équipés, ſuivis d'un valet, &c. Il fit un autre Teſtament dans un âge fort avancé, comme il le dit lui-meme, reçu par Raimond Aureoli, Notaire de Mourmoiron, le 10 Mai 1363; dans lequel il ſe qualifie *Nobilis Raimundus Guilhermi, alias de Claromonte, miles olim Rector hujus Patriæ Comitatus Venaïſſini*......... par lequel il paroît qu'il avoit eu d'autres femmes que Laure Bermond; inſtitue ſon fils aîné ſon héritier; fait des legs à ſes deux puînés & à ſa fille, & veut être inhumé dans l'Egliſe de St. Martin de Mourmoiron, à laquelle il donne douze florins d'or, &c.

Enfans du premier mariage:

1. André de Budos qui forma la Branche des Barons de Budos, & Marquis des Portes, mentionnés ci-après. 2. Guillaume Raymond, &c. 3. Bertrand, &c.

Du ſecond mariage: 4. Raymond Guillaume de Budos Damoiſeau, Seigneur de Lauriol, de Caromb & de Bedouin au Dioceſe de Carpentras, épouſa Catherine de *Narbonne*, remariée au mois d'Août 1341, par Contrat paſſé à Charolles avec Agne de la *Tour*, Seigneur d'Olliergues, &c. 5. Bertrand de Budos, Baron de Montchy au Dioceſe d'Uſez &c., marié avec Catherine de *Baux*, dotée de 3443 florins d'or, fille de Guillaume, Seigneur de Camaret, &c. & de Giraude d'*Ancezune*, dont il n'eut qu'une fille qui ſuit.

6. Amanieu de Budos, &c. 7. Regine de Budos, &c. 8. Aſtride ou Aſſeride de Budos, &c.

Du troiſieme mariage:

9. Bertrand Guilhem, dit de Clermont, forma la Branche qui ſubſiſte encore à Mourmoiron au Dioceſe de Car-

DE LA NOBLESSE DE PROVENCE. 157

pentras; 10. Dieudonné Guilhem, &c.; 11. André Guilhem, &c. 12. & Marie Guilhem, femme de Raimond, N.......... &c.

André de Budos, inftitué co-héritier de fon pere par VI. fon premier Teftament du 19 Avril 1323, eut en partage les Baronnies de Budos & de Portes-Bertrand, & tous les autres biens affis dans les Dioceses de Carpentras, de Mende, d'Ufez, de Viviers & du Puy, qui lui avoient été deftinés par ce Teftament. Il s'obligea envers fes freres par un Acte paffé devant Berard de Châteaufort, Notaire de Narbonne, le 26 Avril 1325, du confentement & fous l'autorité de Bernard de Fargis, Archevêque de Narbonne, fon oncle paternel, de fe rendre dans la ville de Nifmes aux Fêtes de la Pentecôte, ou d'y envoyer Procureur pour donner fureté de 600 liv. de rente que fon pere leur avoit affignées fur la Terre de Regordane, acquife du Seigneur de Randon. Le Roi d'Angleterre étant Maître de la Guienne, & en guerre avec la France, André de Budos porta les armes fous fes Enfeignes, foit par inclination, foit qu'il y fût contraint par la fituation de fes biens, dont la plus grande partie étoit en Guienne; cependant le Roi Philippe de Valois mit fous fa main, & confifqua fa Baronnie de Portes, qu'il fit donner par Jean de France, D. de Normandie, au Dauphin Humbert, & que celui-ci vendit à Guillaume Rogier, Vicomte de Beaufort, par contrat paffé devant Reboul & Justicar, Notaires Royaux, au mois de Novembre 1345. Mais la paix ayant été conclue dans la fuite (1360) entre le Roi Jean & l'Anglois, il fut dit au rapport de Duchêne, par un des articles du Traité, que le Seigneur de Budos feroit remis dans la jouiffance de fa Baronnie de Portes, s'il revenoit à l'obéiffance du Roi dans le temps porté par cet article, & rendoit l'hommage qu'il devoit. Il fut marié avec Noline de *Cardaillac*, & fit fon teftament en langage Gafcon, reçu par Aretin de Pulfo, Notaire, en faveur de fes enfans; 1. Bertrand de Budos, héritier de son pere, pour les biens qu'il avoit dans le Bourdelois, le Bazadois, l'Agenois, les Dioceses de Mende, d'Usez & de Nismes, mourut sans postérité; 2. André de Budos, substitué à son frere; 3. Thibaud de Budos qui suit; 4. Guillaume Raimond de Budos, substitué à ses freres, & dix-neuf autres enfans qui servirent le Roi contre l'Anglois, mentionnés dans un Arrêt du Parlement de Paris, du 3 Mars 1383, concernant la restitution de la Baronnie de Portes.

VII. Thibaud de Budos, Chevalier, Baron de Budos & de Portes, Chambellan du Roi Charles V, dont il obtint des Lettres portant injonction aux Officiers de la Chambre des Comptes de Montpellier de le remettre dans la possession de la Baronnie de Portes, le 13 Juin 1365; il obtint de nouvelles Lettres de Louis, fils de France, Duc d'Anjou, Gouverneur du Languedoc, datées du mois d'Octobre 1377, & adressées au Sénéchal de Beaucaire, pour être maintenu dans ladite Baronnie. Enfin, après de longs débats & des ordres réitérés du Duc d'Anjou & du Roi Charles VII, des 30 Janvier 1379, & 10 Mai 1381, &c. l'affaire fut portée au Parlement de Paris, où le Vicomte de Beaufort fut condamné, par Arrêt du 12 Mars 1383, de restituer la Baronnie de Portes à Thibaud de Budos, qui en fut mis en possession la même année par un Acte passé devant Raimond de Cremato, Notaire Royal. Il obtint du Roi, en récompense des services que lui & ses freres avoient rendu à la Couronne de France contre les Anglois, & en indemnité des pertes par lui souffertes, deux gratifications sur la recette de Languedoc par Lettres des 4 Décembre 1407, & 17 Juin 1417. On ne sait en quelle année il fut marié avec Marquise *Manhan*, laquelle lui donna pouvoir, conjointement avec son fils André, alors mineur de 25 ans, de vendre ou engager, en tout ou en partie, la Baronnie de Portes, par Acte passé au Château de Budos devant Guillaume de Viridano, Notaire de Bazas, le 30 Janvier 1393. Il fit son testament, reçu par Gaucelin de Grosse-Rouviere, Notaire, le 14 Mars 1398, en faveur d'André de Budos son fils, auquel il substitua les enfans mâles de sa fille Marguerite.

André de Budos, II. du nom, Baron de Budos & de VIII. Portes, surnommé *le fléau des Anglois*, rendit hommage pour sa Seigneurie de Portes-Bertrand, le premier Décembre 1424, au Roi Charles VII, dont il fut fait Chambellan par Lettres du 29 du même mois. La guerre continuant entre la France & l'Angleterre, André de Budos, attaché au service du Roi par devoir & par reconnoissance, convoqua ses vassaux pour le suivre au voyage d'Angleterre; mais quelques-uns d'entr'eux ayant refusé de prendre les armes, le Roi Charles VII. lui permit de mettre leurs revenus sous sa main, par Lettres-patentes des 7 Septembre 1426, & 25 Janvier 1429. Le Roi d'Angleterre de son côté, encore maître de la Guienne, ne tarda pas à lui donner des marques de son ressentiment, & le traita en rebelle. Il lui confisqua sa Baronnie de Budos, & en investit le sieur de La-Motte, l'un de ses partisans en Guienne, ce qui engagea le Roi Charles VII. de lui donner en dédommagement les revenus du Péage de St. Jean de Marvejols en la Sénéchaussée de Beaucaire, pour sa vie seulement, par Lettres du 30 Janvier 1430. Cependant les choses s'étant raccommodées, André de Budos fut réintégré dans sa Baronnie. Il fut marié par contrat passé par Antoine Bruguier & Etienne Marsillet, Notaires de..... au Diocese d'Usez, le 10 Mars 1433, avec Cecile de *la Fare*, dotée de mille moutons d'or, valant douze gros, monnoie d'Avignon, par Guillaume, Seigneur de la Fare, son pere, & de pareille somme par *Almueis*, Dame de Montclar, sa mere. Plusieurs Gentilshommes, parens & alliés des Parties, parmi lesquels étoient Jean de Lorme, l'Abbé de Condiac, &c. assisterent à ce mariage. André de Budos & Cecile de *la Fare* n'eurent qu'un fils, qu'ils instituerent leur héritier par leurs testamens & codicilles faits devant Etienne Tourrezi & Jean Ginhoux, Notaires Royaux, les 19 Janvier 1446, 29 Janvier, 22 & 27 Décembre 1448, & 23 Avril 1451.

IX. Thibaud de Budos, II. du nom, héritier de ſes pere & mere, Baron de Budos & de Portes, dont il rendit foi & hommage aux Rois Charles VII. & Louis XI, les 22 Mars 1461, & 26 Août 1485, fut pourvu de la charge de Maître-d'Hôtel ordinaire du Roi Louis XI, le 10 Janvier 1484, & obtint de Sa Majeſté, en récompenſe de ſes ſervices, une penſion de 2000 liv. ſur la recette de Touloufe, par Lettres du 22 Août ſuivant, dans leſquelles le Roi le qualifie *ſon Conſeiller & ſon Chambellan*. Il fut marié deux fois : 1°. Par contrat paſſé au Château de la Réolle devant George Bruguier, Notaire de St. Ambroiſe en Vivarais, & en préſence de Gilbert de Chabanes, Grand Sénéchal de Guienne, de Claude de Montfaucon, &c. le 25 Novembre 1471, avec Marguerite, fille de Moudon de *l'Eſtrange*, Seigneur d'Avignac, au Dioceſe de Limoges, qui la dotta de 1800 réaux d'or; 2°. par contrat paſſé devant le même Notaire, & Louis de Gadu, Notaire de .... le 3 Juin 1488, avec Anne *de Joyeuſe*, fille de Tannegui, Vicomte de Joyeuſe, Baron de St. Didier & de la Maſtre, Chevalier de l'Ordre du Camail, Sénéchal & Bailly du Lyonois & du Maconois, & de Blanche *de Tournon*, & ſœur de Guillaume, Vicomte de Joyeuſe, qui lui donna en dot 4000 écus d'or. Les témoins de ce mariage furent André du Puy, Seigneur de St. Martin, Louis de la Vernede, &c. Il fit ſon teſtament reçu par Jean d'Autun, Notaire, le 1 Septembre 1501, en faveur de ſes deux fils aînés, auxquels il ſubſtitue ſes autres enfans, tant mâles que femelles, par droit de primogéniture.

Du premier mariage:

1. Jeanne de Budos, mariée à Jean *d'Altier*, Seigneur de Champ en Gevaudan. Du ſecond mariage, 2. Charles de Budos, marié avec Heleine *de Paniſſe*..... Il mourut

DE LA NOBLESSE DE PROVENCE.

rut fans enfans, & tefta en faveur de Jean de Budos fon frere, devant Antoine-Lacaze, Notaire à Rodez, le 16 Mai 1531; 3. Guillaume de Budos, à qui fon pere donna la Baronnie de Budos, mourut fans alliance avant 1515; 4. Nicolas de Budos, fubftitué à fes freres; 5. Jean de Budos continua la poftérité; 6. Thibaud de Budos, Seigneur de St. Jean, &c. 7. Antoine de Budos, Prêtre & Prieur de Malons, &c. 8. Magdelaine..... époufa Jean *de Gabriac*, &c. 9. Anne fut mariée.... avec Jean *de Gouys*, Seigneur du Puébre & d'Entraigues, &c.

Jean de Budos, héritier fubftitué de fon pere, réunit **X.** en fa perfonne les Baronnies de Portes & de Budos après la mort de fes trois freres aînés, & en rendit hommage au Roi le 3 Novembre 1533, & 11 Avril 1540. Il commanda un Régiment de gens de pied (Bandes) au Siége de Perpignan, au rapport de Duchêne, & fervit dans les guerres d'Italie fous le Prince d'Orange & le Roi François I, & fut bleffé à la bataille de Pavie. L'Auteur d'une Hiftoire MS. de la maifon de Budos, prétend que *Jean, Baron de Portes, s'étant trouvé à la défenfe de Marfeille, lorfque l'Empereur Charles-Quint prit cette Ville, & ayant offert au Prince de le fervir à table, il ne le voulut fouffrir, & le fit manger avec lui.* Il fut marié par contrat paffé à Beaucaire devant Roftain Bellon, Notaire de cette Ville, & Claude Compans, Notaire des Vans en Vivarais, le 22 Juillet 1535, avec Louife *de Porcellet*, fille de Pierre, Seigneur de Maillane, & de Marguerite *de Piquet*. Il eut de cette alliance un fils & cinq filles, & fit fon teftament, reçu par Vincens Bataille, Notaire, le 19 Novembre 1560.

1. Jacques de Budos rapporté après fes fœurs; 2. Marguerite eut en dot mille écus d'or, & fut mariée.... avec Euftache *de Bagnols*, Seigneur de St. Michel & de la Roque, au Diocefe d'Ufez, &c. 3. Gabrielle, dotée par fon teftament de mille écus d'or, & de 300 liv. Tournois par fa mere, époufa.... Gabriel *d'Audibert*, Seigneur de

Tome III. X

Luſſan & de Valcroſe ; 4. Jeanne, à qui ſon pere legua 1000 écus d'or, & ſa mere 300 livres Tournois pour les robes, fut mariée.... avec *Guillaume*, Seigneur de Rozilles en Vivarais, &c. 5. Françoiſe, dont j'ignore la deſtinée, &c. 6. Helis, ou Heleine, épouſa.... Jacques *de la Coſte* de la Ville de Montpellier, &c.

XI. Jacques de Budos, Baron de Portes & de Budos, élevé près la perſonne du Connétable Anne *de Montmorenci*, porta les armes ſous cinq de nos Rois ; d'abord ſous Henri II, & enſuite ſous François II, Charles IX, Henri III, & Henri IV. Il ſuivit dès l'âge de 18 ans François de Lorraine, Duc de Guiſe, dans le Royaume de Naples, & y donna des preuves d'un courage prématuré, tant dans la conquête de ce Royaume, que dans la défenſe de pluſieurs Places dont le gouvernement lui fut confié. Au retour de cette expédition, il obtint la Lieutenance d'une Légion de gens de pied, que Jean de Nogaret, Comte de Cauviſſon, eut ordre de lever dans le Dioceſe de Mende, du Puy, & de Niſmes, pendant les troubles ſurvenus en Languedoc. Il commanda depuis dans une partie des Cevennes & du Vivarais (Alais, Saint-Ambroix, Barjac, & les Vans) tant ſous les ordres du Comte de Villars, que ſous ceux du Maréchal de Joyeuſe ſon couſin, qui le fit ſucceſſivement Guidon, Enſeigne, & Lieutenant de ſa Compagnie d'hommes-d'armes, & lui conféra par ordre du Roi le Collier de St. Michel en 1570. Le Roi Henri III. lui donna le gouvernement du Pont Saint-Eſprit, & une charge de Gentilhomme ordinaire de ſa Chambre, par Brevet du 6 Mars 1583, & érigea en ſa faveur & de ſa poſtérité, par Lettres de la même année, la Baronnie de Portes en Vicomté, & la Seigneurie de Teyrargues en Baronnie. Enfin, le Roi Henri IV. le nomma Chevalier de l'Ordre du St. Eſprit par Brevet du 9 Janvier 1595, dont il reçut le Cordon la même année, après avoir fait ſes preuves, ſuivant les Statuts de l'Ordre, par une Enquête faite devant l'Evêque de Niſmes, dans laquelle quinze témoins déposerent unanimement qu'il étoit issu d'une des plus nobles & des plus anciennes Maisons du Languedoc. Il fut marié par contrat passé devant Jean Leuziere, Notaire Delphinal, le 18 Décembre 1571, avec Catherine *de Clermont*, fille de Claude, Baron de Montoison, Chevalier de l'Ordre du Roi & de Louise *de Rouvroy* de Saint-Simon. Il fit son testament devant Maurice Boyer, le 9 Septembre 1588, & son épouse fit le sien, étant veuve, devant Jean Roure, Notaire de Chambon, le 20 Juin 1622. De cette alliance nâquirent trois fils & quatre filles ; 1. Antoine Hercules de Budos qui suit ; 2. Henri de Budos, Comte de Saint-Prix, Seigneur de Saint-Jean de Valérisle ; &c. épousa Perronne *de la Barre* de la Forest, dont il n'eut point d'enfans, & mourut en 1651 ; 3. Balthazard de Budos, Evêque d'Agde ; 4. Louise, célebre par sa beauté, fut fiancée à Philbert *d'Urre*, Seigneur de Venterol, qui fut assassiné par les Ligueurs, & fut mariée 1°. avec Jean de Gramond, Seigneur de Vacheres & de Montclar en Dauphiné, &c. Elle fut mariée en secondes nôces par contrat passé dans le Palais Episcopal d'Agde, devant Henri Montsalveur, Notaire de Pezenas, le 19 Mars 1593, avec Henri, Duc de Montmorenci, Pair & Maréchal de France, & depuis Connétable, veuf d'Antoinette de la *Mark-Bouillon*. Le Connétable de Montmorenci eut de cette seconde femme ; 1. Henri, II. du nom, Duc de Montmorenci, Pair, Maréchal & Amiral de France, &c. qui fut marié avec Marie-Felice *des Ursins*, fille de Virginio, Duc de Bracciano, & de Flavia *Damascena-Perretti*, dont il n'eut point d'enfans ; 2. Charlotte-Marguerite de Montmorenci, qui épousa Henri de Bourbon, II. du nom, premier Prince du Sang, Prince de Condé, &c. dont elle eut ; 1. Louis de Bourbon, Prince de Condé, surnommé le Grand, duquel descendent les Princes & Princesses de Bourbon-Condé ; 2. Armand de Bourbon, Prince de Conti, auteur de la branche des Princes de ce nom, dans laquelle sont entrés les biens de la Maison de Budos : 5. Marie épousa.... Alexandre *Guerin de Châteauneuf*, &c. 6. Marguerite fut mariée.... avec Célar *Martin*, Comte de Difimieux, en Dombes, Baron de Surres, &c. 7. Laurence, Abbeffe de la Trinité de Caën.

XII. Antoine Hercules de Budos, Vicomte de Portes, Baron de Teyrargues & de Saint-Jean de Valérifcle, Seigneur en partie du Marquifat de Genoillac, &c. fut nommé en 1610 Meftre de Camp de 20 Compagnies de gens de pied fous le nom de Languedoc, & Confeiller d'État en 1612. Il obtint au mois de Décembre 1613 des Lettres-patentes portant érection du Vicomté de Portes en Marquifat, & de la Baronnie de Teyrargues en Vicomté. Henri, Duc de Montmorenci, Pair & Amiral de France, fon neveu, lui donna la Vice-Amirauté de Guienne, le 26 Juin 1616, dont il obtint des Lettres d'attache du Roi deux jours après. Le 10 Novembre de l'année fuivante 1617, il fut fait Lieutenant-Général en Gevaudan, hautes & baffes Cevennes, & admis au nombre des Chevaliers du St. Efprit, dont il reçut le Collier dans la promotion du 31 Décembre 1619. Il eut commiffion avec le Duc de Rohan, dattée du 17 Décembre 1622, de faire abattre toutes les fortifications des Places occupées par les Religionnaires. Il fut pourvu par Brevet du 28 Avril 1626 du Gouvernement d'Agde, & obtint le 17 Décembre fuivant, l'agrément du Roi pour la Charge de Capitaine-Lieutenant de la Compagnie de deux cens hommes d'armes, fous le nom de la Reine, par la démiffion du Duc *d'Ufez* fon beau-pere, fuivant une des claufes du traité de mariage paffé à Ufez devant Guillaume Barral, Notaire d'Agde, & Jacques Malordi, Notaire de Florenfac, le 28 Octobre 1626, entre lui & Louife *de Cruffol*, fille d'Emanuel, Duc d'Ufez, Pair de France, &c. & de Claudine *Hebrard de Saint-Sulpice*, qui donnerent à leur fille la fomme de 180 mille livres, y compris ladite Compagnie, eftimée 38 mille livres. Il fit fon teftament olographe au Camp devant le Poufin en

Vivarais, le 20 Mai 1628, par lequel il inſtitua ſa fille non encore nommée, & âgée ſeulement de quatre mois, ſon héritiere univerſelle, & fut tué au ſiége de Privas au mois de Mai de l'année ſuivante 1629, laiſſant deux filles, au nom deſquelles Louiſe de Cruſſol ſa veuve, à qui le Roi conſerva les appointemens de Guidon de ſa Compagnie d'hommes d'armes, par Brevet du 10 Mars 1631, fit ouvrir le teſtament de leur pere en la Cour du Sénéchal de Beaucaire & de Niſmes, en préſence du Duc de Montmorenci, & autres parens & alliés, le 23 Juillet 1630.

1. Marie-Felice de Budos, connue ſous le nom de Demoiſelle de Portes, à qui l'Auteur de la vie de Madame de Montmorenci, Supérieure des Religieuſes de la Viſitation de Moulins, donne de grands éloges, ne contracta point d'alliance, & inſtitua ſon héritier univerſel Armand de Bourbon, Prince de Conti, ſon neveu à la mode de Bretagne, par ſon teſtament du...

2. Diane Henriette de Budos partagea avec ſa ſœur l'héritage de ſon pere, & fut mariée par ſa mere, femme en ſecondes nôces de Charles *de Rouvroy de Saint-Simon*, Chevalier des Ordres, en préſence & de l'avis du Roi, de la Reine, du Duc d'Orléans, frere du Roi, & de toute la Cour, par contrat paſſé devant Ogier & le Cat, Notaires au Châtelet de Paris, le 7 Septembre 1644, avec Claude *de Rouvroy*, Duc de Saint-Simon, Pair de France, Chevalier des Ordres du Roi, & ſon premier Ecuyer, Gouverneur de Blaye, de Saint-Germain, de Verſailles, &c. frere du précédent. Elle mourut à Paris le 2 Novembre 1670, laiſſant trois enfans; 1. un fils mort en bas âge; 2. une fille Religieuſe; 3. Gabrielle-Louiſe de Rouvroy, Marquiſe de Portes, &c. qui fut mariée en 1663 avec Henri Albert *de Coſſé*, Duc de Briſſac, Pair de France, & qui mourut ſans enfans. Par cette mort, Marie-Felice, Demoiſelle de Portes, rentra dans les biens de ſa Maiſon, qu'elle tranſporta dans la Séréniſſime Maiſon de Bourbon-Conti, qui les poſſede encore.

Nous ajoutons à cette description de Pithon-Curt, qu'il est fait mention dans l'Histoire du Vicomte de Turenne en deux volumes, tom. 1, pag. 51 & 100, d'un Jean-Baptiste *de Budos*, Comte de Guébrient, qui avoit servi avec ledit Vicomte de Turenne, tous les deux alors Lieutenans-Généraux dans l'Armée du Généralissime le Duc Wegmar, Prince d'Albano, en 1638, & que ledit de Budos mourut Maréchal de France le 24 Novembre 1643, d'une blessure qu'il reçut au Siége de Votareil, Ville Impériale, après avoir été Généralissime de l'Armée pendant quatre années, & toujours victorieux. Il seroit très-possible que ledit Jean-Baptiste de Budos eût été un quatrieme fils de Jacques de Budos, formant ci-devant le onzieme degré, & un troisieme frere par conséquent d'Antoine-Hercule de Budos, tué au siége de Privas, qui aura peut-être échappé aux recherches de Pithon-Curt; mais quoi qu'il en soit du degré de filiation, sur lequel on ne voit rien de bien certain, on ne sauroit douter que ledit Jean-Baptiste de Budos n'ait été de la même famille, puisqu'il ne paroît pas qu'il en ait jamais existé d'autre du même nom.

Outre les Historiens, Archives, Titres & autres Documens que nous avons indiqué dans notre premier volume au bas de l'article de Farges, consultez encore pour cette Famille le Registre des titres concernant l'Eglise Romaine pour le Comté Venaissin & la Ville d'Avignon. MS. en la Bibliotheque du Roi, cotté 8366, XII. f°. III; Baluze, Notes sur les vies des Papes qui ont siégé à Avignon; le Laboureur, Additions aux Mémoires de Castelnau; La-Faille, Annales de Toulouse, tom. 1; Jerôme de Lopès, Histoire de l'Eglise de Bordeaux; vie de la Duchesse de Montmorenci, p. 231; Dubreuil, antiquités de Paris, liv. 11; Frizon, Histoire des Cardinaux François, pag. 276; Ciaconius & Aubery; Anselme Boyer, Histoire de l'Eglise de Vaison; l'Abbé Robert, tom. 2; Titres de la Maison de Budos aux Archives de la Maison de Conti;

Jugemens rendus en 1669 sur la Noblesse des Familles de Farges & de Guilhem Pascalis ; Généalogie Historique de la Noblesse de France, par Chazot, pag. 368, &c.

FRESQUIERE.

FAMILLE originaire de Saint-Maximin, où elle a toujours tenu un rang distingué, & actuellement représentée par Noble Joseph-Henri de Fresquiere, qui exerce depuis long-tems en ladite ville de Saint-Maximin la premiere charge de Juge & Viguier pour le Roi, ensuite des Lettres-Patentes de provision qu'il lui accorda en 1729, & par lesquelles il lui confirma la qualité d'Ecuyer qu'il tenoit de ses Ancêtres.

Je trouve en effet que cette Famille fut ennoblie par Louis II, Roi de Sicile, Comte de Provence, & pour les services rendus à l'Etat par François de Fresquiere, à qui ce Prince accorda des Lettres de Noblesse en date du 4 Mars 1386.

Noble Gabriel-Antoine de Fresquiere, frere cadet dudit Joseph-Henri, ayant, en qualité de Premier Consul de ladite Ville, assisté à l'Assemblée des Etats de la Province tenue à Aix en 1757, y fut député comme Gentilhomme pour assister pour la Noblesse à l'audition du compte du Trésorier des Etats de ladite Province.

Il me seroit au reste impossible de donner la descendance suivie de cette Famille, faute de titres justificatifs ; j'observe seulement qu'une tradition constante lui fait tirer son origine dudit François de Fresquiere, vivant & ennobli dans le quatorzieme siécle, & que sa Noblesse a été juridiquement & authentiquement reconnue sous le dernier Regne par des Jugemens du Commissaire départi dans la Province, & par Arrêt du Conseil d'Etat Privé du Roi ; puisque Noble Gabriel de Fresquiere, pere desdits Joseph-Henri, & Gabriel-Antoine de Fresquiere, ayant été recherchés pour prétendue usurpation de Noblesse ; par Jugement contradictoirement rendu par M. Lebret, Commissaire déparri en cette Province, en date du premier Juillet 1701, il fut déchargé de l'imputation, & maintenu en l'état & qualité de Noble que lui & ses ayeuls avoient possédé.

Le même Jugement fait mention dans le vu des pieces des Titres & des Actes qui prouvent la Noblesse dudit Gabriel de Fresquiere, & sa filiation & descendance, jusques à François de Fresquiere, premier du nom, qui obtint les Lettres de Noblesse du 4 Mars 1386, ainsi que les alliances que cette Famille a contractées avec plusieurs Maisons Nobles & distinguées de cette Province, comme les Arlatans, les d'Arbauds & les Thomassins. Elle s'est encore alliée en dernier lieu avec la Maison de Gautier-Valabres.

Par autre Jugement contradictoire, rendu par le même Commissaire le 8 Septembre 1703 en faveur de Jean-Baptiste de Fresquiere, Médecin ordinaire du Roi, & d'Antoine de Fresquiere son fils, Maître-d'Hôtel de son Altesse Royale M. le Duc d'Orléans, il est ordonné, attendu la descendance & filiation, que le Jugement de Noblesse par lui rendu le premier Juillet 1701 en faveur de Gabriel de Fresquiere de St. Maximin, sera commun avec lesdits sieurs Jean-Baptiste & Antoine de Fresquiere.

Et enfin, par Jugement de Messieurs les Commissaires Généraux du Conseil, députés par le Roi pour l'exécution de ses Déclarations des 4 Septembre 1696, 30 Mai 1702, & 30 Janvier 1703, contre les usurpateurs des Titres de Noblesse, & Arrêt dudit Conseil du 26 Novembre 1705, lesdits Gabriel, Jean-Baptiste & Antoine de Fresquiere, ont été mis hors de toute recherche, & maintenus en leur état & qualité de Nobles.

La branche de cette Famille établie à Paris a été éteinte en la personne d'Antoine de Fresquiere, Contrôleur Général de l'Hôtel de M. le Duc d'Orleans, petit-fils de France, Régent du Royaume.

Bouche

DE LA NOBLESSE DE PROVENCE. 169

Bouche dans son Histoire de Provence, dans le récit qu'il fait de l'arrivée & de la guerre de l'Empereur Charles-Quint en cette Province en 1536, met cette Famille au rang des Notables de la Ville d'Aix.

GANTÈS.

IL est fait mention de cette Maison dans cet Ouvrage, Tome premier, aux articles rapportés ci-après, Allard, page 34; Clapiers, pag. 266; Crose, pag. 296; troisieme Feuille de l'Armorial, où se trouve l'écusson des armes de Gantès; Felix-Muy, pag. 376; Ferrier-d'Auribeau, pag. 386; de Gaillard-Longjumeau, pag. 432. L'article de Gantès, pag. 447. & suiv. Gautier-d'Aiguines, p. 467.

Au 2e. tome. d'Isnard, pag. 45.; Lauris, pag. 69; d'Orcin, pag. 190; Pontevès, pag. 234.; Gantès, pag. 594. 595. Et dans ce Supplément, aux Articles Beaulieu-Razac, pag. 18; & Lauris, Oraison, & Raisson, ci-après.

Ajoutez à la 6e. *ligne* de la page 448. du 1er. Tome: Ledit Pierre II. de Gantès a été marié, 1°. avec Louise de Cuers; 2°. avec Honorée de Gantès; 3°. avec Honorate d'Amico.

A la même page 448, nous avions dit que Pierre de Gantès III. du nom, fut marié deux fois, & qu'il avoit eu pour seconde femme Françoise *de Bus* : c'est une erreur; il ne fut marié qu'une fois avec Anne-Marguerite *de Forbin* de Gardanne, le 18 Septembre 1540, & non le 8; ce fut Laurens *Pelletty*, Notaire à Aix, qui en reçut le contrat, & non *Pellely*. Françoise *de Bus* fut épousée par un cadet de la même Famille, qui en eut des enfans, morts à Aix & à Marseille sans laisser des mâles; ainsi cette branche est éteinte.

Au VIII. degré, pag. 449, nous avions dit par erreur

de date, que Jacques de Gantès avoit épousé Françoise *de Roberty* par contrat du 26 Décembre 1581; ce fut le 28 (Notaire Chavignot à Aix.)

Ajoutez : ce même Jacques de Gantès a eu un fils puîné, nommé Louis, Chanoine à la Cathédrale de la Major à Marseille. Ruffy, dans son Histoire de Marseille, tom. 2e. pag. 40, fait mention d'une députation qu'il eut en Mai 1643. Depuis il fut député à Rome auprès du Pape; les lettres, en date du 17 Février 1644. dont il fut muni par le Roi Louis XIV. sont enrégistrées dans les régistres du Chapitre de la Major à Marseille; il fit son testament le 23 Octobre 1660. reçu par Rampal Notaire de Marseille, où il mourut en Octobre 1664.

Au IX. degré, même page, autre erreur de date sur les Lettres-patentes de François de Gantès, Procureur-Général au Parlement d'Aix; elles sont du 16 Mai 1634, & non du 13 Juin; ce fut le 13 Juin qu'il fut reçu.

Ajoutez : ce même François de Gantès fut député Plénipotentiaire de Louis XIV. Roi de France, au Pont de Beauvoisin, pour y traiter de la paix en Juillet 1663; dont fait mention M. Honoré Bouche, dans son Histoire chronologique de Provence, pag. 1069 du tome Second.

A la page 450. dud. 1er. tome, ajoutez à la 6e. *ligne* : Made. Anne-Marguerite de Gantès, veuve du Baron de Gaillard-Longjumeau est décédée à Aix le 29. Septembre 1665, âgée de 85 ans, inhumée au caveau de son mari en la Chapelle de St. Jean-Baptiste, à l'Eglise des Pères Franciscains de l'Observance d'Aix. Même page 450. à la 14e. ligne, ajoutez : Jean-François-Louis de Gantès, ancien Capitaine des Vaisseaux du Roi, Chevalier de l'Ordre Royal & Militaire de St Louis, a épousé le 14 Mars 1782. à Bras en Provence, Marie-Hyacinthe de Puget Bras-Barbentane, fille de Jean-Baptiste-Henri de Puget, Marquis de Bras, & de Rose-Angelique-Lucrece de Jorna, veuve de M. de Sainte-Marguerite.

Au XI. degré, pag. 450, *ligne* 8, lisez *Sossin*, au lieu de *Follin*.

DE LA NOBLESSE DE PROVENCE.

A la 23ᵉ. *ligne* de la même page, ajoutez : Madame Marie-Rose-Jeanne de Roux-Beauvezet-Lamanon est décédée à Brignolles le 14 Juillet 1767. âgée de 47 ans ; a été inhumée en la Paroisse de lad. Ville, au caveau de Gantès son mari, Chevalier de St. Louis, chef de la branche aînée de Gantès, lequel est décédé dans cette même Ville le 14 Février 1781. Ils ont laissé 4 enfans,

1. Joseph-Henri-François de Gantès, Chevalier, Lieutenant des Vaisseaux du Roi, & Chevalier de l'Ordre Royal & Militaire de St. Louis au département de Toulon, a épousé à Aix Dame Anne-Henriette de Jaubert, fille de Noble Jean-François, Seigneur de Saint-Pont, & de feue Noble Magdelaine de Gerard, dont la célébration de mariage, à la Paroisse de Ste. Magdelaine à Aix le 19 Juillet 1781. sans enfans en 1784.

2. Pierre-Aimé-Hilarion de Gantès, Chevalier, né à Brignolles le 26 Novembre 1760. est entré au service de la Marine du Roi en Mai 1775. Enseigne des Vaisseaux de la promotion du 16 Février 1780. fut blessé le 11 Juillet de la même année au combat de M. de Guichen contre l'Amiral Rodney.

Il a épousé à Marseille le 24 Juin 1783. Anne-Marie-Colette de Gaye, fille de Joseph-François, Seigneur du Bourguet, de Bagarry, & de Dame Marie-Anne de Marquese, d'une illustre Maison de la ville de Messine. De ce mariage, Marie-Pauline-Iphigénie de Gantès, née à Marseille le 24 Avril 1784.

3. Marie-Marthe-Therese-Rose de Gantès, a épousé le 24 Janvier 1765 François-Barthelemi-Casimir de Pelissier, depuis Seigneur de Roquefure, & Conseiller à la Cour des Comptes de Provence, fils de Jean-Barthelemi & de Marthe de Venerosi de Pisciolini.

4. Marie-Joseph-Benigne-Claire-Adelaïde de Gantès, née à Brignolles le 19 Mars 1757. sans alliance.

Audit 1ᵉʳ. tome, pag. 451. à la 12ᵉ. *ligne*, ajoutez : Balthazar-Louis de Gantès, est décédé le 28 Juillet

1777. à Aix fans enfans, & fon époufe eft morte dans cette même Ville le 30 Décembre 1781.

Ajoutez à cette même page, que Jean-François Marquis de Gantès, Lieutenant-Général des Armées du Roi, Commandeur de l'Ordre Royal & Militaire de St. Louis, eft mort à Paris le 3 Avril 1776. & a été inhumé au pied du Maitre-Autel de la Paroiffe de St. Sulpice le 5 ; fa veuve, de la Maifon de Pontevès, a eu du Roi une penfion de quatre mille livres fans retenue, en confidération des fervices diftingués de feu fon mari.

Outre cela, ajoutez que fon époufe Charlotte-Baptiftine-Antoine de *Pontevès* avoit été préfentée à leurs Majeftés & à la Famille Royale le 31 Mai 1764 par la Vicomteffe de Caftellane, & fur les preuves de Nobleffe des Gantès, & que le 31 de Décembre de la même année, elle le fut encore en qualité de Dame d'honneur de Mademoifelle de Sens, Princeffe du Sang, par Madame la Princeffe de Conti.

A la même page, *ligne* 25, lifez *S. Marcq*, au lieu de *S. Marcy* ; & à la *ligne* 27, le 7 Janvier, au lieu du 5 ; & *Leval*, au lieu de *Laval* ; & *ligne* 32, *d'Heringuel*, au lieu *d'Heriguel*.

A la pag. 452, 2e. *ligne* du 1er. tome, ajoutez à Robert-Antoine de Gantès, Seigneur de la Paftourelle en Artois, qui a fervi fur les frontieres de Piémont en 1748, ayant fervi à l'Armée de Flandres aux campagnes précédentes, & s'eft trouvé aux batailles de Fontenoi, Raucoux, de Lawfeld, Minden, Johamberg gagnée par M. le Prince de Condé, Muzelbert, près de Friberg, & à un grand nombre de détachemens de guerre ; il fut reçu Chevalier de l'Ordre Royal & Militaire de St. Louis à l'Armée du haut-Rhin à Immenos par M. le Maréchal de Broglie, qui commandoit l'Armée en préfence de M. le Prince de Condé le 24 Juillet 1760. Gouverneur de la ville de Saintes en furvivance de M. le Duc d'Uzès, par provifion du 28 Décembre 1766. & paffé aux Sceaux le 31 dudit ; il prêta le ferment le 29 Mars 1767.

DE LA NOBLESSE DE PROVENCE. 173

Son frere aîné François-Michel-Bernard de Gantès d'Ablainſvelle, mourut en ſon Château d'Ablainſvelle en Artois le 8 Mars 1777, & fut inhumé le 9 dans le Chœur de l'Egliſe dud. Ablainſvelle ; ſa veuve eſt décédée à Arras en 1783. Ils eurent 14 enfans ; il n'en eſt reſté que ſix à leur mort, ſavoir :

1. François-Ignace-Marie de Gantès, Capitaine de Cavalerie, qui ſuit.

2. Jean-François-Joſeph de Gantès, né à Ablainſvelle le 29 Juin 1763. fut tonſuré en Mars 1779. étant au Collége des quatre Nations ; au Seminaire St. Magloire à Paris en 1784.

3. Louis-Henri-Roſſolin de Gantès, né à Ablainſvelle le 24 Janvier 1767. Page de la Chambre du Roi le premier Janvier 1778. Il fut premier Page en Juin 1782. & remplaça le fils de Madame la Maréchale de Richelieu. Le Roi accorda à M. de Gantès ſon premier Page une penſion ſur la caſſette de ſix cens livres le 30 Septembre 1782. & une Sous-Lieutenance au Régiment de Beaujolois Infanterie, en ſortant des Pages le premier Jan^{er}. 1783.

4. Charlotte-Joſeph-Scholaſtique de Gantès, née le 21. Février 1761. dont les preuves de Nobleſſe furent produites à M. le Préſident d'Hozier, Commiſſaire du Roi, qui en a délivré ſon certificat du 2 Août 1770.

5. Marie-Marguerite de Gantès, née à Ablainſvelle le 8 Mars 1762 : feue Madame de Fiennes, ſœur de ſa mere, lui a fait un legs par ſon teſtament, en 1779.

6. Clotilde-Gertrude-Charlotte-Pierre-Françoiſe de Gantès, née à Ablainſvelle le 22 Octobre 1765, décédée à Arras le 21 Décembre 1782.

François-Ignace-Marie de Gantès, Chevalier, Seigneur d'Ablainſvelle, des Pierre, né aud. Ablainſvelle le 25 Janvier 1750. Page du Roi le 1er. Janvier 1763. juſqu'au 1er. Janvier 1767. Sous-Lieutenant de Cavalerie au Régiment de Royal Pologne, par Brevet du 31 Décembre 1766 ; Sa Majeſté lui donna en 1770. une gratification de 200 liv. en considération des services qu'il avoit rendus à ce Régiment, où il fut nommé Capitaine en 1775, & à une troupe en Juillet 1782. Il a épousé par contrat de mariage du 11 Octobre 1777. passé à Lille en Flandres devant Me. le Roi Notaire, Marie-Françoise-Therese (*a*) de Petipas de Walle, fille de Charles-Hypolite, Chevalier, Seigneur de Walle, de la Potenerie, ancien Officier aux Gardes Wallonnes au service d'Espagne, & de Jeanne-Françoise de Bourdon, Dame de Haucourt ; leur mariage a été célébré le 14 du même mois en l'Eglise St. Etienne à Lille. De ce mariage :

1. Charlotte-Eugenie de Gantès, née à Ablainsvelle le 22 Mars 1781.

2. Marie-Therese-Julie de Gantès, née le 8 Octobre 1784. au Château d'Achiellepetit, en Artois, chez M. de Diesbach son parent, Lieutenant-Général des Armées du Roi, Grand-Croix de l'Ordre de St. Louis, & Colonel d'un Régiment Suisse de son nom.

Faute à corriger à l'Article de Lauris, au tome 2. pag. 69. Il est dit que Montolin de Lauris épousa par contrat du 4 Mai 1420. Dauphine d'Allamanon, fille de Noble Pierre, & de Marguerite de Gantès, fille de Noble & égrégé Pierre de Gantès. On nous a communiqué depuis lors le contrat de mariage de Noble & Jouveneau Frederic de Lauris, Co-seigneur de la ville de Lambesc, fils d'Elzear, Chevalier, Seigneur de Malamort, avec Noble Marguerite de Gantès, fille de Noble Seigneur Pierre de

---

(*a*) Le Recueil de la Noblesse des Pays-Bas, par le Roux, Roi d'Armes, pages 182, 183, 184, fait une mention très-distinguée de cette Famille de Petipas ; il dit qu'ils ont été 400 ans à la suite des Comtes de Flandres, Ducs de Bourgogne, Rois & Empereurs, Souverains des Pays-Bas ; dont plusieurs Gouverneurs ; que Jean Petipas, Seigneur de Walle, de Bellegem, issu d'ancienne Noblesse Militaire de nom & d'armes au quartier de Lille, fut créé Chevalier le 10 Janvier 1650. que cette Famille de Petipas a fait de bonnes alliances, & rendu de signalés services à leur Prince.

Gantès, paſſé à Lambeſc devant Heringüier Gazetii, Notaire de lad. ville le 21 Mai 1469. De ce mariage ſont iſſus douze enfans, dont ſept Chevaliers à Rhodes, à préſent Malte; une des filles, Made de Gantès, Antoinette de Lauris, épouſa en 1530, Jean de Forbin, dont le petit-fils Paul-Albert de Forbin, reçu Chevalier de Malte en 1589, mort Grand-Prieur de St. Gilles, & nommé Général des Galeres de France.

GARDANNE.

EN 1476, le Roi René accorda des Lettres de Nobleſſe à Reynaud de Gardanne, marié avec Marguerite de Gombar, habitant à Aix, dont les deſcendants ſont actuellement établis à Hieres. Dudit Reynaud de Gardanne, & de Noble Marguerite de Gombar, nâquit : I.

Antoine de Gardanne, marié le 11 Juin 1499 avec Noble Marie Bonnaud, fille de Noble François Bonnaud, & de Noble Thereſe de Villeneuve; ils eurent pour fils : II.

Helion de Gardanne, marié le 4 Septembre 1570 avec Dlle. Iſabeau de Beſtoſi, fille de Jean de Beſtoſi, & de Dame Marguerite Suſonne, duquel mariage nâquit : III.

Honoré de Gardanne, marié le 9 Février 1602, avec Dlle Iſabeau de Lombard de Sainte-Cyle, fille de Barthelemi de Lombard de Sainte-Cyle, & de Dlle Heleine de Valevoire. Honoré de Gardanne eut pour fils de cette alliance : IV.

Scipion de Gardanne, marié le 1 Octobre 1637, avec Dlle Gabrielle du Pujet, fille d'Aimar du Pujet, Seigneur dudit lieu, & de Dame Lucrece de Glandevès. Ledit Scipion & Dame Gabrielle du Pujet eurent pour fils, François, & Antoine de Gardanne qui ſuit; le premier, marié le 11 Juillet 1663, avec Dlle Magdeleine de Papillon de Source, & mort ſans poſtérité. V.

Antoine de Gardanne fut marié le 26 Novembre 1693, VI.

avec Dlle Magdeleine Verdillon, fille de Baltazard, & de Dame Claire Riquier, de laquelle il eut:

VII. Jean-Baptiste de Gardanne, marié le 23 Janvier 1720, avec Dlle. Therese-Genevieve Dellor, desquels sont issus:

VIII. Antoine-Jean-Baptiste, Capitaine au Régiment de Vermandois, marié le 25 Juillet 1768, avec Dlle. Marie-Anne Sabatier. Louis-François, Capitaine au Régiment de Languedoc; & François-Xavier-Stanislas de Gardanne, Prêtre.

GASQUET.

LA Noblesse de cette Famille est fort ancienne; elle tenoit un rang distingué dans Marseille, lorsque cette Ville anséatique se gouvernoit elle-même sous un Podestat.

Les Historiens de Provence, & ceux de la ville de Marseille, faisant mention de la députation solemnelle que cette Ville fit en 1262 des principaux & plus apparents de ses Citoyens vers le Roi Charles I, Comte de Provence, pour traiter de la paix avec ce Prince & ses Ministres, placent *Bertrand de Gasquet* parmi ces Députés, auxquels Cesar Nostradamus, dans son Histoire de Provence, donne le nom de Nobles & d'Ambassadeurs; & Ruffi, dans son Histoire de Marseille, celui de Gentilshommes.

Ces qualifications leur conviennent en effet, puisque dans l'Acte même de cette députation, conservé dans les Archives du Roi (*Chapitres de Paix*) & dans celles de la Maison-de-Ville de Marseille, dont nous avons sous les yeux un extrait authentique, on lit ces mots: *Constituerunt tractatores pacis cum Domino Comite Provincia nobiles viros Guillelmum de Lauris, Hugonem Vivaudi, Guillelmum de Monteolio, Bertrandum Gasqueti, &c. quibus dederunt liberam & plenam potestatem pacem faciendi & reformandi,*

&c.

DE LA NOBLESSE DE PROVENCE.

&c. Titre fort ancien, & qui suppose une Noblesse plus ancienne encore.

Aussi l'Abbé Marchety dans son Discours à Louis XIV, imprimé à Marseille, chez Brebion en 1670, place (pag. 61) la Famille de Gasquet parmi les anciennes Familles Nobles de Marseille, qui n'y subsistoient plus alors depuis environ trois cens ans (par leur extinction ou leur émigration); & ce fut en effet à cette époque, vers le milieu du quatorzieme siécle, que *Bertrand de Gasquet* II du nom, petit-fils du susdit Bertrand I, se transplanta de Marseille à Tourves, à l'occasion de la guerre civile des Gibelins & des Guelphes, qui dès l'an 1331 avoit commencé à dépeupler la Ville, comme le remarque Ruffi, pag. 168 de son Histoire de Marseille.

On voit dans un ancien Cartulaire des Délibérations de la Vallée de Tourves, Seisson, Gueilet, & ledit *Bertrand Gasqueti*, au nombre des Officiers de Police en l'année 1390; son nom y est suivi d'une *M* majuscule pour le distinguer, soit en marquant par cette abréviation sa qualité de Noble Ecuyer *Miles*, ou son origine de *Marseille*. Il avoit épousé vers l'an 1350 Beatrix *de Bontos*, qui le rendit pere de Bertrand III, & de Guillaume de Gasquet.

Les trois Communautés de la Vallée de Tourves, étoient alors régies par dix Conseillers Gouverneurs, dont deux devoient être Nobles de Race, suivant l'Acte des privileges accordés à cette Vallée en 1350 par la Reine Jeanne, confirmés par le Comte Raymond de Baux en 1354, enrégistrés dans les Archives du Roi, Registre *Pellican. fol.* 391; & non-seulement ledit Bertrand de Gasquet se trouve le premier des dix à l'année 1391 dans les susdits Cartulaires conservés aux Archives de Tourves; mais encore lui & Guillaume son frere sont expressément qualifiés Nobles dans deux Actes du Conseil de 1395 & de 1397, ainsi qu'il appert par un extrait authentique qui en a été délivré, de même que de tous les autres Actes qui seront cités dans la suite : qualification décisive dans pareils Actes pu-

Tome III.   Z

II.

III.

blics, puisqu'elle n'y est jamais donnée qu'à des Nobles d'extraction, pour les distinguer des Plébeïens ou Roturiers, conformément au privilege accordé à la Noblesse par la Reine Jeanne.

Bertrand III. avoit fait alliance vers l'an 1387 avec Magdeleine *d'Amgline*, dont il eut Pierre & Vilete de Gasquet; & Guillaume son frere avoit épousé N. Monerii de Selhon, qui le rendit pere de Suanette, & de Guillaume de Gasquet II, comme il est justifié par un Acte solemnel de nomination de Tuteurs & Curateurs dressé le 21 Juin 1409, en faveur des susdits Pierre & Guillaume & de leurs sœurs, après le décès de Béatrix leur ayeule.

Pierre de Gasquet se maria avec Huguette *Morel*; il fit son Testament l'an 1431, par lequel il laissa quelques legs à son épouse, & institua pour ses héritiers Guillaume II, & Bertrand IV, fils dudit Guillaume.

Huguette *Morel* sadite épouse fit son Testament le 24 Décembre 1447 (Matthieu Pagety, Notaire,) en présence de Louis *d'Arcussia*, Seigneur de Tourves, son exécuteur testamentaire; elle fit héritiere Alayette *Morel* sa sœur.

Il est fait mention dudit Pierre dans l'Acte de confirmation des privileges renouvellés par Louis d'Arcussia en 1427, reçu par Lazare Bertrand, Notaire d'Aix. On y voit que, par une distinction particuliere, Pierre de Gasquet fut le seul Citoyen de Tourves, qui avec Giraudon de Nogaret, fut appelé pour être présent à cet Acte solemnel.

IV. Guillaume de Gasquet II. fut mis au nombre des dix Conseillers Gouverneurs dans le Conseil général du 31 Mai 1450, où il est qualifié Noble, & fut pere de Ber-
V. trand IV, lequel est mentionné plus de trente fois dans le Cartulaire des Délibérations du Conseil aux années 1459 & 1460, toujours également distingué des autres par la dénomination de *Noble Bertrand de Gasquet*.

Il avoit fait alliance par contrat du .. Mai 1440 avec

DE LA NOBLESSE DE PROVENCE. 179

Antoinette *de Pinto*, fille de Mathieu de Pinto, Viguier de la Baronie, & eut pour fils Antoine I, & Guillaume III.

VI.

Le fufdit Guillaume III fut pere de Jean de Gafquet, lequel ayant pris le parti des Armes, s'établit vers l'an 1496 à Figeac en Querci, où fa branche, dont il fera parlé en fon tems, fubfifte encore aujourd'hui, & s'eft foutenue noblement de pere en fils jufques à Mre. Jofeph de Gafquet, vivant Marquis de Clermont (en Agenois.)

Antoine I. continua la poftérité à Tourves, où il avoit époufé honorable Françoife *de Catelan*. De ce mariage nâquit Pierre de Gafquet II, lequel dans un Confeil général de la Vallée du 30 Mars 1482, eft ainfi foufcrit : *Nobilis Petrus Gafqueti*, & fut pere de cinq garçons, mentionnés dans un Acte du 21 Décembre 1521, reçu par Antoine-Boniface, Notaire de Tourves, favoir ; Jean qui fuivra ; Antoine II, qui fut Prêtre féculier ; Etienne I ; Bertrand V, & Guillaume IV.

VII.

Ces trois derniers prirent le parti des Armes, dans lequel Bertrand de Gafquet fe diftingua d'une façon plus particuliere pendant les guerres d'Italie fous François I. Il fut du nombre des Gentilshommes de Provence, qui en 1536 & 1542, eurent commiffion de lever & mettre fur pied une Bande ou Compagnie d'Infanterie (qui étoit au moins de deux cens hommes,) pour en former ou completter la Légion de Provence, dont Etienne Decormis étoit Colonel, & aller renforcer l'Armée du Duc d'Anguien.

Auffi ledit Bertrand eft-il connu dans l'Hiftoire fous le nom de *Capitaine Gafquet*, de même que plufieurs autres Gentilshommes Provençaux : preuve que la Nobleffe de fon extraction étoit notoire, puifque non-feulement il falloit alors avoir long-tems commandé dans les Armées, pour parvenir au grade de Capitaine dans une Légion ; mais qu'il falloit encore être du rang des Nobles, conformément à

Z 2

l'Ordonnance de François I. de l'an 1534, rapportée par Fontanon.

Martin du Bellay raconte dans ses *Mémoires*, page 490, à l'article de la Bataille de Cérizolles donnée le 11 d'Avril 1544, qu'on tira de différentes Compagnies d'Infanterie, tant Françoises qu'Italiennes, sept à huit cens Arquebusiers, qui furent mis à la tête de l'Armée, pour servir d'enfans perdus, sous les ordres de Montluc, & des Capitaines Hévart & Gasquet, comme plus dispos & de meilleur entendement. Le Maréchal de Montluc dans ses *Commentaires*, tom. 1, fol. 837, fait aussi dans plusieurs endroits une mention distinguée du Capitaine Gasquet, & de quelques autres du même grade, qu'il place (tom. 2, pag. 227) parmi les braves Gentilshommes qui avoient vaillamment combattu dans ladite Bataille de Cérizolles.

Bertrand de Gasquet mourut sans postérité.

Guillaume IV. avoit épousé Sibillonne *de Guerin*, ainsi qu'il appert par le Contrat de mariage de Marguerite de Gasquet sa fille avec Noble Balthazard Amalric, Ecuyer du lieu de Signe, reçu en 1567 par Honorat Barthelemi, Notaire Royal à Tourves, dans lequel ledit Gasquet est qualifié Noble & Ecuyer, ainsi que dans d'autres Actes.

VIII. Jean de Gasquet, l'aîné des cinq freres, eut de son mariage avec Anthorone *de Vellaques*, Antoine III. Celui-ci par Contrat du 6 Novembre 1566, épousa Catherine

IX. *de Baux*, & fut pere d'Honoré de Gasquet, lequel fit ses études avec distinction dans l'Université de Valence en Dauphiné, où il reçut le Bonnet de Docteur en Droit Civil & Canonique. Ses Lettres de Doctorat, datées du 7 de Septembre 1616, le qualifient *Egregius Dominus*.

X. Honoré fut pourvu en 1620 des Offices de Lieutenant Civil & Criminel en la Judicature & Viguerie d'Arles; & par Contrat de mariage du 7 Septembre 1626, il fit alliance avec Marquise *de Saint-Jacques*, fille de Joseph de Saint-Jacques, Ecuyer, de la Ville de Saint-Maximin,

& de Marguerite *de Dominici*, des Seigneurs de Guillaume, fille de Magdelaine *de Vintimille Seiſſon*, des Comtes de Marſeille. Il eut de ce mariage Antoine IV, Pierre III. & Anne de Gaſquet, qui fut mariée à Noble Claude *Martin* Ecuyer, & fut fondatrice d'une aſſociation du St. Roſaire à Saint-Maximin.

Le Juge d'Arles ayant entrepris de troubler ledit Honoré dans leſdits Offices, celui-ci fut maintenu dans tous ſes droits par un Arrêt du Conſeil donné le 18 Janvier 1633; & comme la Cour avoit reconnu dans cette occaſion ſon mérite perſonnel, le Roi Louis XIII. voulut bien donner une preuve du cas qu'il faiſoit de ſa perſonne, en écrivant lui-même une Lettre aux Viguier & Conſuls d'Arles, par laquelle il leur enjoignoit de tenir la main à l'exécution de l'Arrêt du Conſeil en faveur *de ſon cher & bien-amé Conſeiller Honoré Gaſquet*. Cette Lettre de Sa Majeſté eſt conſervée dans les Archives de la Maiſon commune d'Arles.

La réputation de zele & de fidélité que ledit Honoré s'étoit faite, porta la Cour Souveraine des Monnoies de Paris, à lui donner une commiſſion, par Arrêt du 22 Juin 1644, de corriger les abus qui ſe commettoient touchant les Monnoies dans cette Province. Louis XIV. par ſes Lettres du 8 Avril 1647, nomma encore ledit Gaſquet ſon Commiſſaire pour faire des Viſites, & connoître dans toute la Province des malverſations qui ſe commettoient, tant aux Monnoies, qu'aux Manufactures d'or & d'argent, & dans l'Orfévrerie.

Les années ſuivantes 1648 & 1649, Honoré & ſes deux enfans Antoine & Pierre de Gaſquet, donnerent de nouvelles preuves de leur zele pour le Service du Roi pendant les troubles arrivés dans cette Province. C'eſt ce qui ſe juſtifie par un témoignage authentique donné le 1 Décembre 1630 par le Duc d'Angoulême, Gouverneur de Provence, ſigné *Valois*, contre-ſigné *Juvenel*, où ce Seigneur déclare encore que ledit Honoré & ſes deux fils l'avoient assisté & continué leurs services à Sa Majesté sous ses ordres, aux derniers mouvemens ensuivis dans cette Province, s'étant aidés à conserver la *Ville de Saint-Maximin dans la fidélité du service du Roi*, de même qu'à repousser courageusement les Troupes envoyées pour la surprendre, ayant fait de plus plusieurs voyages vers lui, & servi de leurs personnes l'Armée de Sa Majesté.

Par Lettres-patentes du 15 Décembre 1648, Honoré de Gasquet fut pourvu de l'Office d'Avocat Général au Parlement de Provence, pour y servir en cette qualité au semestre de Janvier, & jouir lui & *ses héritiers* de cette Charge, *aux honneurs, privileges, franchises, pouvoir, Cour & Jurisdiction Souveraine, rang, fonctions, habillement, gages annuels de quatorze cent livres, Franc-salé, profits, & autres droits*, de même que l'autre Avocat Général servant au semestre de Juillet dans ledit Parlement.

Les anciens Officiers de cette Cour ayant obtenu la suppression du semestre, cet Office d'Avocat Général se trouva par-là supprimé. Mais comme cette suppression involontaire de la part dudit Honoré de Gasquet lui devenoit préjudiciable, en tant qu'il ne pouvoit plus transmettre cette Charge à ses héritiers, le Roi pour l'en dédommager ne se contenta pas de le faire jouir, ainsi que les autres Officiers, dudit semestre du droit *de committimus*, comme on voit par les Lettres-patentes expédiées à cet effet, & par un célèbre Arrêt du Grand-Conseil donné le 3 Septembre 1670, en vertu desdites Lettres: *intervenant*, y est-il dit, *Me. Honoré Gasquet, Conseiller en nos Conseils, ci-devant notre Avocat Général en notre Parlement de Provence pour servir au semestre de Janvier, &c.* Et par autres Lettres-patentes du 20 Décembre 1655, Sa Majesté le pourvut, en titre d'Office formé héréditaire, de l'Office de Conseiller & Commissaire du Roi pour faire les Enquêtes & contre-Enquêtes, pour parvenir aux évocations des procès civils & criminels pendants en la Cour Souveraine du Parlement de Provence, conformément à

DE LA NOBLESSE DE PROVENCE. 183

l'Edit de Louis XIII, donné en Décembre 1638, portant création de deux de ces Officiers, & d'un Greffier en chef, dans le reffort de chaque Parlement du Royaume, pour faire lefdites Enquêtes, avec le même pouvoir, autorité, droits, honneurs & émolumens que les Maîtres des Requêtes ordinaires de la Maifon du Roi, & les Confeillers du Grand-Confeil ou des autres Cours Souveraines.

Comme, fuivant le même Edit, *la principale fonction defdits Confeillers-Commiffaires-Enquêteurs, regardoit les procès des Préfidens & Confeillers des Cours Souveraines*, & qu'ils ne relevoient immédiatement que du Roi & du Grand Chancelier de France, Honoré de Gafquet fut à Paris pour fe faire recevoir audit Office par M. le Chancelier Séguier, entre les mains duquel il prêta ferment le 25 Octobre 1658; & fes provifions, de même que l'Acte de preftation dudit ferment, furent enrégiftrées au Greffe de la Commiffion de M. le Baron d'Oppede, Premier Préfident au Parlement de Provence, Commiffaire à ce député.

Branche de Saint-Maximin.

XI. Antoine IV, fon fils aîné, fit fes études à l'Univerfité d'Orléans; & dans fes Lettres de Doctorat du 1 Avril 1648, il eft qualifié *Clariffimus & Confultiffimus*. Il fut auffi pourvu des Offices de Lieutenant Civil & Criminel au Siége & Viguerie d'Arles, par Lettres du 20 Février 1649; & s'en étant démis après quelques années d'exercice, il fut pourvu le 16 Septembre 1653 des Offices de Lieutenant Civil & Criminel à la Judicature & Viguerie Royale de Saint-Maximin. Enfin en 1655 il fut encore pourvu de la Charge de Confeiller du Roi, Commiffaire-Enquêteur général fur les évocations des procès civils & criminels pendants aux Cours Souveraines de ce Pays de Provence, & reçu par M. le Grand Chancelier de France, pour l'exercer avec tous fes droits, conformément à l'Edit de Louis XIII. Il posséda cet Office jusques à sa mort, arrivée à Paris en 1691, c'est-à-dire, pendant 33 ans.

Par Contrat de mariage du 26 Mai 1668, Antoine de Gasquet avoit épousé Marie-Marguerite *de Villeneuve*, fille unique & héritière de Noble César de Villeneuve, Seigneur de Tourrette-les-Vence, & de Lucrece *de Grasse*, des Seigneurs du Bar & de la Malle, qui lui apporta en dot la Seigneurie de Carros, du chef de son pere, & la plus grande partie de celle de Valettes, du chef de sa mere, laquelle étoit fille d'Annibal de Grasse, Comte du Bar, & de Claire *d'Alagonia*, des Seigneurs de Mérargues.

Antoine IV. fit hommage au Roi desdites Terres & Seigneuries de Carros & de Valettes, le 26 Mars 1686, comme il appert par un Extrait authentique, tiré des Registres des hommages à la Chambre des Comptes, n°. 23, fol. 50, *signé* Majol, Archivaire.

XII. Du susdit mariage naquirent Louis qui suit, & Lucrece de Gasquet, élevée à l'Abbaye Royale de Saint-Cyr, & mariée ensuite au Chevalier *Deidier*, Gentilhomme de Marseille, dont elle n'a point laissé de postérité.

Louis Gasquet prêta hommage au Roi en la Cour des Comptes le 4 Mai 1691 pour lesdites Terres de Carros & de Valettes, & en donna le dénombrement, ainsi qu'on le voit au cinquieme Regiftre des dénombremens, fol. 152, aux Archives de Sa Majesté; ce qui fut renouvellé en 1727. Les qualités de Noble & d'Ecuyer lui sont données dans une foule d'Actes, qu'il seroit superflu de rapporter.

Il fut Lieutenant d'une Compagnie franche, commandée par M. de Chasteuil.

La Dame de Villeneuve sa mere fit son testament le 22 Mai 1717, riere Maurel, Notaire Royal à Saint-Maximin, par lequel elle institua le susdit Louis de Gasquet son héritier universel, à la charge & condition que lui & ses descendans seront obligés de porter le nom & les armes de sa Maison, dont la branche venoit de s'éteindre.

Louis

DE LA NOBLESSE DE PROVENCE.

Louis de Gasquet de Villeneuve avoit épousé par Contrat du 30 Avril 1698, Dlle. Magdeleine *Dille*, fille de Jean-Baptiste, Ecuyer, & de Dame Françoise *Plasse*; il eut de ce mariage Joseph-Paul de Valettes qui suit, Pierre de Carros, & Gabriel de Villeneuve-Gasquet, tous les trois Vétérans aux Gardes du Corps du Roi, Chevaliers de St. Louis, avec commission de Capitaine de Cavalerie.

XIII.

Joseph-Paul de Gasquet de Villeneuve prêta hommage au Roi par-devant la Cour des Comptes dans le mois de Mai 1764, de la Seigneurie de Valettes, consistant en Justice haute, moyenne, basse, mere, mixte, impere, & autres droits seigneuriaux. Il épousa l'année suivante Dlle. Catherine *de Fournier*, fille de Noble Etienne, ancien Secrétaire du Roi, & de Dame Therese *de Thoron*, des Conseillers en la Cour des Comptes.

Pierre de Gasquet de Carros, ayant été estropié au service de Sa Majesté, fut reçu à l'Hôtel-Royal des Invalides, où il mourut sans postérité en 1766.

Gabriel de Villeneuve-Gasquet s'allia par Contrat de mariage reçu à Troye en Champagne le 21 Juillet 1758, Notaire Moreau, à Dlle. Louise-Jeanne-Alexandrine *Dubourg*, fille de Mre. Edme-Charles Dubourg, Seigneur d'Argilliers, Besson, Frescul, la Saulsote, & autres Terres (des descendants d'Antoine Dubourg, Grand Chancelier de France,) & de Dame Barbe *de Blois* de la Calandre, Dame de la Saulsote en Brie. Il fut fait Aide-Major du Fort Saint-Jean de Marseille par Brevet du mois de Novembre 1758, reçu à l'Académie des Belles-Lettres de cette Ville le 26 Février 1766, & pourvu du Gouvernement de la ville d'Auriol en 1767.

Branche de Lorgues.

Pierre III. de Gasquet, second fils d'Honoré, & de Marquise de Saint-Jacques, fut d'abord Enseigne dans le Régiment d'Angoulême, & ensuite Capitaine pendant les

XI.

Tome. III. A a

mouvemens arrivés en cette Province en 1649, fous les ordres du Duc de Valois, Comte d'Alès. Les troubles s'étant appaifés, Pierre qui avoit fait fes Etudes dans l'Univerfité d'Orléans, y fut reçu Docteur en l'un & l'autre Droit; le 12 de Novembre fuivant il prêta le ferment, & fut immatriculé au Parlement de Paris.

Il fut pourvu de l'Office de Viguier, & Capitaine pour le Roi en la ville de Lorgues, par Lettres-patentes expédiées en 1653, & obtint de Sa Majefté la confirmation des lettres d'évocation générale, tant pour lui que pour fes enfans, de tous leurs procès mûs & à mouvoir; même pour leurs réceptions & corrections aux Offices, comme il appert par plufieurs Arrêts, & plus particuliérement par celui du Confeil d'Etat du Roi donné le 20 Septembre 1675, malgré les efforts de quelques envieux, appuyés même de deux Délibérations furprifes à l'Affemblée des Etats de la Province.

Comme la fermeté de Pierre de Gafquet, & fon affection pour le fervice du Roi étoient connues, M. le Duc de Vendôme, Gouverneur de Provence, lui donna commiffion d'affembler, conduire, & commander la Milice par lui ordonnée de la Ville & Viguerie de Lorgues, au fujet de la détention du Premier Préfident du Parlement d'Aix, & enfuite d'aller avec le Chevalier de Mirabeau, conformément aux ordres exprès de Sa Majefté, pour s'affurer de la perfonne de quelques Rebelles. M. de Vendôme attefte lui-même dans un Certificat du 31 Mars 1659, figné de fa main, & contre-figné *Yfmonier*, que le tout fut *exécuté avec beaucoup de chaleur & de diligence de la part dudit Gafquet, dont le zele & la fidélité au fervice de Sa Majefté avoit auffi apparu en beaucoup d'autres rencontres.*

Ayant enfuite été troublé dans la jouiffance des principaux droits & privileges de fa Charge de Viguier & Capitaine pour le Roi, Pierre de Gafquet, par un Arrêt du Confeil privé de Sa Majefté rendu le 15 Février 1662, fut non-feulement maintenu dans fa préféance fur tous les

Officiers Royaux & Municipaux, avec le pouvoir exclusif d'assembler & d'autoriser les Conseils de la Communauté, ainsi que d'y paroître seul l'épée au côté, mais encore *dans le droit de se faire accompagner par-tout, à la Ville & aux Champs, d'un nombre de gens armés, pour appréhender plus facilement les malfaiteurs, & faire observer la Police; sui‑ vant les Ordonnances, Edits, Arrêts & Réglemens, & par‑ ticuliérement l'Edit de Charles IX. du mois de Décembre* 1564, *vérifié au Parlement d'Aix.*

Nous avons en main un Acte du 23 de Juillet 1671, reçu par Honoré Malherbe, Notaire Royal à Saint Ma‑ ximin; par lequel Honoré de Gasquet remit & résigna ès mains de Sa Majesté & de son grand Chancelier, en fa‑ veur dudit Pierre son fils, son Office de Conseiller-Com‑ missaire-Enquêteur général; mais nous n'avons pas pû re‑ couvrer d'autre piece là-dessus. Il est certain que cet Office n'étoit point incompatible avec celui de Viguier & Capi‑ taine pour le Roi, qu'il exerça jusques en 1686, & qu'il abdiqua peu de tems après que sur la nomination du Comte de Toulouse, Grand Amiral de France, Sa Majesté l'eut pourvu par Lettres-patentes du 23 Décembre 1685 de l'Office de son Conseiller, Lieutenant Principal, Civil & Cri‑ minel au Siége de l'Amirauté de Saint-Tropez, confirmées avec le titre de Lieutenant-Général, & le droit d'augmen‑ tation de gages, de même qu'avec attribution des mêmes honneurs, exemptions & privileges dont jouissent les Offi‑ ciers des Amirautés générales par l'Edit de Janvier 1692.

Pierre de Gasquet avoit épousé, par Contrat du 1 Juillet 1662 (Feraud Notaire au lieu de Cannes,) Dlle. Charlotte *de Daumas* ou *Dalmas*, fille à feu Honoré, vi‑ vant Ecuyer dudit lieu de Cannes, & belle-sœur du Che‑ valier *du Bussi* Nesmond, Major des Isles de Ste. Margue‑ rite.

XII. De ce mariage nâquirent quatre garçons & trois filles, mentionnés dans le testament de ladite Dame Charlotte de Dalmas du 10 Juillet 1703, savoir: *Jacques-Honoré* qui suivra ; *Antoine*, Prêtre, Docteur en Théologie ; *Pierre*, Religieux Prêtre de l'Ordre de St. Dominique, mort Missionnaire Apostolique à la Guadaloupe ; *Jean-Joseph* de Gasquet, Aide-Major, & Capitaine dans le Régiment d'Auxerrois, qui fut tué à la Bataille d'Hocshstedt ; *Marquise, Louise & Françoise* mortes Religieuses à Lorgues.

Jacques-Honoré de Gasquet fut pourvu de l'Office de Conseiller du Roi, Lieutenant & Assesseur civil & criminel en la Judicature Royale de Lorgues, par Lettres enrégistrées le 20 Novembre 1691. Un profond savoir dans la science du Droit, des lumieres peu communes presqu'en tout genre de littérature, des productions poétiques, tant sérieuses que comiques, pleines d'esprit & de sel, une aimable conversation, beaucoup de candeur & de probité, lui attirerent l'estime & le cœur de tous les Citoyens, & en particulier la considération & l'amitié de Mr. Lebret, premier Président & Intendant de Provence.

Par Contrat du 12 Février 1703, Jacques de Gasquet fit alliance avec Dlle. Claire *de Giraudi*, fille de Noble Pierre, Seigneur de Piosin & de Montauban (fils de Palamede de Giraudi, & de Françoise *de Signier*,) & de Dame Anne *de Bosquet*, (fille de Noble Louis de Bosquet, Contrôleur général de la Marine à Toulon.)

XIII. De ce mariage sont nés quinze enfans, dont quatre seulement moururent en bas-âge ; les autres sont *Pierre*, Bachelier en l'un & l'autre Droit, Prêtre, Chanoine-Capiscol à Draguignan ; *Antoine Dominique*, Religieux Capucin, Prêtre, surnommé P. Hyacinthe, Controversiste Apostolique contre les Juifs d'Avignon, à ce député par Benoît XIV, & Auteur d'un Ouvrage Polémique-Moral, intitulé *l'Usure démasquée*; *Charlotte*, Religieuse Réformée de Ste. Claire, Abbesse des Capucines de Marseille ; *Marie, Françoise & Claire*, non mariées, *Charles-Théodore*, Religieux Capucin, Prêtre, surnommé P. Elzear, ancien Professeur de Théologie ; *Joseph-Esprit*, Prêtre séculier,

Docteur, Bénéficier & Curé à Barjols ; *Joseph-Bruno*, Religieux Prêtre, Dominicain ; *Felix*, mort Prêtre Séculier ; *François-Magdelon*, ancien Lieutenant d'Artillerie & Gouverneur de la Ville de Barjols, par Lettres-patentes de Louis XV, du . . . 1767, & *Jean-Bernard* de Gasquet.

Celui-ci servit d'abord en qualité de Lieutenant dans le Régiment de Bourgogne, & entra dans le service de la Marine en 1750, après avoir justifié sa noblesse pardevant le Ministre de ce Département. Il fut employé en qualité d'Enseigne des Vaisseaux du Roi dans plusieurs Campagnes, dont sept de long cours ; & s'étant trouvé à plusieurs combats contre les Anglois sur l'*Illustre*, l'*Héroïne*, le *Saint-Michel*, le *Héros*, le *Sceptre*, l'*Entreprenant* ; il donna par-tout des preuves de sa valeur & de sa capacité.

Pendant le Siége de Louis-Bourg par les Anglois en 1760, il commanda une Chaloupe Carcassiere de son invention, portant deux canons de 18 sur son avant, & deux de quatorze sur chaque côté ; au moyen de quoi il protégeoit toutes les Chaloupes employées à faire de l'eau pour les Vaisseaux du Roi, battoit les retranchemens des ennemis, & gardoit pendant la nuit l'entrée du Port. Commandant la même Chaloupe, il se battit deux fois pendant six heures de suite contre deux Fregates ennemies, dont l'une de 30, & l'autre de 36 canons. Il fut enfin fait Prisonnier de guerre, après avoir été blessé à la tête, & relâché sur sa parole.

Après la publication de la Paix en 1763, *Bernard de Gasquet* eut ordre d'armer & de commander la Flute du Roi la *Barbue*, pour aller sous les ordres du sieur de Beauffier, Chef d'Escadre, prendre possession au nom de Sa Majesté des IslesSainte-Lucie, & fut ensuite désarmer à Rochefort, où il reçut un témoignage de la satisfaction du Roi, par une gratification de dix-huit cent livres. Il fut fait Lieutenant de Vaisseaux dans la promotion du mois de Novembre 1765. Il eut en 1767 le commandement du Schebek de guerre le *Rusé*, pour aller prendre à Cadix, & porter à Gênes & à Marseille quelque centaine de milliers de piastres fortes. Il eut ensuite commission de croiser pendant trois mois sur les Côtes de Provence, & de désarmer à Toulon; après quoi il eut encore ordre de conduire à Brest, & commander le Vaisseau du Roi le *Sage* de 64 pieces de canon : ce qui marque combien on comptoit à la Cour sur son mérite & son expérience. Nous ignorons s'il est marié.

Branche des Marquis de Clermont.

VII. Jean II, fils de Jean I, qui fut s'établir à Figeac en Querci, épousa Anne de Paramelle, des Seigneurs du lieu de ce nom, par Contrat du 22 Août 1534 ; il est qualifié : *Nobilis Joannes Gasqueti, filius Nobilis Joannis Gasqueti.*

VIII. De cette alliance nâquit Etienne de Gasquet, Seigneur de Cardailhaguet, lequel de son mariage avec Marguerite *d'Henri*, fille de Noble Pierre, Seigneur de Sarailhac, contracté le 14 Avril 1580, eut pour fils Pierre

IX. & Jacques de Gasquet; celui-ci Seigneur de Sainte-Colombe, & autres Places, fut marié le 10 Février 1623

X. à Dlle. *de Courros* de Saint-Marsal. Cette Branche est tombée en quenouille, & la derniete fille a été mariée dan la Maison de Marsillac, où elle a laissé son bien.

XI. Pierre de Gasquet, Seigneur de Brats, épousa le 10 de Septembre 1624, Dlle. Jeanne *de Castelnau*, fille de Mre. Jean-Joseph, Conseiller au Parlement de Bordeaux. De ce mariage nâquirent Thomas & Joseph de Gasquet. Celui-ci fut Maréchal de Camp des Armées du Roi, Cordon Rouge, Commandeur de l'Ordre Royal & Militaire de St. Louis.

XII. Thomas de Gasquet fit alliance avec Demoiselle Jeanne *Dubiot* de Merignac, fille de Messire Mathurin de Merignac, Lieutenant-Général en la Sénéchaussée d'Eguillon,

DE LA NOBLESSE DE PROVENCE. 191

par Contrat du 24 Février 1658. Ils eurent pour fils Joseph II, & Mathurin de Gasquet. Celui-ci continua la branche d'Eguillon.

Joseph de Gasquet, Marquis de Clermont, épousa Marie *de Lasserre* de Belmont Gondrin, par Contrat du 3 Février 1719. Il naquit de ce mariage, Joseph de Gasquet III, Marquis de Clermont, lequel par Contrat du 12 d'Août 1749, passé dans Toulouse, fit alliance avec Louise-Charlotte *d'Ouvrier*, fille de Mre. Jean-Baptiste, Seigneur de Possi, & de Dame Elisabeth *de Peiter*.

XIII.

Consultez pour cette Maison les Historiens de Provence & de Marseille à l'année 1262; les Archives du Roi, *Chapitres de Paix*, & celles de la Maison Commune de Marseille à ladite année; l'Abbé Marchety, page 61; les *Mémoires* de Martin du Bellay, page 490; les *Commentaires* du Maréchal de Montluc, tome 1, fol. 837, &c; les anciens Cartulaires des Elections & Délibérations de la Communauté de Tourves, Seisson & Gueilet, depuis 1390, jusques en 1482; les Archives de la Ville d'Arles vers l'an 1533; les Régistres du Grand-Conseil, & du Conseil d'Etat, aux années 1654, 1655, 1662, 1670, 1671; le Régistre des Hommages & Dénombremens, aux années 1691, 1717, 1727, 1764 à la Cour des Comptes, Aîdes & Finances de ce Pays de Provence.

GAY DE TARADEL SAINT-MARTIN.

Jean-Antoine Gay, de Marseille, a été pourvu d'un Office de Conseiller-Secrétaire du Roi en grande Chancellerie, par provision du . . . Février 1785. Il a acquis du sieur de Jouffrey, par Acte du 7 Mars, la Terre & Seigneurie de Taradel-Saint-Martin. Cette Famille est composée de deux garçons & une fille. L'aîné, Antoine-François Michel, dont nous parlerons ci-après, & à qui la Terre de Taradel a été cédée; Jean-Joseph, non marié;

& Marie-Colombe, mariée à Noble... de Lyle Saint-Martin, Lieutenant des Vaisseaux du Roi.

Antoine-François-Michel Gay de Taradel, a fait alliance par contrat de mariage du 23 Avril 1785. (Notaire *Cousinery*, à Marseille,) avec Dlle. Emilie de Ripert de Barret, d'Apt.

P. S. Cette Famille sort d'une ancienne Famille d'Italie

GEOFFROY.

CETTE Famille, originaire de la ville du Nice, a constaté sa Noblesse devant Mr. d'Hozier, Juge d'Armes de France, en lui produisant les Actes en forme qui la justifient, depuis l'an 1469, ainsi qu'il l'atteste dans le huitieme volume de son Armorial général, à l'article de Geoffroy; & ce sont ces mêmes Actes qui nous ont été communiqués, qui établissent les filiations suivantes.

I. Emmanuel de Geoffroy, chef de cette Famille, ou plutôt le premier d'où on puisse compter une filiation certaine, étoit Citoyen de la Ville de Nice. Il est qualifié Noble dans un Acte du 24 Août 1649, par lequel, Noble & Magnifique Seigneur *Jacobus Baro*, Baron du Breuil & de Massonis, vendit plusieurs Terres à Noble Emmanuel de Geoffroy, situées dans le Comté de Nice. Ledit Acte reçu par feu Jacques de Tesse, *Clerico sollite*, & Secrétaire public, & signé par d'André Notaire, duement certifié & attesté par Jean-Baptiste Richelmi, Vicaire Général de l'Evêché de Nice, signé J. B. Richelmi, V. G. de l'Evêché de Nice, & Sarancel, Secrétaire.

Ledit Emmanuel avoit épousé Honorade *de Grimaldis*, de ladite ville de Nice, de laquelle il eut :

II. Maiffred de Geoffroy, qualifié Noble Seigneur de la Caïnée, résidant à Cuebris, dans son Contrat de mariage du 5 Mars 1517 avec Noble Brigitte *de Chabaud*, fille de Noble Jean de Chabaud, & de Noble Catherine de Berre

sa

DE LA NOBLESSE DE PROVENCE. 193

sa femme. Dans cet Acte Maiffred y est dénommé, comme on vient de le dire, fils légitime & naturel de feu Noble Emmanuel de Geoffroy, & de feue Honorade de Grimaldis sa femme (Notaire Louis Dalmassi de Cigale.) Maiffred fut pere d'Honoré qui suit, & d'Antoinette, qui épousa par Contrat du 29 Janvier 1545, Noble Sauveur de Lombard, Co-seigneur de Cuebris, fils légitime & naturel de feu Noble André, vivant Co-seigneur dudit lieu de Cuebris, & de feue Jeanne de *Lascaris*, (Notaire Isnard de la ville de Vence.)

Maiffred fit son testament le 25 Février 1560, par lequel il legue à Dlle. Antoinette sa fille, femme de Sauveur de Lombard, cent écus outre & par-dessus sa dot, & institue pour son héritier universel, Noble Honoré de Geoffroy son fils légitime & naturel ; fait ses exécuteurs testamentaires Noble George de Flotte, Co-seigneur du lieu de Cuebris, & Noble Louis de Berre, Seigneur de Colongue, ses cousins, & ordonne qu'après sa mort, son corps soit porté dans le Cimetiere du lieu de Cuebris, où est la sépulture de sa femme. (Notaire Antoine Lotier du lieu de la Rochette.)

Les Actes dont on vient de faire mention, & plusieurs autres que l'on supprime ici comme surabondans, se trouvent énoncés dans le verbal des preuves fait l'an 1663 par Freres Charles de Comingues Pepeirou de Guitaut, Commandeur de Maussonet & de la Selve, & Henri de Castellane-Tournon, Chevalier de St. Jean de Jérusalem au Grand Prieuré de St. Gilles, Commissaires députés sur la Noblesse & qualité de Noble François de Lombard-Saint-Benoît, présenté pour être reçu Chevalier audit Ordre, suivant les Lettres & les Commissions données à Arles aux vénérables Chapitres y tenus & célébrés le 6 Mai 1658, & 6 Mai 1663.

Ces Actes furent présentés à ces Commissaires pour prouver la Noblesse de la Famille de Geoffroy, attendu que Sauveur de Lombard, bisayeul du Présenté, avoit épousé

Tome III. Bb

Dlle. Antoinette de Geoffroy, petite-fille d'Emmanuel, ainsi qu'il a été dit. Ils déclarent dans leur procès-verbal, qu'après l'examen des titres, ils les ont trouvés très-bons & suffisans pour justifier la Noblesse de la Famille de Geoffroy, & qu'ils ne peuvent conséquemment faire le moindre obstacle aux preuves du Présenté. Ils ajoutent qu'étant en la ville de Nice, ils s'étoient acheminés, au requis de Mre. Louis de Lombard, Seigneur de Saint-Benoît, pere du Présenté, marié avec Anne *de Vintimille*, en une Chapelle de Notre-Dame de Simiez, écartée de ladite Ville d'un quart de lieue, dans laquelle au tableau d'icelle, ils avoient trouvé les Armoiries de la Famille de Geoffroy peintes, qui sont de Gueules tranché sur argent, qu'elles leur avoient paru fort anciennes; ce qui marque, disent-ils, l'ancienneté de la Noblesse de cette Famille. Ces mêmes Actes furent encore employés pour les preuves de Noble Jean-Baptiste de Flotte d'Agoult, reçu Chevalier de St. Jean de Jérusalem en 1688. Ledit Jean-Baptiste étoit fils de Jean de Flotte d'Agoult, Seigneur de Saint-Auban, marié à Claire de Lombard Saint-Benoît, petite-fille d'Honoré de Lombard, fils de Sauveur, & d'Antoinette de Geoffroy.

III. Par contrat du 20 Mars 1567, Noble Honoré Geoffroy, Seigneur de la Cainée, fils de feu Noble Maiffred, résidant à Cuebris, épousa Dlle. Anne *de Galléan*, fille de Noble Pierre-Jean de Galléan, Co-seigneur de Châteauneuf au Comté de Nice, en présence de Noble George Flotte, Co-seigneur de Cuebris; de Noble Louis de Berre, Seigneur de Colongues, & Claude Isnard de Cuebris (Notaire Gaspard Martin.) Il paroît par son testament du 6 Janvier 1614, qu'il nomma pour Exécuteurs, Nobles Louis Flotte, Seigneur de Cuebris, & Honoré de Berre, Seigneur de Colongues, & déclara que de son mariage avec ladite Dlle. de Galléan, il avoit eu quatre enfans, nommés 1. Jacques qui suit; 2. Honoré; 3. Jean Antoine; 4. Isabeau.

DE LA NOBLESSE DE PROVENCE. 195

Jacques continua la postérité, & fut marié du vivant de son pere. On ignore ce que devint Honoré.

Jean-Antoine fut Avocat au Parlement.

Et Isabeau épousa le 6 Janvier 1614 Jean-Antoine *Dalmassi*.

Il institue ses trois fils ses héritiers universels, pour après sa mort tous ses biens être divisés entr'eux également en trois portions, (Notaire Dragoul.)

IV. Noble Jacques de Geoffroy, Ecuyer dudit lieu de Cuebris, épousa, par Contrat du 13 Juillet 1598, du consentement de Noble Honoré Geoffroy son pere, Seigneur de la Cainée dans le Comté de Nice, résidant audit Cuebris, Dlle. Jeanne *de Vitalis*, fille de Noble Antoine de Vitalis, & de Dlle. Donade *de Maliverny*, en présence de Mre. Claude Arnaud, Chanoine de l'Eglise Cathédrale de Vence, & Prieur de Magagnosc; Noble Honoré de Lombard, sieur de Saint-Benoît; Me. Michel Blanchet, Notaire; & Claude Mary, témoins requis, &c. (Notaire Honoré Dragoul de la Rochette.)

On trouve un Acte du 17 Mars 1600, par lequel Noble Jacques de Geoffroy déclare avoir reçu la somme portée par la donation à lui faite lors de son mariage, par Noble Honoré de Geoffroy son pere (Notaire Honoré Dragoul.)

Jacques mourut sans testament, & fut pere de Charles qui suit, & de Pierre, qualifié Noble par Acte du 15 Mars 1686, année de sa mort.

V. Par Contrat du 6 Janvier 1647, Charles I. du nom de Geoffroy, fils de feu Jacques, vivant Ecuyer, habitant de la ville de Vence, fut marié en présence de Me. Louis de Lombard, sieur de Gourdon, Conseiller du Roi, Lieutenant principal, Civil & Criminel au siege de Grasse; de Mr. François Geoffroy, Avocat en la Cour, & de Scipion Isnard, Ecuyer de ladite ville de Grasse, avec Dlle. Renée *de Barbaroux*, fille de Louis de Barbaroux, & de Dlle. Françoise *de Marin Crispin*, ladite Dlle. assistée de

Dlle. Renée *de Villeneuve*, son ayeule maternelle; de Gilibert de Barbaroux, Chanoine de l'Eglife Cathédrale de la ville de Seyne, & de Pierre de Barbaroux, Ecuyer, fieur de Mouchon, fes oncles. (Notaire Jacques Henri de la ville de Graffe.)

On trouve fous la date du 30 Mars 1649, un Contrat de conftitution de rente paffé par Noble Charles de Geoffroy, réfidant en la ville de Graffe, en faveur de quelques particuliers de la ville de Vence (Notaire Jacques Henri.)

Charles vécut peu après fon mariage; il fut tué dans le tems des Partis en fortant de fa maifon, laiffant Charles qui fuit, & Anne qui par contrat du 14 Juillet 1675, époufa Honoré Demerigon, de la ville de Graffe, Avocat en la Cour. Dans cet Acte, Charles, pere de ladite Anne, & Charles fon frere, y font qualifiés de Nobles.

VI. Le 19 Septembre 1671, Dame Renée de *Barbaroux*, veuve & mere de Charles II, acquit de Noble Alexandre de Julianis la Terre du Rouret, pour laquelle ledit Charles de Geoffroy, procureur fondé de Dlle. Renée de Barbaroux, Dame du Rouret fa mere, prêta hommage au Roi le 8 Mars 1672 en la Cour des Comptes, Aides & Finances de Provence.

Par contrat du 9 Septembre 1672, il époufa Dlle. Anne *de Graffy*, fille de Mr. Michel de Graffy, Avocat au Parlement de Provence, & de Dlle. Lucrece *de Tiran* fa veuve, de la ville d'Aix; ledit du Rouret affifté de Me. Claude Faye, Avocat en la Cour, Procureur de la Dame de Barbaroux, Dame du Rouret, mere dudit fieur; & la Dlle. de Graffy, de Mre. Jean-Baptifte d'Arbaud, Chevalier, Commandeur de Puilaval; Mre. Alphonfe de Thomaffin, fieur de Mazaugue, Efpin & Barjamont, Confeiller du Roi en la Cour des Comptes, Aides & Finances; de Mre. Jean-François de Roux d'Arbaud, Seigneur de S. Jannet, la Perufe, & autres Places; de Mre. Alexandre de Thomaffin, Seigneur d'Aynac

DE LA NOBLESSE DE PROVENCE.

& de Pénier, Conseiller du Roi en la Cour du Parlement, & autres ses oncles & cousins (Notaire Joseph d'Arbert de la ville d'Aix.) Et poursuivi pour les droits de Franc-Fief, il obtint un Jugement de Mr. Lebret, Intendant de Provence, le 24 Septembre 1694, portant décharge, en conséquence de la production que ledit sieur Charles de Rouret lui avoit faite de ses titres de Noblesse depuis l'an 1517.

Charles fit un testament olographe du 3 Novembre 1701, présent Joseph Houlley, Notaire à Grasse, par lequel il institua pour son héritier Dlle. Anne de Grassy son épouse, pour remettre sondit héritage à Honoré de Geoffroy son fils aîné qui suit, ou à l'aîné de ses enfans mâles qui seroit en vie lors du décès de sadite épouse, & déclara qu'il avoit eu d'elle neuf enfans ; qui sont : 1. Honoré ; 2. Antoine ; 3. Cesar ; 4. Charles ; 5. Marc-Antoine ; 6. Jean-Baptiste ; 7. Joseph ; 8. Catherine, & 9. Claire.

Honoré fut Garde de la Marine au Département de Toulon ; il quitta le service à la mort de son pere, pour venir prendre le soin des affaires de sa Famille, ayant été nommé à la succession par sa mere.

Antoine mourut Enseigne des Vaisseaux du Roi, embarqué sur l'Escadre commandée par Mr. de Caffaro, que le Roi envoya en 1719 pour favoriser le passage des Missicipiens, & Chevalier de l'Ordre Militaire de St. Louis.

Cesar, Capitaine des Vaisseaux du Roi, est mort à Toulon en 1755 des suites d'une blessure qu'il avoit reçue commandant un Vaisseau dans l'Escadre de Mr. de Piosin, qu'il défendit avec distinction contre les Anglois. Le Roi, en vue de cette belle défense, le gratifia d'une pension de 1200 liv.

Marc-Antoine, Prêtre, est mort en 1754.

Jean-Baptiste, Chevalier de l'Ordre Militaire de St. Louis, Mestre de Camp, & Maréchal des Logis de la premiere Compagnie des Mousquetaires, où il a servi depuis 1709, s'eft retiré avec une penfion de 2400 liv. que le Roi lui a accordée.

Joseph a refté dans fa Famille.

Catherine fut mariée en 1701 avec N. . . . *Rabuis*, Seigneur de Thorenc.

Claire, femme de Me. *le More*, Avocat du Roi au Siége de Graffe, mourut, en 1752.

VII. Par Ordonnance de M. Lebret, Intendant de Provence, du 4 Mai 1702, Dame Anne de Graffy, mere dudit Honoré, fut déchargée de la demande des droits de Franc-Fief pour la Terre du Rouret, comme héritiere de feu Noble Charles fon époux, attendu qu'elle n'avoit pas perfonnellement la qualité de Noble. Le motif de cette Ordonnance fut, que la veuve jouiffoit des mêmes droits, prérogatives & qualités que fon mari. Ledit Honoré de Geoffroy prêta hommage le 21 Novembre 1702 pour fa Terre & Seigneurie du Rouret, qu'il poffédoit par fucceffion de Noble Charles de Geoffroy fon pere ; & par contrat du 13 Avril 1703, il époufa Dlle. Therefe *de Moricaud* de la ville d'Aix, fille légitime & naturelle de feu Noble Jean-Baptifte de Moricaud, fieur de Soleilhas, Chevalier, Confeiller du Roi, Tréforier-Général de France au Bureau des Finances en la Généralité de Provence & de Dame Catherine *Courtés*, furvivante ; ledit de Geoffroy affifté par Noble Antoine de Margaillet, fieur de Luines, Confeiller du Roi en la Cour des Comptes ; Mre. Jofeph de Thoron, Abbé, Doyen au Chapitre de l'Eglife Métropole de St. Sauveur de la ville d'Aix, & autres ; & ladite Dlle. Therefe de Moricaud, autorifée de ladite Catherine Courtés fa mere ; de Mre. André de Maurel, fieur du Chaffaud & de Valbonnette, Confeiller du Roi, Doyen en la Cour des Comptes, Aides & Finances ; de Mre. Balthazard d'André, auffi Confeiller du Roi en ladite Cour des Comptes, tous leurs oncles ou coufins (Notaire Guion à Aix.) Il fit fon teftament le 15 Novembre 1735, par lequel il inftitua pour fon héritier univerfel Céfar de

DE LA NOBLESSE DE PROVENCE. 199

Geoffroy son fils aîné qui suit. Les autres enfans qu'il laissa de son mariage avec ladite Dlle. de Moricaud, furent:

Honoré-Claude, Religieux de Lerin, & Prieur primitif du Prieuré de Briançon, au Diocese de Glandeve.

Anne & Claire, Religieuses Professes au Couvent de la Visitation de la ville de Castellane; & Magdelaine, qui à cause de ses infirmités, a resté célibataire dans le monde.

VIII. Par procuration du 13 Avril 1739, Noble César de Geoffroy donna pouvoir au sieur de Moricaud de Soleilhas son cousin germain, de faire en son nom hommage au Roi de sa Terre du Rouret (Notaire Joseph Barberi à Grasse;) & par contrat du 4 Juin 1743, ledit Mre. César de Geoffroy, sieur du Rouret, fils de feu Mre. Honoré de Geoffroy, sieur dudit Rouret, & de Dame Therese de Soleilhas, épousa Dlle. Anne *de Villeneuve de Bargemont*, fille de Mre. Joseph de Villeneuve, Chevalier, Seigneur de Bargemont, Vauclause, Castillon, St. Auban, & autres Places, & de Dame Elisabeth *de Flotte d'Agoult*, de St. Auban (Notaire Pierre-Joseph Barberi à Grasse,) dont il a pour enfans Joseph-Louis, Jean, César, Louis & Therese.

IX. Joseph-Louis a eu des Lettres de Garde de la Marine au Département de Toulon, par un remplacement particulier, datées du 10 Octobre 1765; il étoit auparavant Page de M. le Duc de Penthievre, qu'il a servi en cette qualité depuis 1762.

Jean a pris le parti de l'Eglise, & fut tonsuré avant l'âge de 8 ans.

César a pris le même parti que son frere Jean.

Louis vit dans la maison de son pere.

Therese a été élevée Demoiselle de la maison Royale de St. Louis à St. Cyr.

GERVAIS.

CEtte Famille est originaire de Milan, suivant la tradition qui porte qu'elle s'y distinguoit par sa générosité & son désintéressement, vrai caractere de la Noblesse. Les trois G énigmatiques, qu'elle porte dans ses Armes, sont expliqués par ces trois mots, *Generose Gerit Gervasius*. Eloge qu'un Duc de Milan donna, dit-on, à un Gervais, qui, après une belle action, refusa généreusement la récompense qui lui étoit offerte.

Il ne reste plus de cette Famille que Jean-Baptiste-Joachim Gervais, marié à Marseille, & revêtu d'un Office de Conseiller en la Sénéchaussée de la même ville.

GILLES ou GILLY.

Branche Cadette.

JE ne rappellerai point ici ce qui a été dit sur l'ancienneté de cette Famille, & sur les traits historiques qui la concernent, sur la foi de *Ruffi*, *Nostradamus*, & autres Historiens; je me réfère à l'article qui en a été inséré au deuxieme volume, pag. 485, où l'on pourra voir toutes ces particularités.

Je réparerai seulement l'omission que j'y avois faite de la Branche cadette dont il s'agit ici. En effet, ayant commencé la filiation de cette Famille par Vincent de Gilles, je l'avois continuée jusqu'au cinquieme degré que j'avois formé uniquement de Claude de Gilles, fils de Guillen; mais j'ai découvert depuis que ledit Guillen avoit eu un second fils, appellé

V. Jean, qui forma la Branche cadette dont nous parlons; il épousa le 16 Octobre 1678 (Notaire Calamand à Saint-Chamas)

Chamas) Demoiſelle Magdeleine *de Beccaris*, fille de Noble Balthaſard, des Seigneurs de Siilans, & de St. Martin de Ranacas, Conſeiller en la Cour des Comptes, de laquelle il eut François, Marie, & Thereſe.

François de Gilles s'allia le 27 Février 1715 avec Demoiſelle Marie de *Barſin*, qui lui donna pour fils Jean-Nicolas, Joſeph, Thereſe & Marie.

Joſeph de Gilles fut créé Officier dans le Régiment de Provence en 1756, & Marie de Gilles ſe maria la même année avec Noble Joſeph du Chapuis de Pierredon, de Lambeſc, ancien Officier dans le Régiment de Beauſſe.

VII.

Voyez ce que j'ai dit ſur les Titres de cette Famille à la fin de l'article de la Branche aînée.

GINESTE.

FAMILLE qui habitoit la Corſe, où elle paſſa avec Mr. le Maréchal de Termes, lorſqu'il fut en faire la conquêteen 1553 ſous le regne de Henri II: elle s'y établit à cette époque & y a toujours vécu noblement. Joſeph de Gineſte, un de ſes deſcendans, profita de la circonſtance des guerres de Louis XIV, pour revenir dans ſa patrie reprendre la carriere militaire de ſes Ancêtres, ainſi que nous le dirons ci-après.

Felix-Magdelon de Gineſte, petit-fils de Joſeph, étant reſté fort jeune ſans autre connoiſſance des Titres de ſa Famille, que les ſervices de ſon Ayeul, de ſon pere & enſuite les ſiens, a eu recours à la bonté du Roi, qui lui a accordé des Lettres de Nobleſſe en 1758, enregiſtrées à la Chambre des Comptes l'année d'après ; elles contiennent le détail de leurs longs & ſignalés ſervices.

Il a appris depuis qu'il étoit de la Famille de Gineſtra habitée en Corſe, qui y poſſédoit depuis long-temps des Fiefs avec le Titre de Comte & de Patrice, laquelle eſt éteinte aujourd'hui, ne reſtant plus que deux filles qui n'ont pas pu lui procurer aucun papier, pour conftater fes Titres ni fa filiation, ayant tous été égarés dans les fréquentes guerres que ce pays a effuyés; de forte que je ne puis confter que de Joseph de Ginefte fon Ayeul, dont nous avons parlé ci-deffus, qui eft mort Capitaine de Vaiffeaux, Chevalier de St. Louis, après 50 ans de service dans la Marine & des actions diftinguées : Pierre fils aîné de Joseph en a fervi auffi 46, il eft mort également Capitaine de Vaiffeau, & Chevalier de St. Louis. Hyacinthe fils cadet de Joseph, étoit Aide d'Artillerie & Enfeigne de Vaiffeau, lorfqu'il fut à l'expédition de l'Ifle de Tabarque, commandée par Mr. de Saurin Murat, en 1742 ; François Gafpard, fils aîné de Pierre, eft mort Garde de la Marine en 1744, par une chûte qu'il fit à bord du Vaiffeau du Roi, le Trident ; & Felix-Magdelon de Ginefte, actuellement Capitaine de Vaiffeau, Chevalier de St. Louis, fils cadet de Pierre, eft celui qui a obtenu les Lettres de Nobleffe : il a époufé en 1759 Sufanne-Catherine de Burgues de Miffieffy, dont il a les enfans ci-après.

1. Marie-Therefe, mariée à Jean-Joseph-François de Rafque, Baron de Laval, ancien Capitaine dans le Régiment de Berry, Cavalerie. 2. Anne-Julie, mariée à Jofeph-Marie de Burgues de Miffieffy, Lieutenant de Vaiffeau, Aide-Major du Corps-Royal de la Marine, Chevalier de St. Louis. 3. Marguerite-Victoire. 4. Felix-François. 5. Magdelaine-Sufanne. 6. Marie-Anne-Emilie. 7. Antoine-Felix-Hipolyte. 8. Cefar-Emilien-Camille. 9. Thérefe-Eugénie-Henriette.

Cette Famille porte aujourd'hui d'argent à un Lion de gueules armé, lampaffé & couronné d'or, tenant dans fes deux griffes de devant une branche de geneft de finople fleurie d'or. Devife, *virtute florent*.

GRIMALDY.

Branche des Seigneurs d'Antibes.

GRIMALDY, Seigneur d'Antibes. Suivant un Mémoire qui nous a été remis pour être inféré dans ce Supplément, la branche de cette maison remonte, par une filiation suivie, à Antoine, qui suit.

I. Antoine Grimaldy, second fils de Rainier, II du nom, Prince *de Monaco* & Amiral de France en 1304, & de *Marguerite de Ruffo*, fut Seigneur de Prat & de la Vallée de Lantusque. La Reine Jeanne, par des Lettres du 20 Octobre 1348, l'inféoda desdites terres, & de celles de Blegubier & de Chanoul; & par d'autres Lettres du 10 Janvier 1349, elle le qualifia son Conseiller & lui inféoda la terre de Vuels. Il eut de *Catherine Doria*, son épouse: — 1. Marc, qui suit; — 2. & Luc, rapporté après la postérité de son aîné, qui s'éteignit, comme on verra ci-après, dans la personne de George son neveu.

II. Marc Grimaldy, Seigneur de Prat, Blegubier & Chanoul, acquit, avec Luc, son frere, de Rainier Grimaldy, la moitié de la terre de Cagne, & la Reine Jeanne, par ses Lettres-patentes du 20 Janvier 1372, approuva cette acquisition; & malgré le manque d'hommage dudit Rainier, Grimaldy, Chevalier, elle leur fit don, le 18 Février 1375, de tous les droits qui lui étoient dus sur cette moitié de la terre & Seigneurie de Cagne. La Reine Marie leur inféoda la terre de Villeneuve-les-Vence. Ils furent établis par le Pape Clément VII, le 6 Juin 1384, Viguiers & Capitaines du lieu d'Antibes; & le même Pape, par Bulle du 9 Février 1387, reconnoît leur devoir 5000 florins; pour lesquelles sommes il leur engage la Ville d'Antibes, lequel engagement fut approuvé par des Lettres-patentes du mois de Décembre 1396 de la Reine Marie. Marc Grimaldy fut établi Capitaine-Général de tous les Arbalétriers tant de pied que de cheval qui étoient au service du Roi Charles V. dit *le Sage*, par Lettres données à Vincennes le 16 Décembre 1373.

Marc Grimaldy avoit épousé *Sibille de Saluces*, dont il eut: — 1. Antoine, mort sans postérité; — 2. Georges, qui suit; — 3. Honora, co-Seigneur d'Antibes & de Cagne: il épousa *Marie Lascaris*, fille de *Luchin Lascaris*, Comte de Tende, dont il n'eut point d'enfans; — 4. Catherine, femme en premieres noces de *Raimond Marquesang*, & en secondes noces de *Georges Carrette*, Marquis de Savone, dont la preuve se trouve dans un acte du 30 Juillet 1400; — 5. & Argentine, fille d'honneur de la Reine de France.

III. Georges Grimaldy, I du nom, co-Seigneur d'Antibes & de Cagne, Gouverneur de Grasse & de Saint-Paul, eut de sa femme, dont le nom est ignoré: — 1. Honoré Grimaldy, co-Seigneur de Manton, mort jeune sans postérité, ainsi qu'il est prouvé par un compromis du 22 Janvier 1452; 2. Catherine, femme de *Pierre Lascaris*, fils d'*Antoine*, Comte *de Tende*, & de *Françoise de Boulier-Cental*; — 3. Bartholomée, femme de *Nicolas de Ceves*; — 4. & Sauvagine, qui passa avec ses sœurs une transaction sur les biens de son pere le 12 Avril 1441, avec Nicolas Grimaldy.

Suite de la premiere branche en France.

II. Luc Grimaldy, Seigneur d'Antibes, de Cagne & de Villeneuve, second fils d'Antoine & de *Catherine Doria*, acheta de Noble & Égrégié Seigneur *Raimond Marquesani*, Chévalier, la portion de Seigneurie qu'il avoit à Cagne le 10 Décembre 1401. Il avoit épousé Yolande Grimaldy; fit son testament le 14 Janvier 1409, dans lequel il est qualifié de Magnifique & puissant Seigneur: il y nomme sa femme & tous ses enfans; fait héritiers par égales portions Jean & Nicolas, ses deux aînés. Les enfans sortis de son mariage sont: — 1. Jean, qui suit; — 2. Nicolas, dont la postérité sera rapportée après celle de son aîné; — 3.

DE LA NOBLESSE DE PROVENCE.

Louis, Chartreux, légataire de son pere en 1409; — 4. Pierre, aussi légataire de son pere, Conseiller de la Reine Jeanne: il vivoit encore en 1437; — 5. Otho, Lieutenant de la Compagnie des Arbalêtriers en 1374; — 5. Philippe, légataire de son pere, eut une fille naturelle nommée Perrette Grimaldy; — 7. Clémence, femme en premieres nôces de *Luquin Gailly*, de Gênes, le 3 Avril 1391, & en secondes nôces de *Marcellin Grillo*, de Gênes, le 28 Juin 1400; — 8. Marguerite, mariée en 1399 à *Bertrand de Grasse*, Seigneur du Bar; — 6. Madelaine, femme de *René Lascaris*, co-Seigneur de la Brigue; — 10. Lucie, femme de *Jean Justiniany*; — 11. & Luchine, femme de *Guillaume du Puget*, Seigneur de Figaguieres.

III. Jean Grimaldy, fils aîné de Luc, co-Seigneur de Cagne & d'Antibes, fut émancipé le 24 Juillet 1401. Il approuva le testament de son pere le 17 Janvier 1412; servit le Roi Charles VI. contre les Anglois; épousa *Blanche Doria*, veuve de Jean Grimaldy. On pourroit croire qu'il auroit eu une seconde femme; car, par son testament, il donne une pension à sa femme, qu'il nomme *Jauquine*, de la ville de Gênes. Il eut de *Blanche Doria*, son épouse: — 1. Constance, mariée en 1408 à N..... *Carrette*, Marquis de Savone; — 2. Thomassine, mariée en 1439 à *Theobald Lascaris*, co-Seigneur de la Brigue; — 3. Honorée. —. 4. Catherine, femme de *Jean Doria*; — 5. & Lucie, Religieuse à Aix.

Suite de la premiere branche en France.

III. Nicolas Grimaldy, second fils de Luc, co-Seigneur d'Antibes & de Cagne, fit hommage desdites Places le 28 Juillet 1429; fut Conseiller & Chambellan de la Reine Yolande & du Roi Louis, son Fils, par Lettres du 16 Juillet 1420. Ce Prince, le 1er Avril 1420, étant en son Conseil, présens les Seigneurs *Pierre de Beauvau*, *Tristan de la Jaille*, *Guillaume de Villeneuve*, *Helyon de Faucon*, Chevaliers, l'établit Viguier de la ville de

Marseille, & le qualifie son *Féal, Noble & Egrégié Seigneur*.

Nicolas Grimaldy testa le 9 Février 1449; se qualifie dans l'acte de *Magnifique Seigneur*, nomme tous ses enfans, fait héritier Gaspard, son fils aîné, lui substitue Lambert, son second fils, & fait un codicile le 14 Décembre 1452. Il avoit épousé *Cézarine Doria*, des Marquis d'Onneille, dont il eut: — 1. Gaspard, qui suit; — 2. Lambert, légataire & substitué par son pere, marié à Claude Grimaldy, Prince de *Monaco*, qui a fait la branche des Princes de ce nom, dont l'héritiere a porté la Principauté dans la maison *de Matignon*; — 3. Guigues, mort jeune, étant sous la tutele de son pere, de Pierre & de Philippe Grimaldy, ses oncles, en 1437; — 4. Jean-André, légataire de son pere, Evêque de Grasse le 27 Juin, 1481, Abbé de Lerins, Vice-Légat d'Avignon, Nonce en France, destiné Cardinal, & mort le 1er Juillet 1505; — 5. Louis, Chevalier de Malte, aussi légataire de son pere; — 6. Valentine, femme de *Jean Doria*, Seigneur de Vuës; — 7. Mariette, femme de *Hugues de Villeneuve*, Baron de Vence en 1449; — 8. & Brigide Grimaldy, femme d'*Alleran*, des Marquis de Cave, par contrat du 1er Avril 1452.

IV. Gaspard Grimaldy, co-Seigneur d'Antibes & de Cagne, qualifié de *Magnifique Seigneur* dans son testament du 7 Février 1466, fils de Respectable Seigneur Nicolas. Il épousa *Marguerite Lascaris*, fille d'*Antoine*, Comte de Tende, & de *Françoise de Boulier*, par contrat du 30 Juillet 1450, dont il eut: — 1. Nicolas, qui suit: — 2. & Renée Grimaldy, mariée en 1474 avec *Jean Solaro*, en Piémont.

V. Nicolas Grimaldy, II du nom, co-Seigneur d'Antibes & de Cagne, fut Pannetier du Roi Charles VIII par Lettres de 1491, & fit hommage au Roi desdites terres le 28 Décembre 1494. Il transigea avec Illustre Seigneur René, bâtard de Savoye, & Magnifique Seigneur Jean, des Marquis de Ceve, tous co-Seigneurs de Cagne. Dans cet acte il est qualifié *Magnifique Seigneur* le 17 Décembre 1512. Il fit son testament le 11 Août 1515, dans lequel il est qualifié *Magnifique & Généreux Seigneur* ; fait des legs à *Marguerite de Tende*, sa mere, à *Charlotte de Villeneuve*, sa femme, fille de *Louis*, Marquis de Trans, & à tous ses fils & filles; institue Gaspard, son fils aîné, son héritier universel ; substitue, au défaut de ses enfans, Lucien Grimaldy, Prince *de Monaco*, son cousin-germain ; nomme ses exécuteurs-testamentaires Augustin Grimaldy, Evêque de Grasse, *Louis de Villeneuve*, Marquis de Trans, Lucien Grimaldy, Prince *de Monaco*, & *Jacques de Grasse*, Seigneur du Bar, Docteur en Droit. Il eut de *Charlotte de Villeneuve*, Dame de Courbons, fille de *Louis*, Marquis de Trans, & d'*Honorade de Berre*, qu'il avoit épousée par contrat du 21 Février 1497 : — 1. Gaspard, qui suit ; — 2. Honoré, Chevalier de Malte, légataire de son pere ; — 3. Jean-Antoine, qui épousa *Andronic Flotte*, & fit une branche établie à Nice, rapportée ci-après ; — 4. Claude, Chevalier de Malte ; — 5. Jean-André, légataire de leur pere : ce dernier vendit à *Raimond du Puget*, de la Ville d'Aix, le 16 Septembre 1562, les terres de Prat, Blegubier & Chanoul : on lui donne sept enfans ; — 6. Jean, Abbé de Thorouet en 1568 ; — 7. Honorée, femme de *Baltazard de Sade*, Seigneur d'Aiguieres ; — 8. & Anne Gimaldy, femme d'*Antoine d'Arlatan*, Seigneur de Beaumont, par contrat du 15 Février 1520.

VI. Gaspard Grimaldy, II du nom, Seigneur d'Antibes, d Cagne & de Courbons, fit hommage desdites terres le 2 Janvier 1539. Le Roi lui accorda l'investiture d'une quatrieme partie de Cagne. Il est qualifié Chevalier de Drdre du Roi dans cette investiture du 28 Février 1573, insi que dans son testament du 2 Juin 1578, où il est it Commandant pour le Roi sur les frontieres d'Antibes l'absence du Gouverneur. Il a fait des legs à tous ses afans. Il avoit épousé, 1º. par acte du 8 Octobre 1521,

Jeanne de *Quiqueran*, fille de Gaucher de Quiqueran, Baron de Beaujeu, & de *Louise de Castellane la Verdiere*, dont il reconnut avoir reçu la dot; & 2°. *Hélene Viane*, qu'il nomme dans son testament du 2 Juin 1578. Il eut du premier lit: — 1 René, qu'il fait son héritier universel, & lui substitue Claude, son fils aîné du second lit; — 2. Nicolas, Prévôt de Barjols; — 3 & 4. Philippe & Fréderic, Chevaliers de Malte; — 5. Alexandre, mort à Ferrare; — 6. Octavien, dont on ne sait rien; — 7. Lucrece, mariée, par contrat du 24 Mai 1545, avec *Gaspard de Castellane*, Seigneur d'Entrecasteaux, fils de *Louis-Adhemar*, Comte de Grignan, Chevalier de l'Ordre du Roi & Lieutenant de Provence; — 8. Julie, mariée, par contrat du 29 Décembre 1557, à *Albert de Rosset*, Seigneur de Primiverr en Dauphiné, Chevalier de l'Ordre du Roi; — 9. Hipolyte, mariée le 7 Juin 1560 à *Jacques de Faret*, Baron de Saint-Privat; — 10. Françoise, mariée, par contrat du 19 Janvier 1561, à *Claude de Villeneuve*, Baron & Seigneur de Vence, Chevalier de l'Ordre du Roi; — 11. Cassandre, mariée, par contrat du 1er Février 1564, à *Jules Doria*, Seigneur de Doucesaignes, Citadin de Vintimille; — 12. Camille, mariée, par contrat du 19 Novembre 1563, à *Jean de Brancas*, dit *de Forcalquier*, Seigneur & Baron de Cereste; & du second lit: — 13. Claude, légataire par le testament de son pere du 2 Juin 1578, & substitué au bien de René, fils aîné du premier lit, au défaut des enfans mâles légitimes dudit René, Auteur d'une branche qui sera rapportée en son rang; — 14. & Lucrece, légataire de son pere.

VII. René Grimaldy, Seigneur d'Antibes, Cagne, Coubons, Malijaü, Chevalier de l'Ordre du Roi, fit son testament le 28 Mai 1594: il y est qualifié *illustre Seigneur*. Il approuve le legs fait par Gaspard, son pere, à Claude son frere consanguin, & à ses sœurs; confirme les substitutions que Gaspard, son pere, a faites par son testament; nomme ses exécuteurs testamentaires *Gaspard de Ponteve*,

DE LA NOBLESSE DE PROVENCE.

Comte de Curces, *Scipion de Villeneuve*, Baron de Vence, son neveu, *Jean de Villeneuve*, Marquis de Trans, & *Claude de Villeneuve*, Seigneur de Torenq. Il épousa, par contrat du 14 Janvier 1560, *Yolande-Claude de Villeneuve*, fille de *Claude de Villeneuve*, Marquis de Trans, & d'*Isabeau de Feliré*; elle est qualifiée, dans son testament du 29 Juillet 1607, d'*Illustre Dame Yolande de Villeneuve, Dame douairière d'Antibes*. De ce mariage sont sortis : — 1. Alexandre Grimaldy, Seigneur de Cagné & d'Antibes, qui vendit la terre d'Antibes au Roi Henri IV; passa une transaction sur cette vente avec Honoré, son frère, le 18 Septembre 1608; transigea avec *Yolande de Villeneuve*, sa mère, le 2 Septembre 1601 : il avoit épousé *Julie de la Rovere-Piémontoise*, fille de *Philippe*, Comte de Poivin, & d'*Octavie de Belliglinseul*, dont il n'eut qu'une fille nommée Marguerite Grimaldy, qui fut mariée le dernier Février 1615 avec *Melchior du Puget*, Seigneur & Baron de Saint-Marc; — 2. Claude, Seigneur de Malijau, mort sans postérité; — 3. Honoré, qui continue la tige; 5. Camille, mariée le 1er Février 1586 à *Annibal de Forbin*, Seigneur de la Roque; — 5. & Julie Grimaldy, mariée le 15 Février 1602 à *Allemand de Glandeves*, Seigneur de Grioux.

VIII. Honoré Grimaldy, Seigneur de Courbons, Gentilhomme de la Chambre du Roi, obtint de Sa Majesté le 1er Décembre 1615 une pension de 2000 livres & des Lettres de Committimus le 11 Mai 1609, où il est qualifié *notre cher bien aimé Messire Honoré Grimaldy, Chevalier, Seigneur de Courbons, Gentilhomme ordinaire de notre Chambre*. Il avoit épousé *Blanche de Thomas*, par contrat du 10 Juillet 1599, fille de *Pierre de Thomas*, Seigneur de Milhaud: elle fut nommée tutrice le 16 Juillet 1618 de ses enfans, qui sont : — 1. Jean-Henri, qui suit; — 2. Pierre; — 3. François-Frédéric; 4. Alexandre; — 5. & Claude, tous les quatre Chevaliers de Malte.

Tome III. Dd

IX. Jean-Henri Grimaldy, Marquis de Courbons par érection du mois de Mars 1646, né le 25 Juillet 1604, fut Meſtre-de-Camp d'Infanterie, par brevet du 5 Juillet 1634 : le Roi lui accorda en Décembre 1641 une penſion de 3000 livres. Il avoit été fait Lieutenant-de-Roi de Monaco, en récompenſe de ſes ſervices, & du Traité qu'il fit pour remettre le Prince de Monaco ſon parent ſous la protection de la France ; il teſta le 16 Septembre 1632, & mourut fort âgé. Il avoit épouſé *Anne de Graſſe*, fille du Comte *du Bar*, & de *Claire Alagonia*, par contrat du 30 Janvier 1625, dont vinrent : — 1. Honoré, qui ſuit ; — 2. Pierre, Eccléſiaſtique ; — 3. & 4. Scipion & Claude, Chevaliers de Malte ; — 5. Arnaud, mort en 1646 ; — 6. Hercule, dont on ne ſait rien ; — 7. Marie-Gabrielle, mariée à *François Lombart*, Seigneur de Gourdons ; — 8. & Marthe, morte jeune.

X. Honoré Grimaldy, II du nom, Marquis de Courbons, Baron de Cagne, repréſenta au Roi qu'il avoit été obligé de vendre le Marquiſat de Courbons, & Sa Majeſté, par Lettres du mois de Mars 1677, érigea la Baronnie de Cagne en Marquiſat ; il épouſa, par contrat du 17 Novembre 1646, Françoiſe Grimaldy, fille de Charles Grimaldy, Seigneur de Reguſſe, dont : — 1. Charles, qui ſuit ; — 2. & 3. Pierre & autre Charles, Chevaliers de Malte ; — 4. Elzéar, Abbé de Clauſone ; — 5. & Lucrèce, mariée à *Scipion de Villeneuve*, Seigneur de Tournel-les-Vence.

XI. Charles Grimaldy, I du nom, Marquis de Cagne, teſta le 9 Juin 1708 ; il avoit épouſé, par contrat du 19 Novembre 1673, *Françoiſe Covet*, fille de *Jean-Baptiſte Covet*, Marquis de Marignanne & des Iſles-d'or, dont : — 1. Honoré qui ſuit ; — 2. 3. 4. & 5. Charles, Gaſpard, N.. & N. Grimaldy, Chevaliers de Malte ; — 6. Joſeph-Marie, Prieur de Noyer ; — 7. autre Marthe, mariée le 17 Mars 1709 à *Antoine François de Cays*, Comte de Gilete, à Nice ; — 8. Marthe-Marguerite-Eliſabeth, mariée le 12 Novembre 1711 à *Charles Olivari*,

DE LA NOBLESSE DE PROVENCE.

Seigneur de Campredon ; — 9. & Charlotte, mariée le 3 Décembre 1718 à *Jean-André de Vacher*, Seigneur de Saint-Martin.

XII. Honoré Grimaldy, III du nom, Marquis de Cagne, né en 1675, Page du Roi en 1693, épousa, par contrat du 13 Décembre 1700, *Marguerite-Rosaline de Villeneuve*, fille de *Pierre de Villeneuve*, Marquis de Trans, Comte de Tourrettes, & de *Françoise Bitaud*, dont : — 1. Honoré, qui suit ; — 2. Charles, Evêque de Rodez, & Abbé de la Grace-Dieu, mort le 10 Mars 1770 ; — 3. autre Charles, Chef d'Escadre des Armées navales, marié le 18 Avril 1746, avec Marie-Geneviève de Grimaldy, issue de Claude, fils de Gaspard II, Auteur d'une branche rapportée à la fin de cette généalogie ; — 4. Elisabeth-Rosaline, femme de *Louis Commandaire*, Seigneur de Tatadau ; — 5. & Marie-Marthe, mariée avec *Gombert*, Seigneur de Saint-Genniez.

XIII. Honoré Grimaldy, IV du nom, Marquis de Cagne, Colonel & Chef de Brigade des Carabiniers, & mort en 1743 à l'armée d'Allemagne à Spire. Il avoit épousé, par contrat du 24 Janvier 1736, *Hélene-Marianne d'Orcel*, fille de *Barthelemi-Joseph d'Orcel*, Seigneur de Plaisiau, & de *Geneviève de Laurent*, dont : — 1. Louis-Camille, tué à la Bataille de Creveld en Allemagne en 1758 ; — 2. Sauveur-Gaspard, d'abord Chevalier de Malte, qui suit ; — 3. & Louis-André, né au Château de Cagne, Diocèse de Vence, le 17 Décembre 1736, Abbé de Chambre-Fontaine, sacré Evêque du Mans le 5 Juillet 1767, transféré à l'Evêché de Noyon en 1777.

XIV. Sauveur-Gaspard Grimaldy a épousé en Août 1760, *Jeanne de Marc de Pazzis*, fille de N... *de Pazzis*, & de N... *de Vintimille* des Comtes de Marseille, dont : — 1. Henri, né en Septembre 1773 ; — 2. & 3. & deux filles dont nous ignorons les noms de Baptême.

HISTOIRE HÉROIQUE

Deuxieme branche d'Antibes, établie en France.

Charles Grimaldy, troisieme fils d'Honoré, III du nom, Chef d'Escadre des Armées navales, épousa le 18 Avril 1746 Marie-Genevieve de Grimaldy, fille de Jean-Henri, branche cadette de la maison d'Antibes, duquel mariage vint:

XIV. Charles-Balthazard de Grimaldy, né le 29 Novembre 1747, Enseigne de Vaisseaux, & marié en 1773 avec *Victoire de Mine de Quinson*, dont: — 1. Charles-Philippe-Auguste, né le 30 Mars 1775; — 2. Jean-Henri, né à Toulon le 5 Septembre 1776. — 3. & Charlotte-Genevieve, née le 28 Décembre 1773.

Troisieme branche en France.

VII. Claude Grimaldy, fils aîné de Gaspard, & d'*Hélene de Vianne*, sa seconde femme, légataire par le testament de son pere le 2 Juin 1578, épousa le 22 Avril 1610 *Marguerite de Bresson*, fille d'*Antoine*, co-Seigneur d'Antibes, dont:

VIII. Gaspard Grimaldy, né le 7 Septembre 1616, se maria à Monaco le 29 Juillet 1649, avec *Hippolyte de Brigati*, dont: — 1. Jean-Henri, qui suit; — 2. Pierre, Lieutenant-Colonel au Régiment de Navarre; — 3. & Blanche, mariée avec *P. Antoine du Bruel*, Seigneur de la Gerotiere en Anjou, qui mourut à Gênes, où elle alla demander les sommes qui sont accordées aux demoiselles de Grimaldy d'Antibes.

IX. Jean-Henri Grimaldy, né le 25 Novembre 1651, testa le 26 Juillet 1720, & avoit épousé le 19 Janvier 1695 *Jeanne d'Isnard*, dont: — 1. Alexandre, qui suit; — 2. Marie-Genevieve, Mariée à Charles, Comte de Grimaldy, Chef d'Escadre; — 3. & Marie-Christine.

X. Alexandre Grimaldy, né le 28 Novembre 1705, a épousé le 7 Août 1742, *Mariane d'Isnard*, dont il a eu:

XI. Jean-Henri Grimaldy, né le 26 Juillet 1743, Chanoine de Rodez, Prieur Commendataire de Verines en Poitou, Vicaire-Général de Mendes, Député à l'assemblée géné-

DE LA NOBLESSE DE PROVENCE. 213

rale du Clergé en 1775 : — 2. & un fille nommée Marianne, morte jeune.

Quatrieme branche établie à Nice.

VI. Jean-Antoine Grimaldy, troisieme fils de Nicolas, II du nom, & de *Charlotte de Villeneuve*, épousa *Andronille de Flotte*, dont vint :

VII. Claude de Grimaldy, qui se maria avec *Claudine de Kairasse*, fille du Seigneur de Châteauneuf, dont : — 1. Gaspard, qui suit ; — 2. Claude, Chevalier de Malte, mort à Alger.

VIII. Gaspard Grimaldy, s'est marié avec *Octavie Doria Dolecaqua*, dont :

IX. André Grimaldy, marié avec *Benoîte de Villars de Malbequi*, dont : — 1. Marcel, qui suit ; — 2. Félix, Grand-Prieur de Saint-Gilles, mort à Malte ; — 3. Charles-Louis, Maréchal de Camp, Commandant à Saint-Omer, marié avec *Catherine de Basta*, sœur du Chevalier *de Basta*, Feld-Maréchal des Armées de l'Empereur, mort sans postérité ; — 4. & Henri, dont on ne sait rien.

X. Marcel Grimaldy a épousé *Dorothée de Ferrero*, & en a eu :

XI. Honoré Grimaldy, I du nom de sa branche, marié avec *Louise de Trenquier*, dont : — 1. Xavier, qui suit ; — 2. Ignace-Félix, Commandeur de Salieres ; — 3. & N. Grimaldy, Commandant de la Ville de Bethune, marié avec la Marquise *d'Assignies*.

XII. Xavier Grimaldy épousa *Catherine de Ferrero*, sa cousine, & en eut : — 1. Joseph, qui suit ; — 2. & Françoise, mariée à N... *de la Tour-Romoules*, de la Ville d'Arles.

XIII. Joseph Grimaldy s'est marié avec *Constance de Lascaris Castellard*, dont : — 1. Marcellin, qui suit ; — 2. Angele, Chevalier de Malte, Officier dans le Régiment de Lyonnois ; — 3. Louis, Chevalier de Malte, Officier de Marine ; — 4. André-Marie-Joachim, Vicaire-général de

Rheims; — 5. 6. & 7. Marie, Marie & Hélene dont nous ignorons l'état.

XIV. Marcellin Grimaldy a épousé *Rose-Catherine de Capello*, dont il a eu deux filles.

Branche des Marquis DE REGUSSE.

Nous n'avions donné dans le premier volume qu'une descendance imparfaite de cette branche de Grimaldy; les Titres que nous avons découvert nous ont mis en état d'y suppléer par une filiation plus exacte & plus suivie.

Nous avions remarqué que Inigo Grimaldy, quatrieme fils d'Obert, cinquieme prince de Monaco, se retira à Gênes où il fit une branche, de laquelle vint celle des Marquis de Regusse.

I. Le plus ancien dont nous ayions vu les Titres, est Alexandre Grimaldy Noble Génois; son fils

II. François eut:

III. Guillaume Grimaldy. Après la mort de Hélene *Flisca* sa femme, fille de Noble Matthieu de Flisco, il vint s'établir à la Ciotat en Provence; il quitta Gênes au temps des troubles & des Guerres civiles entre plusieurs Familles; le parti qu'il tenoit ayant eu le dessous, il fut obligé de s'expatrier. On voit une quittance des deniers de la Dot de ladite Hélene Flisco concédée par ledit Guillaume Grimaldy en date du 5 Janvier 1508, reçue par Baptiste Nigrono, Notaire à Gênes. Il épousa en secondes nôces Dlle. Catherine *de Prépaud*, & fit ensuite son testament le 9 Décembre 1548 (Notaire David à la Ciotat.) Par son testament, il veut être enterré dans l'Eglise Paroissiale. Il laisse à sa bien-aimée femme Dlle. Catherine de Prépaud, en considération de ses bons & agréables services, sa maison d'habitation & ses meubles pour en jouir sa vie durant, ensemble d'une pension annuelle de 500 florins, & il institue son héritier universel, Michel Grimaud son fils aîné.

IV. Michel Grimaud ou Grimaldy épousa le 28 Mars 1549,

DE LA NOBLESSE DE PROVENCE.

Marguerite *Chave*, fille de Noble Louis Chave, du lieu de *Martigues*, (Notaire David à la Ciotat.) Ayant acquis le 13 Novembre 1613 la Terre & Seigneurie de Reguſſe de Balthaſard d'Albert, il en fit hommage au Roi le 23 Août 1614 en la Chambre des Comptes, Aides & Finances de Provence; ledit Acte d'hommage eſt ſigné Magnan, Conſeiller du Roi, Auditeur, Secrétaire & Archivaire.

V. Gaſpard Grimaud ſon fils contracta mariage le 18 Janvier 1586 avec Dlle. Louiſe d'*Amalric* (Notaire Buſſonis de Signe. (Ce fut *en conſidération des ſervices dudit Gaſpard de Grimaud, & de ceux de Charles de Grimaud ſon petit-fils*, Conſeiller du Roi en ſes Conſeils & privé, Préſident en ſa Cour de Parlement d'Aix, que le Roi érigea la terre de Reguſſe en Marquiſat par Lettres-patentes en forme de Charte, données à Paris au mois de Novembre 1649; il fit ſon teſtament le premier Mai de la même année, par lequel il inſtitua ſon héritier univerſel ledit Mre. Charles de Grimaud ſon petit-fils.

VI. Pierre de Grimaud, fils de Gaſpard, épouſa le 18 Avril 1610 Dlle. Suzanne *de Leidet*, (Notaire Rancurel à Aix). & en ſecondes nôces, Gabrielle d'Albert Silans; il mourut à 33 ans avant ſon Pere.

VII. Charles de Grimaud, fils de Pierre & de Suzanne de Leidet, aſſiſté de Mre. Gaſpard de Grimaud ſon ayeul, contracta mariage le 23 Décembre 1631 avec Dlle. Marguerite *de Napolon*, fille de Noble Sanſom de Napolon, Gentilhomme ordinaire de la Chambre du Roi, Chevalier de l'Ordre de Saint-Michel, & de Dame Françoiſe *de Raoux*. (Notaires Ganteaume & Prépaud à la Ciotat.)

Le 20 Juin 1653, Commiſſion donnée par le Roi à ſon *Très-Cher & très-Amé Couſin le Duc de Mercœur, Pair de France, Gouverneur & ſon Lieutenant-Général en Provence, & à ſon Amé & Féal Conſeiller en ſon Conſeil d'État, & Préſident en ſa Cour de Parlement dudit pays de Provence, le ſieur de Reguſſe, pour faire procéder par* les Confuls & Syndics de la ville de Marfeille, à l'affiètte & impofition de la fomme qu'elle devoit porter pour la fubfiftance des Troupes pendant le quartier d'hyver. Ces Lettres fignées LOUIS, & plus bas, par le Roi, Comte de Provence, de *Lomenie*, & fcellées. Il fut d'abord pourvu d'un Office de Confeiller au Parlement, enfuite de Préfident à Mortier, & enfin de celui de Confeiller du Roi en fes Confeils d'Etat & privé, par Lettres données par Sa Majefté à Paris, le 28 Juin 1644.

Jeanne Grimaldy fa fœur avoit époufé le dernier Février 1656 Gafpard de Glandeves, Comte de Pourrieres. Il maria fa fille Dlle. Françoife Grimaldy, avec Mre. de Grimaldy d'Antibes, Seigneur & Baron de Cagnes, fils de Mre. Jean-Henri de Grimaldy d'Antibes, Marquis de Courbons, Lieutenant-Général pour le Roi au Gouvernement de Monaco, & de Dame Anne *de Graffe* du Bar, le 17 Novembre 1646. (Notaire Boniface Alpheran à Aix;) il eut pour fils:

VIII. Gafpard II de Grimaldy qui fuccéda à fon frere en la charge de Préfident à Mortier, & qui époufa Dlle. Charlotte *de Caftillon*, fille de Mre. Pierre de Caftillon, Seigneur de Beynes, & de Dame Lucrece *de Forbin*, de la Barben, le 20 Novembre 1663, (Notaire Claude Alpheran à Aix.) On trouve aux écritures du même Notaire, & à la date du 16 Septembre 1667, un Procès-verbal des preuves de la Nobleffe paternelle & maternelle dudit Gafpard de Grimaud, pour fa réception, en qualité de Chevalier de Juftice de l'Ordre de Malte, au grand Prieuré de St. Gilles, par freres Henri de Villeneuve, Commandeur de Comps, & Jean de Quiqueran-Ventabren, Chevalier du même Ordre, Commiffaires nommés à cet effet.

IX. Charles II Grimaldy fon fils, Marquis de Reguffe, fut fucceffivement Affeffeur d'Aix, Procureur du Pays en 1703, Avocat-Général au Parlement l'année fuivante, & Préfident à Mortier en 1720; il époufa le 30 Juin 1708, Dlle. Lucrece *d'Etienne Chauffegros*, Dame de Mimet; &

fa

sa sœur épousa M. de Thomas, Baron de la Garde; son fils est

Charles-Louis-Sextius Grimaldy, Marquis de Reguffe, Seigneur de Villeneuve-Couteral, St. Martin, Mimet, & en partie de Monmeyan, actuellement second Président à Mortier du Parlement, qui a épousé en troisiemes nôces Dlle. Jeanne-Hypolite-Therese *de Monyer* de Châteaudeuil, fille unique de Noble André de Monyer, Seigneur de Châteaudeuil, & de Dame Anne *de Felix* d'Olliere, de laquelle il a deux garçons, André-Benoît-Charles-François-Xavier, & Charles-Elzéar-Jean-François-Régis, qui a eu un Bref de minorité pour être reçu Chevalier de l'Ordre de St. Jean de Jérusalem; il n'a point d'enfans de ses deux premieres femmes. X.

Les Armes de la maison de Grimaldy sont *fuselées d'argent & de gueules*; supports, *deux moines*; devise, *Deo juvante*.

IMBERT.

JACQUES IMBERT, I du nom, du nombre des Délibérans de l'Hôtel-de-Ville de Marseille, dans le compromis qui fut passé par la médiation du Roi de Castille entre Barral des Baux, Vicomte de Marseille, & les Marseillois en 1257, laissa deux fils: le premier fut Evêque de Sisteron en 1247, & Abbé Commendataire du lieu de Leurs en 1251, dont il fit hommage à Charles, Comte de Provence en 1252; le second, nommé Pierre, suit, & fut la tige des Imbert, Seigneurs de Rognes, à Salon en Provence, & des puînés de Rognes à Marseille. I.

Pierre I, second fils de Jacques Imbert, se trouve qualifié dans plusieurs Chartres, Jurisconsulte & Chevalier, Seigneur d'Aurons & de Rognes: on le trouve député par la Communauté de Marseille vers les Commissaires du II.

Pape Nicolas IV, pour s'opposer formellement à la levée de la pension annuelle des cent oboles Massamutines, (monnoie Sarrazine,) que le Pape Nicolas prétendoit que toutes les bonnes villes de Provence étoient obligées de payer au St. Siége : il eut pour femme Huguette d'Agoult des Seigneurs de Sault, dont il eut trois fils : 1. Rostang Imbert, qualifié Damoiseau de Rognes. 2. Monet Imbert, aussi Damoiseau. 3. Bertrand Imbert, Miles. Ces trois freres se partagerent la Terre de Rognes après Pierre Ier, mais ils firent cette faute, de la diviser ensuite en infinité de portions, d'où vint leur affoiblissement, ainsi qu'on le voit dans les reconnoissances féodales, passées par les habitans de Rognes dans le commencement du treizieme siecle, où dans plusieurs articles, il est dit que la directe & le cens, furent possédées par indivis, avec les hoirs de Mongés ou Monet Imbert, Rostang Imbert, Bertrand Imbert, Pierre d'Allamanon & autres ; ce fut là l'époque de la séparation des trois freres, Rostang, Monet & Bertrand, fils de Pierre I. Les deux premiers quitterent Marseille dans le commencement du treizieme siecle, ainsi que plusieurs actes nous le découvrent, pour se fixer en la ville de Salon, en Provence ; & Bertrand le plus jeune, envoyé en otage au Roi d'Aragon, pour la délivrance de Charles II d'Anjou, Comte de Provence, à son retour à Marseille, s'y maria & y continua la postérité de ses Ayeux, que nous verrons ci-après : la seule qui ait suivi jusques à nos jours ; les autres, comme l'on verra, ayant été de moins de durée.

Premiere branche des Seigneurs de Rognes, à Salon.

III.   Rostang Imbert, Damoiseau de Rognes, premier fils de Pierre I, Seigneur de Rognes & d'Aurons, Jurisconsulte, & Chevalier de la ville de Marseille, & fils de Noble Huguette d'Agoult, se retira, comme nous avons dit plus haut, ainsi que son frere Monet, en la ville de Salon, en Provence, & eut pour fils *Nobilis Jacobus Imbert, Miles*, ainsi qu'on le voit dans une transaction de 1338, de Nobilis *Rostagnus Imbert*, *Domicellus de Rognes*, *Pater Jacobus*.

Jacques Imbert, qualifié Miles, Domicellus de Rognes, IV. dans la transaction ci-dessus énoncée, fils de Rostang Imbert, Seigneur de Rognes l'an 1335, fit passer des reconnoissances féodales à tous ses emphitéotes habitans de Rognes, & laissa Pierre II qui suit:

Pierre II, Damoiseau de Rognes, fils de Jacques Imbert, Miles, Seigneur de Rognes, épousa vers l'an 1368, V. Douce (*aperi oculos*) ou Valtreteuil, veuve de Jacques d'Allamanon, co-Seigneur de Rognes, duquel elle avoit trois filles, *Delphine*, *Philippe*, *Jacobe*, ainsi qu'on le voit par le testament de Douce de Valtreteuil, femme en secondes nôces de Pierre Imbert, Seigneur de Rognes, à la date du 22 Octobre 1389: ce Pierre II en 1371, 1390, 1394, 1401 & 1413, passa des actes d'investiture & de réduction de cense aux habitans de Rognes de sa portion à cette Terre; & il paroît qu'il ne laissa aucun enfant de son mariage avec Douce de Valtreteuil, car l'on trouve dans le cadastre de la Communauté de Rognes en 1424, que les biens qu'il y avoit, passèrent à Galeas d'Agout; il est dit dans ce cadastre: *bona que fuerunt Nobilis Petri Imbert, que nunc tenet Nobilis Galatius de Aguto*. Ce Galeas d'Agout étoit dans ce temps un des co-Seigneurs de Rognes, & avoit épousé Delphine d'Allamanon, deuxieme fille de Douce, femme de Pierre Imbert, & l'on voit dans une reconnoissance de 1445, que Jacobe d'Allamanon, femme de Pierre-Vincent d'Agout, co-Seigneur de Rognes, troisieme fille de Douce, femme de Pierre Imbert, fut héritiere de ce Pierre Imbert, peut-être des biens & droits que ce dernier avoit à Rognes; mais on n'a pu découvrir les actes de transport, ni s'il y a eu des descendans du premier lit.

Seconde branche des Seigneurs de Rognes, à Salon.

Monet Imbert, Damoiseau de Rognes, second fils de III

Pierre I, Seigneur d'Aurons & de Rognes, Jurisconsulte & Chevalier de la ville de Marseille, & fils de Huguette d'Agoult, se retira, ainsi qu'il conste, à Salon, en Provence, où il mourut en 1330, & y laissa Pierre II, qui suit:

IV. Pierre II, Damoiseau de Rognes, fils de Monet Imbert, Seigneur de Rognes, fut Chevalier d'honneur de la Reine Jeanne & du parti du Vicomte de Turenne, contre le Comte d'Armagnac en 1362, ce qui se voit dans Nostradamus, fol. 412. Il eut pour femme Marguerite de Barjol, fille à feu Bertrand de Barjol, Damoiseau de Lambesc, ainsi qu'il conste d'une quittance du 30 Mars 1389. (Jacques Roboardi, Notaire, à Salon,) à Pierre Imbert, Seigneur de Rognes, pere de Rostang & de Jacques Imbert, Damoiseaux de Rognes, fils de Marguerite de Barjol, laquelle découvre assez la paternité & maternité de Rostang & de Jacques. Rostang suit:

V. Rostang Imbert, Damoiseau de Rognes, fils de Pierre II, Seigneur de Rognes, & Chevalier d'honneur de la Reine Jeanne, & fils de Marguerite de Barjol, ayant succedé aux terres de son pere, & à une partie de celles de sa mere, (Notaire Cavalier, à Salon,) se maria avec Delphine d'Allamanon, fille de Pierre d'Allamanon, co-Seigneur de Rognes, & Seigneur en partie du lieu de Lambesc, ainsi qu'il conste d'un acte du 6 Février 1398, à la marque F. B. enlassée dans le registre de ladite année, qui nous dit Dauphine d'Allamanon, fille de Pierre, & femme de Rostang Imbert, Damoiseau de Rognes, dont il eut Pierre III, qui suit:

VI. Pierre III Imbert, Seigneur de Rognes, fils de Rostang, Seigneur de Rognes, & de Delphine d'Allamanon, se maria avec Dame de Cabanne, de la ville de Salon, des Seigneurs de Puiricard, d'où descendent les Barons de Riens, d'Oppedette & de St. Quentin; (Roboardi, Notaire à Salon) il passa reconnoissance à ladite Cabanette sa femme de 50 Florins, à compte de 600, qu'elle s'étoit constituée en dot

DE LA NOBLESSE DE PROVENCE.

le 1er Mars 1397, & en eut Bertrand qui fuit, & une fille appellée Catherine, qui fut mariée à Guillaume Flotte, Seigneur de Roquevaire, fils d'Alaette, & d'Hugues Flotte, Seigneur de Gignac, & du Château d'Hieres, ainfi qu'il confte d'un acte du 14 Janvier 1422. (Cavalier, Notaire à Salon,) où Pierre Imbert, Seigneur de Rognes, donne & cede audit Guillaume Flotte, fon gendre, au nom de Cabanette fa femme & de Catherine Imberte leur fille; la premiere, belle-mere; & la feconde, femme dudit Guillaume Flotte, tous les droits que ledit Pierre Imbert, comme maître & ufufruitier, a fur les droits & biens de ladite de Cabanne, fa femme.

Le teftament de Guillaume Flotte, du 4 Septembre 1438, fe trouve chez Raimond Bidaudi, Notaire à Marfeille.

VII. Bertrand I, Damoifeau de Rognes, fils de Pierre III, Seigneur de Rognes, & de Dame de Cabanne, fe maria avec Nonne Paul, de la ville de Salon, fille à feu Guillaume Paul, des Seigneurs d'Allamanon, ainfi qu'il eft prouvé par une quittance en 1500 (Notaire Roboardi, à Salon,) pour le reftant dû de la dot & droits de Nonne Paul, femme de feu Bertrand Imbert, à Louis Paul, fils, & co-héritier pour la demi dudit Guillaume Paul, pere de Nonne, femme de Bertrand Imbert I, qui en eut un fils nommé Etienne, qui fuit:

VIII. Egrégé Seigneur Etienne Imbert, Docteur en Droit de la ville de Salon, fils de Bertrand I, Damoifeau de Rognes, & de Nonne Paul, laiffa un fils, comme il eft prouvé par un acte du 22 Avril 1536, (Notaire Hozier, à Salon,) où Egrégé Seigneur Etienne Imbert, en qualité de pere & légitime adminiftrateur d'Antoine Imbert, fon fils, reconnoît avoir reçu de Sauzette Efmivi, fa bru, une fomme en florins à compte de fa dot.

IX. Egrégé Seigneur Antoine Imbert, fils à égrégé Seigneur Etienne, fut Confeiller au Parlement d'Aix en 1519, fuivant ce que dit Noftradamus, fol. 1075; il époufa, comme nous avons prouvé à l'article ci-deſſus, Sauzette Eſmivi, des Seigneurs d'Auribeau & de Moiſſac, de la ville de Digne, dont il eut une fille appellée Luce, qui épouſa le 30 Janvier 1541, Sebaſtien de Brun Caſtellane, fils puîné de Julie de Réquiſton & de Foulon de Brun, Capitaine des Cuiraſſiers ſous le Roi Henri II, tué au ſiege d'Amiens, en combattant à la tête de ſon Régiment : de Luce Imbert & de Sebaſtien de Brun, ſortent les Barons de Bonde, Seigneurs de Mirepei, Conſeillers au Parlement d'Aix, en Provence.

Branche des Seigneurs d'Aurons & de Rognes, à Marſeille.

III. Bertrand Imbert, Miles, de la ville de Marſeille, troiſieme fils de Pierre I, Seigneur d'Aurons & de Rognes, Juriſconſulte & Chevalier de ladite ville, & fils d'Huguette d'Agout, reſta à Marſeille & y continua la poſtérité de ſes ayeux, comme nous avons dit plus haut ; il fut envoyé en otage au Roi d'Aragon, avec les trois fils de Charles II d'Anjou en 1280, pour la délivrance de ce Prince, qui étoit détenu priſonnier à Barcelone ; (acte de l'an 1280, chez Guillaume Feraud, Notaire à Marſeille :) ce Bertrand eut pour Femme Mabille d'Allamanon, fille de Bertrand II d'Allamanon, Seigneur de Rognes, & ſœur de Rican d'Allamanon, Amiral de Provence en 1297, dont il eut Guillaume qui ſuit, & Jean ſans poſtérité, au nombre des Ecuyers ayant une Compagnie d'hommes d'Armes à ſa ſolde en 1340, ainſi qu'on le voit dans les comptes de Jean du Drac & de l'Hôpital, conſervés en la Chambre des Comptes de Paris.

IV. Guillaume Imbert, fils aîné de Bertrand Imbert, Chevalier, Miles, de la ville de Marſeille, & de Mabile d'Allamanon, épouſa Iſemille de Vintimille, des Seigneurs du Reveſt ; il fut un des principaux Gentilshommes dont on fit choix à Marſeille en 1328, pour aller au devant de la Princeſſe de Tarente, lorſqu'elle ſe rendit en cette

DE LA NOBLESSE DE PROVENCE. 223

ville, pour y épouser Berenger d'Aragon, & porta le 1er bâton du dais sous lequel elle fut reçue; il servit en 1341 dans les armées de Philippe VI dit de Valois, contre Edouard III, Roi d'Angleterre, commandant une Compagnie d'hommes d'armes à sa solde; & assista à la fameuse Bataille de Creci en 1346, qui fut si sanglante, qu'elle fit perdre à la France environ trente mille hommes, & douze cens Princes, Seigneurs ou Chevaliers. Ce Guillaume fut aussi pieux que brave; il fonda en 1360 le 8 Août, (Amelii, Notaire à Marseille,) cinq Anniversaires chez les Freres Prêcheurs de la ville de Marseille, à la paye de cent sols royaux effectifs, ainsi qu'il conste par une transaction de 1477, qu'ont ses descendans parmi leurs titres, qui rappelle sa fondation du 8 Août 1360, dans ces termes: *quod cum in Ecclesia venerandi Conventus Predicatorum civitatis Massillie fundata fuerint quinque Anniversaria, per Nobilem quondam virum Imbertum civem Massillie*: transaction qui rapporte encore un des ancêtres de Guillaume, qui en 1300 (Notaire Lurdi, à Marseille,) avoit aussi fondé au même Couvent des Freres Prêcheurs, un Anniversaire perpétuel: *cumque etiam quidam alius de sanguinitate & progenie dicti quondam Nobilis Guillelmi Imberti, unum aliud Anniversarium in eadem Ecclesia.* Ce Guillaume n'eut qu'un fils, de Isemille de Vintimille, nommé Antoine qui est celui qui suit:

Antoine Imbert, fils de Guillaume, Chevalier, Miles, de la ville de Marseille, & de Dlle. Isemille de Vintimille, épousa (Notaire Hazard, à Marseille,) Dlle. Jacinthe de Montolieu, fille d'Honoré de Montolieu, & de Marguerite de Porcellet, ainsi qu'il conste d'une donation de Chapelle, ou confirmation de concession par les Freres Prêcheurs de Marseille en 1437, en faveur de Louis Imbert, fils de cet Antoine Imbert, & de Dame Jacinthe de Montolieu, & par plusieurs actes, reconnoissances & obligations, (Notaire Aimar, de Marseille,) en faveur de Dame Jacinthe de Montolieu, veuve d'An-

V.

toine Imbert, lequel laiſſa deux fils, (Peiron Pierre,) le premier qui mourut ſans alliance, mais qui pendant ſa vie fut un des principaux Gentilshommes Patrices, qui en 1417 confirmerent l'état des 72 Conſeillers, établis par M. de Saint-Valier, grand Sénéchal en la Maiſon Conſulaire de Marſeille, & fut un de ceux qui furent choiſis par ce grand Sénéchal, en cette même année, pour porter le premier Chaperon de Marſeille, d'après le Réglement nouveau qu'on venoit d'établir, que nul à l'avenir ne ſeroit premier Conſul qu'il ne fût Gentilhomme d'une naiſſance illuſtre ; le peuple les eſtimant autant dans ces temps reculés, que les anciens Romains leurs premiers Conſuls, ce qui ſe ſoutint juſques en 1660, que le Roi Louis XIV changea ce Conſulat en Echevinage, à cauſe de quelque rébellion à ſes ordres, & à ceux du Cardinal de Mazarin, ſon premier Miniſtre. Louis, ſecond fils d'Antoine & de Dame Jacinthe de Montolieu, ſuit: l'on trouve dans les archives des Freres Prêcheurs de Marſeille, que ce *Louis-Pierre* II ſon fils, & *Guillemette* ſa petite fille, aſſignerent pluſieurs Cenſes au Monaſtere de ces Peres, dans l'Egliſe deſquels ſe trouve la ſépulture de la famille d'Imbert depuis l'an 1300.

VI. Louis Imbert, ſecond fils d'Antoine & de Dame Jacinthe de Montolieu, étoit Seigneur direct de la Foreſtiere à Marſeille ; il ſe maria deux fois, la premiere, (Notaire Hazard, à Marſeille,) avec Dlle. Blanconne de Portanier, fille à feu de Portanier de la ville d'Hieres, dont pluſieurs Chevaliers de Malthe, & dont il eut lignage ; & la ſeconde, (Notaire Ponſard, à Marſeille,) avec Dlle. Jeannette de Saint-Gilles, de la ville de Marſeille, fille de Guillaume de Saint-Gilles, Ambaſſadeur auprès du Pape Clément VII, comme il eſt prouvé par pluſieurs actes chez Baralis, Notaire de Marſeille; mais il paroît qu'il n'eut point d'enfans de cette ſeconde femme; l'on voit en 1437, (Notaire Hazard, à Marſeille,) une révocation de donation de Dame Blanconne de Portanier, fille de feu

Bertrand

Bertrand de Portanier de la ville d'Hieres, par laquelle il conste qu'elle fut femme de Louis Imbert ; & une confirmation & concession nouvelle de Chapelle, que firent les Freres Prêcheurs, en cette même année (Notaire Hazard, à Marseille,) dans leur Eglise, sous le titre de Saint-Gilles, dite l'Annonciade, audit Louis Imbert, fils d'Antoine & de Dame Jacinthe de Montolieu ; & par une transaction renouvellée en 1477, (Notaire Marié, à Marseille,) avec les Freres Prêcheurs, par Pierre Imbert II, fils de Louis & de Dame Blanconne de Portanier, l'on découvre trois degrés de génération : Guillaume I, ayeul de Louis, qui fonda en 1360 dans ledit Couvent ; Louis-Pierre II, fils de Louis, & un de leurs ayeux communs, qui en 1300 avoit aussi fondé dans ledit Couvent, un autre Anniversaire : *Cumque etiam quidam alius de sanguinitate & progenie dicti quondam Nobilis Guillelmi Imberti, unum aliud Anniversarium*. Louis eut du premier lit, par Dame Blanconne de Portanier, deux fils & une fille nommée Antoinette : *Pierre*, le premier des mâles, suit : Jaume, le second, fut premier Consul de la ville de Marseille, en 1509, on ne sait autre chose de lui.

Pierre II, de la ville de Marseille, fils du premier mariage de Louis Imbert avec Dlle. Blanconne de Portanier en 1464, (Notaire Jean d'Olieres, de Marseille,) épousa Dlle. Constance de Saint-Gilles, de ladite ville, fille de Jacques de Saint-Gilles, qui étoit frere d'Alazie de Saint-Gilles, Religieuse au Monastere de Nazareth, de la ville d'Aix, où il falloit en ce temps preuve de Noblesse, & où il ne pouvoit y en avoir que cent de reçues : ce Pierre Imbert fut député par la Communauté de Marseille en 1470, pour la représenter à l'assemblée des Etats de la Province, lors de la réunion du Comté de Provence à la Couronne de France ; il fut député par la même Communauté en 1485, avec Honoré de Fourdin, vers le sieur d'Ancezune, grand Ecuyer de France, relativement aux privileges que le Roi René leur avoit

VII.

accordé, qui exemptoient tous les Gentilshommes de Marseille du ban & arriere ban. Ce Pierre II vécut enfin dans le plus grand éclat en cette ville, dans les premiers emplois, sous le Roi Charles VIII ; premier Consul en 1489, 1490, 1502, 1503, 1504 & 1508 ; & rendit de si grands services en cette ville, qu'on lui en laissa l'administration & le gouvernement pendant 40 ans, ce qui ne cessa qu'à sa mort, & le fit surnommer le petit Roi de Marseille, à ce que rapportent MM. de Ruffi & Bertrand, Historiens de cette ville ; nous dirons donc bien qu'on trouvoit Pierre II. dans toutes les hautes Charges de la ville de Marseille, dans les députations les plus importantes, ce qui annonce assez sa Naissance & l'élévation de son génie : il laissa de son mariage avec Constance de Saint-Gilles, quatre fils & une fille, ainsi qu'il conste de son testament du 15 Juillet 1515, (Notaire Marié, à Marseille,) quoi qu'en dise M. de Ruffi, qui prétend qu'il ne laissa qu'une fille ; cet acte est parmi les Titres de cette Famille, & ainsi incontestablement prouvé au dessus de ce que l'Histoire peut avoir fourni de contraire ; & c'est d'après le testament de ce Pierre II, que nous disons avec vérité que Victor, le premier des enfans de Pierre II, suit : Guillaume le second, mourut sans avoir été marié ; Accurse le troisieme, mourut garçon, & testa le 1er Février 1515, (Notaire Marié, à Marseille,) en faveur de Victor, son frere aîné & de ses enfans ; Jean, le quatrieme, fut Chevalier de l'Ordre de St. Jean-de-Jérusalem, ainsi qu'il est prouvé par le testament de Pierre, son pere, & de Dominus Nobilis Accurse, son frere ; & Guillemette, la cinquieme, fut mariée à Hector d'Almarici, fils de Thomas & d'Antoinette, de la ville de Montpellier en Languedoc le 14 Février 1512, (Notaire Olivari, à Marseille,) elle en eut *François*, *Guillaume*, *Pierre* & *Constance* ; & par son testament du 19 Juin 1526, (Notaire Marié, à Marseille,) elle institua ses enfans légitimes d'Almarici ses héritiers, à condition qu'ils quitteroient le nom

DE LA NOBLESSE DE PROVENCE.

d'Almarici, & prendroient celui d'Imbert, nommant pour leurs tuteurs & adminiftrateurs, Jean & Honoré Darbaud, pere & fils, Confeillers en la Chambre des Comptes du Parlement d'Aix en Provence.

Pierre II eut, ainfi que fes enfans, fa fépulture dans la Chapelle de fon pere, dite l'Annonciade, fous le Titre de S. Gilles, aux Dominicains.

VIII. Victor Imbert, fils de Pierre II, de la ville de Marfeille, & de Dame Conftance de Saint-Gilles, ainfi qu'il eft prouvé par le teftament de Pierre II fon pere, à la date du 15 Juillet 1515, reçu par Me. *Olivari*, Notaire de Marfeille, aujourd'hui *Marié*, de ladite ville, fcellé fur copie du primum fumptum des Ecritures dudit Me. *Marié*, collationné par lui & légalifé par M. le Lieutenant Civil, le 22 Novembre 1782. Ce Victor donc époufa Catherine de Peliffiis, de la ville de Marfeille, dont il eut deux fils; le premier, *Alexandre* Imbert, nommé par le Roi Louis XII, lors de la premiere inftitution du Parlement d'Aix en Provence, Confeiller lai audit Parlement, par provifions données à Argenton le 11 Octobre 1517, & pourvu le 15 Décembre de ladite année, qui fe retira à cette occafion en la ville d'Aix ; & le fecond, *Henri* I, qui s'éta- IX. blit avec fon frere en la même ville, & y a laiffé enfin la poftérité qui a fuivi jufques à nos jours.

X. Henri II, fils de Henri Imbert de la ville d'Aix, époufa Dlle. Marguerite Grange, fille de François & de Catherine de Limaye, de la même ville, dont il n'eut que le fils qui fuit, qui ait continué la lignée.

XI. Jean Imbert, fils de Henri II, & de Dlle. Marguerite Grange, de la ville d'Aix, époufa Dlle. Anne les Marchand, de ladite ville, & en eut cinq fils : les deux premiers fe marierent, mais ne laifferent aucune poftérité ; Claude le troifieme, qui a continué la lignée, fervit dans l'Infanterie, & fit toutes les campagnes de Flandre & de Hollande ; Honoré le quatrieme, fut tué au Service dans les Ifles, fans avoir été marié; & Jean-Jofeph le cinquieme, qui fervit fur les Vaiffeaux du Roi, mourut encore jeune d'un coup de Canon, qui lui emporta la cuiffe le 25 Mars 1676, près de Meffine, fur le Vaiffeau de M. d'Almeras Lieutenant-Général des Armées Navales.

XII. Claude I, fils à Jean Imbert & à Dlle. Anne, les Marchand de la ville d'Aix, refté feul de tous fes freres, après avoir fervi dans les Armées du Roi Louis XIV, tant en Flandre qu'en Hollande, fous le Maréchal de Turenne, où il confuma la plus grande partie de fon patrimoine, fe retira à Aix en Provence, fa ville natale, couvert de bleffures glorieufes, & y époufa Françoife de Lebret, fille à Marc-Antoine & à Dlle. Claire de Nicolaï. Cette Famille Lebret, étoit la même que Cardin Lebret, premier Préfident, Intendant & Commandant en Provence; ce qui eft prouvé par le Teftament de Jean-Jofeph Lebret, frere de Françoife, vivant, Confeiller du Roi, Lieutenant particulier au Siege général de la ville d'Aix, fans avoir eu d'enfans de Dame de Clument, fa femme, fille du Seigneur de ce nom, par lequel il confte qu'il fe laiffe à l'Eglife des Freres Mineurs, de la ville d'Aix, depuis 130 ans, ou à la paroiffe des Saints Innocents, de la ville de Paris, en celle de fa Famille, depuis 1234, s'il venoit à y décéder, ce qui prouve affez une même origine avec le Préfident de Lebret, qui étoit auffi de Paris, & avoit la même fépulture. Claude I, laiffa de fon mariage avec Françoife Lebret, un feul garçon, qui eft celui qui fuit:

XIII. Marc-Antoine Imbert, Ecuyer de la ville d'Aix, fils unique de Claude I & de Françoife de Lebret, époufa Dlle. Marie-Anne Martin, d'une des anciennes Familles d'Aix, & de la ville de Marfeille, qui a donné en 1454, un grand Chancelier à la Provence, & Jacques Martin, élevé à l'Evêché de Senez, par le Roi Henri IV, & iffu de germain, avec Dame de Ste. Croix-Barthelemi, mere de Meffire Pierre-Jean, Marquis de Villeneuve-Trans. Marc-Antoine, eut de fon mariage avec Dlle. Marie-Anne Martin, Claude qui fuit, & Marc-Antoine II. qui

DE LA NOBLESSE DE PROVENCE. 229

mourut en pupillarité, & fut co-héritier des biens, noms & armes de Jean-Joseph Lebret, son oncle maternel, vivant, Conseiller du Roi, Lieutenant particulier au Siege général de la ville d'Aix.

XIV. Claude II, Ecuyer de la ville d'Aix; fils de Marc-Antoine Imbert, Ecuyer, & de Dlle. Marie-Anne Martin, après avoir fait ses Etudes à Lyon, à Aix & à Marseille, alla prendre alliance en cette derniere ville où ses ayeux avoient habité si long-temps, & y épousa Magdelaine-Rose d'Artuffel, fille de Jean-Balthasard d'Artuffel, Conseiller du Roi, Président, Maître des Ports général en Provence, & petite-fille de Joseph d'Artuffel, & Marc Bos, aussi en leur vivant successivement Conseillers du Roi, Présidents, Maîtres des Ports généraux en Province : Claude II, eut de son mariage avec Magdelaine-Rose d'Artuffel, cinq fils dont trois moururent en pupillarité ; *Magloire*, le troisieme, suit ; & Thomas, le cinquieme a été Cadet-Gentilhomme, au Régiment de la Reine, Infanterie, par Brevet du 4 Avril 1778, Garde de la Marine le 9 Décembre même année, & est aujourd'hui Enseigne des Vaisseaux du Roi, au département de Toulon.

XV. Magloire, Baron d'Imbert, (Jacques-Anne,) Chevalier de la ville de Marseille, fils de Claude, Ecuyer de la ville d'Aix, & de Rose d'Artuffel, de la ville de Marseille, passa en Corse en 1764, en qualité d'Officier à la suite du Régiment Royal-Roussillon, Infanterie, sous les ordres de MM. les Comte de Marbœuf, & Marquis de la Tour-du-Pin ; en Juin 1765, fut fait sous-Lieutenant audit Régiment ; en Mars 1769, Lieutenant au même Régiment ; en Juillet 1774, Lieutenant de MM. les Maréchaux de France, avec Draguignan & Marseille en Provence, par provisions du Roi, Arrêt de son Conseil, & commission de MM. les Maréchaux de France ; en Mai 1778, bréveté Capitaine d'Infanterie, avec jouissance d'une pension sur l'extraordinaire des guerres, en considération de ses services en Corse, où il a été de toutes les campagnes qui s'y font faites à cette occasion ; voyez la lettre que lui écrit alors le Prince de Montbarrey, Ministre de la Guerre, lorsque le Roi lui accorde cette pension, & au Conseil des Finances, la qualité de Baron, que Sa Majesté lui reconnoît en Arrêt du Conseil d'Etat, & lui donne dans tous ses brevets sur parchemin, scellés du grand sceau de cire jaune, signés du Roi & de ses Ministres : & ses commissions & brevets des Maréchaux de France. Le Baron d'Imbert a pris alliance comme son pere à Marseille, & y a épousé Dlle. Polixene de Cambray, fille à Henri de Cambray, Ecuyer de la ville de Marseille, ancien Mousquetaire de la Garde du Roi, & Lieutenant-Colonel des Garde-Côtes de Provence, petite-fille de Jean-Baptiste de Cambray & Louis d'Heurenu, tous deux en leur vivant Capitaines des Galeres du Roi, Chevaliers de l'Ordre Royal & Militaire de St. Louis, & Gouverneurs, l'un de St. Chamas, & l'autre d'Alauch.

Les alliances immédiates & directes, sont entr'autres avec les maisons d'Agoult de Sault, de Valtreteuil, d'Allamanon, de Vincent d'Agoult, de Barjol, d'Allamanon, de Cabanne, des Barons d'Oppedette & de St. Quentin, des Flotte, Seigneurs de Roquevaire, des Flotte, Seigneurs de Gignac, de Paul, Seigneur d'Allamanon, de Esmivi, Seigneur d'Auribeau, de Brun Castelane, d'Allamanon, co-Seigneur de Rognes, de Vintimille, Seigneur du Revest, de Montolieu, de Porcellets, de Portanier, de Saint-Gilles, de Almarici, de Pelissiis, de la Grange, de Lebret, de Nicolaï, de Martin Ste. Croix, d'Artuffel, de Cambray.

L'on trouve en 1110, un *Imbert*, Evêque de Glandeves.

En 1164, *Umbertus Gomes Blandicensis*, signe comme témoin, le rétablissement du Comte de Forcalquier, dans tous ses Etats, dont il avoit été privé, à faute d'hommage à l'Empereur.

En 1190, un *Imbert*, Evêque de Riez.

En 1212, *Umbertus* signe la donation que fait Bozon

DE LA NOBLESSE DE PROVENCE.

II, & Guillaume, Comte de Forcalquier, de la ville de Pertuis, au Monastere de Mont-Majour.

En 1212, un *Imbert*, Archevêque de Vienne ; vice Domini Imberti, Vienne Archiepiscopi, & totius regni Burgundie Archicensarii.

Antoine Imbert, Archevêque d'Aix, nâquit au Luc, ou à Frejus : il étoit neveu de Pierre Filleul, Archevêque d'Aix, dont il fut Coadjuteur en 1530, après la mort de son oncle arrivée le 22 Janvier 1540; il prit possession de cet Archevêché le 28 Août 1541; il assista au Concile de Trente en 1545, & se distingua par son zele & ses lumieres : on prétend qu'il avoit recueilli les Actes des premieres Sessions de ce Concile, qui se tenoit alors à Mantoue, & qu'il les auroit fait imprimer, si la mort ne l'eût surpris le 2 Décembre 1550 ; Jean de St. Romain, fut son successeur immédiat.

Dans le testament du Duc d'Anjou, Comte de Provence, » de l'an 1481, l'on trouve plus, ledit Monseigneur » testateur a laissé ou légué au vaillant Ecuyer *Imbert Gosti*, » Seigneur du Loup, son Conseiller & son Chambellan, qui » lui est très-cher, & qui a bien mérité de lui par ses services, » un Vaisseau appelé la Magdelaine, avec lequel il fait » le trajet dans l'Isle de Sicile ; avec tous ses agrets, biens, » meubles & droits quelconques. »

» Plus ledit Monseigneur testateur, outre les choses ci- » dessus, a légué ou laissé au même, une somme de mille » écus d'or, qui doit être payée, une fois seulement, par son » héritier, nommé ci-dessous. »

La Maison d'Imbert, porte d'azur, chargé d'une Ancre d'argent, soutenant à dextre un cœur de gueules, au même chef chargé de trois étoiles d'or, à la couronne de Marquis; supports & cimiers, des licornes mi-parti d'argent, & de gueules. Devise : *Nullis parcendo periculis.*

Les mêmes Armes sont empreintes au bas du portrait d'Alexandre Imbert, Conseiller au Parlement d'Aix, qui est conservé dans la Chambre des Tournelles dudit Parlement, que nous avons prouvé frere de Henri I, en 1500, & un des ayeux en ligne directe du Baron d'Imbert.

L'on pourra aussi voir les Armes de cette Maison, dans l'Armorial de tous les Magistrats de la Cour du Parlement de Provence, fait par M. le Président de Galici, depuis son institution, par le Roi Louis XII en 1501, jusques à nos jours.

Consultez pour cette Famille, Ruffi, liv. 1. fol. 143. 153. 154. 165. 222. 244. 291. & liv. 2. fol. 164. 254. — Gaufridi, liv. 5. fol. 142. — Bouche, liv. 1. fol. 829. & liv. 2. fol. 270. 498. — Nostradamus, fol. 317. 409. 687. 697. 698. 1075. — Archives de l'Hôtel-de-Ville de Marseille, en 1293 & 1328, & Chartre de 1240. — Archives de Rognes, & reconnoissances féodales par les habitans. — Archives de Salon. — Archives des Dominicains à Marseille. — Catalogue des Consuls de Marseille. — Le Livre de St. Valier, fol. 163.

JULLIEN, ou GIUGLIENI.

Cette Famille est originaire d'Italie.

I. Thomas Giuglieni, Gentilhomme de Perouse, habitant à Pise, épousa en 1536 Dlle. Heleine de Pazzi de Florence. Il eut de ce mariage:

II. François Giuglieni né en 1537. Comme il avoit eu quelque part à la conjuration des Strozzi contre la maison de Medicis, pour échapper à la vengeance de ces derniers, il abandonna sa patrie, & vint s'habituer à Marseille avec sa famille en 1549.

En 1570, ledit François Giuglieni se maria, & eut de son épouse dont nous ignorons le nom, Nicolas Jullien, qui fut nommé Consul de France à Alep le 8 Septembre 1625, Auguste Jullien, & François Jullien, qui a continué la postérité.

III. François Jullien épousa en 1607 Dlle. Catherine de Barthelemi de Sainte-Croix. Il fut pourvu de la Charge de de Commissaire-Ordonnateur de la Marine le 26 Décembre 1617. Il eut de son mariage avec la Dlle. de Barthelemi deux garçons & une fille, 1. Pierre-Nicolas Jullien, 2. Auguste-François Jullien, 3. & Catherine.

Pierre-Nicolas Jullien épousa en 1699 Dlle. N.... de Boutassi, & fut nommé deux ans après Echevin de Marseille. IV.

Auguste-François Jullien fut admis parmi les Gendarmes de la Garde du Roi en 1702.

Catherine mourut âgée de dix-huit ans.

Pierre-Nicolas Jullien eut de la Dlle. de Boutassi deux garçons & deux filles, 1. Nicolas-Barthelemi Jullien, 2. Pierre Jullien, 3. Therese Jullien, 4. & Magdeleine Jullien.

Nicolas-Barthelemi Jullien épousa en 1744 la Dlle. Nogaret de Lesbros. De ce mariage sont nés Nicolas Jullien, Marie-Anne Jullien, & Claire Jullien. V.

LAINCEL.

Famille Noble, qui a tiré son nom de la Terre de Laincel ou Lincel, dans la Viguerie de Forcalquier, au Diocèse de Sisteron, comme le remarque l'Abbé Robert dans son État de la Provence, tome 2, p. 256, où il observe que dès l'année 1061, cette Famille étoit en possession de cette Terre ; qu'elle est une des plus anciennes du Royaume ; qu'elle a possédé successivement les Seigneuries de Romoules, d'Aubenas, de Puimichel, d'Hospitalier, de Mouriés, de Thorame, du Brusquet, de Moustiers, de Mousteiret & autres ; & qu'elle est des plus illustres, pour avoir donné deux Evêques de Gap, & plusieurs Chevaliers de Malthe.

Le plus ancien qui soit connu de cette Famille, est Lambert de Laincel, qui, en l'année 1150, tenoit le parti du Comte de Provence, contre la Princesse Etiennette des Baux & ſes enfans. L'Abbé Robert en donne une filiation exacte & ſuivie, juſques à Scipion de Laincel, qui mourut, laiſſant de Suzanne *d'Iſoard* ſa femme, une nombreuſe famille de ſix garçons & quatre filles.

Je ne la répéterai pas ici, & j'obſerverai ſeulement qu'après la mort de Scipion de Laincel, ſa veuve vendit à Mr. de Croſe, Conſeiller en la Cour des Comptes d'Aix, la Terre de Laincel, & ſe retira avec ſa famille à Forcalquier, où preſque tous ſes enfans moururent. Il ne lui reſta que François-Anne, & deux filles qui ſont mortes à Aix environ l'année 1720. François-Anne, qui ſe voyoit cadet d'une nombreuſe famille, entra, par le moyen de ſes amis, dans le Régiment de Cavalerie de Monſeigneur le Dauphin, où il ſervit avec diſtinction, & ſe retira, à la ſollicitation de ſes ſœurs, qui trouverent une ſubſtitution en ſa faveur, faite par feu Eſprit de Bouſquet ſon ayeul, de la Terre de Buiſon, & de ſes autres biens ſitués dans le Comtat. L'affaire plaidée à Rome, François-Anne y obtint gain de cauſe. Il épouſa en 1705, dans le Comtat, noble Demoiſelle Françoiſe *de Beauvezet de Fontanelle*, de laquelle eſt iſſu Victor-Antoine-Louis, qui, en 1745, épouſa noble Dlle. *du Lour*, de la ville de Nîmes, de laquelle il a eu noble Louis-François de Laincel, lequel a eu l'honneur d'être Page de Monſeigneur le Prince de Conti, qui, pour marque de ſa bienveillance, a voulu le placer dans ſon Régiment de Cavalerie. Victor-Antoine-Louis s'eſt remarié en ſecondes nôces en 1760, avec noble Dle Claire-Eliſabeth-Catherine *de Catelin*, fille à feu noble Joſeph de Catelin de la Garde, Lieutenant des Vaiſſeaux du Roi, & Chevalier de St. Louis, & de Dlle Depiere Deſport, duquel mariage eſt iſſu Charles-Paul Victor.

LATIL.

Branche des Seigneurs de Chafteuil.

Cette Famille établie en la ville de Caftellanne, tire son origine de celle des Mées, & forme une branche de celle des Seigneurs d'Entraigues & du Villofc.

Noble Louis de Latil qui vivoit au commencement du quinzieme fiecle, eut entr'autres defcendans :

I. Claude de Latil, qui, en 1580, quitta la ville des Mées, pour s'aller établir à Caftellanne ; il époufa Jeanne de Fournier, des Seigneurs du Bourguet ; il acquit la Terre de Taloire le quatrieme Octobre 1603, fit fon teftament le 29 Août 1623 (Notaire Niel à Caftellanne,) & mourut la même année, laiffant 1. Paul, 2. & Honoré.

II. Paul de Latil, Seigneur de Taloire, fe maria le 28 Décembre 1643 (Notaire Trabuc aux Mées) avec Claire de *Trimond* de la même Ville, des Seigneurs d'Aiglun ; & les enfants qui en font iffus, font alliés avec les *Demandols*, *Lapalud*, & *les Quiquerans*.

II. Honoré de Latil, fils cadet de Claude, s'allia le quatrieme Août 1650, avec Marie de *Saqui* ; il fit option fur la Terre de Sauffes le 28 Mars 1679, & fut pere de

III. Gafpard de Latil, qui époufa Elifabeth *de Perier* le onzieme Octobre 1684, & acquit le 24 Mars 1711, la Terre de Chafteuil qu'il tranfmit à fon fils unique.

IV. Antoine de Latil, Seigneur de Chafteuil & du Bourguet, allié le feizieme Mai 1720 avec Françoife Deshenris, qui lui a donné pour fils 1. Henri-Gafpard, Capitaine de 100 hommes d'armes, par commiffion du 29 Novembre 1746, qui continue la poftérité. 2. Antoine, Capitaine dans le Régiment de Provence, 3. & François, Capitaine dans les Grenadiers-Royaux.

LAUGIER.

Ancienne Maison qui subsiste en trois branches, dont deux en Provence, & une en Lorraine, & dont la filiation remonte jusqu'à Raimond Laugier, le plus ancien qui me soit connu & qui étoit un des Barons de Provence dans l'onzieme siecle, comme on peut le voir à l'article de cette famille, tome 2, page 54, auquel je me référe.

J'ajouterai seulement ici, qu'Antoine de Laugier, Coseigneur de Thoard, né en 1442, & marié en 1448 à Romaine de Barras, morte en 1512, eut deux fils, Pierre & Louis, qui ont formé deux Branches, celle des Seigneurs de Verdache, & celle des Beaucouse.

Pierre Laugier forma la premiere, dont un des descendants fut Hubert de Laugier, Chevalier, Seigneur de Verdache, de Châteauredon, &c. qui de son mariage avec Elisabeth de Castellanne, eut, entr'autres enfants, Honoré de Laugier II du nom, Chevalier, Seigneur de Châteauredon, Villar, &c. mort en 1758, laissant trois enfants, deux garçons & une fille, du mariage qu'il avoit contracté en 1715 avec Marie-Marguerite Pigault.

Elle étoit fille de Guillaume Pigault, Ecuyer, Maire de Calais, & Colonel de la Milice de cette ville en 1698, dont la famille originaire de Bretagne, prouve sans interruption sa noblesse & sa descendance, suivant l'Arrêt de maintenue de la Chambre de la réformation de Rennes, de Philippe Pigault, Ecuyer, Seigneur de la Mellatiere, qui, dès 1513, possédoit & tenoit de ses Peres cette Terre, existante dans la famille de temps immémorial, suivant l'extrait de la Chambre des Comptes de Bretagne de l'année 1553. Il eut pour fils Pierre Pigault, Ecuyer, qui, de Louise de la Fonchaye, eut, entr'autres enfants, Raoul Pigault, Ecuyer, Seigneur de la Mellatiere, qui, suivant cinq actes de 1553, 57, 62 & 73, extraits de ladite Chambre des Comptes, comparut ces années aux montres de la Nobleſſe dans l'équipage convenable à ſa qualité. Il eut de Deniſe de Laſſy deux fils, qui ont fait deux Branches. L'aîné Jean Pigault, Ecuyer, Seigneur de la Mellatiere, du Bignon-Chaumeraye, eut toute la ſucceſſion de ſa maiſon par l'exherédation de ſon frere Samuel, pour cauſe de diſſipation. En 1553, cette branche a été éteinte en la perſonne de Jean II du nom, qui n'eut point d'enfant de Gillette de Kervirien qu'il avoit épouſé le treizieme Février 1668, qui étoit fille de Noble de Kervirien, Procureur-Général au Parlement de Bretagne.

Samuel Pigault, après ſon exhérédation, prit le parti des Armes, & ſe trouva en 1558 au ſiége & à la priſe de Calais, par le Duc de Guiſe ; il fut du nombre des Officiers qui ſe fixerent en cette Ville ; il y épouſa en 1573, Noble Jeanne Hamilton, fille de Jacques Hamilton, Ecuyer, Gentilhomme de la Reine Marie d'Angleterre, à la mort de laquelle, & pour cauſe de Religion, il ſe retira à Calais, lors de la réformation ſous Edouard. Il étoit iſſu des Lords Hamilton, Barons de Belhaven en Ecoſſe. Samuel Pigault eut de ſon mariage Raullin Pigault, Ecuyer, qui, de Cathérine de Fouchart, eut Guillaume premier, Ecuyer, Pere par Marie Petit de Guillanme II, Ecuyer, pere de la Dame de Laugier, qui a donné lieu à cet article, & de Guillaume-Alexandre Pigault, Ecuyer, Seigneur de Trical, du Bois-Rabbé, &c. actuellement vivant.

LAURENS.

Comme nous n'avons pu donner qu'une descendance imparfaite de cette Famille, faute des Titres que nous avons découvert depuis, nous y suppléerons par cet article, & nous corrigerons en même-tems quelques erreurs qui s'étoient glissées dans les noms.

La Famille de Laurens, originaire du Duché de Toscane, est connue en Provence depuis le 14e. siecle.

I. Noble Jean de Laurens étoit en 1345 Juge de la Cour Royale de Draguignan : *Judex Curia Regia Draguignanensis*.

II. Noble Antoine de Laurens son fils étoit pourvu en 1374 de la même Charge, comme il conste par l'Extrait du compte du Clavaire de Draguignan, conservé aux Archives du Roi en Provence, & dans lequel il est qualifié *Nobilis vir Dominus Antonius Laurensius de Florentiâ*.

III. Hugues de Laurens, fils d'Antoine, fut marié avec Bertrande, laquelle étant veuve, fonda, le 7 Novembre 1420, avec sa sœur Alix, un Anniversaire dans la Ville de Fréjus; elle est qualifiée dans le Titre de fondation : *Bertranda uxor quondam Domini Hugonis Laurensii*. De ce mariage nâquit George qui suit.

IV. George de Laurens fut marié avec Camille *de Castellane*; ils sont rappellés dans le contrat de mariage de leur fils Scipion qui suit

V. Scipion de Laurens épousa, par contrat du 7 Novembre 1493, Catherine *d'Apremont*, dont il eut :

VI. Bernard de Laurens, Seigneur en partie de Roquebrune; il fit hommage au Roi le 4 Avril 1537, & testa le 19 Mai 1566. Il avoit épousé le 12 Mars 1527 Anne *de Bertatis*, fille de Jean-Antoine, Co-seigneur de Tourretes & de Mauvans, dont il eut :

VII. Jean II. de Laurens, qui épousa en 1554 Julie *de*

DE LA NOBLESSE DE PROVENCE. 239

Laugier, fille d'Elzeard, des Barons de Thoard, & de Jeannette *de Caſtellane*, dont il eut :

Pierre de Laurens ; il fut marié le 11 Octobre 1601 VIII. avec Magdeleine *d'Albertas*, fille de Gaſpard, Seigneur de Villecroze, & de Claudine *de Blacas* d'Aups, dont il eut : 1. Pierre qui ſuit ; 2. Jean-Antoine, Capitaine au Régiment d'Auvergne, par commiſſion du 10 Mai 1655 ; 3. Antoine, Capitaine au même Régiment ; 4. Jacques, Seigneur de Vaugranier, marié en 1625 avec Anne *de Graſſe*, fille de René, des Seigneurs de Saint-Tropez, & de Diane *de Villeneuve*, dont il eut René, Capitaine au Régiment de Vendôme, par commiſſion du 20 Juillet 1660, tué au ſiége de Grave, & trois autres fils, Capitaines dans d'autres Régimens, tués auſſi au ſervice du Roi. La branche que Jacques forma s'eſt terminée par pluſieurs filles mariées dans les maiſons de Pontevez, Bargeme, de Michaelis, du Bignoſc, & de Guidi.

Pierre II. de Laurens fit ſa demeure à Aix, où il fut IX. reçu Conſeiller au Parlement en 1623. Il épouſa le premier Février même année Jeanne *de Seguiran*, fille d'Antoine, Seigneur de Bouc, alors Préſident au Parlement, & depuis Premier Préſident de la Chambre des Comptes à Aix. Il fit ériger en 1665 la Terre de Saint-Martin de Pallieres en Marquiſat ; il en fit hommage au Roi en 1672, & fit ſon teſtament le 30 Septembre même année. Il eut de ſon mariage pluſieurs enfans ; 1. Henri qui ſuit ; 2. Antoine, auteur de la branche des Seigneurs de Peyrolles rapportée ci-après ; 3. Suzanne, mariée en 1653 à Dominique *de Benault* de Lubieres.

Henri de Laurens, Marquis de Saint-Martin & de X. Bruée, Seigneur de Tourtour, Conſeiller au Parlement de Provence en 1664, fut marié le premier Janvier 1648 avec Catherine *d'Agut*, fille de Jean Barthelemy, Conſeiller au même Parlement. Il teſta le 18 Septembre 1693, & laiſſa de ſon mariage pluſieurs enfans ; 1. Pierre-Joſeph qui ſuit ; 2. N.... Prévôt de l'Egliſe de Barjolx ; 3. &c.

XI. Pierre-Joseph I. de Laurens, Marquis de Saint-Martin & de Bruée, &c. successivement Conseiller, Procureur-Général, & Président à Mortier au Parlement de Provence, fut marié le 30 Août 1665 avec Aimare *de Forbin*, fille de Henri, Baron d'Oppede, Premier Président du Parlement de Provence, & de Marie-Therese *de Pontevez* ; il fit son testament le 5 Novembre 1714. Il eut de son mariage : 1. Pierre-Joseph qui suit ; 2. Jean-Baptiste, mort Chef d'Escadre des Armées navales du Roi; 3. Reynaud, Prévôt de l'Eglise de Barjolx ; 4. & Vincens, Page du Roi, ensuite Capitaine au Régiment d'Anjou, tué au service du Roi à la prise d'Asti en Piémont en 1702.

XII. Pierre-Joseph II. de Laurens, Marquis de Saint-Martin & de Bruée, &c. Président à Mortier au Parlement de Provence, eut de son mariage avec Gabrielle *de la Roque*, fille du Président de ce nom : 1. François qui suit ; 2. François-Bernard de Vaugranier ; 3. Pierre-François-Gabriel, Chanoine de l'Eglise d'Aix ; 4. Aimare, mariée à Honorati de Jonquerete, Capitaine d'Infanterie ; 5. 6. & 7. trois filles Religieuses, l'une au Couvent des Ursulines, & les deux autres au Couvent de la Miséricorde à Aix.

XIII. François de Laurens, Marquis de Bruée & de St. Martin, Seigneur de Sault, de Vaugranier, de Brais, &c. a épousé à Paris, le 29 Août 1734, Louise-Antoinette-Therese *de Melun*, née le 21 Janvier 1710, baptisée par le Cardinal de Noailles, qui la nomma avec la Duchesse de Richelieu Il n'a eu de ce mariage que Marie-Marguerite, mariée avec Pierre de Laurens, Seigneur de Peyrolles, alors Avocat-Général au Parlement de Provence, ensuite Président à Mortier au même Parlement.

BRANCHE des Seigneurs de Peyrolles.

X. Antoine II. de Laurens, Seigneur de Peyrolles, fils de Pierre II, Marquis de Saint-Martin, Conseiller au Parlement de Provence, & de Jeanne de Seguiran, fut Capitaine

DE LA NOBLESSE DE PROVENCE.

pitaine au Régiment d'Auvergne, Infanterie, paſſa en la même qualité dans celui de Foucault, Cavalerie, fut Grand Prévôt de Provence ; il épouſa en 1658 Françoiſe *d'Anjou*, dont il eut pluſieurs enfans, parmi leſquels, 1. Pierre qui ſuit ; 2. Balthazard, auteur d'une branche rapportée ci-après.

XI. Pierre III. de Laurens, Seigneur de Peyrolles, Conſeiller au Parlement de Provence en 1686, épouſa en 1690 Anne *de Cornier*, dont il eut 1. Henri qui ſuit ; 2. Antoine ; 3. Anne, mariée à Joſeph *Geoffroi d'Entrechaux* d'Arenne, Conſeiller au Parlement de Provence ; 4. Claire, mariée à Joſeph *de Croze*, des Seigneurs de Mont-Laux, Gouverneur du Fort de Notre-Dame de la Garde à Marſeille.

XII. Henri de Laurens, Seigneur de Peyrolles, épouſa en 1723, Thereſe *de Raimondis*, dont il eut 1. Pierre qui ſuit ; 2. Joſeph, Capitaine de Frégate ; 3. Claire, mariée en 1753 à François-Honoré *d'Eſtienne - Chauſſegros*, Seigneur de Lioux.

XIII. Pierre IV. de Laurens, Seigneur de Peyrolles, Avocat-Général au Parlement de Provence, enſuite reçu Préſident à Mortier au même Parlement en 1766, épouſa en 1752 Marie-Marguerite *de Laurens*, fille de François de Laurens, Marquis de Bruée & de Saint-Martin, & de Louiſe-Antoinette-Thereſe *de Melun*.

RAMEAU des Seigneurs de Peyrolles.

XI. Balthazard de Laurens, ſecond fils d'Antoine II., & de Françoiſe *d'Anjou*, fut Grand Prévôt de Provence, & marié le 26 Juin 1703, avec Marie-Anne *de Robert d'Eſcragnolles*, dont il eut, entr'autres enfans :

XII. Jacques de Laurens, Chevalier des Ordres de St. Lazare & de St. Louis, Meſtre de Camp de Cavalerie, Inſpecteur Général des Maréchauſſées, Lieutenant des Maréchaux de France, & Grand Prévôt de Provence. Il fut marié en 1738 avec Anne *de Griffeuil*.

LAURIS.

IV. C'EST par erreur qu'en parlant de cette Famille au deuxieme Tome, pag. 69, nous avons dit que Montolin de Lauris épousa Dauphine *d'Allamanon*, fille de noble Pierre, Seigneur en partie de Lambesc, & de *Marguerite de Gantès*. Nous avons vérifié que lad. Marguerite *de Gantès* avoit été mariée à Frédéric de Lauris, Coseigneur de la ville de Lambesc, & fils d'Elzear, Chevalier, Seigneur de Malemort, comme il conste par son contrat de mariage du 21 Mai 1469, devant Gazety, Notaire dudit Lambesc, & dans lequel ledit Frédéric de Lauris est qualifié *Noble Jouvenceau*, & ladite Marguerite de Gantès, fille de Noble & égrégé Seigneur Pierre de Gantès, & de Dame Louise de *Cuers*. Cette alliance résulte des preuves de Malte de la maison de Lauris, dont Mrs. de Gantès d'Artois ont tiré des Extraits en forme en 1723, & se trouve encore confirmée par Pithon-Curt dans son Histoire de la Noblesse du Comté Venaissin, Tome 2, pag. 186, qui fait mention d'une immunité de subside accordée audit Frédéric de Lauris en 1507 par Louis *d'Orléans*, Marquis de Rothelin, Grand Sénéchal de Provence, en considération de douze enfans provenus de cette alliance, dont sept furent Chevaliers de Malte : on n'en connoît que deux qui furent mariés, savoir, Honoré, qui, par son mariage avec Catherine de Roux Beauvezet, continua la postérité, & Antoinette de Lauris, mariée en 1530 à Jean de *Forbin*, Chevalier, Seigneur de la Tour-d'Auvet, dont le petit-fils Paul-Albert, reçu Chevalier de Malte en 1589, mourut Grand-Prieur de Saint-Gilles, & Lieutenant Général des Galeres de France. Il fut le premier Ambassadeur de Malte à la Cour de France. Voyez l'Abbé Robert en son Etat de la Provence, Tome 2, pag. 176.

MAURELLET.

CET article ayant été donné dans le second Volume, page 122, peu exactement, on a cru nécessaire de le retracer ici.

Gaspard de Maurellet, fils de Jean-Louis & de Louise I. de Magy de la ville de Marseille, Secrétaire du Roi en la grande Chancellerie, né en 1738, avoit épousé en 1669, Magdeleine de Gail, de laquelle il eut Gabriel, mort sans postérité, &

Gaspard-Nicolas de Maurellet, qui, en 1723, acquit II. la Terre de la Roquette, en faveur de qui Sa Majesté confirma l'érection de cette Terre en Marquisat, par Lettres-Patentes de la même année 1723, enrégistrées aux Archives du Parlement de la Chambre des Comptes, & du Bureau des Trésoriers de France, en la Généralité de Provence ; il en prêta hommage la même année 1723 : il s'étoit marié en 1708, avec Françoise-Julie de Barrigue de Fontanieu, mere 1°. de Gaspard-Amiel qui suit, 2°. de Claire, alliée à Avignon à Joseph-Marc-Antoine de Tonduti, Marquis de Blauvac, 3°. d'Elisabeth-Gabrielle, épouse de Pierre-François d'Icard de Perignan de la ville d'Arles, 4°. & 5°. & de deux autres filles Religieuses ; l'une au second Couvent des Ursules à Aix, & l'autre Carmélite à Marseille.

Gaspard-Amiel de Maurellet, Marquis de la Roquet- III. te, Seigneur de Cabries, reçu Président en la Cour des Comptes, Aîdes & Finances de Provence le vingt-septieme Janvier 1756, a été marié deux fois ; 1°. en 1743 avec Elisabeth-Charlotte-Félicité de Forbin-Gardane, fille de Jean de Forbin & d'Elisabeth de Gaillard d'Agoult, niéce du fameux Comte de Forbin, Amiral des Mers de Siam ; il a eu de cette alliance Marie-Anne-Elisabeth, mariée le 4 Février 1767, avec Françoise de Giraud, Seigneur d'Agay & de la Garde-Freinet, Capitaine des Vaisseaux du Roi, & Therese-Elisabeth-Emilie ; 2°. en 1749 avec Magdelaine-Julie de Castellane Esparron, fille de Jean-Baptiste de Castellane, Seigneur d'Esparron & d'Albiosc, & de Magdelaine de Suffren, duquel mariage sont nés : 1. Gaspard-Antoine-Louis Cassien, 2. Paul-Louis, 3. Pierre-Louis-Augustin, 4. Jules-Arsene, 5. Julie-Jeanne Henriette, 6. Magdelaine-Libie, 7. & Marie-Therese de Maurellet.

Gaspard-Amiel de Maurellet a prêté hommage au Roi pour le Marquisat de la Roquette en 1751, & pour la Terre de Cabries en 1756.

MERCURIN DE VALBONNE.

FAMILLE établie à Apt, appellée anciennement *Mercurini*, représentée par Messire Antoine de Mercurin, Seigneur de Valbonne, Mestre de Camp de Cavalerie au Régiment du Roi, Chevalier de l'Ordre Royal & Militaire de St. Louis, & Lieutenant de MM. les Maréchaux de France, qui, de son mariage avec Dlle. Marianne-Sophie-Fréderique Dettlingen d'une des premieres maisons d'Alsace, a eu :

1. Leopold-Louis-Antoine de Mercurin de Valbonne, Capitaine au Régiment du Roi Cavalerie, & Gouverneur de la ville d'Apt, après avoir été Page du Roi de la petite Écurie pendant trois ans, ensuire de ses preuves : 2. Marianne-Julie-Sophie de Mercurin de Valbonne, 3. Caroline-Emilie de Mercurin de Valbonne, 4. Et Pauline-Zenobie de Mercurin de Valbonne.

MICHEL.

FRANÇOIS MICHEL DE LEON, de la ville de Marseille, fils de Jean-Joseph, & de Dame Marie Anne Borely, fut pourvu par le Roi de l'état & office de Conseiller-Trésorier de France, Général de ses Finances en Provence, pour lequel il a prêté serment, & a été reçu en la Cour des Comptes, Aîdes & Finances, séante à Aix, enregistré au Régistre *Lætitia*, seconde partie, folio 376, & installé au Bureau des Finances & Chambre du Domaine de la même ville.

Il a épousé par contrat passé devant Me. *Gourdan* Notaire à Marseille, après les dispenses obtenues en Cour de Rome, & annexées au Parlement de Provence, Demoiselle Anne Mille sa Cousine au premier degré, fille de Balthazard, ancien Échevin de Marseille, & de Dame Claire Borely, dont il a pour enfans:

— 1. Paul-François-Marie, Avocat en la Cour. — 2. Anne-Claire-Helene. — 3. & Anne-Claire-Irenne.

Les Armes: D'azur, à une gerbe de blé d'or, liée par un ruban de gueules, au chef de gueules à trois Étoiles d'or, enregistrées à l'Armorial général, Généralité d'Aix, Régistre 1. N°. 585, d'après l'Ordonnance rendue le 10. Juillet 1699 par MM. les Commissaires-Généraux du Conseil pour le fait des Armoiries, ainsi qu'il conste du Brevet sur parchemin signé d'*Hozier*.

ORAISON.

C'EST par erreur que nous avons dit à la fin de l'article de cette Famille, tom. 2, pag. 190, que Pierre d'Oraison, Seigneur de Beaulieu, n'avoit eu qu'une fille mariée dans la Maison de Marquesy. Il en eut une seconde qui fut mariée à Louis-Henri *de Gantès*, Chevalier, Seigneur de Valbonette, fils de Jean François, ancien Procureur-Général au Parlement d'Aix, & de Dame Gabrielle *de Clapiers* Vauvenargues. Le contrat civil de ce mariage est du 20 Avril 1703, aux écritures de Soffin, Notaire à Marseille.

PELLISSIER.

FAMILLE existante au Comtat Venaissin en deux branches, l'une des co-Seigneurs de la Garde-Paréol, Baronie du Comtat, & l'autre des Seigneurs de la Coste, & dont plusieurs autres branches se trouvent, ou éteintes, ou inconnues pour s'être transplantées.

Je n'assurerai point que la famille des Pellissiers de Provence ait (comme plusieurs le prétendent) tiré son origine de celle-ci ; j'observerai seulement que cette famille de Pellissier du Comtat, connue dans les temps les plus reculés, possédoit vers le XII siècle le Château de Pellissier dans le val de Bueire, *in Boriâ*. Ce Château fut détruit vers l'an 1330 par les Vaudois, ou par les gens du Comte de Turenne. On ne sait s'il avoit donné le nom à la famille, ou s'il l'en avoit reçu. Le Territoire porte encore le nom du quartier de Pellissier, ainsi qu'il conste par un Acte solemnel de division de territoire & de démarcation de la montagne de Mars entre la ville de Vaison & la Communauté de Seguret, reçu par Esprit Balbi, Notaire de Carpentras, le 4 Juin 1585, où l'on désigne deux grands termes plantés au quartier de Pellissier. Ce Château étoit possédé en franc-aleu & en toute Justice ; & dans les anciens titres du 13ᵉ siècle, on l'appelle, *Alodus de Pellisseriis ou Pellisseriorum, cum turri, furno & tenemento in Boriâ*.

I. **Rostaing de Pellissier**, premier du nom, le possédoit en

DE LA NOBLESSE DE PROVENCE.

1220. Il fut marié avec Dame Alymnese de la Maison de Moumoiron, *de Murmurione*; il eut de ce mariage,

Bertrand de Pellissier, Chevalier, Seigneur de Pellissier, qui fut marié avec Rixende de Maulsang, *Mallisanguinis*, d'une illustre Maison du Comté Venaissin, éteinte.

2. Rostaing II son frere, Chevalier du Temple; 3. Alymnese sa sœur, mariée avec Raimond de Beauvoisin, *de Bello vicino*; 4. & Constance, mariée avec Bérenger de Venasque, *de Venasca*.

Bertrand de Pellissier, Chevalier, & qualifié *Miles* dans les anciens titres, se distingua dans les Croisades & autres guerres de son temps; il passa encore en Afrique contre les Maures à la sixieme & derniere Croisade de St. Louis, où l'on fit le siége de Tunis en 1270, & à cette occasion il fit son testament en 1268. Il laissa de son mariage;

1. Rostaing III. Damoiseau, *Domicellus*, marié avec Noble Alasacie, *de Medullione*, de Meoillon.

2. & 3. Richard & Raoül de Pellissier.

Rostaing III donna quittance en 1290 *de 4000 solidis Raymundensibus* à Nobles Guidon, & Raymond de Meoillon, Damoiseaux, freres de ladite Alasacie sa femme, dont il eut:

Bertrandetus Pelliserii *Domicellus*, marié avec Noble Dlle. Raimonde de *Podio Almerassi*, du Puymeras; il fit en 1330 une rémission de ses biens à sa femme, pour les rendre à ses enfants, & se reserva le château de Pellissier avec toutes ses appartenances, par préciput, pour

Etienne de Pellissier, son fils aîné, *Damoiseau*, marié avec Dulcie de Rosans, *de Rosanis*, fille du Seigneur dudit lieu; Etienne fit son testament en 1388; on y voit que ses freres furent Jean, Theode & Raoül, & qu'il eut trois fils & trois filles, sçavoir Rodulphe, Jean, Bertrand, Jeanne, Beatrix & Douce.

Il y eut partage de biens l'an 1418, entre Nobles Rodulphe & Jean de Pellissier freres, fils de feu Noble Etienne, qui de son vivant avoit fait un établissement consirable en Dauphiné, où ses descendants ont possédé plusieurs terres, sans qu'il eût aliéné les biens & terres qu'il possédoit au Comté Venaissin & à Orange. Par ce partage, Rodulphe eut les biens du Dauphiné, & Jean ceux du Comté Venaissin & Principauté d'Orange.

VI. Rodulphe fut marié avec Dauphine de Remusat, & fit plusieurs branches éteintes aujourd'hui.

Noble Jean de Pellissier, qualifié dans cet acte, *serviens armorum Domini nostri Francorum Regis*, & dans d'autres, Chevalier, *Miles*, & Capitaine de 100 hommes d'armes, fut marié avec Noble Gabrielle *du Pui Montbrun*, de la maison du Grand-Maître de Rhodes Raymond de Podio, dont il eut:

VII. Noble Thedin de Pellissier, marié avec Noble Marie des Blancs, *Albi*, d'une ancienne maison du Comté Venaissin, dont il eut quatre enfants,

Savoir: Claude, Chef de la Branche des Chavigny, établie en Bretagne; Guillaume, Marin & Jean.

Ces 4 freres transigerent sur les biens de leur pere en 1486.

VIII. Guillaume suivit la profession des armes, & servit avec honneur sous les regnes de Charles VIII & de Louis XII; il se maria avec Clarette *de Barbançon*, d'une ancienne maison de Picardie, dont il eut quatre enfants, savoir: Pierre, Etienne, Antoine & Marie de Pellissier.

IX. Pierre fut marié en 1529 avec Noble Magdeleine *de Beaudonis*, dont

Claude qui suit, & Jean qui fut Prêtre.

X. Claude fit alliance avec Noble Jeanne *de Reymonis* en 1582, dont

XI. Elzear de Pellissier, marié en 1607 à Antoinette *de Gaudebert*, dont Claude, Prêtre; Michel qui suit ci-après, & Antoine tige des Seigneurs de la Coste, & plusieurs filles.

XII. Michel de Pellissier, qualifié Noble & illustre Seigneur, Ecuyer, marié en 1670 à Susanne *des Jouberts*, famille noble

DE LA NOBLESSE DE PROVENCE.

noble du Languedoc, laissa de ce mariage, François de Pellissier, & trois filles mariées.

XIII. François de Pellissier St. Ferreol, Chevalier, marié en 1705 à Dame Constance *Duclaux de Moleſtra*, des Seigneurs de Besignan, a eu deux enfants, vivants en 1769, savoir, Joseph de Pellissier, & Charles-François de Pellissier de St. Ferreol, aujourd'hui Evêque de Vaison.

XIV. Joseph de Pellissier de St. Ferreol, Chevalier, Co-Seigneur de la Garde-Pareol, des anciens Barons de St. Ferreol & d'Eyrolles, Auditeur Honoraire de la Rote d'Avignon, Président unique de la Cour de la Chambre Apostolique au Comté Venaissin, marié avec Dame Marie-Marcelle-Siffrene-Françoise *de Lopis*, des Marquis de la Fare, Baronne née du St. Empire Romain, par Diplome de l'Empereur Ferdinand III, en date du 29 Octobre 1642, qui transmet ce titre à toute la postérité masculine & féminine, a de ce mariage contracté en 1743, un fils & deux filles, savoir:

XV. Antoine Jean-Baptiste Pierre de Pellissier, Baron né du St. Empire, dit le Baron de Pellissier St. Ferreol, vivant encore sans alliance.

Marie-Jeanne-Catherine-Françoise, & Marie-Gabrielle-Magdeleine-Constance, vivant aussi en 1769, sans alliance.

Il y a eu un Jugement d'Etat solemnel & définitif sub l'ancienne Noblesse de la Maison de Pellissier à la Cour de la Chambre Apostolique contre M. l'Avocat & Procureur-Général de Sa Sainteté, du premier Juin 1756, & une Ordonnance de M. l'Intendant de Dauphiné au vû des pièces, qui maintient ladite Noblesse, du 12 Juillet 1757.

Il y a plusieurs Brefs des Papes en faveur des Pellissier qui sont qualifiés de *Nobiles viri*, avec le titre d'anciens Barons de St. Ferreol.

Cette maison a donné deux Evêques à l'Eglise d'Orange, Guillaume & Louis de Pellissier, oncle & neveu;

Tome III. I i

un autre Guillaume a été Evêque de Montpellier, & l'Evêque de Vaison actuel en est aussi. Outre Rostaing de Pellissier, Chevalier du Temple, il y en a un autre nommé Jean, reçu Chevalier du même Ordre en 1267 par Rossolin de Fos de Marseille, Grand-Maître dudit Ordre. Il fut examiné lors de la destruction de l'Ordre par les Commissaires dans les prisons de Nismes, en 1310. Un autre Jean de Pellissier de la Roque fut Chevalier de St. Jean de Jérusalem en 1510. Jacques de Pellissier fut reçu Procureur-Général du Parlement de Dauphiné le premier Mars 1575. Jean & François de Pellissier, Seigneurs de St. Ferreol en 1467, qualifiés Chevaliers, furent accusés d'avoir voulu, à la tête de leurs Gens d'Armes, escalader & s'emparer de la ville d'Orange, & en conséquence *procedés* pour crime de félonie par le Procureur-Général de la Principauté; ils furent absous & rentrerent dans la grace du Prince, dont ils étoient Vassaux. Tous ces traits marquent le rang que cette maison tenoit dans la Province.

Elle y a possédé les terres de Pellissier, de St. Ferreol, de Lalouse, d'Eyrolles, de la Bastie-Costechaude, de Curnier, de Rocheblave, partie de celles de Condorcet & de Sahune, les fiefs de St. Tronquet, de Montmirail, de la Garde-Pareol, de Verone, Co-Seigneurie de Vinsobres, &c.; il y a nombre d'hommages de ces Terres rendus aux Papes, au Roi, où les Pellissiers ont été toujours qualifiés de *Nobles*, *Chevaliers*, *Damoiseaux* & autres titres équivalents.

Outre les illustres alliances ci-devant mentionnées, cette famille en a eu avec les maisons des Dupuy-Rochefort, des d'Urre-Venterol, des Gramonts-Vacheres, aujourd'hui Ducs de Cadérousse, des Marcels, des Gandelin, des Pilles, des Seigneurs de la Racouse, des Cheminades, Seigneurs de Brissolles, des Morges-Ventavon, des Seigneurs de Retz en Gévaudan, des Barbançons, des Serres, Marquis de Gras, des Baunel-Vacheres, des Marquis d'Anglesy, des Villeneuve, des Bruyeres St. Michel, des Nanton-Marzé & autres, & il y a des preuves de Chevalerie & de l'Ordre de St. Jean de Jérusalem, où cette maison est entrée plusieurs fois.

PEYSSONEL.

LA Maison de Peyssonel en Provence, qui a produit plusieurs hommes illustres dans l'Epée, dans la Robe & dans les Lettres, est une branche de celle de Piscicelli de Naples, l'une des plus anciennes & des plus illustres de ce Royaume, qui a contracté les plus brillantes alliances, occupé les principales charges de cet Etat, & produit un très-grand nombre d'Archevêques & d'Evêques, & une infinité de Chevaliers & grands Officiers de l'Ordre de Malte.

I. André Piscicelli, dit Andréano, est l'Auteur de la branche de cette maison, de laquelle celle de Peyssonel tire son origine. Il est qualifié Chevalier en l'indult donné en 1380 par la Reine Jéanne premiere, au sujet des contestations qui s'étoient élevées parmi les Chevaliers Napolitains. On ignore le nom de sa femme ; on sait seulement qu'il fut pere d'Otinello Piscicelli qui suit (*a*).

II. Otinello Piscicelli est aussi qualifié Chevalier ; il épousa Isabelle ou Belluvia *Caraccioli*, & en eut un Fils nommé André (*b*).

III. André II Piscicelli fut dans les bonnes graces du Roi Ladislas & de la Reine Jeanne sa Sœur, qu'il servit avec beaucoup de fidélité ; lorsque Jacques Comte de Provence, mari de la Reine Jeanne II, partit du Royaume de Naples, pour aller en Provence, André fut du nombre

---
(*a*) *Voyez Carlo de Lellis à l'Art. de Piscicelli, Vol.* 2. *p.* 55.
(*b*) *Voyez Carlo de Lellis. Ibid.*

des Chevaliers Napolitains qui l'accompagnerent. Il avoit épousé en premieres nôces à Naples, Beatrix *Latra*, fille de Floridasso Latra, illustre Capitaine de ce tems-là, & Vice-Roi de Naples pour le Roi Ladislas. Il en eut trois fils appellés Otinello II, Floridasso, & Godefroi Piscicelli, dont la postérité se perpétua dans le Royaume de Naples. Carlo de Lellis en donne la filiation suivie jusques à Fabricio Piscicelli qui vivoit vers le milieu du dernier siécle, tems que cet Auteur a écrit. (*c*) André se fixa en Dauphiné à la suite d'un voyage qu'il fit en Provence avec le Comte Jacques ; il s'y maria en secondes Nôces l'an 1420 avec Sibille *Dalban*, & mourut à Vienne, où son Testament fut publié le 18 Août 1437. Carlo de Lellis ne parle point de ce second Mariage, ni de ce que devint André après son voyage de Provence ; comme il ne retourna plus à Naples, cet Auteur l'a perdu de vue. Cet André II. Piscicelli eut en Dauphiné le surnom de *Peyssouneau*, qui en Idiome Dauphinois & Provençal, signifie petit poisson, traduction exacte du nom de Piscicelli. Dans le Testament de Jacques son arriere-petit-fils, enrégistré à la Chambre des Comptes de Provence, il est qualifié très-Illustre Seigneur André Piscicelli, dit Peyssouneau, *alias* Peyssonel ; il eut de Sibille Dalbon (*d*)

IV. Henri Piscicelli Chevalier, qui conserva encore le nom de ses Peres & le surnom de Peyssouneau. Il se maria l'an 1445 avec Dame Michel *du Terrail*, Tante du fameux Pierre du Terrail, dit le Chevalier Bayard, si célébre sous le regne du Roi François Premier ; & qui fonda pour les descendans de Henri Piscicelli, une pension annuelle qui a subsisté jusques à Jacques Peyssouneau son

_____

(*c*) *Voyez Carlo de Lellis, Vol.* 2, *p.* 55, 56 & 57.
(*d*) *Voyez le Testament de Jacques Peyssouneau publié en* 1544, *enrégistré ez Archives de la Cour des Comptes de Provence, & l'Arrêt de la Cour du* 26 *Juin* 1765.

DE LA NOBLESSE DE PROVENCE. 253

petit-fils. Henri eut de son mariage Jeanne qui suit:

V. Jean Peyssouneau, Chevalier, quitta le nom Piscicelli, & contracta alliance, le 5 Novembre de l'an 1500, avec Jeanne *de Guiffrey*, qui lui donna un fils nommé Jacques.

VI. Jacques Peyssouneau, *alias* Peyssonel, Chevalier, vint à Lorgues en Provence; il épousa à Carignan le 29 Septembre 1529 Blanche *de Fluxas*, sœur de Bertrand de Fluxas, Chevalier. Il fit son testament à Lorgues le 9 Mai 1544, par lequel il deshérita son fils Henri qui suit. Il est dit dans ce testament, à propos de la substitution qui suit des biens d'André II Piscicelli & de Sibille Dalbon, que le Testateur Jacques Peyssouneau, *alias* Peyssonel, est fils de Jean Peyssouneau & de Jeanne de Guiffrey, petit-fils de Henri Piscicelli dit Peyssouneau, Chevalier, & de Dame Michel du Terrail, & arriere-petit-fils d'André Piscicelli dit Peyssouneau, & de Sibille Dalbon. Ce Jacques eut de son mariage avec Dame Blanche de Fluxas Henri qui suit : (*e*)

VII. Henri II de Peyssonel, Écuyer, fut deshérité par le testament de son Pere, dont je viens de parler. Il se maria à Lorgues le 29 Janvier 1555 avec Honorade *Legaut*,(*f*) de laquelle il eut, 1. Jacques qui suit, 2. Jean-Baptiste mort sans postérité, 3. Ambroise qui prit le parti des Armes, & fut tué dans un combat qu'il y eut près de Manosque en 1590. Il avoit épousé une Dlle. de Ruffy, de laquelle il n'eut point d'enfans; 4. Balthasard, dont il sera parlé ci-après, & une fille. Charles Emanuel, Duc de Savoye, étant entré en Provence au mois d'Octobre

──────────

(*e*) *Voyez le Testament de Jacques, & l'Arrêt de la Cour des Comptes de Proven.*

(*f*) *Voyez les Jugemens contradictoires de M. Lebret Intendant de Provence, des 5 Août 1719, & 31 Mars 1721, rendus en faveur de Jean & Jacques Peyssouneau; l'Arrêt de maintenue du Conseil rendus en faveur de Charles Peyssonel le 16 Juin 1743, & le Contrat produit.*

de l'an 1590, Henri Peyſſonel fut pris par les Troupes de ce Prince étant à la tête d'un détachement qu'il commandoit. On le conduiſit au château des Arcs où il mourut peu de tems après.

VIII. Jacques II de Peyſſonel, fils aîné de Henri ſecond, épouſa en premieres nôces le 29 Décembre 1590, Dame Françoiſe *de Laugier*, (*g*) & fut pere de Jean qui ſuit, & d'Eſprit qui fit la Branche de Roquebrune & de Calas. Il ſe remaria en ſecondes nôces avec Marguerite de Verſoris, de laquelle il eut une fille qui s'allia avec Jean-Baptiſte de Ganſſarde, Seigneur de St. Mandris. Les Articles de ce mariage furent ſignés le 7 Mai 1640.

IX. Jean II de Peyſſonel, Seigneur de Fuveau, Terre de Provence, qui eſt encore poſſédée aujourd'hui par ſes deſcendants. Il s'établit à Aix & fut Procureur du Pays; il eut pour femme Marguerite *de Raymondis*, avec laquelle il ſe maria à Draguignan le 4 Mars 1625. Elle lui donna une fille qui mourut Religieuſe, & cinq enfans mâles. 1. Jacques qui ſuit, 2. Jean, 3. Ambroiſe mort ſans alliance dans un combat ſingulier, 4. François, & 5 Sauveur. Ce dernier fut Colonel du Régiment de Peyſſonel-Dragons, & mourut Maréchal de Camp & Inſpecteur Général de la Cavalerie, après avoir commandé pluſieurs fois en Allemagne, & ſervi avec tant de diſtinction, que le Roi Louis XIV. lui donna le ſurnom de Brave Peyſſonel. (*h*)

X. Jacques III de Peyſſonel fut Procureur du Pays en 1676 & 1683; il laiſſa de ſon mariage avec Dame Louiſe *d'Etienne* deux filles, dont l'une Anne de Peyſſonel épouſa Honoré d'Etienne d'Aix le 17 Décembre 1674, & l'autre Jeanne de Peyſſonel fut mariée le 5 Décembre

---

(*g*) *Voyez les deux Jugemens de M. Lebret, ci-deſſus mentionnés & le Contrat produit.*

(*h*) *Voyez la Commiſſion de Colonel & les autres pieces produites.*

DE LA NOBLESSE DE PROVENCE. 255

1683 avec Noble Joseph d'André, Ecuyer de la même Ville. (*i*)

X. Jean III de Peyssonel, second fils de Jean II, fut marié le 13 Décembre 1671, avec Dame Marie *de Bayard*, de laquelle il eut Jean qui suit, & Jeanne mariée le 18 Novembre 1700, avec Mre. Jean de Gassendi, Seigneur de Campagne, Co-Seigneur de Riez, & Conseiller en la Chambre des Comptes d'Aix.

XI. Jean IV de Peyssonel servit dans la Cavalerie, & contracta alliance le 26 Avril l'an 1703, avec Dame Marguerite *de Guerin*, sœur du Chevalier de Guerin, Commandeur d'Aix; il eut de ce mariage 1 Sauveur, Officier de Dragons, mort sans postérité, 2 Jacques qui suit, 3 Auguste, Officier au Régiment de Vibray Dragons, ci-devant Peyssonel, tué à Aix dans un combat singulier, & Rose décédée sans alliance.

XII. Jacques IV de Peyssonel servit d'abord dans la Compagnie des Cadets Gentilshommes de Metz, dont il fut Aide-Major. Il passa de là dans le Régiment Royal Infanterie. Il se maria en 1739, avec Dame Marguerite *du Trousset*, dont il n'a eu qu'une fille appellée Charlotte de Peyssonel.

Branche des Seigneurs de FUVEAU *& de St.* SAVOURNIN.

X. François de Peyssonel, quatrième fils de Jean II, & de Marguerite de Raymondis, fut un des premiers Mousquetaires du Roi dès l'établissement de la première Compagnie des Mousquetaires Gris. Il fut second Consul d'Aix & Procureur du Pays en 1686. Il avoit épousé le 21 Décembre 1666, Dame Marie-Therese *d'Hugoleny* (*k*) de laquelle il eut Jean qui suit, 2 Jacques de Bomouille,

---

(*i*) *Voyez les Extraits des Registres de la Paroisse de la Magdelaine à Aix, produits à défaut des Contrats de Mariage.*

(*k*) *Voyez les Jugements de M. Lebret, ci-dessus mentionnés, & le Contrat produit.*

Officier dans le Régiment de Peyssonel, qui se retira du service après avoir reçu plusieurs blessures en Allemagne, & mourut sans alliance, & Eleonor de Peyssonel morte fille.

XI. Jean III de Peyssonel, Seigneur de Fuveau & de St. Savournin, fut Capitaine de Dragons dans le Régiment de Peyssonel; & épousa le 19 Octobre 1699 Marie-Barbe *d'Epinguen*, de laquelle il eut 1 François Bienvenu qui suit, 2 Jean qui vit sans alliance, & Michelle de Peyssonel, mariée à Charles-François de Cypriani, Seigneur de St. Savournin, après la mort de laquelle la Terre de St. Savournin, dont elle avoit hérité de son mari, passa dans la maison de Peyssonel. (*l*)

XII. François Bienvenu de Peyssonel, Seigneur de Fuveau & de St. Savournin, n'a point eu d'enfans de son premier mariage contracté le premier Août 1741, avec Dame N. *d'Albert*; il a épousé en secondes Nôces le 13 Septembre 1751, Dame Rose de Gazan, de laquelle il a Jean-Marie Bienvenu qui suit, & une fille.

Jean-Marie-Bienvenu de Peyssonel, né le 14 Juin 1753.

Branche des Seigneurs de Roquebrune & de Calas.

IX. Esprit de Peyssonel, Seigneur de Roquebrune, eut de sa Femme, dont le nom n'est point connu, N. qui suit, N. de Peyssonel, Seigneur de Calas, Officier de Marine à Toulon, mort sans postérité, & N. Chanoine à Fréjus.

X. N. de Peyssonel, Seigneur de Roquebrune, eut de son mariage avec N. du Puget deux filles, dont l'une fut mariée à Jean de la Tour, Seigneur de Remoulles, & l'autre à N. d'Abran, & en secondes nôces à N. de Com-

___

(*1*) *Voyez les articles de Mariage enrégistrés le 18 Juin 1727, chez Me. Jacques Vaugien, Notaire à Aix.*

mendaire

DE LA NOBLESSE DE PROVENCE.

mendaire, Seigneur de Taradeau. (*m*)

Branche des Peyssonnel de Marseille.

Balthasard Peyssonnel, quatrieme fils d'Henri II, faisoit VIII. ses études à Toulouse, lorsqu'il perdit son pere, & tous ses biens avec lui. Il s'adonna à la Physique & à l'Astronomie, & devint l'un des plus Savants hommes de son siécle. Il transmit le même goût à son fils & à son petit-fils; ils se distinguerent tous les trois dans les sciences & dans les lettres, & ont mérité par leurs savants Ouvrages, d'être mis par Morery, Ruffy, & d'autres Auteurs, au nombre des hommes Illustres de la Ville de Marseille.

Balthasard s'y établit, & épousa le 18 Octobre 1596, Dame Marguerite *d'Esparre*, fille d'Honoré *d'Esparre*, Lieutenant-Général de la Ville de Brignolles, & de Dame Isabelle *d'Arbaud*. (*n*) Il en eut un fils nommé Jean, qui suit.

Jean II. de Peyssonnel se maria le 14 Août 1641, IX. avec Catherine *Carré*, qui lui donna un fils nommé Charles. (*o*)

Charles de Peyssonnel épousa le 7 Octobre 1699 Anne X. *Isoard*, (*p*) de laquelle il eut: Jean-André, Ecuyer, & Charles qui suit, & quatre filles, Cathérine morte sans alliance; Claire morte Religieuse; Marie, mariée à Pierre Dupré, Capitaine des Grenadiers dans le Régiment de Forest, Pensionnaire du Roi; & Therese, mariée à Noble Felix de Gibert, Ecuyer de la Ville d'Aix.

Charles II de Peyssonnel, Ecuyer, épousa le 24 Octo- XI. bre 1726, Anne *Dufour*; il est mort en 1757 Consul de

---

(*m*) Cette Branche étant éteinte, on n'a pas cru devoir produire les Actes qui prouvent cette affiliation.

(*n*) Voyez l'Arrêt du Conseil d'Etat de l'an 1743, le Contrat produit, & l'Histoire Héroïque de la Noblesse de Provence, Vol. 2, p. 211.

(*o*) Voyez l'Arrêt de maintenue & le Contrat produit.

(*p*) Voyez le Contrat produit.

France à Smirne, chargé des affaires du Roi à la Porte Ottomane, Pensionnaire de Sa Majesté, Associé de l'Académie des Inscriptions & Belles-Lettres de Paris & de celle de Marseille. Il a eu de son mariage les enfants suivans : Charles fut maintenu dans sa Noblesse d'origine par un Arrêt du Conseil du 16 Juin 1743. (*q*)

XII. Charles-Claude de Peyssonnel, Chevalier, Consul de France à Smirne, Associé & Correspondant de l'Académie des Inscriptions & Belles-Lettres de Paris & de celle de Marseille, marié avec Dame Therese-Marguerite d'*Albert*, fille de Mre Joseph-Antoine, Colonel du Corps Royal d'Artillerie, & de Dame Marguerite de Varages d'*Allemagne*, par contrat du 9 Septembre 1765.

Louis de Peyssonnel, dit le Chevalier de Peyssonnel, Capitaine Aide-Major au Régiment Royal Infanterie.

Magdelaine Bienvenue de Peyssonnel, mariée à Jean-Louis de *Clairembault*, Ecuyer, Consul de France à Seyde, morte en 1761, & Marguerite de Peyssonnel morte en bas-âge.

POCHET

LA Famille de Pochet, anciennement Pochety, est originaire du Pays de Gex, & d'une petite Ville appellée le Bain-d'Aix, près de Genève : elle est d'ancienne & noble extraction, ainsi qu'il paroît par plusieurs documens de la Communauté dudit Lieu.

I. Le premier qui s'établit à Manosque vers l'an 1486, s'appelloit Pierre. Il fut Docteur agrégé en l'Université d'Aix. Il fut pere de

II. Claude qui épousa Catherine *du Bourg* de la ville d'Aix,

---

(*q*) Voyez l'Arrêt de maintenue, le Contrat de mariage produit, & les autres piéces rélatives aux diverses commissions dont il a été chargé.

DE LA NOBLESSE DE PROVENCE.

fille de noble Jean du Bourg, Seigneur de Montagut, & sœur de la Dame d'Antelmy ; épouse du Conseiller au Parlement de ce nom. Il eut trois enfans : Gabrielle & autre Antoine. Ce dernier mourut sans postérité. Le premier étoit destiné à remplir une charge au Parlement d'Aix. Il en obtint l'agrément, & rapporta ses provisions. Il mourut à Aix avant d'être reçu. Ledit Pochet possédoit une belle maison hors la porte de la ville de Manosque. La Communauté prétendit que cette maison nuisoit à la défense de la ville en tems de guerre, & obtint un ordre en 1517 pour la faire démolir. Les hoirs dud. Claude obtinrent un Arrêt du Parlement, du mois d'Avril 1541, qui condamna ladite Communauté à leur payer le prix de ladite maison, que la Cour fixa d'office à 2650 florins, avec intérêts depuis la démolition, dommages & intérêts & dépens.

Gabriel épousa le 21 Octobre 1543 Noble Marie de III.
Chauffaud. Il est qualifié Noble dans le Contrat de mariage, ainsi que le sont ses Auteurs dans tous les Actes publics qu'ils ont passés, & dans les Registres des Paroisses. Il fut pere de

Jean premier, qui épousa Noble Honorée d'Humaine, IV.
il exerça comme ses Auteurs, les premieres Charges de la ville de Manosque, dont il étoit premier Consul en 1607. Il eut trois garçons : Jean-François, Jacques & Jean. Ces deux derniers formerent deux branches cadettes. Celle de Jacques existe encore. Il épousa Marguerite de Sellons ; Claude son fils épousa Magdeleine de Paffaire ; Joseph, fils dudit Claude, Capitaine de Cavalerie dans le Régiment de Schomberg, épousa le 10 Août 1686 Louise de Perrossi, niéce d'un Cardinal, & s'établit à Cavaillon. Magdeleine de Pochet sa Sœur, épousa Noble Louis de Blacas de la Maison d'Aups. Joseph Charles François de Pochet, fils dudit Joseph, a épousé le 20 Juillet 1765 Noble Therese de Reboul. Il a des enfans.

Ledit Jean-François, fils aîné dudit Jean premier, épousa V.

le 8 Juillet 1607 Lucrece *d'Eyroux de Pontevès*. Il eut trois garçons ; Jean-Claude, Scipion & Charles. Jean-Claude fut pourvu de la Charge de Sénéchal de St. Espain, le 4 Octobre 1664. Il fut ensuite Proto-Notaire Apostolique. Scipion fut Chanoine de la Métropole de Tours, & ensuite Prévôt du Chapitre de Candes. Il fut pourvu le 19 Décembre 1654 de la Charge d'Aumonier de *Gaston*, Duc d'Orleans, frere de Louis XIII. Il fonda une Chapelle sous le titre de Notre-Dame de Pitié, pour y être célébré une Messe, Fêtes & Dimanches, à onze Heures, dans l'Eglise Paroissiale de St. Sauveur de la ville de Manosque, & il dota cette Chapelle d'une somme de 12000 liv., par Acte du 22 Décembre 1660 (Notaire Melve). Par autres Actes des 14 & 17 Juin 1687 (Notaire Bioulles de la ville d'Aix), il donna 2400 liv. aux Jésuites de la même Ville, pour la réparation de leur Eglise. Il leur compta encore 4000 liv. pour la Fondation d'une Mission dans le lieu de St. Christol, indépendamment d'un autre don de 3000 liv. par lui fait pour la Fondation du Catéchisme dans ledit Lieu, & de 2000 liv. pour la réparation de l'Eglise dudit St. Christol, où l'on remarque les Armes de la Famille, sur la porte de ladite Eglise. Par autre Acte du 19 Octobre 1688 (Notaire Rochon) ledit *Scipion* donna pour l'aggrandissement des Paroisses St. Sauveur & Notre Dame dudit Manosque, 2200 liv. à la décharge de la Communauté. Il donna pareillement une somme pour les Orgues qui sont dans ladite Paroisse de St. Sauveur, dans laquelle on remarque les Armes de la Famille. Il donna pareillement des sommes considérables à l'Hôpital dudit Manosque.

VI. Charles fut le seul des enfans dudit Jean-François qui se maria ; il épousa le 3 Janvier 1651 (Notaire Anglesi de la ville d'Aix) Anne *de Castol*, fille de Claude *de Castol* & de Dame Gabrielle *Duperier* de la ville d'Aix. La Communauté de Manosque voulut lui contester les privileges de la Noblesse d'origine. Elle fut condamnée par un Arrêt du Conseil du 6 Juillet 1657, ensuite duquel il y eut une Sentence arbitrale, rendue dans l'Hôtel-de-Ville dudit Manosque, & enrégistrée dans les Archives de ladite Communauté, le 29 Mai 1666, par laquelle les dommages & intérêts dudit Charles furent liquidés à une certaine somme. Il donna 2600 liv. à l'Hôpital de Manosque.

Ledit Charles eut trois garçons ; Jean-Claude, Jean-François & Paul. Le premier fut marié le 8 Février 1680 avec Magdeleine *de Baudric*. Il fut reçu par Arrêt de la Cour des Comptes de Paris, du 16 Novembre 1696, dans la Charge de premier Chambellan d'Affaires de *Philipe*, Duc d'Orléans, frere unique de Louis XIV, de laquelle il avoit été pourvu le 12 Septembre précédent. Il mourut sans postérité en 1707, revêtu de cette Charge. Paul fut Chanoine de la Métropole de Tours.

VII. Jean-François, Avocat en la Cour, épousa le 7 Décembre 1681 Honnorée *de Corio*. Il fut pere de Jean-Claude, Charles, *Joseph* & Therese. Jean-Claude prit le parti de l'Eglise. Il fut Prévôt du Chapitre d'Apt. Il fut député à l'Assemblée générale du Clergé, tenue en 1735. Charles fut Officier dans le Régiment de Bigorre. Therese fut mariée avec noble Paul *de Brunet*, Seigneur de Molan, dont il est parlé dans le premier volume.

VIII. Joseph fut marié le 27 Mai 1723 avec Marie *de Burle de Champclos*, fille de Noble Pierre de Champclos, dont il est parlé dans le premier volume. Il a plusieurs enfans, dont l'aîné est

IX. Joseph-François, marié le 6 Novembre 1753 avec Therese *de Bessiere*, fille unique de Noble Jean-Joseph-François *de Bessiere* de la ville de Manosque. Il s'est établi dans Aix, où il exerce la profession d'Avocat. Il a deux filles & un garçon, Catherine-Julie, Marie-Gabrielle & Joseph-Tirse.

Il y a une Bulle de Leon X, enrégistrée à l'Archevêché d'Aix, par laquelle il est accordé plusieurs privileges à la famille de Pochet, & à celle du Bourg de Montagut.

PRIOU.

LA famille de Priou, en Italien Priuli, est originaire de Hongrie; elle fut établie l'an 1100 à Venise, où elle a donné trois Doges dans le seizieme siecle; la tradition porte que celle établie à Marseille en sort par Antoine Priuli, Noble Venitien, qui épousa à Paris la fille d'un Gentilhomme de St. Jean d'Angeen il 1550, dont il eut plusieurs enfans, l'aîné desquels, Marc se maria quatre fois, & eut de Julien, entr'autres enfans, Benjamin, Auteur d'une Histoire de France estimée, qu'il dédia à la République de Venise, qui le reconnut de la Noble famille Priuli; & Jean, fils de Julien, lequel ayant épousé Anne Courteze, fut pere d'Honoré Priou, né à Marseille en 1634; Honoré eut de Magdeleine Barbeguier, Antoine Priou, né en ladite Ville en 1665; Antoine eut de Marguerite Roman, Jean-Barthelemy, né à la Seine en 1693, lequel sans demander des lettres de réhabilitation, à cause de la dérogeance de quelques-uns de ses prédécesseurs, se fit pourvoir d'un Office de Sécretaire du Roi, près la Cour des Comptes & Finances d'Aix, & acquit en même tems les Seigneuries de Bras & de la Cadette; il eut de sa femme Magdeleine d'Allest, Gaspard-Antoine, Seigneur desdites terres de Bras & de la Cadette, né à Marseille en 1723, lequel, de Françoise-Therese Barrigue de Fontanieu, a Barthelemy-Gabriel-Augustin & Louis-Balthazard, & une fille Julie-Marie-Marguerite en bas âge.

Voyez *Nobilita Veneta*, de Thou, Baile, Moreri, la Faille aux additions aux Annales de Toulouse, & papiers domestiques.

QUEYLAR (du) ou CAYLAR.

(1) LA Maison du Queylar ou du Caylar, établie en Provence, originaire du Languedoc, a des prétentions bien fondées sur son origine commune avec celle du même nom, établie aussi dans la même Province du Languedoc, & qui est détaillée dans le septieme Volume de l'Histoire des grands Officiers de la Couronne, à l'occasion de Jean Saint-Bonnet, Seigneur de Toiras, Maréchal, & Vice-Amiral de France sous Louis XIII, premier Gentilhomme de la Chambre du Prince de Condé, Gouverneur d'Auvergne, de la Rochelle, du Pays d'Aunis, des Isles de Ré, & nommé à l'Ordre du St. Esprit en 1633, connu sous le nom de Saint-Bonnet par l'alliance que Guillaume Caylar son cinquieme ayeul contracta avec Louise de Saint-Bonnet de Toiras en 1386, lesquels noms de Saint-Bonnet de Toiras ses descendans ont joint depuis au nom du Caylar. Mais quelque fortes que soient les présomptions à cet égard, par la conformité de nom, d'armes & de Province, & par la tradition du Pays, pour ne point s'écarter de la loi que l'on s'est prescrite de n'établir les filiations qu'autant qu'elles seroient physiquement justifiées, on ne commencera celles de cette branche que depuis Jean du Caylar, en Latin *de Caylario*, ci-après :

Noble Jean du Caylar Damoiseau, & Noble Catherine de *Cabannes* son épouse, transigerent le 16 Août 1448 avec Noble Guillaume de Castillon, au sujet des prétentions que celui-ci avoit sur la moitié des biens de

---

(1.) *Cet article est tiré du sixieme Régistre de la Noblesse de France, dixieme Volume, ouvrage de Mr. d'Hozier.*

N. Jean de Cabannes, & de N. Armande du Pont son épouse, pere & mere de ladite Catherine de Cabannes. Ledit Jean du Caylar (que cet Acte présente comme le premier de sa famille établi à Gaujac, diocese d'Usez, en apprenant que les biens-fonds que lui & ses successeurs y ont possédés, venoient du chef de sa femme) est encore qualifié Noble & Damoiseau dans le testament qu'il fit le 20 Juillet 1463, par lequel il voulut être enterré dans le Cimetiere de l'Eglise Paroissiale dud. Gaujac, au tombeau de ses parens & prédécesseurs, & déclara que de son mariage avec ladite Demoiselle de Cabannes, à laquelle par ce même Acte il fit un legs qu'il assigna sur les biens de Noble Huguet du Caylar son frere, il avoit eu un fils nommé Antoine, qui va suivre, dont il la nomma Tutrice, & fit Exécuteurs testamentaires le Prieur de Gaujac, & André de Vazeles.

II. Antoine du Caylar, institué héritier universel par le testament de son pere, donna en 1503 dénombrement au Roi de plusieurs biens nobles qu'il possédoit dans la Sénéchaussée de Nismes. L'Acte en est déposé dans les Archives de cette Sénéchaussée, & est le seul qu'on ait pu recouvrer de lui. Il y a toute apparence qu'il étoit mort en 1531, lorsque son fils, ainsi qu'on va le dire, reconnut tenir du Roi des biens nobles dans la Jurisdiction de Tresques, lesquels faisoient partie de ceux dont ledit Antoine avoit donné le dénombrement en 1503. De son mariage, dont on n'a pu avoir connoissance, il eut pour fils :

III. Jean du Caylar, lequel reconnut, par Acte des 30 & 31 Août 1531, tenir du Roi à Fief franc & noble, conjointement avec Noble Jean de Virgille le jeune, une terre dans la Jurisdiction de Tresques. On le trouve nommé dans les montres & revues des Nobles de la Sénéchaussée de Beaucaire & de Nismes, des années 1534 & 1554. Il fit son testament le 12 Septembre 1572, & déclara par cet Acte être fils d'Antoine du Caylar, & avoir eu les

enfans

DE LA NOBLESSE DE PROVENCE.

enfans ci-après du mariage qu'il avoit contracté avec Demoiselle Catherine *de Virgille*, que l'on a tout lieu de croire être fille de Noble Jean de Virgille, & de Dame Antoine Blanchiere son épouse; 1. Jean qui suit ; 2. Domergue ; 3. & Blanche.

IV. Jean du Caylar, institué héritier universel par le testament de son pere, épousa par contrat du 28 Mars 1557, Demoiselle Simonne *Batailhe*, fille de Jean Batailhe, & veuve de Barthelemi de Montz. Il fit son testament le 28 Janvier 1609, par lequel il choisit sa sépulture au Cimetiere du lieu de Gaujac, au tombeau de ses ancêtres, & déclara que de son mariage il avoit eu pour enfans Pierre & Arnaud, qu'il institua ses héritiers universels, & Louise ci-après.

Pierre continua la branche aînée ; Arnaud fut auteur d'une autre branche, dont un rameau établi en Normandie finit en N. du Caylar, Seigneur de la Griolfiere, Lieutenant-Colonel au Régiment de la Reine, Infanterie, & N. du Caylar son frere, Major au même Régiment, morts l'un & l'autre sans postérité dans les guerres d'Italie en 1634 ; & Louise épousa par contrat du 14 Février 1575, Noble Etienne de Virgille, avec lequel elle vivoit encore le 28 Janvier 1609.

V. Pierre du Queylar (2) fut marié par contrat du 29 Décembre 1588, avec Dlle Marie *des Pierres*, fille de Noble Simon, & de Dame Peyronne Daumas, & étoit déja veuf lors du testament qu'il fit le 23 Juillet 1635. Il eut de son mariage ; 1. Louis qui continue la descendance ; 2. Anne, qui étoit mariée ledit jour 23 Juillet 1635 avec Noble Jacques de Virgille ; 3. Marguerite,

---

(2) *C'est ainsi qu'il écrit & signe son nom dans son Contrat de mariage. Son pere qui étoit présent signe du Caylar. Les descendans de Pierre ont constamment signé du Queylar.*

Tome III.

laquelle étoit aussi mariée à la même époque avec Noble Jean de Vacheres, l'une & l'autre nommées dans le testament de Jean du Caylar leur ayeul, du 28 Janvier 1609 ; 4. & Catherine, laquelle étoit morte, à ce qu'il paroît, lors du testament de son pere.

VI. Louis du Queylar, institué héritier universel par le testament de son pere, épousa par contrat du 24 Décembre 1623, Demoiselle Claude *du Jal*, & fut déclaré Noble & issu de Noble Race & lignée par Jugement de Mr de Bezons, Intendant de Languedoc, du 20 Décembre 1668, rendu aussi en faveur de Louis son fils, & de François du Caylar (3) son cousin ; il fut exempté, par Acte du 31 Mars 1689, du service du Ban & arriere-Ban de la Sénéchaussée de Nismes, attendu son grand âge, & reçut quittance le 27 Avril suivant de la somme de 20 livres, à laquelle il avoit été taxé pour sa contribution aux frais dudit Ban & arriere-Ban. Il avoit fait son testament dès le 12 Octobre 1670, & eut de son mariage les enfans ci-après.

1 Louis, institué héritier universel par le testament de son pere, ayant été assigné pour justifier de sa Noblesse devant Mr. de Lamoignon, Intendant en Languedoc, produisit à cet Intendant l'Ordonnance de Mr. de Bezons son prédécesseur, en date du 20 Décembre 1668, par laquelle il avoit été déclaré Noble, & issu de noble Race & lignée ; & en conséquence de cette production, il fut déchargé, le 25 Août 1697, de l'assignation qui lui avoit été donnée. Il mourut vers l'an 1705, & avoit été

___

(3) *Et François du Caylar, qui avoit été marié par contrat du* 15 *Août* 1657 *avec Dlle. Jeanne de Martinet, étoit fils de Louis, & de Dlle. Cecile Ginouse ; & ce dernier, fils d'Arnaud du Caylar & de Demoiselle Judith des Pierres , ledit Arnaud , frere de Pierre , auteur du cinquieme degré.*

DE LA NOBLESSE DE PROVENCE.

marié deux fois ; la premiere, par contrat du 8 Août 1649 avec Dlle. Anne *de Froment*, dont il n'eut point d'enfans ; & la seconde, vers l'an 1660, avec Dlle. Louise *Chabert*, dont il n'eut qu'une fille nommée Louise, mariée en 1680 avec Noble Antoine de Prunet, Seigneur de Boisset. (4)

2. Jean-Mathieu, qui continue la descendance ; 3. Pierre, mort sans alliance ; 4. Jean, Chanoine & Sacristain de l'Eglise d'Alais ; 5. Marie ; 6. & Angelique, toutes les deux mariées lors du testament de leur pere.

Jean-Mathieu du Queylar, né le 2 Avril 1637, fut VII. émancipé par Acte du 3 Octobre 1663, & marié par contrat du 14 du même mois avec Dlle. Françoise *de Ferre*, fille de Noble Pierre-Antoine, & de Dame Jeanne de la Pierre ; il fut le premier de sa famille qui vint s'établir en Provence, où il mourut le 16 Février 1624. Il eut de son mariage huit enfans, dont cinq moururent jeunes ; les trois autres furent : 1. Pierre, Religieux de l'Ordre de Cluny, Prieur de Bellenare en Bourbonnois,

―――――――――――――

(4) *De ce mariage nâquirent 1°. Jean-Joseph de Prunet, Seigneur de Soustelle, mort en 1718 sans postérité de son mariage avec Elisabeth-Engracie de Berard, fille de Marcellin, Baron d'Alais, Marquis de Montalet, & de Dame N. de la Fare. 2°. Louise de Prunet, mariée en 1714 à Jean-Baptiste du Beffand, Marquis de Lalande, Lieutenant-Général des Armées du Roi, & des Provinces d'Orléanois, Dunois & Vendomois, Gouverneur de Neuf-Brisac, morte en 1733 sans postérité. 3°. Marguerite de Prunet, mariée à Alais en 1709 à Jacques de Boreli, Marquis de Roqueserviere, morte en 1721, laissant Jean-Jacques-Joseph de Boreli, Marquis de Roqueserviere, marié en 1745 à Catherine de Raymond, fille unique de Jacques, Seigneur de Saint-Etienne de Valfrancesque, & de Dame Engracie de la Fare-La-Tour, dont il a plusieurs enfans.*

né le 8 Mars 1677, & mort en 1730 ; 3. & Angélique, mariée à Alais avec N. de Ribes, morte fans poftérité.

VIII. Jean du Queylar, né le 21 Juin 1679, époufa par contrat du 23 Juillet 1703 Dlle. Anne *de Caftillon* Cucuron, fille de Noble Jean-Jofeph & de Dame Honorade de Vincens ; il fit fon teftament le 13 Octobre 1727, & mourut le 28 Octobre 1729. De fon mariage il eut les enfans ci-après :

1. Jean-Mathieu continue la filiation.

2. Jean-Baptifte, né le 21 Juin 1712, mourut en 1750 à l'Ifle Ste. Lucie en Amérique, où il avoit été mariée avec N. Roblot, dont il eut une fille morte en 1764 fans avoir été mariée.

3. Pierre-Paul, nommé Evêque de Digne le 29 Janvier 1758, & facré à Paris le 16 Avril fuivant. Le Roi lui avoit donné, le 25 Septembre de l'année précédente, l'Abbaye de St. Urbain, au diocefe de Châlons-fur-Marne.

4. Jofeph-Hyacinthe, de la Congrégation de l'Oratoire, né le 29 Octobre 1718, mort en 1767.

5. Marguerite, née le 13 Décembre 1710, mourut le 18 Février 1762 fans avoir été mariée.

6. Gabrielle, Religieufe de la Vifitation à Digne, née le 14 Mai 1715, mourut le premier Décembre 1744.

7. Claire, mariée le 8 Juillet 1743, avec N. Gafpard de Cymon.

8. Catherine, Religieufe Bernardine à Manofque, née le 28 Mars 1723, mourut en 1753.

9. Et Marie-Therefe, née le 20 Mars 1725, mourut le 26 Septembre 1730.

IX. Jean-Mathieu du Queylar, baptifé le 24 Mars 1707, fut reçu cadet au Régiment Royal Artillerie au mois de Juin 1724, & Lieutenant au Régiment de Touraine, Infanterie, au mois de Décembre 1725. La mort de

DE LA NOBLESSE DE PROVENCE. 269

fon pere l'obligea à quitter le fervice au mois de Décembre 1729. Il époufa à Marfeille le 29 Octobre 1733, Dlle Marie-Elizabeth *du Pont*, fille de Jean-Charles, & de Dame Jeanne Roux. De ce mariage il a trois enfans; favoir :

1 Jean-Polieucte du Queylar, né le 13 Février 1737, X. reçu Conseiller au Parlement de Provence le 2 Mai 1760.

2. Jean-Jofeph-Tranquille, Chanoine à l'Eglife Cathédrale de Digne.

3. Marie-Jeanne, mariée le 26 Avril 1768 avec Noble Jean-Baptifte-François d'Eiffautier, Ecuyer de la ville de Brignoles, Capitaine au Régiment Royal Artillerie, & Gouverneur pour le Roi de la ville de Lorgues.

RAINAUD.

FAMILLE Noble & ancienne de Provence, exiftante actuellement & depuis long-tems à Salon; le plus ancien qu'on en connoiffe eft Honorat de Rainaud, qui vivoit dans le treizieme fiecle, tenant un rang diftingué dans Salon, & y poffédant des biens très-confidérables, ainfi qu'on le voit dans les Archives de cette Ville; je ne faurois cependant en donner la filiation jufques à

Mathieu de Rainaud qu'on dit être un de fes defcendants, & qui époufa le feptieme Octobre 1504 Louife de *Saxis* (Jean *Fauchier* Notaire d'Arles) dont il eut : I.

Claude de Rainaud, Ecuyer, qui le 16 Janvier 1533 II. (*Viguery* Notaire à Salon) s'allia avec Françoife de *Chabaud* ; on voit dans les écritures de Jofeph *Roche*, Notaire à Salon, que le 29 Décembre 1561, Françoife *Chabaud*, veuve de Claude de Rainaud, Ecuyer, fit fon Teftament, par lequel elle inftitua pour fon héritier :

III. François de Rainaud son fils, & dudit Claude, Ecuyer & Seigneur d'Auron ; il s'allia le quatrieme Mars 1563 avec Catherine *de Suffren* (Notaire *Testoris* à Salon.) Le vingt-cinquieme Octobre 1552 (Notaire Gervais Defas & Greffier en la Cour de Salon) François de Rainaud donna quittance à Louis Chabaud son ayeul maternel de ses comptes tutélaires. Le cinquieme Septembre 1578 (Notaire *Catrebarre* à Aix) Jean Rainaud son cousin, Conseiller au Parlement, passa obligation en sa faveur ; & enfin le 20 Janvier 1583, le même François de Rainaud, Seigneur d'Auron, reçut hommage de la Jurisdiction de l'Archevêque d'Arles, Silvin de Ste. Croix aussi Seigneur dudit Auron (Notaire *Bruni* à Arles ;) il délaissa pour fils :

IV. Etienne de Rainaud, Ecuyer, Seigneur d'Auron, Capitaine de Cavalerie ; il se distingua dans le tems de la Ligue, sous les regnes de Henri III & de Henri IV par la valeur qu'il montra au service de ses Rois. On trouve dans les écritures *d'Anglesy*, Notaire à Aix, une transaction passée le 14 Mars 1605 entre Etienne de Rainaud, Ecuyer, Seigneur d'Auron, Capitaine de Cavalerie, & Claude de Philipi aussi Ecuyer ; il eut de son mariage avec Françoise *de Guinol*

V. Cesar de Rainaud, Ecuyer, Seigneur d'Auron, qui s'allia le seizieme Juin 1641 avec Dlle. Lucrece de Cadenet (Henri *de Croix*, Notaire à Salon.) Il prit d'abord le parti du service dans la Marine où il fut fait Lieutenant de Vaisseaux. Des raisons particulieres l'ayant obligé de quitter ce service, il passa à celui de terre ; il devint Capitaine & Major d'Infanterie ; c'est en cette qualité qu'il se distingua si fort aux sieges de Cazal & de Corbie, qu'il mérita que le Roi ajoutât à ses armes trois fleurs de lys. On trouve à la date du 11 Octobre 1638 (Notaire Cazalet à Salon) un acte de reconnoissance passé par Louis d'Isnard, Ecuyer, à César de Rainaud, Ecuyer, Seigneur d'Auron, Homme d'Armes de la Garde ordinaire du Roi. Il eut pour fils

VI. Charles de Rainaud, Ecuyer, qui, de son mariage avec Louise Michel *de Jean*, eut pour fils

VII. Claude de Rainaud, Ecuyer, qui épousa le quinzième Octobre 1725 Dlle. Elisabeth *de Rousier* (Notaire *Attenoux* à Salon) dont il eut Noble Cesar-François de Rainaud, Chevalier, actuellement vivant à Salon sans alliance.

RAISSON.

LA Famille de Raisson, anciennement Raissoni, est originaire de la Ville de Toulon.

I. Noble Jacques de Raisson, qui en avoit été premier Consul, eut quatre enfans : 1 Guillaume qui suit ; 2. autre Guillaume mort sans alliance ; 3 Honoré, pere d'Isabelle de Raisson, mariée en 1472 avec Noble Jean III *de Gantès*, fils de Noble & Egregé Seigneur Pierre, & de Louise *de Cuers*, ainsi qu'il conste par Transaction du 5 Décembre 1506, (Marc Salvatoris, Notaire à Toulon) ; 4 Pierre.

II. Noble Guillaume de Raisson, épousa en premieres nôces Clémence *de Pierrefeu*, fille de Noble Jacques, Co-Seigneur de Pierrefeu, & eut pour seconde femme, Noble Isabeau *de Angelo*, qui à la mort de son mari arrivée en 1530, fut chargée de la tutelle de Jacques, Thomas, Etienne, Guillaume, & Antoine qui suit, comme il conste par l'Acte du 14 Octobre 1530, (Notaire Cabasson.)

III. Noble Antoine de Raisson, épousa Dlle. Dousolinnes *de Pierrefeu*, fille d'Egregé Jacques II, Coseigneur en la majeure partie dudit lieu, & de Noble Antoinette *de Clapiers*, (Acte du 6 Mai 1489, Notaire Fatiers de Pierrefeu.) Il eut pour fils :

IV. Noble Louis de Raisson, qui transigea le 1 Février

1538, riere un Notaire de Cuers, avec fon coufin Aymar, Seigneur de Pierrefeu, pour la dot de fa mere; il eut pour fils:

V. Noble Honoré de Raiffon, qui de fon alliance avec Jeanne *Aufrede* (Acte du 15 Décembre 1510,) eut pour fils:

VI. Noble Jean de Raiffon, qui eut commiffion le 15 Mai 1587, de Mr. de la Valette, Commandant général de l'Armée du Roi en Provence, de lever une Compagnie de 100 hommes d'Armes, tous bons foldats & aguerris, pour les commander, *fe confiant à fa longue expérience*, portent les lettres fignées la Valette, & fcellées du fceau de fes Armes; il époufa Catherine *Fillot*, fille de Jean-Antoine, & de Jeanne *de Cuges*, fuivant le contrat civil du 26 Octobre 1554, (Notaire Paves, à Toulon) dont il eut:

VII. Noble Louis II de Raiffon, Confeiller du Roi, & Lieutenant-général de la Marine & Amirauté du Levant au Siege & reffort de la ville de Toulon, qui époufa en premieres nôces Marguerite *de Grimaud*, fille de Gafpard, Ecuyer, & de Louife *d'Amalric*, (Acte du 7 Juin 1615, Notaire Prepaud à la Ciotat,) de laquelle il eut Noble Jofeph, & en fecondes, Françoife *de Thomas*, fille de Noble Louis, Seigneur de Valderdene (Acte du 27 Avril 1619, Notaire Vacon à Toulon,) de laquelle il eut:

VIII. Noble Gafpard de Raiffon, Ecuyer, Seigneur de Valderdene, qui eut pour Femme en premieres nôces, Catherine *de Maliverny* (Acte du 9 Décembre 1640, Notaire Darbes à Aix,) & de fon fecond Mariage, Lucrece *de Thomas*, (Acte du 21 Novembre 1651, Notaire Jacques Bofquet de Toulon.)

VIII. Noble Jofeph de Raiffon, Seigneur de Valderdene, fils du premier lit de Noble Louis II de Raiffon, n'eut point d'enfans de fon premier Mariage avec Louife *de Monier*, fille de Noble François, Seigneur de Châteauvieux, & de Claire de Badier (Acte du 7 Mai 1670, Notaire Berenguier

guier à Carnoulles.) Il eut seulement d'un second Mariage avec Anne *d'Isnard*, Veuve de Noble Charles d'Arbaud, fille de feu Noble Jean & de Magdeleine *de Maynier*, (Acte du 20 Août 1684, Notaire Vialis de Toulon) une fille unique, Magdeleine de Raisson qui hérita des biens de cette maison, & de ceux de Noble François de Raisson son cousin germain (Testament du 5 Novembre 1746, Notaire Julienne de Toulon.) Elle fut mariée à Noble Joseph *de Grisole*, par Contrat civil du 8 Mars 1707, (Notaire Berenguier à Carnoulles.)

IX. Noble François de Raisson, fils du second lit de Noble Gaspard, & de Lucrece *de Thomas*, épousa Gabrielle *de Lardeil* le 18 Août 1681, qui lui donna pour fils Noble François de Raisson, mort sans postérité le 4 Mars 1749, n'ayant point eu d'enfans de son mariage avec Lucrece *de Barthelemi de Ste. Croix* (Acte du 2 Février 1718, Notaire Mouton à Toulon.)

Cette Famille a été maintenue en sa Noblesse par Jugement de M. Lebret, Intendant de Provence, du 21 Septembre 1693, rendu en faveur de Joseph & François de Raisson, signifié aux députés par le Roi pour la recherche des faux Nobles, & sur le vu des anciens Titres représentés long-tems avant le tems fixé par la Déclaration du Roi.

RIVETTES.

LA maison de Rivettes, originaire du Dauphiné, tient un rang dans le nombre des plus anciennes & des plus illustres du Comté Venaissin; elle est connue depuis que les noms sont fixes & héréditaires dans les familles.

I. Raimond de Rivettes, le premier dont on ait connoissance, est témoin dans un Chartre du Chapitre de St. Just en Dauphiné, de l'année 1292, dans laquelle il est qualifié Noble & Chevalier. A l'exemple de ses ancêtres il se distingua dans les Croisades avec les autres Gentilshommes du Dauphiné ; il mourut à Rebiés dans le Dauphiné ; & l'on trouve dans l'ancienne Paroisse de ce lieu, & sur une pierre, cette épitaphe : *Hic jacet nobilis ac generosus vir Raymundus Rivette, Miles.* Il eut de sa femme *Pontia* :

II. Bertrand de Rivettes, Chevalier, qui s'allia l'an 1336 avec Alix *de Podio*, qui lui apporta les Seigneuries de Lauriol & de Ferrassieres, comme il conste par les hommages qu'il prêta au Seigneur de Montbrun à la maniere des Nobles. Il eut pour fils :

III. Simon de Rivettes, Damoiseau de Montbrun, Seigneur de Lauriol & de Ferrassieres, qui fut marié avec Beatrix *Goffridy*, fille de Bertrand Damoiseau, l'an 1369 (Pierre Bellaudi Notaire ;) il transigea l'an 1386 avec Noble Antoine des Achards (Prata Notaire.) Il eut de son mariage 1. Allemand qui suit ; 2. Bertrand, qui eut en partage la Seigneurie de Lauriol, tige de la branche de Malaucene ; 3. Pierre, Avocat & Procureur-Général du Comté Venaissin.

IV. Allemand de Rivettes, Damoiseau, se maria l'an 1403 avec Catherine *des Baux*, fille de Guillaume, des Princes d'Orange, Seigneur de St. Roman & de Mallegarde ; il eut de son mariage 1. Jean, mort sans postérité ; 2. Siffrein qui suit, & 3. Gabriel, Chevalier de St. Jean de Jérusalem, ces deux derniers, héritiers institués de Noble & puissant homme Guillaume des Baux d'Orange leur ayeul maternel, fils de Giraud des Baux, & de Marquise *d'Ancezune*, à la charge de porter son nom & armes, par testament du 27 Avril 1424 (Jacques Bastide, Notaire de Visan.) Allemand de Rivettes Damoiseau prêta hommage des Terres de St. Roman & Mallegarde l'an 1427, comme il conste par le livre des hommages de la Chambre de Carpentras ; il fit bâtir la Tour, & fortifier St. Roman l'an 1428. Il fonda une Chapelle dans le

Couvent des Augustins de Pernes, sous le titre de St. Joseph, qu'il dota l'an 1435 : l'on y voit encore des écus aux armes de Rivettes, & un ancien mausolée où il fut enterré avec Catherine des Baux sa femme. Il fit son testament l'an 1430 (Notaire Bertrand Patris), & son codicile le 16 Mars 1432 (Notaire Pierre Fabry), dans lesquels il institue Siffrein de Rivettes des Baux son héritier, & laisse une pension annuelle à Gabriel de Rivettes, Chevalier de St. Jean de Jérusalem, son autre fils.

Allemand de Rivettes fut plusieurs fois Consul de Carpentras, du même rang que l'ont été ses descendants ; il assista à toutes les assemblées des Barons du Comté Venaissin, & prit si fort les intérêts de la Province, qu'il en fut nommé Syndic des Vassaux. Il transigea avec Magdelaine des Baux sa tante, pour les biens qu'avoit eu Guillaume son beau-pere, de Giraud des Baux des Princes d'Orange. Cet Acte fut passé dans la Cour de l'Evêché en l'année 1427, écrivant Imbert Speroni, Notaire & Secretaire de ladite Cour.

Enfin, Allemand de Rivettes divisa au nom de Catherine des Baux sa femme, & de ses enfans, devant les Officiers de la Chambre Apostolique, l'an 1430, tous les biens qu'avoit délaissé Guillaume des Baux sur la Principauté d'Orange, par Acte passé devant Bertrand Patris, Notaire Apostolique & Impérial.

Siffrein de Rivettes des Baux, Damoiseau de Bonieux, V. Baron de St. Roman & de Mallegarde, Seigneur de Ferrassieres, fut marié l'an 1466 & le 16 du mois de Septembre (Pierre Fabry, Notaire), avec Catherine de Podio, fille de Bertrand Damoiseau. En 1472 il donna plusieurs biens à nouveau bail dans le territoire de ses Seigneuries, comme il conste par les écritures de Bonety, Notaire. Il eut de son mariage 1. Jean qui suit ; 2. Estienne, Chevalier de St. Jean de Jérusalem, comme il conste par une obligation qu'il passa avec son frere le 10 Janvier 1518, & par plusieurs autres actes ; 3. Louise, mariée à Noble Bertrand Fabry, Ecuyer de Vaison; 4. Jeanne, alliée à Noble Antoine Ollong de la ville de Carpentras habitant à Bonnieux; 5. Anne, femme d'Antoine de Pol, Seigneur d'Hautefeuille & de St. Tronquet; 6. & Jeanneté, mariée à Noble Isnard, d'Isnard Damoiseau de Mallemort.

VI. Jean de Rivettes des Baux, Ecuyer, Baron de St. Roman & de Mallegarde; s'allia avec Catherine *de Ferres*, fille de Galliot, Seigneur en partie d'Agout, l'an 1515 (Prepositi, Notaire de Cavaillon), dont il eut quatre fils; 1. Clement; 2. Jean; 3. Thomas qui suit; 4. & François, en faveur desquels il disposa de ses biens le 4 Septembre 1552 (Luquin Sirejanis, Notaire de Bonieux.) Clement qui fut Gouverneur d'Opede, Seigneur de St. Roman & de Mallegarde, se maria l'an 1556 (Blanchardy, Notaire), avec Françoise *de Perussis*, fille de Jean, dont il eut Jean, marié à Sibille *des Armands*, fille de Jean, Seigneur de la Bastide Renoard, l'an 1574 (Antoine Teste, Notaire.) Jean eut pour fils Jean-Paul, dont on a plusieurs ouvrages fort estimés. Ayant embrassé la Religion prétendue réformée, il alla s'établir en Allemagne, où il fut Ministre, & ensuite Ambassadeur auprès d'un Souverain protestant. Jean 2. s'allia à Marguerite *de Maurel* en 1566 (Notaire, Jacques Blanchardy,) de laquelle il eut : 1. Jean; 2. Jacques; 3. Catherine, en faveur desquels il disposa de ses biens en 1575, (Notaire Vitalis.)

Jean de Rivettes fut tué dans une affaire particuliere, comme il conste par une lettre du 8 Mai 1601, adressée à Dom Jacques de Rivettes son frere, Religieux de St. Victor-lès-Marseille. Louise, Catherine, Honorade, Magdelaine, Marie, Ursule & Marguerite de Rivettes, toutes Religieuses dans differens Monasteres du Comté Venaissin, ou mariées dans de bonnes maisons.

François se maria avec Louise *de Pellissier*, fille d'An-

DE LA NOBLESSE DE PROVENCE. 277

toine, & de Jeanne de Trapar, fœur de Jean de Pellissier, Evêque d'Apt, dont il eut Jacques, Capitaine de cinquante hommes d'armes; & Jean-Thomas, Grand-Vicaire & Official de son oncle.

VII. Thomas de Rivettes des Baux, Ecuyer de Bonieux, s'allia avec Louise *de Goffridy* sive *Jouffrois*, fille de Noble Barthelemy, Ecuyer, le 15 Avril 1556 (Jacques Blanchardy, Notaire.) Il testa le 2 Novembre 1602 (Barthelemy Blanqui, Notaire,) en faveur de Fabrice qui suit, & Barthelemy.

VIII. Barthelemy de Rivettes, fils puîné de Thomas, fut marié le 9 Janvier 1594 (Antoine Vitalis, Notaire de Bonieux,) avec Noble Michele d'Inguinbert, fille d'Antoine, & de Noble Delphine de Braides; on croit que c'est ce même Barthelemy de Rivettes qui avoit eu une partie de Jurisdiction, avec haute & basse Justice, dans le terroir de Bonieux, que ses descendans ont laissé perdre, comme on l'induit d'un acte passé entre Barthelemy de Rivettes, & Capitaine Barthelemy Chapoutel, le 14 Novembre 1603 (Ourcel, Notaire Apostolique & Royal des droits Seigneuriaux.) Il fit son testament l'an 1632 (Notaire Pierre Gasin de Bonieux.) Il eut de son mariage Jean-Antoine qui suit; Fabrice dont j'ignore la destinée; & Louise, mariée à Pierre de Massan, Ecuyer.

IX. Jean-Antoine de Rivettes fut marié, par contrat passé devant Barthelemy Blanquy le 11 Septembre 1614, avec Isméria *de Fabry*, fille de Noble Nicolas, & de Noble Jeanne *de Gaste*, de laquelle il eut Nicolas, Fabrice, & Marc de Rivettes, dont j'ignore la destinée; Barthelemy II qui suit; & Jeanne, mariée à Noble Guillaume de Lordonnet, Ecuyer de la ville d'Apt.

X. Barthelemy II de Rivettes, Chevalier, fut marié avec Dlle. Marie *de Gugon*, fille d'André, Ecuyer d'Apt, le 9 Novembre 1661 (Notaires Elzear des Michels & Joseph

XI. Blanquy,) dont il eut François, Jean-Baptiste, & Joseph ; il se maria en secondes nôces avec Dlle Marie *de Carbonel*, dont il eut François, mort en bas âge, & Jean-Baptiste qui se distingua par sa piété. Il fonda une Mission à Bonieux en 1749 (André, Notaire,) & laissa à sa mort un bien considérable au Seminaire de St. Charles de la Croix d'Avignon, pour l'éducation des Ecclésiastiques de sa patrie. Ainsi finit cette branche.

VIII. Fabrice de Rivettes des Baux, Ecuyer de Carpentras, & fils aîné de Thomas, fut marié avec Catherine *de Blanchety de Clericis*, de l'illustre maison de ce nom, le 22 Février 1594 (de Cohorne, Notaire.) Il fit son testament l'an 1651, en faveur de Jean-Thomas qui suit, & de Pierre, d'abord destiné à être Chevalier de Malthe, & qui se réfugia en Hollande pour un combat singulier, dans lequel il avoit tué son adversaire ; il se retira ensuite dans sa patrie Lieutenant-Colonel des troupes de la République. Fabrice de Rivettes fonda en partie le Couvent de l'Observance, dans le Chœur duquel il fut enterré avec cette inscription : D. O. M. *Hic jacet Nobilis ac magnificus Dominus Fabricius de Rivettes de Baucio, Eques.*

IX. Jean-Thomas de Rivettes des Baux, Seigneur de Villemiane, Chevalier, fut plusieurs fois second Consul de Carpentras, du rang des Gentilshommes. Il fut marié le 11 Avril 1630 (Charles Salvatoris, Notaire) avec Anne *des Armands*, fille de Noble Jean-Thomas, Ecuyer, dont il eut 1 Dominique-Ignace ; 2. Joseph-César ; 3. Jean-Baptiste ; 4. Marguerite-Genevieve, mariée à Mre. François d'Andrée, Seigneur de Venasque & St. Didier ; 5. Therese, mariée à Arlaud des Martins, Ecuyer de l'Isle, & quatre autres filles Religieuses.

X. Dominique-Ignace fit alliance avec Françoise *de Laugier*, de laquelle il n'eut point de postérité.

X. Jean-Baptiste de Rivettes des Baux, Chevalier, servit d'abord aux cadets Gentilshommes de Valenciennes ; il se retira à Bonieux, où il se maria l'an 1699 avec Elizabeth *de Boyeri*, dont il eut 1. Jean-Baptiste; 2. André-François, Abbé de Rivettes; 3. Marguerite, vivant sans alliance.

XI. Jean-Baptiste II du nom, qualifié Chevalier & Baron, a laissé de son mariage avec Dlle. Marianne de Bernard plusieurs fils, petits-fils & Demoiselles reçues dans le Chapitre noble Ordre de Chevalerie & College de la Noblesse, l'aîné desquels nommé Jean-Baptiste Marie de Rivettes, Baron de Rivettes & de la Garde, Capitaine à la suite des Chevaux-Légers du Roi, qui a deux fils de Dlle. Jeanne Pauline de Puget-Barbentane des Marquis de Bras.

BRANCHE des Seigneurs de Villemiane.

X. Joseph-César de Rivettes des Baux, Seigneur de Villemiane, second fils de Jean-Thomas, servit avec son frere Jean-Baptiste aux cadets Gentilshommes, d'où il sortit pour être Cornette au Régiment de Mirepoix; il se retira à Pernes, où il mourut. On y trouve dans l'Eglise paroissiale une épitaphe qui fut mise sur son tombeau, conçue en ces termes: *Hîc jacet nobilissimus, perillustris ac magnificus D. D. Josephus-Cæsar de Rivette de Baucio Eques & Dominus de Villemiane; obiit* 1718. Il avoit épousé Philis *de Sainte-Marie*, dont il avoit eu 1. Jean-Bernard; 2. Jean-Baptiste; 3. Marguerite, & deux filles Religieuses aux Maries de Carpentras.

XI. Jean-Bernard servit dans la seconde Compagnie des Mousquetaires du Roi, où il mourut jeune. Jean-Baptiste mourut au Noviciat des Jésuites; & Marguerite de Rivettes, Dame de Villemiane, qui hérita de son pere de grands biens, se maria à Mre. Joseph des Armands, Marquis d'Alançon, Seigneur de la Bastide & Huisse, Mestre de Camp du Régiment de Conti.

ROVERE.

CETTE maison est sans contredit une des plus anciennes & des plus illustres de l'Europe ; elle a donné deux Papes à l'Eglise, des Princes Souverains à l'Italie, une infinité de Cardinaux, d'Evêques, des Comtes de Lyon, des Doges à la République de Gênes, & des Chevaliers des Ordres les plus distingués de l'Europe. Elle a été divisée en plusieurs branches établies en Piémont (d'où elle est originaire) dans l'Etat de Gênes, à Venise, en France & dans le Comtat Venaissin. Cette derniere remonte, par une filiation non interrompue, jusques à Pierre de Rovere Gentilhomme Piémontois, l'un des principaux Chevaliers de la Cour de Charles second, Roi de Sicile & Comte de Provence. Ses faits d'Armes, & son talent pour la Poésie Provençale, lui attirerent l'amitié du Prince. Il épousa Adelasie Carraciolo dont le pere suivoit aussi la Cour du Roi de Sicile ; ses fils imiterent ses vertus. Aimon se distingua à la Cour de Naples, & Elie à celle de France, il est mentionné dans plusieurs montres d'Armes du Connétable du Guesclin. Guillaume son petit-fils fut Gouverneur de Tarascon ; la Reine Jeanne lui donna en 1383 une pension de cent florins d'or, sur la communauté des Juifs de Draguignan : ce don devoit rester à perpétuité dans sa maison ; ses descendants en ont effectivement joui, comme il est prouvé par les acquits concédés par Pons, & Antoine de Rovere, jusques à l'expulsion de cette race proscrite.

Antoine de Rovere, Ch. Co-seigneur d'Agoult, fut pourvu au commencement du quinzieme siecle, de la charge de Châtelain de Bonnieux. Il y acquit des biens, & sa postérité y fixa sa demeure : elle y a soutenu depuis

DE LA NOBLESSE DE PROVENCE.

cette époque, sa Noblesse par des services militaires, & par des alliances distinguées. Joseph-Dominique de Rovere, Chevalier, Seigneur de la Ramede, fut maintenu par sentence contradictoire de l'Auditeur Général de la Légation d'Avignon, en date du 26 Juin 1730, dans son ancienne Noblesse; ce Jugement décide que les noms de Rovere ou Royere que ceux de cette Maison ont pris quelquefois dans leurs Actes, depuis leur rédaction en François, étoient identiques; que leur filiation & leur Noblesse étoient prouvées jusqu'à Pons de Rovere, Chevalier de Pertuis, vivant au commencement du quinzieme siecle.

Cette branche est représentée, par Joseph-Stanislas-François-Xavier-Alexis de Rovere St. Marc, Chevalier, Marquis de Fonvieille, Seigneur de la Ramede, de Claret & du Villars-lès-Gap, ci-devant Mousquetaire du Roi dans la premiere Compagnie.

Et Simeon-Stilite-François-Regis de Rovere Fonvieille, Prêtre licencié en Droit, Vicaire Général du Diocese d'Apt, né en 1756.

Les Armes, d'azur, au chêne d'or, à quatre branches entrelassées en sautoir, glanté aussi d'or, telles qu'on les voit au Palais Apostolique & sur la façade de celui de l'Archevêque.

ROUX BONNEVAL.

IL est de notre devoir de rectifier dans ce Supplément l'énoncé dont on s'est servi dans le second Volume de cet Ouvrage au sujet de cette Famille. La Maison de Roux des Seigneurs de Bonneval, Marquis de la Fare, est incontestablement une Branche cadette de celle de Ruffi en latin, ou de Roux des Seigneurs de Lamanon, Beauvezet, & Aurons, séparée de la branche *dite de Lamanon* en la personne de Louis Roux marié à Salon en 1564.

On ne s'arrêtera pas à prouver la Noblesse de cette Famille reconnue très-anciennement pour Noble en Provence, depuis l'assistance de Poncet Ruffi, comme Co-Seigneur de Lamanon, *pour lui, & ses hommes*, aux États généraux de Provence en 1390, qui a été dans cette Province, le fondateur de cette Famille : mais on se bornera, pour remplir l'objet qu'on se propose, de remonter à l'époque de la naissance de la Branche de Roux, des Seigneurs de Bonneval, Marquis de la Fare, & d'observer à cet effet, que

IV. Jean Ruffi III. du nom, Co-Seigneur de Lamanon, arriere petit-fils de Poncet Ruffi, & fils d'autre Jean Ruffi, & de Thomine Bieshs, épousa à Salon en 1503. Jeanne Guiramande, dont il eut 4 garçons, Claude, François, Jean, & Louis, & plusieurs filles.

Il fit son testament en 1538. institua pour son héritier, Claude son fils aîné, & fixa la légitime de ses autres enfants, les substituant tous, les uns aux autres.

Claude Ruffi ne fut jamais marié ; il fit son testament en 1546. nomma pour son héritier François son

DE LA NOBLESSE DE PROVENCE. 283

frere puîné, & fit des legs particuliers, à Jean, & Louis, ſes autres frères.

François étant mort ſans laiſſer d'enfants, Jean ſon frere recueillit ſa ſucceſſion, & continua à Salon la Branche *dite de Lamanon*, qui finit en la perſonne d'Honnorade de Roux, fille de François de Roux, Seigneur de Lamanon, & de Sibille de Roſtaing, qui épouſa ſon couſin, François de Roux, Seigneur de Beauvezet en 1679.

V. Louis Ruffi ou de Roux, quatrieme fils de Jean Ruffi III. du nom, Co-ſeigneur de Lamanon, & de Jeanne Guiramande, épouſa à Salon, en 1564. noble Melchionne de Res; & n'ayant jamais été que ſimple légataire de ſon pere & de ſes freres, de très-modique ſomme, il vint s'établir à Marſeille, où il négocia; il y fit ſon teſtament en 1584. par lequel il nomma pour ſon héritier univerſel Pierre ſon fils; il y mourut, ce qui eſt juſtifié, d'après ſon extrait mortuaire, dépoſé au Greffe de la Sénéchauſſée.

VI. Pierre de Roux, fils de Louis & de Melchionne de Res, épouſa à Marſeille Demoiſelle Marguerite Emerigue en 1594. il continua à Marſeille le commerce de ſon pere, toujours en gros & jamais en détail.

Il fit ſon teſtament en 1641. par lequel il inſtitue pour ſes héritiers univerſels par égales parts & portions, Nicolas & Acace de Roux ſes fils.

Nicolas ſon fils aîné mourut ſans poſtérité.

VII. Acace de Roux, Seigneur de Bonneval, fils cadet de Pierre & de Marguerite Emerigue, épouſa à Marſeille Demoiſelle Claire Olive en 1626. Il eut de ce mariage: 1. Nicolas de Roux qui ſuit; 2. François de Roux, marié à Dlle. N... de Village; 3. Antoine de Roux, marié à Dlle. N... de Maroty; 4. Acace II. de Roux, marié à Dlle. Thibaud; 5. Dlle. N... de Roux, mariée à noble N... de Sommaty, Écuyer, de Marseille; 6. Dlle. N... de Roux, mariée à noble N.... de Savignon, Écuyer, de Marseille.

Il acheta le Fief de Bonneval en 1661. de Mr. de Lauris, Seigneur de Taillade, & en fit hommage au Roi en 1668. pardevant la Chambre des Comptes, où l'on trouve successivement, depuis cette époque, les différents hommages des descendants dudit Acace.

En 1666. il passa quittance publique à François de Roux son cousin, Seigneur de Lamanon, de telle somme, qui restoit encore due, pour la légitime de son grand-pere Louis Ruffi, sur les biens de Jean Ruffi son pere & Jeanne Guiramande sa mere, dont procès avoit resté pendant, entre les deux familles, jusqu'à ce terme.

Il fit son testament solemnel en 1664. enregistré, riere Notaire en 1670. & il y dénomme tous ses enfants, ci-dessus désignés; nomme pour son héritier universel Nicolas son fils aîné, & substitue à tous ses biens, par ordre de primogéniture, ses trois autres enfants.

VIII. Nicolas de Roux, Seigneur de Bonneval, fils aîné d'Acace & de Claire Olive, épousa à Marseille, Lucrece de Valbelle des Seigneurs de Montfuron, en 1661. de laquelle il eut 1. Joseph-Benoît qui suit ; 2. Cecile de Roux, mariée à noble César de Renaud, Marquis d'Alein.

Il fut premier Echevin à Marseille en 1669.

Il acheta de son beau-frere Leon de Valbelle, la charge de Lieutenant Général de l'Amirauté de Marseille en 1674.

Il fit son testament solemnel en 1676. enregistré même jour, par lequel il institue son héritier universel Joseph-Benoît de Roux son fils.

IX. Joseph-Benoît de Roux, Seigneur de Bonneval & de la Fare, fils de Nicolas & de Lucrece de Valbelle, fut reçu Conseiller au Parlement de Provence en 1694.

DE LA NOBLESSE DE PROVENCE.

Il eut de son mariage avec Demoiselle Julie-Adelaïde-Magdelaine de Forbin d'Oppede, 1. Pierre-Joseph-Hilarion qui suit; 2. Charles-Gaspard-Tranquille, Capitaine au Régiment de Navarre, mort en 1742; 3. Therese-Victor-Constance, Lieutenant-Aide-Major des Galeres du Roi, mort en 1744; 4. Jean-Baptiste-Hipolite-Fortunat, Colonel de Dragons, au service d'Espagne, encore vivant.

Nicolas son pere ayant été attaqué par le Fermier du Roi, pour le droit de Franc-Fief sur la Terre de Bonneval, peu de temps avant sa mort; d'après la requête de Lucrece de Valbelle, sa veuve, tutrice administratrice des biens de son dit fils Joseph-Benoît, présentée à Mr. de Morant Intendant en Provence, ledit Intendant rendit son Jugement définitif en 1681 en faveur dudit Joseph-Benoît, dans lequel sont relatés tous les titres qui justifient sa descendance & filiation, de Jean Ruffi, Co-Seigneur de Lamanon en 1503.

Joseph Benoît acquit la Terre de la Fare en 1710. qu'il retint par retrait-lignager de Mr. Boyer, qui l'avoit acquise de Mr. le Marquis de Forbin-d'Oppede son beaufrere.

Cette même Terre fut érigée en Marquisat par le Roi en 1768. en faveur de Pierre-Joseph-Hilarion de Roux, son fils, qui suit.

Il fit son testament en 1719. dans lequel il nomme ses quatre enfants, désignés ci-dessus.

Pierre-Joseph-Hilarion de Roux, Seigneur de Bonneval, X. Marquis de la Fare, retiré, du Régiment du Roi Infanterie, avec le Brevet de Lieutenant-Colonel d'Infanterie, Chevalier de l'Ordre Royal & Militaire de St. Louis, a épousé à Paris en 1733. Demoiselle Marie-Élisabeth du Trousset d'Héricourt, dont il a eu : 1. Charles-Marie-Joseph-Benigne-Isidore, qui suit.

2. Charles-Benigne-Meriadec, Capitaine des Vaisseaux du Roi, Major de la Marine à Toulon, qui a épousé, à Marseille, en 1774, Demoiselle Magdelaine de St. Jacques, dont il a un garçon nommé Hipolite, & une fille.

3. Sixte-Louis-Constance, Chanoine de l'Église de Paris, nommé à l'Evêché de Senès, par le Roi, en 1782, qu'il refusa par raison de mauvaise santé.

4. Jean-Baptiste-Scipion, Chanoine de l'Église d'Aix.

Ledit Pierre-Joseph-Hilarion ayant été de nouveau attaqué à la mort de son pere par le Fermier du Roi pour le droit de Franc-Fief, obtint un Jugement favorable de M. le Bret Intendant en 1731. mais ledit Intendant n'ayant pas le pouvoir de statuer sur la Noblesse du suppliant, il se pourvut au Conseil du Roi; & d'après une déclaration authentique passée riere Notaire, le 6. Décembre 1731. par Messire François de Roux, Seigneur de Beauvezet & de Lamanon, pour lors Chef de la Famille de Roux, résidant à Salon, qui déclare & reconnoit, que la Famille de Roux des Seigneurs de Bonneval, est la même que la sienne, toutes deux issues du même tronc, ayant toujours porté les mêmes armes; & d'après l'exposé des Titres produits, le Conseil du Roi rendit un Arrêt, & Lettres-Patentes sur icelui données à Compiegne le 19 Juin 1733. enregistrées au Greffe Civil du Parlement de Provence, qui *confirment, maintiennent & gardent*, ledit noble Joseph-Hilarion de Roux, Seigneur de Bonneval & de la Fare, dans sa Noblesse, d'ancienne extraction, lui & ses descendants nés & à naître.

Ledit Pierre-Joseph-Hilarion fut nommé Syndic de la Noblesse en 1770.

XI. Charles-Marie-Joseph-Benigne-Isidore de Roux, Seigneur de Bonneval, Marquis de la Fare, retiré du Service, Lieutenant des Vaisseaux du Roi, Chevalier

DE LA NOBLESSE DE PROVENCE.   287
de l'Ordre Royal & Militaire de St. Louis, fut nommé Syndic de la Noblesse en 1774. Il a épousé en 1769. Demoiselle Angelique de Vento des Pennes, de laquelle il a un garçon, nommé Marie-Louis-Hilarion, Sous-Lieutenant au Régiment du Roi, Infanterie.

ROUX

Des Comtes de Laric.

LA Maison Ruffo, connue en Provence sous le nom de Roux, est des plus anciennes & des plus illustres d'Italie. Les divers titres que nous nous sommes procurés depuis l'impression du second Volume de cet Ouvrage, nous ont mis en état de rendre un compte plus exact de cette Famille, & de réparer quelques erreurs dans lesquelles nous étions tombés. Nous nous contenterons cependant d'en faire remonter la filiation jusques aux ayeux les plus proches du chef de la Branche qui s'établit en Provence, qui y passa à la suite de Jeanne, premiere du nom, Reine de Naples & de Sicile, Comtesse de Provence environ l'an 1347.

Différentes Branches des RUFFO en Italie.

La Maison Ruffo a été divisée eu plusieurs Branches dans les Royaumes de Naples & de Sicile. Elle y a possédé successivement les Fiefs & Seigneuries de Girace, de Policastro, de Nicotera, de Dimaïda, d'Astromanta, de Bagnara, de Bubulino, de Pallicio, de Capistrola, de Corbaro, de Carrecciolo, d'Oppido, & de Ste. Christine; les Comtés de Gatanzaro, de Cazerte, de Sinopoly

DE LA NOBLESSE DE PROVENCE.

poly, & de la Ricia ; le Marquisat de Licondia & les Principautés de Scilla, de Palezollo & de la Guarde de Lombardie, possédées encore aujourd'hui par Fouquet-Antoine Ruffo, chef des Branches d'Italie.

Nous voyons que Roger Ruffo a été Gouverneur de al Pouille dans l'onzieme siecle.

Pierre Ruffo a été créé Cardinal par le Pape Gelase II en 1318 ; Thomas Ruffo le fut en 1706 par Clément XI ; il est mort Doyen du Sacré College. Antoine Ruffo fut créé Cardinal en 1743 par Benoît XIV.

On voit dans le Testament de l'Empereur Frederic, du 17 Décembre 1250, Pierre Ruffo de Calabre, grand Maréchal, ainsi que Fouque Ruffo. Ils furent tous les deux les Conseillers intimes de ce Prince. L'attachement de Pierre Ruffo aux intérêts des Papes Alexandre IV & Urbain VI, lui fit perdre en 1256 la charge de Maréchal Général de Sicile, & sa qualité de Comte de Catanzaro, le parti des Gibelins ayant été plus fort que celui des Guelfes, à la tête desquels étoit Pierre Ruffo.

Bernard, Fouque, Guillaume, un autre Fouque & Boemundo Ruffo ont été Vice-Rois de Calabre. La Sicile a eu pour Vice-Rois Ricard & Fouque Ruffo.

Un autre Fouque Ruffo a été Maréchal du Royaume.

Le Milanés a eu pour Gouverneur, Valere Ruffo.

Guillaume, Roger & Fouque Ruffo, freres, furent tous Chambellans du Roi Robert. Le même Guillaume fut encore Grand Ecuyer de Charles, Duc de Calabre, fils aîné du Roi Robert.

Enfin Guillaume Ruffo, bisayeul de Fouque Antoine, Prince de Scilla & de Palezollo, Duc de la Guarde de Lombardie, aujourd'hui vivant, fut décoré de l'Ordre de St. Janvier.

Cette Maison compte seize Barons ou Comtes de Sinopoly, sept Princes de Scilla & de Palezollo ; elle est alliée aux plus grandes maisons de l'Europe. En voilà assez pour faire connoître son ancienneté & son illustration.

HISTOIRE HÉROIQUE

I. Henri Ruffo, fils de Fouque, Maréchal du Royaume, vivoit dans le treizieme siecle : il eut quatre fils, savoir, Pierre, Fouque, Roger & Guillaume. Suivant les Loix du Royaume de Naples, tous les biens féodaux appartiennent à l'aîné. Le Pere n'en peut disposer autrement, sans la permission du Roi ; & au défaut d'enfants, ces biens retournent à la Couronne. Ce fut ce qui obligea Henri Ruffo de présenter au Roi Robert & à Charles, Duc de Calabre, son fils aîné, Régent du Royaume, diverses suppliques pour être autorisé à disposer de plusieurs de ses Fiefs, ou pour faire confirmer les dispositions qu'il en avoit déja faites en faveur de Fouque, Guillaume, & Roger Ruffo, ses fils cadets.

La premiere de ces suppliques est de l'année 1312 ; elle est rapportée dans les Lettres-Patentes qui furent expédiées en conséquence. Henri Ruffo y est qualifié, *Noble Henri de Sinopoly, Conseiller en nos Conseils-Privés.* Il y demande son agrément pour être autorisé à faire donation entre-vifs ou à cause de mort, à Fouque & à Guillaume, ses fils cadets ; savoir, audit Fouque du Château de Bubaliny en Calabre, sous le service Féodal de deux Soldats ; & audit Guillaume des Hameaux de Pratarice & d'Antiscole, avec leurs hommes, droits de Vassal & dépendances, aussi situés en Calabre, sous le service de la moitié d'un Soldat, sous lesquels services, lesdits Fouque & Guillaume tiendront de la Couronne lesdits Châteaux & Hameaux. Perrin Ruffo, fils aîné de Henri, demeurant toujours seul possesseur du Château de Sinopoly, qui est le Chef-lieu de la Baronie dudit Henri, ensemble du Château de Ste. Christine & autres qui en dépendent. Le Roi Robert *en considération des grands services que ledit Henri & ses enfants avoient rendus à lui & à son pere, & qu'ils lui rendoient actuellement*, accorda cette demande par Lettres-Patentes, expédiées à Naples le 21 Novembre

DE LA NOBLESSE DE PROVENCE.

1312, portant dérogation spéciale aux Loix du Royaume. Ces Lettres-Patentes ont été extraites des regiſtres du Sérénissime Prince Robert de 1310, L. C. & à T. fol. 130, conſervé aux Archives Royales de la Zecca à Naples.

Henri Ruffo fit encore donation audit Guillaume ſon fils, du Fief de Corbelli, ſitué dans les terres & dépendances de Giratie & de Bubalini en Calabre ; Guillaume en demanda la confirmation au Roi Robert, qui la lui accorda par Lettres-Patentes expédiées à Naples le 4 Avril 1317, dans leſquelles il eſt dit : *Guillaume Ruffo de Sinopoly, notre fidele ſujet, Grand Ecuyer de notre cher fils aîné Charles, Duc de Calabre, & Vice-Roi du Royaume de Sicile, nous a expoſé que ſon pere Henri Ruffo de Sinopoly, par un effet de ſa tendreſſe paternelle, a fait donation à lui Guillaume, &c.* Ces Lettres-Patentes ont été extraites du régiſtre de 1316, L. C. fol. 58.

Henri Ruffo avoit encore à établir Roger ſon troiſieme fils cadet. Il lui fit donation de tous les biens Féodaux qu'il poſſédoit dans les terres & lieux de St. Demetrius, du Mont Leon, de Briato, de Tropea, de Nicotera, de Burelli, de Mileti, de Francia, des Arenes & de Meſſine, avec leurs appartenances & dépendances dans le diſtrict de la Calabre, pour les tenir en Fief de lui Henri & de Perrin Ruffo, fils de Pierre, ſon premier né, & de ſes héritiers qui lui ſuccéderoient dans la Baronie de Sinopoly, & ſous la dépendance d'icelle, & encore ſous le ſervice Féodal de la quatrieme partie d'un Soldat qu'il lui rendroit, & à ſes ſucceſſeurs dans la Baronie de Sinopoly, ſelon les uſages & réglements du Royaume, comme on avoit coutume de le faire juſques alors à l'égard des ſuſdits biens. Henri Ruffo expoſa la teneur de cette donation à Charles, Duc de Calabre & Régent du Royaume pour le Roi Robert ſon pere, & le ſupplia de la ratifier & confirmer, ce que Charles lui accorda par Lettres-Patentes expédiées à Naples le 11 Janvier 1321, contenant dérogation spéciale à la Loi du Royaume. Ces Lettres-Patentes ont été extraites des regiſtres de Charles, Duc de Calabre, de 1330, L. C. fol. 56.

II. Pierre Ruffo prédécéda Henri ſon pere, après avoir eu un fils, appellé,

III. Perrin Ruffo qui ſuccéda à Henri ſon ayeul dans la Comté de Sinopoly & dans pluſieurs autres de ſes biens Féodaux. Ledit Perrin mourut ſans enfants.

II. Fouque Ruffo, ſecond fils de Henri, Seigneur de Bubalin, & du Cap Brutian, Chambellan du Roi Robert, eut quelques différends avec Guillaume ſon frere, Seigneur du Vieux-Brutian, pour raiſon deſdits Fiefs. Ils furent terminés par tranſaction paſſée à Giratie le 13 Octobre 1322, par laquelle ces deux freres ſe firent des ceſſions réciproques dans ces Fiefs. Et par autre tranſaction reçue le 21 Mars 1335 par Jean-Bernard, Notaire de Giratie, Guillaume agiſſant tant en ſon nom, qu'en celui de Charles & Henri ſes fils, céda à Fouque ſon frere, agiſſant tant en ſon nom, que comme pere & adminiſtrateur de Nicolas ſon fils, toutes les terres que ledit Guillaume poſſédoit dans le territoire de Bubalin, tant par droit de Fief, de Calvello, que par tout autre; & reſpectivement Fouque céda audit Guillaume les Terres qu'il poſſédoit dans le territoire du Vieux-Brutian; mais Guillaume ne voulut point ſouffrir que les Terres dites de Laric fuſſent compriſes dans cette ceſſion; c'eſt pourquoi il en fit une exception formelle & expreſſe, parce que, dit-il, ces Terres n'appartenoient point à Fouque, & qu'elles étoient de ſa juriſdiction à lui Guillaume. Fouque expoſa la teneur de ces deux Tranſactions au Roi Robert, & le ſupplia de vouloir bien les approuver & confirmer, ce qui lui fut accordé par Lettres-Patentes du 18 Avril 1336, dans leſquelles ledit Fouque eſt qualifié Seigneur de Bubalin, & du Cap Brutian, & Chambellan du Roi. Elles ſervent encore à prouver, que Nicolas étoit fils de Fouque, &
que

DE LA NOBLESSE DE PROVENCE. 289

que Charles & Henri étoient fils de Guillaume. Ces Lettres ont été extraites des regiſtres du Séréniſſime Prince Robert de 1335, L. D. fol. 85.

Le Seigneur George-Zacharie Ruffo, de Giratie, proche parent de Fouque, & de Guillaume Ruffo, leur légua par ſon dernier Teſtament un certain Domaine, ſitué dans le quartier de St. Paul, de la Judicature de Giratie, avec les hommes, le droit de vaſſal, & toutes ſes dépendances qu'il tenoit de la Couronne. Fouque & Guillaume ſupplierent Charles, Duc & Vice-Roi de Calabre, fils aîné du Roi Robert, de ratifier & confirmer ledit legs; ce qui leur fut accordé par Lettres-Patentes, expédiées à Naples le 9 Novembre 1325, dans leſquelles Fouque & Guillaume ſont qualifiés Chambellans du Roi. Ces Lettres-Patentes ſont rapportées tout au long dans d'autres accordées le 13 Septembre 1343, dont il ſera fait mention ci-après.

III. Nicolas Ruffo, fils dudit Fouque, mourut ſans enfans.

II. Roger Ruffo, troiſieme fils de Henri, mourut auſſi ſans enfans. Guillaume ſon frere lui avoit vendu les biens qu'il poſſédoit par indivis pour une moitié avec Nicolas fils de Fouque, & qui lui avoient été légués par George-Zacharie. Roger ſupplia Jeanne Premiere, Reine de Jéruſalem & de Sicile, de confirmer cette vente, ce qui lui fut accordé par Lettres-Patentes, expédiées à Naples le 13 Septembre 1343, au nom de ladite Reine, de l'avis de Sanche, Reine de Jéruſalem & de Sicile, ſa mere, tutrice & adminiſtratrice. Dans ces Lettres, Roger eſt qualifié Chambellan de la Reine, & Guillaume ſon frere y eſt nommé Comte de Sinopoly; parce que, après la mort de Perrin, nommé ci-deſſus, il avoit obtenu le don de la Baronie de Sinopoly, & qu'elle avoit été érigée en Comté en ſa faveur, comme il ſera dit ci-après. Ces Lettres-Patentes qui rapportent celles du 9 Novembre 1325, dont il a déja été fait mention, ont été extraites des

Tome III. O o

regiſtres de la Sérénissime Jeanne Premiere de 1343, L. C. fol. 49.

II. Guillaume Ruffo, quatrieme fils de Henri, eſt celui par qui la deſcendance a été continuée tant en Italie, qu'en France. Il fut grand Ecuyer de Charles, Duc de Calabre, fils aîné du Roi Robert, ainſi prouvé par les Lettres-Patentes du 4 Avril 1317, rapportées ci-deſſus. La Baronie de Sinopoly, & la Seigneurie de Ste. Chriſtine, étant devenues reverſibles à la Couronne par la mort de Perrin ſans enfans, icelui fils de Pierre, fils aîné de Henri, le Roi Robert en fit don par Lettres-Patentes du 7 Septembre 1333, *à Noble Guillaume Ruffo de Calabre, notre Chambellan*, y eſt-il dit, *oncle dudit Perrin, à la réſerve du hameau de Laconie, qui avoit été audit Pierre, & que nous avons déja donné à Sanche, Reine de Jéruſalem & de Sicile, notre très-chere compagne.* Cette conceſſion fut faite par le Roi Robert, audit Guillaume, en conſidération, ainſi qu'il y eſt exprimé, *de tous les grands ſervices qu'il lui avoit rendu depuis long-temps dans des occaſions importantes, & principalement dans un temps de néceſſité, par les travaux & dépenſes auxquelles il s'eſt aſſujetti; auſſi-bien qu'à Charles, Duc de Calabre, notre fils aîné & Vicaire-général.* Ces Lettres ont été extraites des regiſtres du Sérénissime Prince Robert de 1333, L. D. fol. 3. Dans la ſuite la Baronie de Sinopoly fut érigée en Comté en faveur dudit Guillaume; ce qui eſt prouvé par les Lettres-Patentes ci-deſſus, dans leſquelles Fouque Ruffo, expoſant au Roi Robert les différends qu'il y avoit entre lui & Guillaume ſon frere, le nomme Comte de Sinopoly, & ajoute que *lors du différend terminé par la tranſaction de 1322 ledit Guillaume n'avoit pas encore le Cordon militaire, ni le titre de Comte.* Ce qui conſte encore par Lettres-Patentes du 13 Septembre 1343, rapportées ci-devant, dans leſquelles il eſt dit, que *Roger Ruffo a preſenté au Roi Robert les Lettres accordées le 13 Novembre 1325, à Noble Guillaume ſon frere, à preſent* Comte de Sinopoly.

DE LA NOBLESSE DE PROVENCE.

Guillaume fut marié deux fois ; du premier lit il eut deux fils :

Charles & Henri, ainsi qu'il conste de la Transaction du 21 Mars 1335, rapportée ci-devant, dans laquelle Guillaume stipule, tant en son nom, qu'au nom de Charles & Henri ses enfans. Il eut de son second mariage avec Louise d'Erouville, deux autres fils appellés :

Fouque & Roger ; ce qui est prouvé par la supplique que ladite Louise d'Erouville, fidele compagne, est-il dit, de Guillaume Ruffo, Comte de Sinopoly, présenta au Roi Robert, par laquelle elle exposa qu'ayant deux fils dudit Seigneur Comte son mari, elle ne pouvoit ni les nourrir, ni se nourrir elle-même, par l'extrême disette où elle étoit de toutes choses, & supplia le Roi d'ordonner à Charles, fils aîné dudit Comte, qui tenoit & possédoit tous les biens Féodaux de son pere, de fournir à l'exposante & à ses fils, la nourriture & entretien nécessaire, selon leur qualité, & selon la valeur desdits biens : sur quoi le Roi Robert rendit une Ordonnance le 10 Février 1342, adressée aux Régents de la Cour Vicariale du Royaume, & aux Juges de cette même Cour, portant que si après avoir cité ledit Charles, il leur apparoissoit de la vérité de l'exposé ci-dessus, ils eussent à contraindre Charles à ladite fourniture ; de telle sorte que l'Exposante n'eût plus besoin de recourir à lui, & qu'il ne fût pas obligé de leur écrire une seconde fois pour le même sujet. Cette supplique & Ordonnance a été extraite des Regîtres du Sérénissime Prince Robert de 1341. L. C. fol. 6.

Le Roi Robert faisant attention *à tous les grands services que Guillaume Roux de Calabre, Comte de Sinopoly, Châtelain du Château de Giratie, son Amé & féal Conseiller en ses Conseils privés, lui avoit rendu de tout tems & à ses ancêtres*, continua à Henri, son second fils, l'emploi de Châtelain dudit Château de Giratie ; *de maniere que quand ledit Comte seroit absent pour son service, il pourroit députer son fils Henri à la garde du Château*. C'est ainsi que cette concession fut exprimée dans les lettres sur ce données le 11 Septembre 1335, qui ont été extraites des Registres du Sérénissime Prince Robert de 1331. L. B. fol. 6.

Henri Ruffo, second fils du premier lit dudit Guillaume, eut dans sa portion successive les terres dites de Laric, sises dans le vieux Brutian, dont il a été fait mention ci-dessus dans la transaction du 21 Mars 1335, que son pere lui désempara de son vivant; & elles furent érigées en sa faveur en Comté, dont il prit le titre & le nom. Ce fait est attesté par Amiranto, Historien du Royaume de Naples, & par Marc Villany, autre Historien du même Royaume, qui dit: *j'ai lû un contrat du 25 Novembre 1342, dans lequel* Henri *est nommé* Comte de Larricia. On verra ci-après dans le contrat de mariage d'Elzéar de Roux, que George son Ayeul paternel, lui fit donation *de tous les droits qu'il avoit à prétendre dans l'héritage de Noble & puissant Seigneur* Henri Ruffo, Comte du Comté de Laric, *dont la demande & litige avoient été portés devant les Juges de Naples.*

Pietro Giannoné rapporte dans son Histoire du Royaume de Naples, que le 15 Janvier 1347, Jeanne, Reine de Naples & de Sicile, vint faire un voyage en son Comté de Provence. Charles & Henri Ruffo, fils du premier lit de Guillaume, attachés particuliérement à cette Princesse par leur naissance, leurs charges, & leurs emplois, l'accompagnerent dans ce voyage; & Charles mena avec lui ses deux enfants, Guillaume second du nom, & Louis premier du nom. Ce fut dans ce voyage que Charles obtint de la Reine Jeanne le don & la concession de la terre de Lamanon, près la ville de Salon en Provence, en faveur de Guillaume son fils aîné. C'est ce Guillaume second du nom, qui a été le fondateur de la branche des Roux en Provence, Seigneurs de Lamanon.

IV.

La Reine Jeanne ne borna pas ses bienfaits envers Charles Ruffo à la concession qu'elle avoit fait de la terre de Lamanon à Guillaume son fils aîné; elle voulut encore que

DE LA NOBLESSE DE PROVENCE.

Louis, fils cadet dudit Charles, eût auſſi quelque part à ſes graces. Cette Princeſſe lui fit don du Château de la Breoule au bailliage de Seyne ; de celui de Salignac au bailliage de Siſteron, & de celui de Chanole au bailliage de Digne, avec toutes juriſdictions hautes & baſſes, leurs droits, tenements, territoires & appartenances ; & encore du péage & juriſdiction qu'elle avoit en la terre de Gaubert, avec la moitié de la Gabelle & péage qu'elle avoit en la ville de Digne ; & c'eſt ce Louis Ruffo premier du nom, qui a été le fondateur de la ſeconde branche des Roux, Seigneurs de Gaubert en Provence.

La Reine Jeanne retourna enſuite dans ſon Royaume de Naples, accompagnée des mêmes Seigneurs ; mais ce ne fut que pour y trouver une fin malheureuſe. L'Hiſtoire nous apprend que cette Princeſſe ſe voyant menacée par Charles de Duras d'une invaſion dans ſes Royaumes, ſe détermina à adopter Louis d'Anjou fils de Jean, & frere de Charles V. Roi de France, & à le déclarer ſon héritier par Acte du 29 Juin 1380 ; qu'en conſéquence de cette adoption & inſtitution, Louis d'Anjou ſe diſpoſa à marcher à ſon ſecours à la tête d'une Armée ; mais que Charles de Duras le devança, contraignit la Reine Jeanne de ſortir de Naples, & de ſe retirer dans le Château de l'Œuf, où il l'aſſiégea, la fit priſonniere, & la fit étrangler.

Henri Ruffo, après avoir perdu ſon fils au ſiege de Catania, ſe retira, ainſi que les enfants de Charles ſon frere, qui avoient conſtamment ſuivi le parti de la Reine Jeanne. Après la mort de cette Princeſſe, ils ſe crurent obligés par devoir, par juſtice, & par reconnoiſſance, d'embraſſer le parti du Duc d'Anjou, héritier de leur premiere & légitime Souveraine. Ils vinrent donc joindre le Duc d'Anjou qui n'étoit encore avec ſon Armée qu'à Avignon, & qui par ſa lenteur, donna le temps à Charles de Duras de fortifier ſon parti dans le Royaume de Naples, d'où il ne put enſuite le chaſſer. Ce fut à Avignon que Louis Ruffo, fils de Charles, demanda au Duc d'Anjou la confirmation des conceſfions que la Reine Jeanne lui avoit faites, & l'obtint par Lettres-patentes données en cette Ville le 25 Mars 1382.

L'expédition du Duc d'Anjou dans le Royaume de Naples ne fut point heureuse ; Charles de Duras le repoussa ; il se maintint dans le Royaume de Naples, & proscrivit tous les Seigneurs qui avoient embrassé le parti du Duc d'Anjou. Il priva Henri Ruffo, & les enfants de Charles, de tous leurs Fiefs dans ses États; & par nouvelle concession, il investit Fouque Ruffo, fils du second lit de Guillaume, de tous les biens de Henri & de Charles son frere ; ensorte qu'ils furent obligés de se retirer en Provence, où ils trouverent une ressource dans les Fiefs qui leur avoient été donnés par la Reine Jeanne.

Ce fut donc Fouque Ruffo, fils du second lit de Guillaume I, qui continua dans le Royaume de Naples la descendance des Comtes de Sinopoly. Il eut deux fils, savoir :

IV. Guillaume second qui lui succéda, &

IV. Nicolas - Antoine qui a fait la branche des Ducs de Bagnara. Du mariage de Guillaume second avec Catherine de Grimaldy, Dame de Policastro, est issu :

V. Charles Ruffo, qui fut marié avec Lucrece Carraccioli.

VI. Jean Ruffo, son fils, épousa Eléonore de Cardinés.

VII. Paul Ruffo, fils de Jean, lui succéda, & fut marié avec Catherine Spinelli. Il nâquit de ce mariage plusieurs enfants & entr'autres :

VIII. Fabrice & Marcel. Fabrice fut le premier Prince de Scilla, & mourut sans enfants mâles.

IX. Marie Ruffo, Princesse de Scilla, Comtesse de Sinopoly, sa fille, épousa :

IX. Vincent Ruffo, premier du nom, son cousin-germain, fils de Marcel. De ce mariage il en est issu deux enfants mâles, savoir :

X. Muzio Ruffo, & N. Ruffo. Muzio fut le premier Prince de Pallezolo ; il succéda dans la Principauté de Scilla & Comté de Sinopoly à Vincent & Marie ses pere & mere.

XI. Vincent Ruffo, second du nom, épousa :

Jeanne Ruffo, fille de N. Ruffo, sa cousine-germaine. XI.
Tibere Ruffo, fils & successeur de Vincent second & de X
Jeanne, épousa Agathe Branciforte.

Guillaume Ruffo, troisieme du nom, fils de Tibere, fut XIII.
marié à Silvie de la Niavre, Duchesse de la Garde de Lombardie.

Fouque-Antoine Ruffo, premier du nom, succéda à Guil- XIV.
laume son pere; il épousa Therese Tovar, Marquise de
Crispano.

Guillaume-Antoine son fils, épousa à Paris N. de Reg- XV.
gio, Princesse de Campo-Florido. Il a eu de son mariage

Fouque-Antoine Ruffo, Prince de Scilla, & de Pallezolo, XVI.
Duc de la Garde de Lombardie, aujourd'hui vivant.

Branche des Roux des Comtes de LARIC, *Seigneurs de*
GAUBERT *en Provence.*

Nous avons dit que Guillaume Ruffo, premier du nom, II.
Comte de Sinopoly, avoit eu quatre fils, savoir: du premier lit, Charles & Henri; & du second lit, Fouque & Ro- III.
ger; & nous avons expliqué comment la fin tragique de la
Reine Jeanne avoit amené la proscription des Seigneurs qui
lui avoient été attachés, & qui après sa mort se crurent obligés de suivre le parti du Duc d'Anjou: d'où il résulta que
Henri, & les fils de son frere Charles, furent privés de leurs
Fiefs dans le Royaume de Naples; que Fouque, frere de
Charles & Henri en fut investi; ce qui obligea Henri, ensemble Guillaume & Louis, enfants de Charles, de se retirer en Provence, où ils trouverent une ressource dans les
terres dont la Reine Jeanne leur avoit fait don, & dans
laquelle concession Louis Ruffo avoit été confirmé par le
Duc d'Anjou en 1382. Ainsi Charles Ruffo, fils aîné de
Guillaume premier du nom, Comte de Sinopoly, eut
deux fils, Guillaume second, & Louis premier. Guillaume,
fils aîné de Charles, obtint de la Reine Jeanne la concession
de la terre de Lamanon près la ville de Salon en Provence.

Louis Ruffo, premier du nom, second fils du susdit Charles, IV.

avoit obtenu, comme nous l'avons dit, de la Reine Jeanne le don des terres de la Breoule, de Salignac, & de Chanole, le péage & jurisdiction de Gaubert, avec la moitié de la Gabelle & péage de Digne. Il forma la branche des Seigneurs de Gaubert, encore aujourd'hui existante. Louis Ruffo fut héritier de Henri son oncle paternel. Henri avoit legué par son testament cent Florins d'or à tel Couvent de Religieux que son héritier voudroit choisir pour y faire prier Dieu pour le repos de son ame. Louis voulut assurer ce legs avant sa mort ; & par Acte du 14 Septembre 1388, reçu par Marc Savini, Notaire à Digne, il fit don de ces cent florins d'or au Couvent des Cordeliers de Digne, & y fonda quatre Services annuels pour le repos de l'ame de son oncle. Dans cet Acte Louis affirme la volonté de Henri son oncle en ces termes ; *prout planè constare asseritur testamento olim condito per* MAGNIFICUM *dominum Henricum,* Comitem Comitatus DE LA RICCIA, PATRUUM SUUM ; & il chargea expressément Noble George de Roux son fils, de payer cette fondation, si elle n'avoit pas été acquittée par lui-même avant sa mort.

Louis Ruffo ordonna par son Testament, que son fils & héritier fonderoit une Chapellenie & un anniversaire dans l'Eglise Cathédrale de Digne, à laquelle il fit encore d'autres legs. Louis étant décédé,

V. George de Roux son fils lui succéda, & trouva l'héritage de son pere considérablement diminué par les dettes qu'il avoit contractées, ensorte qu'il prétendit n'être point tenu, à cause de l'insuffisance des biens, de payer les legs que son pere avoit fait à l'Eglise de Digne. Cette contestation fut terminée par la médiation de quelques amis, qui firent passer aux parties une transaction, reçue le 5 Août 1398 par Marc Savini, Notaire à Digne, par laquelle ledit George, qualifié de Laric dans cet Acte, s'obligea de payer au Chapitre de Digne 100 florins d'or en dix payes d'année en année, qu'il indiqua à prendre des Fermiers du péage de la ville de Digne, qui avoit été donné à Louis son pere par la Reine Jeanne.

George

DE LA NOBLESSE DE PROVENCE. 297

George préfenta enfuite à la Chambre des Comptes d'Aix les lettres confirmatives des dons & conceffions faites par la Reine Jeanne à Louis fon pere, & que fondit pere avoit obtenues en 1382 de Louis d'Anjou, fils de France, Duc de Calabre, & les fit enrégiftrer aux Archives de cette Cour le 24 Décembre 1400, où elles font confervées au régiftre Lividi, armoire A, fol. 101 de la nouvelle cotte. Le titre de cette préfentation eft, *Conftitutus Nobilis Georgius Ruffi, habitator Civitatis Dignæ, ut hæres quondam Egregii militis, Domini Ludovici Ruffi*; laquelle qualification, *Egregius*, eft une des plus diftinguées que la Chambre des Comptes pût accepter alors.

VI. Louis de Roux, fecond du nom, fut fils de George; ce qui eft prouvé par le mariage d'Elzéar, rapporté ci-après, dans lequel ledit Elzéar eft déclaré fils de Louis de Roux, & petit-fils de George. Louis fecond fut Co-Seigneur de Châteauneuf. Cette qualité lui eft donnée dans le mariage d'Elzéar fon fils. Dans une procuration que ledit Louis paffa à Elzéar fon fils, reçue le 6 Juin 1464 par Louis Saturnin, Notaire à Digne, il fe qualifie du titre de Laric, de celui de Seigneur de Chanole, qui étoit une des Terres données par la Reine Jeanne, & de Co-Seigneur de Châteauneuf. Les terres de Breoule & de Salignac avoient été aliénées. Louis fecond, prit les même qualités dans fon teftament reçu le 26 Novembre 1465 à Digne par ledit Saturnin, Notaire, par lequel il légua aux Religieufes de St. André du Défert, cinq florins *par-deffus cinq autres florins qui leur avoient été légués par Noble Seigneur George de Roux fon pere* dans fon dernier teftament reçu par Antoine Tufeti, Notaire de Digne. Il fit encore un legs au Curé de fa terre de Chanole pour des Meffes ; il légua à Delphine fa fille le péage de Gaubert, & inftitua pour fon héritier univerfel Elzéar fon fils.

VII. Elzéar de Roux fuccéda donc à Louis fecond fon pere.

Tome III.   P p

Il fut marié par Acte du 10 Avril 1453, reçu par Antoine Tufeti, Notaire à Digne, avec Noble Catherine de Rochas, veuve de Jean-Antoine Chausse-gros, qui se constitua en dot tous les biens qu'elle avoit dans le terroir de Courbons. Elzéar prit dans cet Acte le titre de Laric. Louis son pere lui fit donation de tous ses biens présens & à venir ; & George son ayeul paternel lui fit donation de tous les droits qu'il avoit à prétendre *dans l'hérédité de Noble & puissant Seigneur Henri de Roux, Comte du Comté de Laric, dont la demande étoit pendante à Naples. Si lites*, dit cet Acte, *quæ circà dictam hæreditatem ortæ sunt Neapoli, felicem sortiantur effectum.* Mais l'issue de ce procès ne fut pas heureuse ; il fut décidé que la branche établie en France, avoit perdu par sa transmigration tous droits sur les Fiefs de Naples ; & celui des Ruffo qui s'étoit emparé du Comté de Riccia, ou à qui il avoit été donné par les Souverains, y fut maintenu. Cette terre a passé dans la maison de Capoue, qui la possede en titre de Principauté ; ensorte qu'il n'en est resté aux Ruffo établis en Provence & en Dauphiné, que le titre des Comtes de Laric.

On trouve dans les écritures d'Honoré Saturnin, Notaire à Digne, une procuration que ledit Elzéar donna le 8 Mai 1491 à Catherine de Rochas sa femme, pour régler les droits que Delphine sa sœur avoit à prétendre dans l'hoirie de leur pere ; & dans cet Acte Elzéar y prend également le titre de Laric, & s'y qualifie Co-Seigneur de Châteauneuf. Catherine de Rochas fit son testament le 28 Octobre 1512, reçu par Pierre Hermite, Notaire à Digne ; elle y prit la qualité de Veuve de Noble Seigneur Elzéar de Roux de Laric, & institua pour ses héritiers universels, Jean de Roux, & autre Jean de Roux, freres, ses enfants, & les substitua de l'un à l'autre, venant à mourir sans enfants.

VIII. Jean de Roux, premier du nom, fils aîné d'Elzéar & de Catherine de Rochas, épousa Magdeleine de Laugier,

DE LA NOBLESSE DE PROVENCE. 299

fille de Noble Poncet de Laugier, & de Noble Delphine de Matheron, Acte reçu le 4 Fevrier 1500 par Jacques Gaudemar, Notaire à Digne; il en iſſut deux fils: Gabriel, Capitaine de cent hommes d'Armes, tué à la bataille de Cériſoles en Piémont; &

IX. Jean de Roux, ſecond du nom. Magdeleine de Laugier ſa mere lui fit donation le premier Avril 1533, Acte reçu par Jacques Verdillon, Notaire à Digne, de tous les droits qu'elle avoit à prétendre dans l'hérédité de Poncet de Laugier ſon pere, & de Delphine de Matheron ſa mere, ainſi que dans celle d'Elzéar de Roux de Laric ſon beau-pere, pour ſa dot & augment, dont ni elle, ni feu ſon mari, ni ſes enfants, n'avoient pas encore été payés.

Par Acte du 6 Octobre 1533, reçu par Jacques Verdillon, Notaire à Digne, Jean ſecond, dit de Laric, acquit la Seigneurie de la Javi; il en prit l'inveſtiture à la Chambre des Comptes le 23 Octobre 1534; & il en fut mis en poſſeſſion par Pierre Hermite, Notaire Royal à ce député par ladite Chambre des Comptes.

Jean ſecond fut marié le 11 Août 1541, avec Antherone Iſoard, fille de Noble Pierre Iſoard, Ecuyer de la Ville de Digne. Jean ſecond prit dans cet Acte le titre de Laric.

Jean ſecond fit ſon teſtament le 22 Septembre 1590, pardevant Honorat & B. Hermite, Notaire à Digne, dans lequel il eſt qualifié *Noble Capitaine Jean de Roux de Laric, Seigneur de la Javi & des Sieyes.* Il ne laiſſa à ſon fils Balthazard, qu'il avoit déja marié, qu'un modique legs, & inſtitua pour ſes héritiers univerſels, à partager également, Nobles Scipion, & Honoré de Roux ſes petits-fils.

X. Balthazard de Roux, fils de Jean ſecond, Seigneur de la Javi & des Sieyes, fut marié le 13 Septembre 1567, Acte reçu par Amodric, Notaire à Digne, avec Catherine de Meynier, fille de feu Noble Gille de Mey-

P p 2

nier, Seigneur d'Eyglun. Jean second fit donation dans cet Acte audit Balthazard son fils de la moitié des biens & héritage à lui obvenus par le décès de feu Messire Gabriel de Roux son frere, en son vivant Capitaine de 100 hommes d'Armes ; & encore de la troisieme partie de ses autres biens.

Ledit Balthazard fit son testament le 8 Mars 1607, reçu par Deblieux, Notaire à Digne ; il y est qualifié Messire Balthazard de Roux de Laric, Seigneur de la Javi & des Sieyes ; il ne laissa à Noble Honoré de Roux, sieur de Chandol, son fils aîné, qu'un prélegs de petite valeur, à cause des avantages que son fils avoit eu par le testament de feu Noble Jean de Roux de Laric, pere de lui testateur. Il prélégua à Noble Alexandre de Roux, sieur de Gaubert, son second fils, les Terres qu'il possédoit à Gaubert, avec la maison & meubles qu'il avoit à Aix ; il fit encore un prélegs à Noble André de Roux son troisieme fils ; il légua à Nobles Jean, & Balthazard de Roux ses autres fils, 4500, liv. à chacun, payables pour une fois tant seulement, à cause des sommes considérables qu'il leur avoit déja fournies. Il légua à ses belles-filles, Dame Marguerite de Foissard, femme d'Honoré, & Cassandre de Bardonnanche, femme d'Alexandre, une chaine d'or à chacune, & institua pour ses héritiers universels lesdits Nobles Honoré, Alexandre & André de Roux ses fils, chacun pour une troisieme partie, & les substitua de l'un à l'autre, venant à mourir sans enfants.

Ces cinq enfants de Balthazard furent tous mariés avant ou après le décès de leur pere. Honoré de Roux son fils aîné épousa, du vivant de son pere, Marguerite de Foissard, Dame de St. Janet. Il forma la branche des Roux, Seigneurs de la Perusse, dont le dernier mâle a été N. de Roux, qui fut d'abord Chevalier de Malthe, & qui épousa ensuite Dlle. des Martins, des Seigneurs de Puiloubier, duquel mariage il n'issut qu'une fille,

DE LA NOBLESSE DE PROVENCE.

Alexandre de Roux, second fils de Balthazard, épousa du vivant de son pere, Cassandre de Bardonnanche, & a continué la branche des Seigneurs de Gaubert.

André de Roux, troisieme fils de Balthazard, fut aussi marié, & fit la branche des Seigneurs de Feissal, qui est éteinte.

Jean de Roux, quatrieme fils de Balthazard, fut marié avec Marguerite de Salette, & a fait la branche des Seigneurs d'Entrepierres, établie à Sisteron, qui est encore aujourd'hui existante, dont il sera parlé ci-après.

Balthazard de Roux cinquieme fils dudit Balthazard, fut marié avec Isabeau de Giraud, & fit la branche des Seigneurs d'Eyglun, qui est éteinte.

XI. Alexandre de Roux, premier du nom, second fils de Balthazard, Seigneur de la Javi & de Sieyes, a continué la branche des Gaubert, comme nous avons dit. Il fut marié le 29 Avril 1599, Acte reçu par Bernardin Hermite, Notaire à Digne, avec Cassandre de Bardonnanche, fille de Messire Gaspard de Bardonnanche, Seigneur & Baron dudit lieu, & de sa Vallée, & de Dame Blanche de Lamolle, Dame de Gaubert. Par ce mariage, l'entiere jurisdiction de la Terre de Gaubert fut réunie dans la branche des Roux de Gaubert.

Alexandre premier fit son testament le 13 Août 1653, reçu par Emanuel Lombard, Notaire à Digne, par lequel il légua cent livres à Messire Jean de Roux, sieur de Gaubert son fils, Conseiller du Roi au Parlement d'Aix, & institua Cassandre de Bardonnanche sa femme pour son héritiere universelle.

XII. Jean de Roux, troisieme du nom, Seigneur de Gaubert, fils d'Alexandre premier, fut reçu Conseiller au Parlement d'Aix le 15 Avril 1625. Il fut marié deux fois. Il épousa en premieres nôces Dlle. Anne d'Albert de Luynes, dont il n'eut qu'une fille, nommée Marguerite, qui épousa François Rostain de Cadenet, Président au Parlement d'Aix ; & en secondes nôces il épousa Magdeleine de Greffet, acte reçu par Claude Piquet à Marseille. Il en eut trois enfans. Jean de Roux quatrieme, qui a continué la branche des Gaubert.

Jean-François de Roux, premier du nom, qui a commencé la branche des Comtes de Laric en Dauphiné, dont il fera parlé ci-après.

Et une fille nommée Catherine, qui épousa le 14 Février 1663 en premieres nôces, Jean-Henri de Puget, Baron de St. Marc ; & en secondes nôces le Comte du Beuil, dont le fils unique ne laissa du mariage qu'il contracta à Turin avec Dlle. Scarampi, fille du Marquis de ce nom, & de N. de Broglio, sœur de Victor-Maurice, Comte de Broglio, Maréchal de France, qu'une fille qui est entrée dans la maison du Comte de Maffei, Vice-Roi de Sicile, & Ambassadeur extraordinaire en France en 1724.

Jean troisieme fut reçu Conseiller au Parlement d'Aix le 16 Août 1625. Il obtint du Roi le 31 Mars 1670, des lettres de Conseiller honoraire en ce même Parlement, après s'être démis de son Office en faveur de Jean quatrieme son fils.

XIII. Jean de Roux, quatrieme du nom, Seigneur de Gaubert, succéda à Jean troisieme son pere, & fut reçu le 5 Décembre 1662 en l'Office de Conseiller au Parlement d'Aix, qu'avoit exercé son pere. Il fut marié avec Dlle. Jeanne de Grognard.

XIV. Alexandre de Roux, second du nom, Seigneur de Gaubert, Marquis de Courbon, fils de Jean quatrieme, fut reçu le 10 Octobre 1693 en l'Office de Conseiller au Parlement d'Aix, qu'avoit exercé son pere. Il fut marié avec Marie-Anne de Piolenc, fille de Joseph-François de Piolenc, Président à Mortier au Parlement d'Aix, & de Magdeleine de Forbin d'Oppede. Ledit Alexandre second fut ensuite nommé premier Président au Parlement de Pau, charge qu'il a exercée jusques à sa mort. Du mariage dudit Alexandre second avec

Marie-Anne de Piolenc, il en issut cinq enfans; savoir: Paul qui fut l'aîné ; Jean-Baptiste, Chevalier de Malthe, mort en bas âge ; Reymond, Chevalier de Malthe, mort Commandeur de Fonsorbe & de Renneville ; Marie-Anne encore vivante, qui a été mariée avec François de Glandevès, Comte de Pourrieres ; & Honoré-Henri, Chevalier de Malthe, Colonel de Cavalerie au service d'Espagne, où il s'est marié, après avoir eu la permission de porter la Croix : c'est lui qui a continué la descendance des Seigneurs de Gaubert, comme il sera dit ci-après.

XV. Paul de Roux, Seigneur de Gaubert, Marquis de Courbon, Baron des Angles, fils d'Alexandre second, fut reçu Avocat-Général au Parlement d'Aix en 1720, & Premier Président au Parlement de Pau en 1732, après la mort de son pere. Il fut marié en premieres nôces avec Magdeleine-Charlote de Bullion, dont il n'eut qu'une fille, qui épousa François-Xavier de Coriolis de Villeneuve, Marquis d'Espinouse, Président à Mortier au Parlement d'Aix. Il épousa en secondes nôces Marie-Angelique Delons, dont il n'a eu que deux filles ; savoir : Marie-Angelique, mariée avec Jean-César, Comte de Mesplex Esquiule, Président à Mortier au Parlement de Pau, duquel mariage il n'est issu qu'une fille.

XVI. Paule-Marie-Delphine de Roux, Dame de Gaubert, mariée avec Nicolas-Henri de Roux son cousin.

Continuation de la Branche des Roux, des Comtes de Laric, Seigneurs de Gaubert.

XV. Nous avons dit qu'Honoré-Henri de Roux, Colonel de Cavalerie au service d'Espagne, étoit le quatrieme fils d'Alexandre second. Il est encore vivant. Il s'est marié avec Dlle. N. de la Laune. Il a de son mariage deux fils & une fille.

XVI. Nicolas Henri de Roux, fils aîné d'Honoré-Henri, épousé en 1758 Dlle. Paule-Marie-Delphine de Roux, Dame de Gaubert, sa cousine.

XVI. N...... de Roux, est issu de ce mariage.

Branche des Roux, des Comtes de Laric, & Seigneurs de Gaubert, Comtes de Laric, Barons d'Oze, établie en Dauphiné.

XIII. Jean-François de Roux, premier du nom, second fils de Jean troisieme, Seigneur de Gaubert, Conseiller au Parlement d'Aix, & de Magdeleine de Gresset, suivant son extrait baptistaire du 14 Octobre 1653, tiré des Registres de la Paroisse de Ste. Magdelaine d'Aix, a commencé la branche établie en Dauphiné, où il transporta son domicile. Il commença par servir le Roi dans ses Troupes, & fut employé à une Lieutenance dans le Régiment de Normandie, suivant les lettres qui lui en furent accordées le 22 Mai 1664, adressées à Mr. le Comte de Mailly, Colonel de ce Régiment.

Il transigea le 20 Juin 1686, avec Jean quatrieme son frere, Seigneur de Gaubert, Conseiller au Parlement d'Aix, sur la légitime qui lui compétoit dans la succession de Jean troisieme son pere, Seigneur de Gaubert, Conseiller au Parlement d'Aix, acte reçu par Rubine, Notaire à Aix.

Le 22 Juin 1688 Magdelaine de Gresset sa mere, veuve dudit Jean troisieme, lui fit donation de tous ses biens & droits, présens & à venir, sous la réserve des fruits sa vie durant. Cet acte de donation fut reçu par Pierre Beauzin, Notaire à Aix.

Ledit Jean-François premier fut marié, acte reçu par J. Escalier, Notaire à Gap, le 7 Juin 1693 avec Dlle. Françoise de Marchand. Il acquit la Baronie d'Oze, & les Terres de St. Auban, & de Chabestan en Dauphiné.

XIV. Alexandre de Roux, second du nom, des Comtes de Laric, fils de Jean-François premier, & de Françoise de Marchand, fut marié le 14 Février 1718, acte passé

devant

DE LA NOBLESSE DE PROVENCE.

devant Laurens Maurel & Joachim Chorier, Notaires à Valence en Dauphiné, avec Marie-Anne de Veynes, fille de Mre. Claude de Veynes, Chevalier, Seigneur dudit lieu, Marquis du Bourg-lès-Valence, & de Dame Marie Pouroy de Quinsonas. Jean-François premier son pere lui fit donation, entr'autres choses, de la Baronie d'Oze, & de la Terre de St. Auban. Il fut reçu Conseiller au Parlement du Dauphiné le 11 Mai 1718.

Par Lettres-Patentes du mois de Septembre 1729, le Roi Louis XV, d'heureuse mémoire, érigea en sa faveur la Terre de Chabestan en Comté, sous la dénomination de Comté de Laric, pour rappeller & conserver le titre de l'ancienne origine de cette maison. Ces lettres sont motivées sur celles accordées en 1382 à Louis de Roux, premier du nom, & sur les services rendus par les ayeux d'Alexandre second aux Rois de Sicile & de France. Ledit Alexandre second est encore vivant.

XV. Jean-François de Roux, second du nom, des Comtes de Laric, Comte de Laric, Baron d'Oze, Seigneur de St. Auban & de Champerouse, est fils dudit Alexandre second. Il a été marié le 30 Mars 1744 avec Dlle. Louise-Gabrielle-Scholastique de Murat de Lestang, fille de Mre. Claude de Murat, Chevalier, Marquis de Lestang, Président à Mortier au Parlement de Grenoble, & de Dame Gabrielle-Louise de Fulcos de la Blache. Les articles de ce mariage ont été enregistrés le 29 Juin 1756, aux écritures de Rey & Revol, Notaires à Grenoble.

Jean-François second a été reçu Conseiller au Parlement de Grenoble le 23 Juin 1744; il est encore vivant, & a eu de son mariage plusieurs enfans; savoir : Alexandre-Louis-Gabriel; Claude-Marie; Marie-Josephine; Marguerite-Victoire; Marie-Josephine; Henriette-Gabrielle, & Claude-Marie.

XVI. Alexandre-Louis-Gabriel de Roux, des Comtes de Laric, est Officier dans le Régiment de Conti, Infan-

Tome III. Q q

terie, & attaché aux Etats - Majors des Armées.

Branche cadette des Roux, des Comtes de Laric, Seigneurs d'Entrepierres, établie à Sisteron.

Nous avons dit ci-devant que Balthazard de Roux, des Comtes de Laric, avoit eu cinq fils de son mariage avec Catherine de Meynier, qui tous cinq avoient été mariés.

XI. Jean de Roux, troisieme du nom, quatrieme fils dud. Balthazard, fut marié avec Dlle. Marguerite de Salettes, acte reçu le 12 Février 1614 par Antoine Felix, Notaire à Mezel.

XII. Claude de Roux, fils de Jean troisieme, fut marié avec Dlle. Anne de Maurel, acte reçu par Rodes, Notaire à Digne.

XIII. Joseph de Roux, fils dudit Claude, fut marié avec Dlle. Eleonor de Gombert le 22 Février 1694, acte reçu par Jean Bougenet, Notaire à St. Genies.

XIV. François de Roux, Seigneur de Mesiens, Nans & Entrepierres, Lieutenant de Messieurs les Maréchaux de France au département du Gapençois, fils dudit Joseph, a été marié le 29 Octobre 1751 avec Dlle. Marguerite de Bertet, acte reçu par Charbonel, Notaire à Moustiers. Il est encore vivant ; il est établi à Sisteron, & a plusieurs enfans.

Les Titres de cette Maison, antérieurs à Louis premier, qui ont été cités ci-dessus, ont tous été extraits des Archives Royales de la Zecca à Naples. Ces extraits ont été expédiés par l'Archivaire de ladite Cour, & signés par lui, ensuite de la permission sur ce donnée, collationnés, attestés & légalisés par Mr. le Marquis d'Ossun, pour lors Ambassadeur extraordinaire de France à Naples, & envoyés par cette Excellence dans la forme la plus authentique.

Les autres Titres ont tous été tirés des Archives des

DE LA NOBLESSE DE PROVENCE.

Cours de France, telles que le Parlement & la Chambre des Comtes du Dauphiné, & celle de Provence, où lesdits Titres se trouvent enregistrés, ensuite des procès-verbaux dressés par des Commissaires à ce délégués ; de sorte qu'on peut dire qu'il est très-rare de présenter des Titres d'une maison qui soient aussi solemnellement authentiqués, que l'ont été ceux de la maison des Roux, des Comtes de Laric, ainsi qu'on en peut juger par le procès-verbal de la Chambre des Comptes de Grenoble.

SABOULIN ou SEBOLIN.

COMME nous n'avions pas les papiers de cette Famille lors de l'Edition du second Volume de cette Histoire, nous n'avions pu en donner une filiation exacte, ni faire mention de la branche qui continue à Marseille sa postérité & sa noblesse. Les Titres que nous nous sommes procurés, nous ont mis à même d'y suppléer par cet article.

I. Pierre de Saboulin, originaire de Grénade, vint s'établir à Signe, Diocese de Marseille, en 1472, ce qui résulte de l'acte de nouveau bail que Messire Jean Dalardeau, Evêque de Marseille, lui passa de plusieurs terres. Il est titré dans cet Acte de  HONORABILIS HOMO, Petrus Sebolin de Bollena. Ce même Sebolin de Bollena eut quatre enfans mâles, Jean, Barthelemi, Antoine & Berton, qui tous les quatre, & le même jour, passerent reconnoissance à l'Evêque de Marseille le 14 Juillet 1507.

II. Barthelemi Ecuyer, épousa en 1510 Catherine d'Amalric ; de ce mariage il eut cinq fils, savoir : Bertrand, Vincent, Barnabé, François & Jean. Bertrand se maria en 1546 avec Claire *de Glandeves*, fille d'Antoine de

Glandeves, Seigneur de Cuges, & de Marguerite de Villemurs. On peut voir la suite de cette branche à l'article de cette famille tom. II.

III. Vincent, second fils de Barthelemi, épousa en 1570 Demoiselle Honorée *Michel* du lieu d'Hieres. Barnabé s'allia à Catherine de *Beauſſet*. (Notaire Buſſony à Signe, fol. 129.) François s'allia à Anne d'*Ortigues*, apert par son teſtament, même Notaire, fol. 172. Vincent eut de son mariage :

IV. Pierre de Saboulin, lequel, ainſi qu'il conſte par son teſtament de 1640 (Notaire Bonnet à Marſeille,) eut de Louiſe *Vernete* deux enfans mâles, ſavoir :

V. Vincent & Pierre. Ce dernier fit bâtir l'Egliſe des Capucins de Marſeille, & fut un des premiers Fondateurs de l'Hôpital des Incurables de la même Ville. Vincent de Saboulin épouſa en 1656, Dlle. Catherine *Prepaud* (Notaire Icard à Marſeille.) Il eut de ce mariage :

VI. François Saboulin & Venture de Saboulin, laquelle s'allia en 1698 (Notaire Roquemaure à Marſeille) à Meſſire Paul *de Felix* de la Ferratiere. François de Saboulin, Secrétaire du Roi du grand College, ſe maria en 1689 avec Dlle. Catherine *Daſque*, fille d'Antoine Daſque, Commiſſaire de la Marine, & de Dame Catherine de Ripert Beaudoin. De ce mariage iſſurent :

VII. Pierre de Saboulin, Louis, Joſeph-Balthaſard, Jean-François, & deux filles, Gabrielle & Urſule. Gabrielle épouſa en 1712 Mre. Joſeph *de Valavoire*, frere de François-Auguſte de Valavoire, Lieutenant-Général des Armées du Roi. Devenue veuve ſans enfans, elle ſe remaria avec Meſſire *de Clapier de Collongue*, d'où eſt iſſu Joſeph de Clapier, Lieutenant des Vaiſſeaux du Roi. Urſule de Saboulin épouſa en 1713 Melchior-Lazare *de Pontevès Mauboúſquet*. De ce mariage eſt iſſu François, Marquis de Pontevès, & Gabrielle de Pontevès, aujourd'hui Abbeſſe de Maubuiſſon. Pierre de Saboulin entra Volontaire dans le Régiment de Royal-Vaiſſeau en 1718 ; il fervit en cette qualité jufqu'en 1720. Surpris en cette année à Marfeille par la pefte, il s'offrit au Bailli de Laugeron qui commandoit, pour fervir fa Patrie. Ce Commandant connoiffant fes talens & fon zele, le nomma Infpecteur du terroir de Marfeille; il fervit en cette qualité tout le tems que dura la contagion. En confidération de fes fervices, le Bailli de Laugeron & Mr. le Maréchal de Villars lui firent avoir en 1722 une penfion de 300 livres fur le Tréfor Royal; il fut enfuite fait Capitaine dans le Régiment de Berry, Infanterie. Il fervit en cette qualité jufqu'en 1736, où il fut nommé Major du Bataillon Garde-Côte. C'eft en récompenfe de ces différens fervices qu'il a obtenu la Croix de Saint Louis en 1741. Pierre de Saboulin, marié le 12 Août 1734 avec Dlle. Mad. Cecile *Salade*, a eu de ce mariage:

André-Pierre de Saboulin, Capitaine au Régiment de Normandie en 1760, lequel a épousé Julie *de Robineau*, fille de Meffire Pierre de Robineau, Seigneur de Beaulieu, Commiffaire des Guerres, & de Dame de Meironnet Saint-Marc. De ce mariage eft iffu:

VIII.

Armand-Pierre-François de Saboulin.

IX.

Cette Famille a été maintenue dans fa nobleffe le 19 Octobre 1668, d'après l'examen des Titres qui furent produits.

SAINT-VINCENT.

(DU BOIS DE SAINT-VINCENT.)

C'EST une Famille noble, originaire du Duché de Savoie, où elle tenoit un rang diftingué dès le commencement du XVe. fiecle.

Dans l'Hiftoire de la maifon de Saint François de Sales par Nicolas de Heauteville, imprimée à Paris en

HISTOIRE HÉROIQUE

1669. on lit page 79 que la veuve de Noble Jourdain de Sales, ayeule de ce Saint, épousa en secondes nôces Noble Viffray du Bois, Gentilhomme de Savoie, par contrat du 23 Janvier 1482, reçu par Jean Dupas Notaire. Cet acte se trouve aux Archives de la maison de Sales.

Cette Famille noble de du Bois qui a ajouté à son nom primitif le surnom de Saint-Vincent sous lequel elle est connue aujourd'hui, s'est transplantée à Apt en Provence sous le regne de Louis XII, où noble Michel du Bois qui suit, & Louis son frere, obtinrent des lettres de naturalité du Roi François Ier. données à Fontainebleau au mois de Décembre 1540.

Ces deux freres étoient au service du Duc de Savoie, lorsque par des sujets de mécontentement, ils se décidérent à sortir de leur patrie. Cependant un événement qui déplaça les personnes qui les avoient inquiétées, les fit redemander. Michel s'étant marié à Apt, y fixa sa demeure, mais Louis retourna en Savoie & rentra au service de son Souverain.

I. Michel du Bois épousa à Apt Anne de Ris issue d'une noble & ancienne Famille de cette ville, de laquelle il eut : Benoît qui suit, & Antoine auteur de la seconde branche rapportée ci-après.

II. Benoit du Bois, Sieur de Saint-Vincent, fut Lieutenant de la Compagnie de trois cens hommes du Capitaine Prisson & mourut en 1557. au service dans l'Armée que le Roi Henri II. avoit en Piémont, sous les ordres du Maréchal de Brissac : c'est ce qui est prouvé par la procuration que sa veuve Françoise de Vincens (d'une Famille noble de la ville de Pertuis,) fit le 2 Mai de ladite année 1557. devant Bourelly Notaire à Apt, pour retirer ses armes & bagages. Il laissa de son mariage :

III. Jacques du Bois, Sieur de Saint-Vincent, Ecuyer, qui fut homme d'Armes dans la Compagnie d'Ordonnance de Henri de Valois Grand Prieur de France, Gouverneur

DE LA NOBLESSE DE PROVENCE.

& Lieutenant Général en Provence, & servit long-temps avec distinction pendant les guerres de son temps sous les Rois Charles IX, Henri III & Henri IV.

Il épousa 1°. par contrat du 4 Avril 1582 (reçu par Guichard Notaire à Apt) Demoiselle Eynès de Lauze fille de Guillaume de Lauze Gentilhomme d'Avignon & de Catherine d'Astuaud des Seigneurs de Murs ; 2°. Demoiselle Florimonde de Remerville fille de Gaspard Gentilhomme de la ville d'Apt & de Marguerite de Cosme sa seconde femme. Du premier lit vinrent : 1. Magdelaine du Bois de Saint-Vincent mariée 1°. avec noble Pierre de Brun de Castellane, & 2°. avec noble Denis de Gautier des Seigneurs de Grambois. 2. Leonne épouse de noble Jean de Masse Seigneur de Rustrel, laquelle par ses pieuses libéralités fit faire le Buste de Sainte Delphine en vermeil conservé dans l'Eglise des Peres Cordeliers d'Apt. Voyez l'Histoire de Sainte Delphine par le Pere Borelly Cordelier, édition in-8°. page 602 & suivantes, & le nouvel ouvrage intitulé le Clergé de France par l'Abbé Hugues du Tems, tome 1er. page 63. Et du second lit vint 3. Anne morte sans alliance.

Seconde Branche.

II. Antoine du Bois fils puîné de Michel & d'Anne de Ris, Viguier & Capitaine, pour le Roi, de la ville d'Apt en 1557. il épousa Demoiselle Elzive de Garcin d'une ancienne Famille de Forcalquier dont il eut : Gabriel qui suit, & Catherine femme de noble Toussaints de Marmet, auteur des Seigneurs de Valcroissant & de Vaumalle.

III. Gabriel du Bois embrassa le parti des Armes, se distingua parmi les Royalistes lors des troubles occasionnés par la Ligue, & fut tué à la Bataille donnée le 15 Décembre 1591 devant Vinon, lieu de la Viguerie de Barjols, où l'Armée du Duc de Savoie appellé en Provence par le parti de la Ligue, fut entièrement défaite, & ce Prince forcé de se retirer dans ses Etats. Gabriel du Bois avoit épousé le 8 Octobre 1582 par Contrat passé devant Hortie Notaire à Apt, Demoiselle Louise de Monier fille de Noble Claude de Monier, Capitaine de cent hommes de pied, & laissa pour enfants : 1. Gaspard qui suit ; 2. Guillaume l'un des Gentilshommes qui suivirent le Maréchal de Lesdiguières en Piémont, contre les Espagnols, en exécution du traité d'Ast. Ce Maréchal ayant eu ordre de rentrer en France, Guillaume du Bois resta avec plusieurs autres Gentilshommes dans l'Armée du Duc de Savoie, & fut tué au secours donné à Verceil en 1617. 3. & Pierre, tige de la troisieme Branche, rapporté après son frere aîné.

IV. Gaspard du Bois, Ecuyer, s'allia en 1614 avec Dame Florimonde de Remerville, veuve de Jacques du Bois de Saint-Vincent mentionné au degré III de la premiere Branche, & n'en eut que deux filles, savoir : Gabrielle mariée à François de Sinety Gentilhomme d'Apt, & Madelaine mariée à Noble N...... de Bonnadonna de la ville de Pertuis.

Troisieme Branche.

IV. Pierre du Bois, Ecuyer, troisieme fils de Gabriel & de Louise le Monier, commença sa carriere par entrer au service dans un Corps de Cavalerie ; mais ayant appris la mort de son frere Gaspard, lequel n'avoit laissé que les filles citées ci-dessus, il se décida à le quitter, & épousa par Contrat passé le 11 Février 1621. devant Bermond Notaire à Apt, Demoiselle Pierre de Remerville fille de Noble Pierre de Remerville & de Madelaine de Bot de Cardebat, dont entr'autres enfants :

V. François du Bois, Ecuyer, qui s'allia par Contrat passé le 21. Juin 1654. devant Dégadret, Notaire à Apt, avec Honorade d'Archias, fille de Noble Thomas d'Archias Seigneur de Rustrel & de Marguerite de Savornin. Il en eut : 1. François qui entra en 1689. dans les Cadets Gentilshommes du Département de Besançon, servit ensuite

DE LA NOBLESSE DE PROVENCE.

enfuite dans quelques autres Régiments, paffa dans celui de Béarn réformé, dont il devint premier Capitaine, fut fait Chevalier de l'Ordre Royal & Militaire de Saint-Louis en 1714. & fut tué à la Bataille de Parme en 1734. 2. Jofeph, Eccléfiaftique ; 3. Gabriel qui fuit ; & plufieurs filles mortes fans avoir été mariées.

Gabriel du Bois, II du nom, Sieur de Saint-Vincent, VI. Chevalier de l'Ordre Royal & Militaire de Saint Louis penfionné du Roi, qui a auffi fervi avec diftinction dans le même Régiment de Béarn réformé, où il fut Capitaine de Grenadiers & Major ; s'étant fignalé dans diverfes occafions & notamment à la défenfe du Pont de la Croix, au mois de Septembre 1743, où par la vigoureufe réfiftance qu'il fit à la tête de fa Compagnie de Grenadiers, foutenu par quelques Piquets du même Régiment, il donna le tems à une partie de l'Armée Françoife d'arriver & de repouffer les Autrichiens qui avoient déja paffé le bras le plus confidérable du Rhin, & étoient entrés dans l'Ifle de Regnias ; il fut enfuite nommé à la majorité de la Place de Landrecies en Hainault en 1748. & eft mort à Apt en 1753 des fuites des bleffures qu'il avoit reçues à la Bataille de Rocoux. Il avoit époufé à Landrecies le 25 Novembre 1727. Anne-Elifabeth-Jofeph de François, Dame du Godard, de laquelle il a eu : 1. Claude-Antoine-Gabriel qui fuit ; 2. Honoré-Thomas du Bois de Saint-Vincent, Lieutenant dans le même Régiment de Béarn, mort en 1753. 3. Charles-François du Bois, appellé le Chevalier de Saint-Vincent, qui a fervi dans le même Régiment de Béarn jufqu'au 30 Décembre 1762, jour que ce Régiment fut réformé. Il fut enfuite fait Capitaine-Aide-Major du Régiment Provincial de Lille en Flandre ; ce Régiment ayant été auffi réformé, il fut noté pour être remplacé Major dans un autre, mais il mourut à Landrecies au mois de Juin 1771. Il y avoit époufé le 3 Janvier 1769, (Acte reçu le 29 Décembre précédent par Laurent No-

Tome III.

taire.,) Demoiselle Marie-Therese-Joseph Pierrard, dont il n'eut qu'une fille Philippine-Joseph-Françoise du Bois de Saint-Vincent, née le 29 Octobre 1769.

VII. Claude-Antoine-Gabriel du Bois de Saint-Vincent, Chevalier de l'Ordre Royal & Militaire de Saint Louis pensionné du Roi, étoit Capitaine-Aide-Major du même Régiment de Béarn lors de sa réforme, se distingua dans son Etat d'Officier Major : il fut nommé Major Commandant les Bataillons des Gardes-Côtes, qui campoient dans le Pays d'Aunis, en 1758 & 1759, & a épousé par contrat passé le 19 Janvier 1765. devant Poncet Notaire, Demoiselle Catherine de Matty, fille d'Ange Dominique Veran de Matty, Gentilhomme de Cavaillon au Comtat Venaissin, & de Dame Catherine de Simon : il a de son mariage :

VIII. Joseph-Marie-Philippe-Gabriel du Bois de Saint-Vincent, né le 10 Novembre 1773. entré Éleve à l'École Royale Militaire de Tournon, le 3 Septembre 1784.

On voit que cette Famille a toujours été entiérement dévouée au service de ses Souverains. Michel & Louis du Bois freres étoient au service du Duc de Savoie lorsqu'ils quitterent leur patrie, Louis y rentra pour y continuer son service.

En France Benoît, Jacques, Gabriel Ier du nom, Guillaume, Pierre, François, Gabriel II du nom, Honoré-Thomas, Charles-François, & Claude-Antoine-Gabriel du Bois de Saint-Vincent, ont eu l'honneur de servir depuis deux siecles & demi les Rois Henri II, François II, Charles IX, Henri III, Henri IV, Louis XIII, Louis XIV, & Louis XV.

Dans le nombre desquels trois ont été tués au service de ces Rois, savoir 1°. Gabriel Ier du nom, Guillaume & François ; un autre y est mort des suites de ses blessures, savoir Gabriel II du nom.

Trois autres y font morts, favoir Benoît, Honoré-Thomas & Charles-François.

Jacques & Pierre fe retirerent, & Claude-Antoine-Gabriel fut réformé.

Joseph-Marie-Philippe-Gabriel du Bois de Saint-Vincent, feul rejetton mâle de cette Famille, eft Éleve à l'Ecole Royale Militaire de Tournon, pour fe mettre en état de marcher fur les traces de fes Ancêtres, & fe rendre digne de mériter de l'emploi au fervice du meilleur des Rois Louis XVI.

SAPORTA.

LA Maifon de Saporta ou Saporte eft originaire de Sarragoffe en Efpagne, où elle a de tout temps tenu un rang des plus diftingués. Il confte par d'anciens Titres que nous avons découverts, tirés des Archives de Sarragoffe & de celles des Chartreux de la même Ville, que les Saporta y occupoient les premieres charges, tant Militaires que Municipales.

I. Louis de Saporta, le premier de cette Famille qui vint s'établir en France, étoit frere de Don Guillaume, & celui-ci étoit pere de Don Gabriel, premier Conful de Sarragoffe en 1563 & 1567. Don Gabriel eut pour fils, Don Louis, marié avec Dona Mariana *de Alvion*; pour fille, Léonor Saporta, mariée avec François d'*Arragon*, Duc de Villahermoza; & pour petite-fille, Dona Hieronima Saporta, mariée avec Don Alphonfe *Villalpando*, de la maifon des illuftres Marquis de Offera, Comtes de Montijo & de Atarés, Seigneurs de la Baronie de Quinto, de laquelle maifon font iffus, Meffieurs les Comtes de Ricla & de Atarés, Grands d'Efpagne de la premiere claffe. Ce furent ces deux mariés qui fonderent la magnifique Chartreufe de la Conception aux environs de Sarragoffe, fur la porte de laquelle on voit encore les armes de la maison de Saporta.

Pour en revenir à la branche de France, qui est représentée par les Saporta d'Apt, suivant les informations judiciaires dont on a parlé à l'article de cette famille, tom. II, Louis de Saporta vint en France sous le règne de Charles VIII ; après la mort de ce Prince il se retira à Marseille. Il étoit marié, & laissa de sa femme, dont j'ignore le nom, Louis II & Françoise de Saporta, mariée le 28 Mai 1499 (Jean *Carradet*, Notaire) avec noble Sebastien *Autric*, Seigneur de Beaumettes. Louis est qualifié dans ce contrat *noble & égrége personne*. Voyez pour preuve de l'ancienneté de la noblesse de cette maison, les preuves de plusieurs Chevaliers de Malthe, tous descendants de ladite Françoise de Saporta, savoir : celles de frere Jean de Chateauneuf dit Molleges, reçu le 27 Novembre 1551, de frere Magdelon de Ferrier St. Jullien du 12 Juillet 1607, de frere Magdelon de Ferrier St. Jullien du 11 Mai 1641, de frere Charles-Marcel-Ferrier St. Jullien du 28 Avril 1655. Voyez aussi les preuves de Pierre de Vincent Mauleon de Causans, compilées en l'année 1695 où il y a la citation d'un contrat de mariage célébré en 1542, par lequel il est prouvé que noble Elzear d'Aulric fils à noble Françoise de Saporta, se maria avec Demoiselle Louise de Vintimille, fille de noble Marc de Vintimille, Ecuyer, Seigneur de Ramatuelle, & de Demoiselle Honorée de Simiane ; enfin celles de Noble Joseph d'Aulric de Beaumettes-Vintimille de l'an 1696.

II. Louis de Saporta, II du nom, alla s'établir à Toulouse, & s'allia le 13 Août 1508 avec Marguerite *de Navarre*, fille de François, Chevalier, Citoyen de Montpellier. Dans cet acte, qui fut passé devant Maguelon *Volontier*, Notaire à Montpellier, Louis de Saporta est qualifié *noble & magnifique Sei-*

gneur. Il testa le 12 Janvier 1555, laissant, entr'autres enfans :

Antoine de Saporta, dont l'esprit & le mérite lui III. attirerent l'estime & l'amitié d'Antoine, Roi de Navarre, & de Henri le Grand son fils, ainsi qu'il conste par plusieurs lettres signées de ces Princes, qu'on conserve encore dans la maison de Saporta. Il étoit fort attaché à la Cour de Marguerite, Reine de Navarre, & eut d'Isabelle de *l'Abia* sa femme :

Jean de Saporta, qui épousa en 1600 (*d'Ebusen*, IV. Notaire à Montpellier) Marguerite *d'Almaric*. Il prit dans son contrat de mariage les mêmes qualifications que ses peres avoient prises dans les leurs, & qu'on trouve dans tous les actes de ses descendants. Il avoit servi en qualité de Colonel dans les troupes de l'Amiral de *Coligny*, étant, ainsi que son pere, de la Religion prétendue réformée. Après la journée de la St. Barthelemi, il se jetta dans la Rochelle, où il fut blessé dangereusement en défendant cette place, ainsi qu'il conste par l'Histoire de cette Ville. De son mariage nâquit :

Etienne de Saporta, qui s'allia, par contrat passé V. devant *Jean*, Notaire à Nimes, le 14 Février 1625, avec Françoise de *Gevaudan*, fille du Président de ce nom, Conseiller d'Etat. Il fut Président lui-même à la Chambre de Montpellier, & mourut de mort subite à la suite de la Cour où il avoit été mandé ; il avoit fait son abjuration & embrassé la Religion Catholique que ses descendans ont toujours suivie. Il n'eut pour fils que :

François Abel de Saporta, lequel servit d'abord dans VI. les Mousquetaires ; il fut ensuite Capitaine d'une Compagnie de cent hommes dans le Régiment Italien, que le Cardinal *Mazarin* avoit fait lever en 1652. Il épousa le 20 Octobre 1655 Jeanne de *Gerard*, fille unique & héritiere de noble Pompée de *Gerard*, Seigneur de Châteauneuf-les-Mouſtiers & de Beaurepos, Ecuyer du lieu de Goult, & Gentilhomme ordinaire de la Maiſon du Roi. Il fut maintenu dans ſa nobleſſe par les Commiſſaires de Sa Majeſté, députés pour la vérification des Titres de nobleſſe le 18 Juin 1668. Il laiſſa Pierre-Joſeph qui ſuit, & Françoiſe de Saporta, alliée en 1682 à Philippe de *Bertons*, Seigneur de Crillon. Elle fut mere de l'Archevêque de Narbonne, de l'Evêque de Glandeves, du Duc de Crillon, & ayeule du Duc de Crillon-Mahon, Capitaine-Général, & Grand d'Eſpagne de la premiere claſſe. On nous a produit une expédition authentique des preuves de nobleſſe dudit Seigneur Duc de Crillon-Mahon pour être reçu Chevalier, Grand-Croix de l'Ordre diſtingué de Charles III Roi d'Eſpagne ; il réſulte de cette expédition (délivrée le 6 de Novembre 1782 par Don Bernardo del Campo, Secrétaire honoraire du Conſeil d'Etat, & Secrétaire en exercice dudit Ordre Royal & diſtingué de Charles III Roi d'Eſpagne,) que Françoiſe de Saporta, ayeule dudit Seigneur Duc de Crillon, étoit iſſue d'une des plus nobles & des plus anciennes maiſons du Royaume d'Arragon, & alliée à tout ce qu'il y a de plus grand dans ledit Royaume. Cette expédition fut légaliſée le ſurlendemain à l'Eſcurial par M. le Comte de Montmorin, Ambaſſadeur extraordinaire & plénipotentiaire de France auprès de Sa Majeſté Catholique.

VII. Pierre-Joſeph de Saporta, Seigneur de Châteauneuf & de Beaurepos, Capitaine de Dragons dans le Régiment de Languedoc, ſe maria en 1681 (Jean *Rey*, Notaire à Cavaillon) avec Verane de *Raimond*. Il s'établit à Cavaillon, où il fut obligé de ſortir à cauſe d'un combat particulier, dans lequel il tua ſon adverſaire après avoir été dangereuſement bleſſé. Il ſe retira à Apt où il commanda, en différentes occaſions, la Milice du pays ; ce fut ſur-tout en 1707 qu'il ſe diſtingua, lorſque le Duc de Savoye vint faire le siege de Toulon. Le Miniftre lui écrivit une lettre, au nom du Roi, remplie d'éloges & de témoignages d'amitié. Il eut de fon mariage :

VIII. Etienne-Jean de Saporta, Seigneur de Monfallier & de Beaurepos, Chevalier de l'Ordre Militaire de St. Louis, ci-devant Major du Régiment de Bourbon, Infanterie. Il a époufé en 1739 Anne-Rofe de *Gautier*, fille de noble Henri de *Gautier*, Seigneur du Poët & du Vernegues. Malgré fes incommodités qui l'avoient obligé de quitter le fervice, il commanda les Milices de nouvelle levée du pays en 1746, lors de l'invafion des Autrichiens en Provence ; & il s'acquitta de cet emploi avec la même valeur qu'il avoit déjà montrée dans les guerres d'Italie, & fur-tout lorfque les ennemis ayant paffé la Sequia, il fut chargé de la garde d'un pofte très-effentiel en avant de notre Armée, à la tête de deux Compagnies de Grenadiers. Attaqué par un corps d'ennemis au nombre de 1500, il foutint leur effort pendant quatre heures, & donna le temps à nos Troupes d'arriver pour le fecourir, après avoir perdu tous fes Grenadiers, à l'exception de huit.

Voyez, fur le détail de ce combat, l'Hiftoire du Régiment de Bourbon, par Mr. de Rouffel.

Il fit fon teftament le 18 Février 1759, (Notaire Rayolle à Apt.)

Les enfants qu'il a laiffé, font : Jofeph-Antoine, Marquis de Saporta ou Saporte, Seigneur de Monfallier & de Beaurepos, Chambellan de fon Alteffe Séréniffime, Mgr. le Prince Palatin, Duc regnant des Deux Ponts, par Brevet donné au Calsberg le 11 Avril 1785 ; ledit Jofeph-Antoine de Saporta s'eft marié par contrat du 17 Février 1770, (Clos Notaire à Paris,) avec noble Sophie-Nicole Moreau des Ifles ; de ce mariage eft iffu : Louis-Pierre-Nolafque-Felix Balbe de Saporta, né le 6 Juin 1771, reçu le 30 Avril 1784, dans la

Compagnie des Cadets Gentilshommes de l'Ecole Royale Militaire de Paris ; Charles-Auguste, né le 19 Mars 1773 ; Auguste-Louis, né le 9 Octobre 1781 ; Camille de Saporta, né le 26 Mars 1785.

Ledit Joseph-Antoine de Saporta, a un frere appellé Antoine, Comte de Saporta, Chambellan de l'Électeur Palatin, Duc de Baviere, ainsi que de son Altesse Sérénissime Mgr. le Prince Palatin, Duc régnant des Deux Ponts, Colonel dans ses Gardes, marié le 4 Août 1779, avec Carline-Marie-Sophie, Baronne d'Amboten, fille de Charles-Joseph, Baron d'Amboten, Chambellan Palatin, & de Henriette, Baronne de Geitspizeim, d'où est issu : Carline, Marie, Sophie.

Ledit Joseph-Antoine de Saporta a aussi une sœur appellée Catherine, qui a postérité de son mariage avec feu noble N...... de Roux, Seigneur de Ste. Croix à Lause, Chevalier de l'Ordre Royal & Militaire de St. Louis, pensionnaire du Roi.

SAUTEIRON.

CETTE Maison est fort ancienne, quoiqu'elle ait existé depuis long-temps sans aucun lustre ; le plus ancien individu qu'on en connoisse est un noble Boniface Sauteiron, duquel descendent ceux qui existent encore à Manosque. Ce Boniface vivoit au 15e. siecle, il étoit Ecuyer de Jean, Duc de Calabre, fils du Roi René ; ce qui conste par deux actes nouvellement découverts ; il maria (Notaire Fabri,) noble Auban son fils, aussi Ecuyer en 1501, avec Dlle. Lucie de Fauris, fille de noble Paul, duquel sont issus vraisemblablement les Seigneurs de St. Vincent Présidents à Mortier au Parlement d'Aix, seuls de Fauris encore existants. Cet Auban par son testament laissa pour héritiers ses deux enfans noble Guilhem & noble Jean, en 1539, (Notaire Jof. Tollety) qui partagerent fa fucceffion en 1540, même Notaire.

Boniface eut un autre fils qui reçut dans une bataille une bleffure dont il mourut à Manofque en 1515, ce qui fe voit par fon teftament de cette année, (Notaire Louis Fabry.)

Jean fils d'Auban époufa Anne de Redortiers, d'une ancienne nobleffe de Provence, éteinte depuis long-temps, des Titres de laquelle font remplis les regiftres des anciens Notaires de Manofque.

Les defcendans de ce Jean, quoique nés à Manofque où l'on trouve leurs baptiftaires, fe marierent au village de Pierrevert voifin de cette ville, où ils prirent pendant trois générations confécutives, des femmes du même nom, comme on le verra dans l'arbre Généalogique ci-après. Il y avoit cependant déjà dans Pierrevert des Sauteirons, car en 1483, un Bertrand Sauteiron en étoit Bailli, mais on ne fait fi c'étoit la même maifon ; ce qu'il y a de certain, c'eft que noble Auban Sauteiron, par fon teftament reçu par Jofeph Tollety, en 1539, legue la bague qu'il a au doigt à Elzear Sauteiron fon neveu, du lieu de Pierrevert, qui fut enfuite Curé de cette Paroiffe.

Pompée de Sauteiron, Seigneur de St. Clément, ayant hérité des biens de la maifon de Baudric, dont étoit fon ayeule, quitta encore Pierrevert, & vint de nouveau s'établir à Manofque en 1739, où François fon frere aîné étoit déja Curé de la principale Paroiffe, & Vicaire général du Diocefe de Sifteron, qui pour les fervices qu'il a rendus dans ces deux places, à l'Eglife & à l'humanité, a mérité une penfion du Roi.

Il exifte à Graffe des Sauteirons, Seigneurs de Ceranon ; il y a grande apparence qu'ils partent de la même fource, & que ceux de Graffe, ou ceux de Manofque, par la tranfplantation & par les différentes prononciations de l'idiome Provençal, ont perdu ou pris l'*i* qui fait la différence de leurs noms.

Le feul de toutes les différentes branches de cette maifon qui ait des enfans, eft noble Joseph-Antoine de Sauteiron, fils de Pompée, ancien Officier au Régiment de Brie, & Gouverneur pour le Roi de la ville de Pertuis : il forme la dixieme génération bien fuivie depuis Boniface le plus ancien connu.

Voici l'Arbre Généalogique de cette Famille.

I. Noble Boniface Sauteiron, Ecuyer de Jean, Duc de Calabre, fils du Roi René, époufa Alix Reyne en 1470.
II. Auban fon fils, Lucie de Fauris en 1501.
III. Jean fon fils, Anne de Redortiers en 1534.
IV. François Ier. fon fils, Anne Amoreux en 15...
V. François II. fon fils, Venture Amoreux en 1593.
VI. Etienne fon fils, Jeanne Amoreux en 1639.
VII. François III. fon fils, Melchionne de Baudric en 1667.
VIII. Antoine fon fils, Jeanne Davin en 1703.
IX. Pompée fon fils, Seigneur de St. Clément, Louife-Pauline-Félicienne d'Ulme en 1739.
X. Joseph-Antoine fon fils, Seigneur de St. Clément, Marguerite-Thérefe de Gautier en 1769.

Ce dernier a 5 enfans, Jean-Louis-Joseph, Eccléfiaftique, Jean-Louis-Michel, Jean, Catherine-Pauline, & Françoife-Marie.

Les Armes de cette Famille, font de gueules à trois chevrons d'or en fautoir, & trois étoiles d'or, dont deux en chef.

SEIGNORET.

LA maison de Seignoret, originaire d'une noble & ancienne Famille de la Province du Dauphiné, qui avoit produit des sujets recommandables par leur science & par leurs emplois, se transplanta dans Apt sur la fin du régne de François Premier. Etienne de Seignoret ayant été gratifié par le Pape Paul III, d'un Canonicat en la Cathédrale de cette Ville, par Bulles du 12 des Calendes de Mars 1537, & y attira quelque temps après son frere

Jacques de Seignoret, qui y fixa son domicile, & y I. passa divers contrats, comme on le voit aux écritures de Jacques Bourely, & de Siris Barthallot, anciens Notaires de la même Ville : s'étant allié avec Magdelaine de *Soliers* ou *Soleri*, d'une fort noble Famille de Provence, sœur d'Hugues de Soliers, célébre Médecin & grand Botaniste, résidant à Grenoble, connu dans la République des Lettres, pour avoir traduit du Grec en Latin l'Histoire des Plantes par Théophraste. Le même Jacques de Seignoret rendit divers services à la Ville d'Apt, durant les troubles sous les Rois Charles IX, & Henri III, en qualité d'un des Capitaines qui avoient le commandement de la Garnison ; & notamment, lorsque cette Ville fut assiégée par le Baron des Adrets, chef des Religionnaires du Dauphiné, qui, en l'année 1562, fit tous les plus grands efforts pour la piller & en enlever les Corps Saints. La Ville, quoique dans l'allarme, tint ferme courageusement ; mais comme elle ne pouvoit éviter d'être bientôt forcée, elle députa Jacques de Seignoret, sous une légere escorte, auprès du Comte de Sommerive, Gouverneur de Provence, qui venoit de réduire Sisteron, pour l'engager d'envoyer du secours : il s'acquitta avec gloire de cette périlleuse députation. Le Comte de Sommerive se mit lui-même en marche à la tête de son Armée ; ce que le Baron des Adrets ayant su, il leva promptement le siége ; & fâché de n'avoir pu piller cette Ville, il en brûla les Fauxbourgs ; le Comte de Sommerive ne laissa pas de le poursuivre dans sa fuite, & le contraignit de sortir de la Province. Jacques de Seignoret fut élu premier Consul d'Apt en 1579, & veilla au bon ordre de cette Ville, durant tout le tems de la terrible peste de 1580, qui y dura trois années. Son frere Etienne de Seignoret devint Archidiacre de l'Eglise de la même Ville, & fut en même tems pourvu du Capiscolat de la Cathédrale de Forcalquier, par provisions du 25 Mai 1560, ces Bénéfices n'étant point pour lors incompatibles : il fut aussi Prieur Commandataire du lieu de la Coste, de St. Michel-lès-Apt, &c. & mourut dans un âge avancé en 1595. Jacques de Seignoret eut de son mariage avec Magdelaine de Soliers, 1°. Ambroise ci-après. 2°. Antoine de Seignoret, Prévôt de la Cathédrale d'Apt, & en même-tems Capiscol de la Con-Cathédrale de Forcalquier après son oncle, Prieur Commandataire de la Coste, &c. mort en 1618. 3°. Thomas de Seignoret, aussi Prieur Commandataire du même lieu, avant son frere ; il sacrifia sa vie pour les intérêts de la Religion & de sa Patrie, ayant été tué par les Huguenots de Menerbes, en s'opposant avec zele à une tentative qu'ils alloient faire sur Apt.

II. Ambroise de Seignoret, Ecuyer, servit avec honneur durant les guerres sous Henri III, en qualité d'Homme d'Armes, dans la Compagnie d'Ordonnance du Baron de Gordes. Ayant continué de servir lors des troubles occasionnés par la Ligue sous Henri IV, il fut fait prisonnier de guerre en 1591, & ne fut rendu qu'après avoir payé 750 écus d'or pour sa rançon, ainsi qu'il conste par des certificats de ce tems-là, ce qui étoit pour lors une somme considérable. Il avoit épousé le 23 Novembre 1578 Anne d'*Eiroux*, d'une noble Famille du lieu de Simiane, Viguerie d'Apt, connue maintenant sous le nom d'Eiroux-Pontevès. Il fut premier Consul d'Apt en 1610; & ses descendans ont continué de remplir, comme lui, les premieres Charges de la même Ville en divers tems. Il testa solemnellement le 14 Janvier 1629, (David, Notaire à Apt;) son épouse testa aussi riere le même Notaire le 12 Août 1630; il laissa de son mariage deux fils. 1°. Jacques, qui suit. 2°. Jean-Etienne de Seignoret, Prévôt de l'Eglise d'Apt, par Bulles du 7 Octobre 1613, sur la résignation de son oncle Antoine. S'étant attiré l'estime du Roi Louis XIII, ce Prince le retint auprès de sa personne, pour un de ses Aumôniers ordinaires, & il prêta serment pour l'exercice de cet emploi le 6 Juillet 1616, entre les mains du Cardinal du Perron, Grand-Aumônier de France, suivant le Brévet que le Roi lui avoit fait expédier le 4 du même mois. Se trouvant dans sa Patrie en 1623, il fut député auprès de la Reine Anne d'Autriche, épouse du même Roi, pour lui présenter la portion des Reliques de Sainte Anne qu'elle avoit demandée à la ville d'Apt: il remplit sa commission avec honneur; & en reconnoissance, Sa Majesté lui fit présent d'une bague enrichie de diamans d'un prix considérable. Il résigna sa Prévôté en 1634 à Léon de Bermond son parent.

III. Jacques de Seignoret, second du nom, après avoir commandé une Compagnie d'Infanterie, lors des guerres de Guienne, sous le même Roi Louis XIII, épousa dans Apt, par contrat du 25 Avril 1627, (David, Notaire,) Marguerite de *Bermond*, fille d'Antoine de Bermond, Ecuyer, Seigneur de Vacheres & de Ste. Croix-à-Lauze, ancien Capitaine d'une Compagnie de cent hommes de pied. Il mourut en 1642, ne laissant qu'un fils unique.

IV. Jean-Etienne de Seignoret, second du nom, Ecuyer & Docteur ez-Droits, agrégé en l'Université d'Aix par

Lettres du 26 Novembre 1648. Il épousa par contrat du 2 Novembre 1649 Marie de *Roque*, fille de Pierre de Roque, Ecuyer, & d'Anne de Sylvestre. Il étoit très-savant Jurisconsulte, & d'une intégrité tellement reconnue, qu'il étoit l'Arbitre ordinaire des contestations de ses Concitoyens. Il fit diverses fondations pieuses, & mourut en 1693, ayant eu de son mariage, 1°. François-Ignace, ci-après. 2°. N..... de Seignoret, qui après avoir servi dans les Cadets Gentilshommes du département de Besançon, fut Lieutenant dans le Régiment Royal-la-Marine, & fut tué en 1690, près de Spire en Allemagne, en combattant contre un parti ennemi.

V. François-Ignace de Seignoret, Ecuyer, s'allia le 13 Janvier 1690 avec Marie de *Rey*, fille de noble Rolland Rey, & d'Anne de Marmet de Valcroissant. Il fut compris parmi les Gentilshommes de la Province pour le service du Ban & arriere-Ban; & reçut ordre de payer sa cotte-part de la taxe, lorsque le Roi, pour soulager sa Noblesse, eut converti le Service en une somme d'argent. Il est mort en 1720, ayant eu de son mariage deux filles: Marie-Catherine morte fille, & Helene de Seignoret non mariée, & trois garçons. 1°. Rolland de Seignoret, Chevalier de l'Ordre Royal & Militaire de St. Louis, & pensionné du Roi, qui servit avec distinction dans le Régiment de la Reine, Infanterie, depuis l'année 1707, jusqu'en l'année 1727, qu'il fut placé au Havre de Grace en Normandie, en qualité d'Officier Major de la Citadelle: sa retraite lui a été accordée en 1752. Il avoit fait entr'autres les dernieres & mémorables Campagnes de Louis XIV, & avoit assisté aux batailles & aux siéges de confidération qu'il y eut durant leur cours.

2°. Joseph-Etienne, ci-après.

3°. Louis-Auspice de Seignoret, sieur de Piegut, Officier dans le même Régiment de la Reine, mort en 1716, ayant aussi fait les dernieres Campagnes de Louis XIV.

Joseph-Etienne de Seignoret, Ecuyer, épousa en VI.
1732 Dlle. Claire-Cecile *Darbon*, & en a laissé les enfans qui
suivent, après avoir testé le 6 Février 1751.

1°. André de Seignoret, Ecuyer.

2°. Mathieu-Roch de Seignoret, sieur de Salignan.

3°. Marie-Anne-Therese de Seignoret, mariée en 1761, avec noble Denis Troutier, Docteur ez-Droits.

SIBOUR.

PEndant que le Comté Venaissin avoit été réuni à la Provence & au Domaine de la Couronne, le Roi Louis XV. ayant accordé à la Famille de Sibour, de la ville de Carpentras, des Lettres-Patentes de déclaration & confirmation de Noblesse, adressées au Parlement de Provence, & qui y furent vérifiées & enrégistrées, cette Famille doit avoir place parmi la Noblesse de Provence.

Le 25 Août 1732, par devant *Bezaudin*, Notaire, à Marseille, il fut passé contrat civil de mariage entre Noble Jean-François Sibour, de la ville de Carpentras, fils de défunt Jean-Claude, & de Dame Catherine de Fauque, d'une part ; & Demoiselle Marie-Louise Guieu, fille de Jean-Louis Guieu, ancien premier Echevin de la ville de Marseille, & de Dame Gabrielle le Noir, d'autre part ; lequel contrat de mariage fut publié & enrégistré en la Sénéchaussée de Marseille, le 4 Septembre 1732.

Le même Jean-François Sibour, après avoir été premier Consul de la ville de Carpentras, Capitale du Comté Venaissin, en 1739 & en 1745 ; Syndic général des Etats du Comté Venaissin, pendant six ans ; Juge Majeur ordinaire de la ville de Carpentras, pendant plusieurs années ; & après avoir rempli divers autres emplois de Magistrature, fut pourvu par le Souverain Pontife Benoit XIV. le 20 Novembre 1748 de la charge d'Avocat & Procureur-Général du Pape & de la Chambre Apoſtolique à Carpentras & dans le Comté Venaiſſin, qu'il remplit & exerça juſques à ce que, dans le mois de Juin 1768, toutes les Charges de Magiſtrature qui étoient établies dans le Comté Venaiſſin, ceſſerent, par la réunion qui fut faite de ce Pays, à la Provence & au domaine de la Couronne.

I. Le Roi Louis XV. accorda, en Février 1770, à Jean-François de Sibour, pour lui, ſes enfants, poſtérité & deſcendants, mâles & femelles, nés & à naître, des Lettres-Patentes très-honorables, de déclaration & confirmation de Nobleſſe, & en tant que de beſoin, d'Annobliſſement, auſquelles fut joint ſous le contre-ſcel, le réglement d'Armoiries fait par M. d'Hozier de Serigny, Juge d'Armes de la Nobleſſe de France; ces Lettres-Patentes en forme de Charte, furent vérifiées & enrégiſtrées au Parlement de Provence, par Arrêt du 20 Juin 1770, & elles furent auſſi préſentées & enrégiſtrées le 28 Juin 1770 au Régiſtre M. fol. 484. en la Chambre du Domaine du Roi, dans le Comté Venaiſſin, qui avoit été créée en la ville de Carpentras, par Édit du Roi, du mois de Mars 1769, conformément à l'article VIII. du même Édit, portant expreſſement: *toutes Lettres expédiées pour le Comté Venaiſſin, de Nobleſſe ou réhabilitation d'icelle, naturalité, légitimation, inféodation, érection de Terres en titres & dignité..... ſeront préſentées en ladite Chambre pour y être enrégiſtrées.* Et enſuite le Roi Louis XV. par un Arrêt rendu en ſon Conſeil d'Etat, le 9 Novembre 1773, déclara exempt & exempta, en tant que de beſoin, Jean-François de Sibour & ſa Famille, de payer le droit de confirmation de Nobleſſe auquel les Annoblis depuis l'an 1715 ont été ſoumis par l'Édit du mois d'Avril 1771.

Jean-François de Sibour, de ſon mariage avec Marie-Louiſe

DE LA NOBLESSE DE PROVENCE.

Louife Guieu, eut 1. Jean-Joseph-François, qui suit; 2. Jean-Louis-André de Sibour, Chanoine Sacristain de la Cathédrale, & Vicaire-Général de Carpentras; 3. Jean-Baptiste-Hiacinthe, mort jeune au service du Roi, étant Lieutenant au Régiment ci-devant de Querci, & à préfent de Rohan-Soubife; 4. 5. & 6. trois filles, dont Marie-Anne-Catherine qui est l'aînée, mariée à Noble Jacques-Antoine Nicolas Gaudibert; & les deux autres Religieuses.

Jean-Joseph-Francois de Sibour, fut pourvu par Lettres-Patentes du 23 Mars 1757, de la coadjutorerie & survivance de son pere, en la Charge d'Avocat & Procureur-Général du Pape & de la Chambre Apoftolique à Carpentras & dans le Comté Venaissin; & lorsque cette Charge eut cessé par la réunion du Comté Venaissin à la Couronne de France, il fut pourvu par le Roi, de l'Office de Lieutenant-Général en la Sénéchauffée du Comté Venaissin, qui fut établie à Carpentras; dans lequel Office il fut reçu par Arrêt du Parlement de Provence le 30 Avril 1770; mais le Comté Venaissin ayant été ensuite rendu au Saint Siege, Jean-Joseph-François de Sibour est rentré dans l'exercice des fonctions de sa Charge d'Avocat & Procureur-Général du Pape & de la Chambre Apostolique, qu'il possede encore en 1785. Il fit alliance, écrivant *Devillario, Notaire*, à Carpentras, le 3 Juin 1765, avec Demoiselle Marie-Françoise de la Selle, fille de Noble Joseph de la Selle, Conful de France dans l'Etat de Gênes; il a eu de ce mariage:

Jean-Baptiste-Joseph de Sibour; Louis-Blaise de Sibour; Marie-Josephe-Bibiane; & Marie-Josephe-Françoise, qui font encore jeunes.

Les Armes de cette Famille sont d'azur à trois bandes d'or, accompagnées d'une étoile de même, en chef, & de trois bezans d'argent, en pointe.

SIMIANE.

Suite de la Branche de SIMIANE *de la Coste de Grenoble.*

NOUS ne répéterons pas ici ce que nous avons dit sur cette ancienne & illustre Famille dans les deux premiers Volumes de cet Ouvrage; nous nous contenterons de donner la filiation des deux branches suivantes.

Antoine-François de Simiane, troisieme fils de François de Simiane de la Coste de Grenoble, Président au Parlement de Dauphiné, & d'Anne de Pourroy, étoit frere de Nicolas-François, Comte de Simiane, Maréchal de Camp & Chevalier d'honneur de Madame, femme de Monsieur frere de Louis XIV, & aussi d'Alphonse-François de Simiane, Abbé de Marcillac. Il fut appellé à la substitution des biens de feu M. le Marquis de Simiane d'Esparron, Chevalier des Ordres du Roi; il fut Mestre-de-Camp de Cavalerie, Chevalier de St. Louis & de St. Lazare, Seigneur de la Chassagne en Auvergne; il épousa en 1710 Marie de l'Air de la Tonogoyon; il testa en 1738: il eut onze enfans de ce mariage; l'aîné mourut en bas âge; le second fut tué au siège du Fort de Kell, Lieutenant d'Infanterie; le troisieme périt sur la Frégate le Carcajon, Enseigne de Vaisseau; le quatrieme François-Louis-Hector de Simiane est le seul de ses enfans qui ait laissé postérité.

François-Louis-Hector, Marquis de Simiane, a servi quatre ans dans les Mousquetaires, huit ans Capitaine de Cavalerie dans le Régiment de la Rochefoucault, & douze ans Officier de Gendarmerie; il a épousé en 1748 Marie-Esther-Emilie de Seveyrac; il en a eu plusieurs enfans morts en bas âge, & Charles-François de Simiane son seul fils qui suit. Il fut Seigneur Marquis de

Miremont d'Urfé de la Chaffagne, & Baron d'Ollé; il eft Seigneur de St. Martin, & Bethel, en Auvergne.

Charles-François, Comte de Simiane, a époufé en 1777 Diane-Adélaïde de Damas; il a fervi aux Gendarmes de la Garde, quatre ans au Régiment du Roi Infanterie; il eft Meftre-de-Camp en fecond du Régiment de Limoufin Infanterie, Seigneur Marquis de Miremont, & Baron d'Ollé.

Suite de la Branche de SIMIANE d'Aix.

Claude-François-Leon de Simiane, Marquis de Simiane-lès-Aix & Marseille, étoit fils de Jean de Simiane de la Cepede de la Cofte, & de Jeanne des Porcellets; il époufa en 1776 Anne-Émilie de Felix du Muy; il eut pour fille Pauline de Simiane, & pour fils Touffaint-Alexandre-Henri de Simiane qui fuit. Il eft mort en 1782.

Touffaint-Alexandre-Henri-François-Jofeph-Joachim de Simiane, Marquis de Simiane-lès-Aix & Marfeille, eft âgé de 3 ans.

TAMISIER.

CE fut par erreur, qu'en rapportant les Titres qui concernent cette Famille au fecond Volume du Nobiliaire, page 432, on dit que Charles, fecond du nom, Confeiller du Roi, Subftitut au Parlement d'Aix, avoit obtenu les Lettres de réhabilitation, qui font dans les Archives du Roi à Aix, regiftre *Papirus*, fol. 44. J'ai vérifié fur ces mêmes Lettres, que c'eft Charles, premier du nom, pere de Charles, fecond du nom, Subftitut, & de Jean-Antoine, qui les obtint, & ne les follicita que parce qu'Efprit fon pere avoit été le feul de fa Famille, depuis Pierre Tamifier qui vivoit en 1510, qui eût ceſſé de prendre la qualité de noble. La conformité des noms de Baptême du pere & du fils, avoit occaſionné la méprise.

On lit à la même page, que Jean-Antoine Tamiſier, fils puîné de Charles premier, épouſa en 1714 Thereſe de Monier, Seigneur du Reveſt, & de Magdeleine de Mathieu. L'on devoit dire de *Mathieu*, des Seigneurs du Vilars & de Fontiene.

THOMAS ou TOMAS.

Branche des Seigneurs de Saint-Laurens & de la Baſtide.

J'AVOIS dit en parlant de cette Famille, tom. II, pag. 439, & à l'article de Jean de Thomas, fils d'Antoine, & après lui Viguier de Toulon, qu'il épouſa Antoinette *de Julianis*, mere de trois fils & d'une fille : je dois obſerver ici que les trois fils s'appelloient Louis, Pierre, & Antoine ; que ce dernier alla fixer ſa réſidence à Avignon, où il fut élu Conſul au rang des Citramontains (comme venant de Provence) aux années 1479 & 1493, tems auquel le Conſulat n'étoit déféré qu'aux plus Nobles & aux plus diſtingués des étrangers qui venoient s'établir en cette Ville. L'Acte de compromis qu'il paſſa & Louis ſon frere, avec nobles François & Jean de Julianis, le 6 Novembre 1504 (Notaire Citrane à Aix,) prouve qu'il étoit habitant d'Avignon, puiſqu'il oblige ſes biens ſpécialement à la Cour de la Chambre, qui eſt le Tribunal de rigueur des Etats du Pape.

Cette branche de la maiſon de Thomas, eſt repréſentée aujourd'hui par noble Joſeph de Thomas, Seigneur des lieux de St. Laurens de la Vernede, & de la baſtide Dengras, dans le Dioceſe d'Uſez, qui de ſon mariage avec Anne *de Trinquelagues*, fille de noble Joſeph de Trinquelagues, d'ancienne famille de Robe de Languedoc, &

de Dame Anne *de Roux*, a eu George-Joseph-Nicolas de la Baſtide, qui s'eſt allié en 1761 avec Jeanne-Louiſe *de Cabane*, de la Ville de Paris, fille de Louis de Cabane, Ecuyer, Maréchal général des Logis du Régiment des Gardes Françoiſes du Roi, & de Jeanne *de Duchon*, de laquelle il a trois enfans, Joſeph-Jean, Louis-Joſeph, & Adélaïde-Marguerite de Thomas.

VENEROSI PESCIOLINI.

CETTE Famille que nous avions cru éteinte, exiſte encore en France & en Italie; elle eſt originaire de Piſe en Toſcane, où elle poſſédoit anciennement la Seigneurie de Peſcioli, d'où elle a tiré le ſurnom de Peſciolini, étymologie bien plus vraiſemblable que celle qui eſt fondée ſur l'anecdote des petits poiſſons, à laquelle l'Abbé Robert ſemble ajouter foi un peu trop légérement.

Les Veneroſi étoient ſi illuſtres du temps de Charlemagne, que cet Empereur accorda à Frederic Veneroſi, & à huit de ſes freres, qu'il appelle tous Comtes Palatins, & enfants du Comte Nambrot, la quatrième partie de la ville de Veronne, avec privilege de légitimer des bâtards, de créer des Notaires, de délivrer deux priſonniers, & de rappeller deux bannis de chaque Ville; ce qui conſte par Lettres de conceſſions, données à Ravennes le 3 du regne de Charlemagne, inſinuées à Ferrare le pénultieme de Juin 1174, & confirmées enſuite par l'Empereur Henri VI, étant à Plaiſance l'an 1195, en faveur de Veneroſi, fils de Brandalicio Veneroſi, & par Frederic II, l'an 1245, en faveur de Bartelot, fils de Pierre Veneroſi, toujours qualifiés Comtes Palatins.

Il réſulte encore du teſtament de Pierre Veneroſi, du 26 Septembre 1297, qu'il inſtitue ſon fils Brandalicio en tous les biens qu'il possede à Mantoue, à Veronne, à Ferrare, & à Bologne, comme encore en tous les privileges, dont il jouissoit, & dont ses prédécesseurs avoient joui dès le temps de Charlemagne; & il paroît en effet qu'ensuite de ce testament, ledit Brandalicio Venerosi jouit de ces privileges, puisqu'il créa un Notaire, l'an 1308, & que Bartalot son fils légitima un bâtard à Pise au mois de Février 1333, en vertu des privileges impériaux accordés à la famille de Venerosi. C'est ce que l'Abbé Robert atteste avoir lu dans un livre scellé & légalisé dans les formes ordinaires, envoyé par les Venerosi, de Pise, à ceux de Marseille, & où l'on voyoit encore que ceux de cette famille avoient possédé le Comté de Strido auprès de Pise, & qu'ils en prêterent hommage à la République de Florence l'an 1274, à cause de la cession que l'Evêque de Volterre leur avoit faite de la Jurisdictoin qu'il y avoit; & que cette famille, à qui tout le terroir & la Forteresse de Strido appartenoit encore l'an 1421, s'établit depuis à Saint-Geminien, où elle fit branche qui passa en Provence.

Le premier qui fixa sa résidence à Marseille, fut Octave Venerosi, & petit-fils de Leonard; il y épousa l'année 1578 Jeanne de Vento, fille de Louis & d'Alix Amiele, dont il n'eut point d'enfants.

Ses biens passerent à Horace Venerosi Pesciolini son cousin germain, qualifié des Comtes de Strido; il étoit fils de Jacques, & petit-fils dudit Leonard; il s'étoit marié le 28 Décembre 1548 avec Magdelaine de Tamagni, fille d'Asdrubal & de Marguerite Bonacorse, de la Ville de Saint Geminien, de laquelle il eut, entr'autres enfants, Hercules Venerosi Pesciolini, qui après s'être marié à Florence, alla fixer sa résidence à Marseille. Il est qualifié dans son contrat de mariage du 13 Octobre 1609, des Comtes de Strido. Il laissa de Marie de Palagio, fille de Bernard, noble Florentin, sa femme,

DE LA NOBLESSE DE PROVENCE. 335

Antoine & Amant de Venerofi, qui formerent deux branches. Antoine s'allia avec Catherine de Falconieri, d'illuftre maifon de Florence; & Amant fe maria avec Françoife de Coufineri, & fut nommé par le Roi Chevalier de fon Ordre de Saint-Michel, par Brevet de l'année 1639. Amant ne laiffa qu'une Demoifelle, Marie-Anne de Venerofi, qui eft entrée dans la Maifon d'Arlatan de Montaud, Baron de Lauris, Seigneur du Puget.

Leonard de Venerofi, outre Alexandre & Jacques dont nous avons parlé, avoit eu de Benoîte de Conti fa femme deux autres enfans, favoir : Michel, & Nicolas. Ce dernier a formé une branche qui fubfifte encore à préfent à Pife ; & Michel ne laiffa qu'un fils appellé Nicolas, qui mourut fans fe marier ; il étoit connu fous le nom de Chevalier de Pefciolini. Ses fervices confidérables envers le Duc de Tofcane & le Roi Henri IV, pour qui en 1597 il négocia la reddition des Ifles du Château-d'If-lès-Marfeille, lors occupées par les Florentins, le traité de mariage de ce Prince avec Marie de Medicis, & la commiffion dont le Grand-Duc l'honora, de préfenter au Monarque François cette belle ftatue de bronze qui le repréfente à Cheval, & qui fut pofée fur le Pont-neuf à Paris, & enfin la grande réputation qu'il s'étoit acquife de grand Capitaine, fur-tout dans les guerres de Flandres où il fe fignala, & de fage politique, lui mériterent après fa mort, qui arriva à Pife en 1624, cette magnifique épitaphe qu'on lit fur fon Tombeau :

Nicolaus-Michaelis de Venerofis, cognomento de Pefciolinis, ex Comitibus Stridi, Nobilis Pifanus, Religionis Sancti Stephani Eques, poft egregiam domi in rebus arduis, Ferdinando Hetruriæ magno Duci, ac foris in militiâ Belgicâ, Philippo II Hifpaniarum Regi, & in afperrimis difficillimifque temporibus Henrico IV. Galliæ Navarræque Regi, ac tandem Cofmo II Hetruriæ magno Duci, in diverfis negociis navatam operam, honorificis ftipendiis decoratum, laborum finem ha-

buit, *ut in æterna gloria conquiefcat. Obiit anno* 1624, *vixit* 84.

Ce même Chevalier de Pefciolini fut envoyé par le Grand-Duc de Tofcane vers Cafeau ; cette négociation fut très-périlleufe pour lui. Voyez Mr. de Ruffi dans fon Hiftoire de Marfeille. Ce fut encore ce Chevalier de Pefciolini qui commanda la Flotte, qui dépofa à Marfeille les corps des Pifans qui avoient été tués dans une guerre contre les Sarrafins. L'épitaphe qui eft fur le tombeau où ces corps ont été enfevelis, & qui commence par ces mots, *verbi incarnati* &c., eft décrite auffi dans l'Hiftoire de Marfeille de Mr. de Ruffi, telle qu'on la voit encore fur cet antique monument, qui eft à l'entrée de l'Eglife de Saint-Victor de Marfeille. Il en eft parlé auffi dans le Traité des Familles illuftres de Triftan, où l'on voit la Généalogie de la Famille de Venerofi Pefciolini. Là font cités plufieurs Auteurs Italiens, comme Paulomini, Petra Sancta, &c., lefquels ont parlé de cette Famille avec de grands éloges, & ont fait connoître fon origine & fon ancienneté.

Il y a encore plufieurs Branches de Venerofi en Italie. La Branche qui fubfifte à Pife, eft alliée avec Rofelmine, Chambellan de l'Empereur d'Allemagne, & Maître des Ecuries du Grand-Duc de Tofcane.

En 1749, il y a eu de ce nom & de cette Famille de Venerofi, un Doge de la République de Gênes, lequel auffi a été Vice-Roi en Corfe.

La Famille de Venerofi Pefciolini continue à Marfeille. De Nicolas de Venerofi Pefciolini, fils de François de Venerofi, coufin-germain d'Amant & d'Antoine de Venerofi freres, font fortis deux enfants mâles & deux filles : Nicolas-Pafcal de Venerofi Pefciolini ; Jean-Jacques ; Euphemie de Venerofi ; & Laurence, Religieufe au Couvent des Bernardines à Marfeille.

Nicolas-Pafcal de Venerofi Pefciolini, fils aîné de Nicolas, fils de François de Venerofi, eft marié à Marfeille avec

DE LA NOBLESSE DE PROVENCE.

avec Marguerite-Claire de Maillet, fille de féu Pierre-Mathieu de Maillet, qui, à l'âge de vingt-trois ans, eut la furvivance de fon pere pour la Charge de Conful général de France dans la Morée. De ce mariage eft iffu un fils nommé Pierre-André-Nicolas de Venerofi Pefciolini.

Jean-Jacques de Venerofi Pefciolini (fecond fils de Nicolas, fils de François) ancien Capitaine d'Infanterie, Chevalier de l'Ordre Militaire de St. Louis, commande l'Ifle des Grouais au Port-Louis en Bretagne, où il eft marié avec Mademoifelle de Blotieres, dont il a plufieurs enfants. Dans ces dernieres Guerres, il repouffa les Anglais qui vinrent l'attaquer dans fon Ifle dont ils vouloient s'emparer : mais il la défendit généreufement, & obligea l'ennemi de fe retirer.

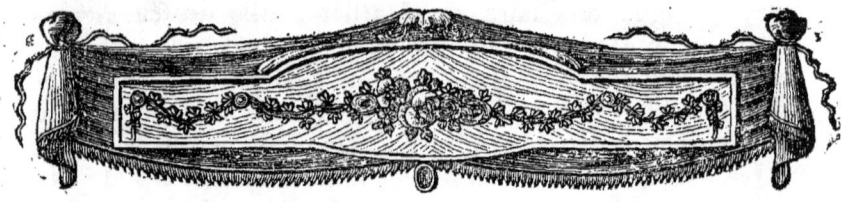

ADDITIONS.

GAUDIN.

FAMILLE noble & ancienne, qui a dans son origine, le caractere de la Noblesse Militaire; elle est connue en Provence depuis plusieurs siecles; elle y a possédé des Fiefs, & a été comprise dans les rolles d'arriere-ban; elle a donné un Maitre Rational de la Cour de Provence en 1473, & fourni un nombre considérable d'Officiers dans les Troupes du Roi.

Quoiqu'elle soit fixée dans le Comtat-Venaissin, nous nous sommes déterminés d'autant plus volontiers, d'en donner une idée, qu'elle mérite mieux d'être connue.

Elle est représentée par:

1. N. de Gaudin, Chevalier, Président unique de la Chambre Apostolique du Comtat Venaissin, Coadjuteur, qui de son mariage avec noble N..... de Silvestre de Lancier, a plusieurs enfants, dont un est élevé au College noble des 4 Nations.

2. & 3. N. N. de Gaudin de Thomé & l'Abbé de Gaudin Chanoine de l'Eglise de Soissons, Vicaire Général du Diocese, & Prédicateur du Roi, qui vient d'obtenir des Bulles de Coadjutorerie de la Prévôté de l'Eglise Cathédrale de Carpentras.

LEOUZE.

LAURENT d'Alix, le premier qui vint s'établir à Marseille dans le quinzieme siecle, où il fut reçu au rang des Nobles, vivoit encore l'an 1550. Il étoit originaire de Franche-Comté, de la famille de ce nom connu alors pour être des anciennes de cette Province; il eut de son mariage avec Demoiselle Bellone d'Aguillon, Gilles, baptisé le 10 Janvier 1538. au Chapitre de Marseille. Baptistaire extrait par Parat Greffier du Chapitre & Diocese de Marseille, où il est dit fils de noble Laurent d'Alix, Ecuyer, à qui Antoine de Leouze son parent laissa son bien par testament du 11 Mai 1577. reçu par Pamporin Notaire de Marseille, à la charge par icelui d'en porter le nom & les armes; il eut à raison de cette hérédité, entr'autres biens, la terre de St. Jean du Brest, & quitta le nom d'Alix pour prendre celui de Leouze. I.

Noble Gilles de Leouze, Sieur de St. Jean, épousa le 30 Avril 1580. Demoiselle Marguerite de Pol, de laquelle il eut plusieurs enfants, Melchior, Nicolas, François & Marguerite (contrat de mariage reçu par Ruffi Notaire de Marseille, collationné Lobel.) II.

Melchior de Leouze, Ecuyer, Sieur de St. Jean, servit long-temps, fut ensuite marié à Demoiselle Marguerite de Pellere le vingt-neuf Septembre 1620, Acte reçu & signé par Auberge Notaire; il eut de ce mariage un fils nommé Pascal qui contracta mariage avec Demoiselle Françoise de Borrily le premier Février 1652, reçu & signé Lombard Notaire de Marseille; de ce mariage vinrent plusieurs enfants, tous morts jeunes ou au service sans postérité. Cette branche a fini par deux Demoiselles mortes fort âgées à Marseille, ayant donné la terre de St. Jean à la Famille de Borrily, qui leur étoit échue par III. IV.

la succession de leur Ayeul, par le partage qu'il fit à la requête de Nicolas & François ses freres, Ecuyers de Marseille, en date du 7 Novembre 1625, signé Poche.

III. Nicolas & François d'Alix de Leouze, fils puînés de noble Gilles, vinrent habiter à Lauris où ils acheterent un domaine auquel ils donnerent le nom de St. Jean; François y mourut sans postérité, donna ses biens à son frere qui fut par-là en possession des biens de leur famille situés à Malemort, le Puget & Pievert. Nicolas de Leouze, Ecuyer, contracta mariage avec Catherine de Martely le 17 Février 1599. (Notaire Olivier.) Il eut de ce mariage Jean & Jeanne-Marie, & mourut peu de temps après, laissant ses enfants jeunes; Marguerite leur sœur fut mariée au Capitaine Claude Bernard de Lagnes le 24 Février 1575 (Notaire Borely,) elle n'eut qu'un fils nommé Esprit, lequel ayant pris l'habit de Religieux Observantin, donna tous ses biens à sa mere avec la portion de la Coseigneurie de Lagnes que son pere y possédoit, dont elle jouit jusqu'à sa mort, après laquelle elle légua la Coseigneurie à Jean Scipion de Pol, Seigneur de St. Tronquet, neveu de son mari, par testament du 22 Juillet 1634, (Notaire Bremond) par lequel elle institua Jean de Leouze son neveu légataire universel, établit des fondations dans l'Eglise Paroissiale de Lagnes, qui s'acquittent en partie aux frais de Madame la Duchesse de Gadagne & de ceux de la famille de Leouze.

IV. Jean d'Alix de Leouze, Ecuyer, Sieur de St. Jean, fut marié en 1615 (Notaire Volonne,) à Demoiselle Jeanne d'Avon, de laquelle il eut plusieurs enfants, Jean-Esprit, Gabriel, Jean, & Anne-Melchionne. Il fit bâtir à ses frais une Chapelle dans l'Eglise Paroissiale de Lauris, sous le titre de Notre Dame du Saint Rosaire, y établit sa sépulture & des fondations, dota annuellement & à perpétuité une pauvre fille, fit substituer ses biens à ses descendants mâles, par testament du 24 Septembre 1646, (Notaire Pescadou;) Jeanne - Marie

DE LA NOBLESSE DE PROVENCE. 341

sa sœur fut mariée dans la maison de Colas Pradine.

V. Jean-Esprit d'Alix de Leouze, Écuyer, Sieur de St. Jean, fils de Jean Ier., contracta mariage avec Demoiselle Magdelaine d'Astruc, mourut sans postérité, laissa ses biens à son frere puîné, confirma le legs fait par son pere, par testament du 3. Septembre 1657. (Notaire Pescadou.)

Gabriel d'Alix de Leouze, Ecuyer, fils puîné de Jean Ier. avoit épousé le 12 Novembre 1639. (Notaire Laugier) Demoiselle Marguerite de Fascin en premieres nôces & de laquelle il eut Jean & Joseph; en secondes nôces le 9. Septembre 1652. (Notaire Bermés,) la Demoiselle Gabrielle de Bournarau dont il n'eut pas d'enfants; 3°. Demoiselle Jeanne de la Jardine du Thor dont il n'eut qu'une fille, il fit son testament le 16 Août 1684., (Notaire Pescadou,) par lequel il fit substituer ses biens à Jean son fils & à ses enfants, augmenta les fondations faites par son pere à la Chapelle du St. Rosaire où il élut sa sépulture; Jean son troisieme frere prit l'habit de Capucin & mourut dans la Regle.

Anne-Melchionne leur sœur fut mariée à Gabriel Redortier qui n'eut d'elle qu'une fille nommée Jeanne, laquelle fut mariée à Palamede Tempier dont elle n'eut point d'enfants; elle fit ériger une Chapelle dans l'Eglise Paroissiale de Lauris sous le Titre de St. Antoine, qu'elle dota de ses biens, y établit des fondations, en laissa le Juspatronat à Gabriel son oncle, qu'elle institua son héritier par Codicile du 9 Février 1674. Ses descendants en conservent la nomination; ceux de cette Famille furent déclarés Nobles & maintenus dans leurs qualités d'Ecuyers, issus de noble race & lignée, par les Commissaires députés par le Roi le 26 Novembre 1668.

VI. Noble Jean d'Alix de Leouze, Sieur de St. Jean, fils de Gabriel Ier. & de la Dame de Fascin, contracta mariage le 11 Janvier 1663, (Notaire Pescadou,) avec Demoiselle Marie de Jouvet, dont il eut beaucoup d'enfants; Gabriel, Jean-François, Joseph, Dominique, Alexis,

Jacques & Françoise ; fit son testament le 15 Décembre 1694 (Notaire Bremond,) par lequel il donna ses biens à Gabriel son fils aîné.

Joseph de Leouze son frere fut marié le 1. Août 1675, (Notaire Volonne,) à Demoiselle Ursule de Fauque, & d'eux est sortie la branche de cette Famille habitée à Merindol ; ils eurent un fils nommé Joseph, marié à la Demoiselle Abert ; de ce mariage est venu Joseph-Ignace, marié à Demoiselle le Blanc de Bonnieux ; ils ont plusieurs enfants dont l'aîné continue la descendance par son mariage avec une Demoiselle de la maison de Bras.

Gabriele de Leouze fille de Gabriel Ier. fut mariée à M. Jean-Joseph Boyery de Bonnieux.

VII. Gabriel d'Alix de Leouze II. du nom, Ecuyer, Conseiller du Roi & Maire de Lauris, fils de Jean II. & de la Dame de Jouvet, contracta mariage avec la Demoiselle Marie-Josephe de Juliany le 29 Juillet 1688, (Notaire Bremond,) & n'eut de ce mariage qu'un fils nommé Jean ; dès-lors cette Famille vint habiter à Lagnes, Bourg du Comtat.

Jean-François fils puîné de Jean II. servit long-tems Garde du Corps du Roi dans la Compagnie de M. le Maréchal de Luxembourg, fut marié à Demoiselle Louise de Monier le 28 Mars 1687, (Notaire Olivier,) & mourut sans postérité ; Joseph & Dominique ses freres moururent jeunes, Alix & Jacques prirent le parti des armes.

Alexis d'Alix de Leouze, Ecuyer, Sieur de Valoris, fut Lieutenant au Régiment de Montrou, quitta le Service & alla à Rome où il eut commission du Pape Clément XI. de lever une Compagnie nouvelle dans le Régiment de Landini, en date du 9 Novembre 1708 ; repassa ensuite en France, où il servit long-temps Capitaine au Régiment de Nice, par commission donnée à Paris le 28 Janvier 1720 ; mourut fort âgé, quoique très-incommodé des blessures qu'il avoit reçues en plusieurs occasions.

DE LA NOBLESSE DE PROVENCE. 343

Jacques d'Alix de Leouze, Ecuyer, Sieur de Monblan, fut auſſi Lieutenant au Régiment de Montrou, & enſuite Capitaine au Régiment de Nice, par commiſſion donnée à Mandon le 15 Juillet 1723, fut bleſſé pluſieurs fois, obtint la Croix de St. Louis & le Commandement des Compagnies détachées de l'Hôtel Royal des Invalides au Château de Sedan, où il contracta mariage avec Demoiſelle Marie-Catherine de Bogran, fille de noble François de Bogran, Major de cette Place, le 20 Décembre 1732, paſſa de là à Aigues-mortes où il mourut ſans poſtérité.

Françoiſe leur ſœur fut mariée dans la maiſon des Mrs. Avon de Collongue.

VIII. Jean d'Alix de Leouze, Chevalier, fils de Gabriel & de la Dame de Julianis, avoit ſuivi ſon oncle au Service d'Italie; il contracta mariage le 24 Février 1711, (Notaire Volonne,) avec noble Dlle. Catherine de Fauque de Joncquieres, fille de noble Alexandre & de Dame Thereſe de Monier; il vint de ce mariage pluſieurs enfants, Gabriel-Barthelemi, Jean-Alexis, Marie-Thereſe, Jeanne-Marie, & autres morts fort jeunes.

IX. Gabriel-Barthelemi de Leouze, fils aîné de Jean III. ſervit Lieutenant au Régiment de Touraine, par Lettres du 7 Février données à Verſailles l'année 1730. & fut marié le 13 Septembre 1743, (Notaire Normand,) à noble & illuſtre Demoiſelle Louiſe de Garcin, fille de noble & illuſtre Seigneur Joſeph-Antoine & de noble Dame Anne de Fayard de la ville de l'Iſle; il eſt né de ce mariage Jean-Gabriel-Benoit, Jean-Baptiſte, & autres morts fort jeunes.

Jean-Alexis, fils puîné de Jean III. & de la Dame de Joncquieres, ſe fit d'Egliſe & eſt à préſent Aumônier de Monſeigneur le Comte d'Artois pour ſa Compagnie générale des Gardes Suiſſes, & Prieur de Goupillers; ſa ſœur Marie-Thereſe eſt depuis long-temps Religieuſe aux Dames de la Viſitation Ste. Marie d'Apt; & Dame Jeanne-Marie est mariée à Messire Barthelemi de Pezenas du Pluvinal des Savins.

X. Noble Jean-Gabriel-Benoît d'Alix de Leouze, Chévalier, fils de noble Gabriel-Barthelemi & de Dame Louise de Garcin, après avoir servi plusieurs années Lieutenant au Régiment de Navarre, contracta mariage le 31. Janvier 1779, (Notaire Me. Louis Silvestre,) avec noble Demoiselle Marie-Delphine d'Antoine, fille de noble Esprit-Joseph, Gendarme de la Garde ordinaire du Roi & de Dame Delphine Roque ; il est né de ce mariage plusieurs enfants, dont un garçon & trois filles vivent fort jeunes au Bourg de Lagnes dans le Comtat Venaissin,

XI. où cette Famille habite depuis 1688. le garçon est né le 2 Février 1785. ondoyé & pas encore admis aux Cérémonies, auxquelles il sera nommé Gabriel-Alexis.

La fille aînée le 16 Mars 1781. elle est nommée Marie-Anne-Louise-Gabrielle-Delphine.

La cadette est née le 6 Juillet 1782. elle a pour noms Marie-Therese-Françoise-Sylvie d'Alix.

La troisieme le 15 Novembre 1783. ondoyée & sera nommée Laurette.

Noble Jean-Baptiste Alix de Leouze, frere puîné de Jean-Gabriel-Benoît plus connu sous le nom de Sieur de St. Jean, habite à l'Isle depuis quelques années.

Cette Famille porte d'argent, à un chêne arraché de sinople.

FIN.

SUITE DES ADDITIONS.

Nous avons déja fait mention de la Famille suivante dans ce Supplément, page 176, en copiant mot à mot ce qui se trouvoit dans la premiere Édition; mais y ayant découvert des erreurs & des omissions considérables, nous ne croyons mieux les réparer & y obvier, qu'en redonnant ici la Généalogie entiere de cette Maison, telle qu'elle est imprimée dans le Dictionnaire de la Noblesse de France, par M. DE LA CHENAYE-DESBOIS, tome 7. pages 110 & suiv.

GASQUET.

FAMILLE noble & très-ancienne, qui tenoit un rang distingué à Marseille, lorsque cette Ville Anséatique se gouvernoit elle-même sous un Podestat.

I. Bertrand de Gasquet, I. du nom, fut un des nobles & plus illustres Citoyens que Marseille envoya, en 1262, vers le Roi Charles I, Comte de Provence, pour traiter de la paix. Les Historiens de Provence & ceux de Marseille, ont fait mention de cette députation solemnelle. *César Nostradamus*, dans son Histoire de Provence, donne à ces Députés les qualités de *Nobles* & d'*Ambassadeurs*; & *Ruffi*, dans son Histoire de Marseille, les qualifie de *Gentilshommes*. (*a*) Il eut pour fils,

II. Jacques de Gasquet. On ignore si ce fut lui, ou Bertrand II, son fils, qui quitta Marseille pour venir s'établir à Tourves. L'Abbé *Marcheti*, dans son Discours à Louis XIV, imprimé à Marseille chez *Brebion* en 1670, place (*page 61*) la Famille de Gasquet parmi les anciennes Familles nobles de Marseille, qui n'y subsistoient plus alors, depuis environ 300 ans. En effet ce fut à cette époque, que plusieurs Familles se retirerent de cette Ville, à l'occasion de la guerre civile des Gibelins & des Guelphes qui la divisoient, comme le remarque *Ruffi*, dans son Histoire de Marseille, *page 168*.

III. Bertrand de Gasquet, II. du nom, est compris dans un ancien Cartulaire des délibérations de la Vallée de Tourves, Seisson & Gueilet,

---

(*a*) On lit dans l'Acte de cette députation, conservé dans les Archives du Roi, Chapitre de paix, & dans celles de la Ville de Marseille: *Constituerunt tractatores pacis cum Domino Comite Provinciæ, nobiles viros Guillelmum de Lauris, Hugonem Vivandi, Guillelmum de Monteolio, Bertrandum Gasqueti,* &c. *quibus dederunt liberam & plenam potestatem pacem faciendi & reformandi,* &c. an. 1262.

au nombre des Officiers de Police en l'an 1390. Son nom est suivi d'une M majuscule, qui est l'Abréviation de *Miles*, Chevalier. Il avoit épousé, vers 1350, *Béatrix de Montos*, dont il eut : — 1 Bertrand, qui suit ; — 2 & Guillaume, auteur d'une branche qui prit le titre de Seigneur de Carros & de Valettes, rapportée ci-après.

IV. Bertrand de Gasquet, III. du nom, est nommé, en 1391, le premier des dix Conseillers-Gouverneurs des trois Communautés de la Vallée de Tourves, par lesquelles elles étoient alors régies. Il devoit y en avoir deux nobles de race, selon l'Acte des privilèges accordés à cette vallée, en 1350, par la Reine Jeanne, confirmés par le Comte *Raimond de Baux*, en 1354, conservés dans les Archives du Roi, Registre *Pelican*, *fol.* 391. Il avoit épousé, vers l'an 1387, *Madelene d'Angline*, suivant un Acte de nomination de Tuteurs & Curateurs fait en faveur de son fils aîné, du 21 Juin 1409. Il eut pour enfans : — 1. Pierre, qui suit ; — 2. & Villote de Gasquet.

V. Pierre de Gasquet, I. du nom, fut, par une distinction remarquable, seul présent, avec *Giraudon de Nogaret*, à l'Acte de confirmation des privilèges renouvellés par *Louis d'Arcussia*, en 1427. Il testa, en 1431, devant *Rodolphe de Subtusnemore*, Notaire à Tourves, fit quelques legs à *Huguette de Morel*, son épouse, institua pour ses héritiers Guillaume II, & Bertrand de Gasquet, IV. du nom, fils dudit Guillaume, & il mourut sans postérité. Ladite *Huguette de Morel* fit son testament le 24 Décembre 1449 (*Mathieu Pageti*, Notaire,) en présence de *Louis d'Arcussia*, Seigneur de Tourves, son exécuteur testamentaire, par lequel elle fit son héritière *Alayette de Morel*, sa sœur, épouse dudit Guillaume de Gasquet, II. du nom.

Branche qui prit dans la suite le titre de Seigneur de Carros & de Valettes, & qui résida à Saint-Maximin.

IV. Guillaume de Gasquet, I. du nom, second fils de Bertrand II, & de *Béatrix de Montos*, est mentionné, avec son frere Bertrand III, avec la qualité de Noble, dans deux actes du Conseil des années 1395 & 1397. Il avoit épousé N..... *Monerii de Seilhon*, & en eut : — 1. Guillaume qui suit ; — 2. & Suanette de Gasquet.

V. Guillaume de Gasquet, II. du nom, fut mis, comme Noble, au nombre des dix Conseillers-Gouverneurs dans le Conseil général du 31 Mai 1450. Il eut d'*Alayette de Morel*, son épouse.

VI. Bertrand de Gasquet, IV. du nom, est mentionné plus de trente fois, en qualité de Noble, dans le Cartulaire des délibérations du Conseil, aux années 1459 & 1460, *Nobilis Bertrandus Gasqueti*. De son mariage, contracté au mois de Mai 1440, avec *Antoinette de Pinto*, fille de *Mathieu*, Viguier de la Baronie, naquirent : — 1. Antoine, qui suit ; — 2. & Guillaume, III. du nom, auteur de la branche des Marquis de Clermont, établie à Figeac, rapportée ci-après.

DE LA NOBLESSE DE PROVENCE.

VII. Antoine de Gasquet, I. du nom, épousa 1°. *Françoise de Catelan*, & 2°. *Catherine d'Albert*. Du premier lit il eut :

VIII. Pierre de Gasquet, II. du nom, qui est souscrit *Nobilis Petrus Gasqueti*, dans un Conseil général de la Vallée de Tourves, du 30 Mars 1482, suivant un acte du 21 Décembre 1521, où ses enfans sont mentionnés. Il eut : — 1. Jean, qui suit ; — 2. Antoine ; 3. Etienne, qui prit le parti des armes ; — 4. Bertrand, lequel se distingua dans les guerres d'Italie sous François I, & fut du nombre des Gentilshommes de Provence qui, en 1536 & 1542, eurent commission de lever une bande ou compagnie d'Infanterie d'environ 200 hommes, pour en former ou compléter la légion de Provence, dont *Etienne de Cormis* étoit Colonel, & aller renforcer l'armée du Duc d'*Enghien*. Il est connu dans l'Histoire sous le nom de *Capitaine* Gasquet, de même que plusieurs autres Gentilshommes Provençaux. On n'arrivoit alors au grade de Capitaine dans une légion, qu'après de longs services, & on ne l'accordoit qu'à la Noblesse, conformément à l'Ordonnance de François I, de l'an 1534, rapportée par *Fontanon*. *Martin du Bellay* raconte dans ses Mémoires, *page* 490, qu'on tira de différentes compagnies d'Infanterie, tant Françoises qu'Italiennes, 7 ou 800 Arquebusiers, qui furent mis à la tête de l'armée pour servir d'enfans-perdus, sous les ordres de *Montluc*, & des Capitaines *Hevart* & Gasquet, *comme plus dispos & de meilleur entendement*. Le Maréchal de *Montluc*, dans ses Commentaires, *Tome I, fol.* 837, fait aussi une mention honorable du Capitaine Gasquet, & de quelques autres de même grade, qu'il place, *Titre* 2, *p.* 229, parmi les braves Gentilshommes qui avoient vaillamment combattu dans la bataille de Cerisoles, donnée le 11 Avril 1544 ; — 5. Guillaume, lequel prit aussi le parti des armes. Il avoit épousé *Sibillone de Guerin*, dont Marguerite de Gasquet, alliée, en 1567, à noble *Balthasard Amalric*, Ecuyer, du lieu de Signe, qualifié noble & *Ecuyer* dans le contrat de mariage de sa fille, reçu par *Honorat Barthelemi*, Notaire Royal à Tourves, ainsi que dans plusieurs autres actes ; — 6. & Huguette, mentionnée dans un acte du 2 Mai 1540, (*Boniface*, Notaire à Tourves,) & mariée à *Honorat d'Espinassy*, d'une famille noble du lieu de Signe en Provence, où sa postérité subsiste encore.

IX. Jean de Gasquet épousa 1°. *Marguerite Grasse* ou *de Grasse*, dont une fille, nommée Marie, & eut de sa seconde femme

X. Antoine de Gasquet, II. du nom, qui fut marié, par contrat du 6 Novembre 1566, avec *Cathérine de Baux*, dont

XI. Honoré de Gasquet, qui prit le parti de la Robe. Il est qualifié *Egregius Dominus* dans ses lettres de Doctorat du 7 Septembre 1616, & fut pourvu, en 1620, des Offices de Lieutenant-Civil & Criminel en la Judicature & Viguerie d'Arles. Sa réputation porta la Cour souveraine des Monnoies de Paris à lui donner commission, par Arrêt du 22 Juin 1644, à corriger les abus qui se commettoient en Provence touchant les Monnoies. Louis XIV, par ses Lettres du 8 Avril 1647, le nomma son Commissaire pour faire des visites & connoître, dans toute la Provence, des malversations touchant les Monnoies, Manufactures d'or & d'argent, & l'Orfevrerie. En 1648 & 1649, lui & ses deux fils donnerent de nouvelles preuves de leur zele pour le service du Roi, pendant les troubles arrivés en Provence ; ce qui est justifié par le témoignage du Duc d'*Angoulême*, Gouverneur de Provence, du premier Décembre 1650, où il déclare encore *qu'ils se sont aidés à conserver la ville de Saint-Maximin dans la fidélité du service du Roi, de même qu'à repousser courageusement les troupes envoyées pour la surprendre, ayant fait plusieurs voyages vers lui, & servi de leurs personnes à l'armée de Sa Majesté.* Ledit Honoré & ses deux fils avoient servi dans le Régiment d'Angoulême, tant en qualité de Capitaine que de Lieutenant, comme il appert par un certificat des Consuls de St. Maximin en 1655, signé des Notables dudit lieu. Il avoit été aussi pourvu, par Lettres du 15 Décembre 1648, de l'office d'Avocat - Général au Parlement de Provence, pour y servir au semestre de Janvier. Ce semestre ayant été ensuite supprimé, non-seulement il continua de jouir du droit de *Committimus*; mais le Roi, par Lettres du 20 Décembre 1655, le pourvut de l'office héréditaire de Conseiller & Commissaire pour faire les Enquêtes & contre - Enquêtes, office qui, suivant l'Edit de création du mois de Décembre 1638, donne le même pouvoir, autorité, droits, honneurs & émolumens, dont jouissent les Maîtres des Requêtes ordinaires de la Maison du Roi, & les Conseillers du Grand-Conseil ou des autres Cours Souveraines. Il fut marié, par contrat du 7 Septembre 1626, avec *Marquise de Saint-Jacques*, fille de *Joseph*, Ecuyer, & de *Marguerite de Dominici*, des Seigneurs de Guillaume, dont la mere étoit *Madelene de Vintimille - Seisson*, des Comtes de Marseille. De ce mariage naquirent : — 1. Antoine, qui suit ; — 2. Pierre, auteur d'une branche établie à Lorgues, rapportée ci-après ; — 3. & Anne, alliée à noble *Claude Martin*, Ecuyer, & fondatrice d'une association du Saint-Rosaire, à Saint-Maximin.

XII. Antoine de Gasquet, III. du nom, est qualifié *Clarissimus & Consultissimus*, dans ses lettres de Doctorat du 1 Avril 1648. Il fut successivement pourvu, en 1655, de la charge de Conseiller du Roi, Commissaire - Enquêteur - Général sur les évocations des procès civils & criminels pendans aux Cours Souveraines du pays de Provence, & fut reçu par M. le Chancelier. Il exerça cet office jusqu'à sa mort arrivée à Paris en 1691. On trouve dans son inventaire, fait au mois de Mars de la même année (1691,) quatre anciens Drapeaux, des demi - piques & des arquebuses, &c. que l'on conserve dans la Famille. Il avoit épousé, par contrat du 26 Mai 1668, *Marie-Marguerite de Villeneuve*, fille unique & héritiere de noble *César de Villeneuve*, de la branche de Tourretes-lès-Vence, & de *Lucréce de Grasse*, des Seigneurs de Bar & de la Malle. Elle lui porta en dot la Seigneurie de Carros, du chef de son pere, & une grande partie de celle de Valettes, du chef de sa mere, qui étoit fille d'*Annibal de Grasse*, Comte du Bar, & de *Claire d'Alagonia*, des Seigneurs de

DE LA NOBLESSE DE PROVENCE.

Merargues. — Antoine de Gasquet, III. du nom, fit hommage au Roi, de la Terre & Seigneurie de Carros, & partie de celle de Valettes le 26 Mars 1686, comme il appert par un extrait authentique, tiré des regiſtres des hommages à la Chambre des Comptes de Provence, Nº. 25, fol. 50, ſigné *Majol*, Secrétaire Archivaire: le Roi lui fit don du droit de Lods, des Seigneuries de la Malle, & de Rougiés, en conſidération des ſervices rendus à l'État par ſa Famille. Il eut de ſon mariage : — 1. Louis qui ſuit ; — 2. & Lucréce, élevée à l'Abbaye royale de Saint-Cyr, mariée enſuite au Chevalier *Deidier*, Gentilhomme de Marſeille, dont elle n'a point eu d'enfans.

XIII. Louis de Gaſquet, Lieutenant d'une Compagnie franche, commandée par M. *de Chaſteuil*, fut inſtitué héritier univerſel par le teſtament de *Marie-Marguerite de Villeneuve*, ſa mere, du 22 Mai 1717, à la charge & condition que lui & ſes deſcendans porteront le nom & les armes de la Maiſon, dont ſa branche venoit de s'éteindre. Il prêta hommage au Roi en la Cour des Comptes le 4 Mai 1691, pour les Seigneuries de Carros & de Valettes, & reçut deux lettres de convocation, en 1747, des Syndics de la Nobleſſe de Provence, pour la levée d'un Régiment, lors de l'invaſion de l'Armée Autrichienne en Provence. Il eut de ſon mariage, contracté le 30 Avril 1698, avec *Madelene Dille*, fille de *Jean-Baptiſte*, Ecuyer, & de *Françoiſe Plaſſe* : — 1. Joſeph-Paul (*a*) de Villeneuve-Gaſquet, qui ſuit ; — 2. Pierre, Sieur de Carros, Chevalier de Saint-Louis, Capitaine de Cavalerie, mort à l'Hôtel Royal des Invalides en 1766, ayant été eſtropié au ſervice du Roi ; — 3. Gabriel, dit *le Chevalier de Carros*, qui a ſervi avec honneur & diſtinction pendant deux ans, en qualité de *Cadet*, dans le Régiment de Puyſieux, dont un certificat, ſigné des Lieutenant-Colonel, Major, & de tous les Capitaines préſens. Il eſt ancien Capitaine de Cavalerie, Chevalier de Saint-Louis, Aide-Major du Fort Saint-Jean de Marſeille, par brevet du mois de Novembre 1758, & Commandant par brevet du 31 Août 1759 ; reçu à l'Académie des Belles-Lettres, Sciences & Arts de la ville de Marſeille le 26 Février 1766 ; & pourvu du Gouvernement de la ville d'Auriol en 1767. Il a épouſé à Troyes en Champagne, par contrat du 21 Juillet 1758, *Louiſe-Jeanne-Alexandrine du Bourg*, fille d'*Edme-Charles du Bourg*, Seigneur d'Argilliers, Reſſon, Frecus, la Saulſote, &c. (des deſcendans d'*Antoine du Bourg*, Chancelier de France,) & de *Barbe de Blois de la Calande*, Dame de la Saulſote en Brie. (*b*)

XIV. Joſeph-Paul de Villeneuve-Gaſquet, Chevalier de Saint-Louis, ancien Capitaine de Cavalerie, prêta hommage au Roi en la Cour des Comptes au mois de Mai 1764, de la Seigneurie de Valettes, &

(*a*) Les trois freres obtinrent une penſion ſur la Caſſette du Roi en 1748, la commiſſion de Capitaine de Cavalerie, tous les trois le même jour en 1752, & la Croix de Saint-Louis en 1754, auſſi tous trois le même jour.

(*b*) La ſœur de Louiſe-Jeanne-Alexandrine du Bourg, a épouſé François-Philibert Comte de Renti, de l'illuſtre Maiſon de ce nom en Artois.

épousa, en 1765, *Catherine de Fournier*, fille de noble *Etienne*, ancien Secrétaire du Roi, & de *Thérèse de Thoron*, des Conseillers en la Cour des Comptes. De ce mariage il a — 1. Louis-Joseph Bruno, né le 12 Avril 1771 ; — 2. Félix-Bertrand, né le 18 Mai 1773 ; — 3. & Therese-Catherine-Claire-Gabrielle-Desirée, née le 30 Avril 1769.

Branche établie à Lorgues.

XII. Pierre de Gasquet, second fils d'Honoré, & de *Marquise de Saint-Jacques*, d'abord Enseigne dans le Régiment d'Angoulême, & ensuite Capitaine, servit sous les ordres du Duc de Valois, Comte d'Alès, pendant les troubles arrivés en Provence ; fut pourvu de l'office de Viguier & Capitaine pour le Roi, de la ville de Lorgues, par lettres de l'an 1653 ; & obtint de Sa Majesté des lettres d'évocation générale, tant pour lui que pour ses enfans, de tous leurs procès mus & à mouvoir. Le Duc de Vendôme, qui connoissoit son zéle pour le service du Roi, lui donna la commission d'assembler, conduire & commander la Milice par lui ordonnée de la ville & Viguerie de Lorgues, au sujet de la détention du premier Président du Parlement d'Aix ; & d'aller ensuite avec le Chevalier *de Mirabeau*, conformément aux ordres de Sa Majesté, s'assurer de la personne de quelques rebelles. Le Duc de Vendôme atteste dans son certificat du 31 Mars 1659, *que le tout fut exécuté avec beaucoup de chaleur & de diligence de la part dudit* Gasquet, *dont le zéle & la fidélité, au service de Sa Majesté, avoit aussi apparu en beaucoup d'autres rencontres.* Il épousa, par contrat du 1 Juillet 1662, *Charlotte de Daumas*, ou *Dalmas*, fille de feu *Honoré*, Ecuyer du lieu de Cannes, & belle-sœur de *Nesmond*, Chevalier de Bussi, Major des Isles de Sainte-Marguerite ; dont quatre fils & trois filles, mentionnés dans le testament de leur mere, du 10 Juillet 1703, savoir : — 1. Jacques-Honoré, qui suit ; — 2. Antoine, Prêtre & Docteur en Théologie ; — 3. Pierre, Religieux, Prêtre de l'Ordre de Saint-Dominique, mort Missionnaire apostolique à la Guadeloupe ; — 4. Jean-Joseph, Aide-Major & Capitaine dans le Régiment d'Auxerrois, tué à la bataille d'Hochstet ; — 5. 6 & 7, Marquise, Louise & Françoise, toutes trois mortes Religieuses à Lorgues.

XIII. Jacques-Honoré de Gasquet, pourvu de l'office de Conseiller du Roi, Lieutenant & Assesseur civil & criminel au Siége Royal de Lorgues, par lettres du 20 Novembre 1691, épousa, par contrat du 12 Fevrier 1703, (*a*) *Claire de Giraudi*, fille de noble *Pierre de Giraudi*, Seigneur de Piosin & de Montauban, & d'*Anne de Bosquet*. De cette alliance nâquirent quinze enfans, dont quatre sont morts jeunes. Les autres sont : — Pierre, Bachelier, Prêtre & Chanoine-Capiscol à Draguignan ; — 2. An-

---

(*a*) Claire de Giraudi de Piosin étoit sœur du fameux Chevalier de Piosin qui avoit commandé la Marine à Toulon, & renommé par un Combat naval qu'il donna contre les Anglois.

DE LA NOBLESSE DE PROVENCE.

toine-Dominique, Religieux Capucin, Controversiste apostolique contre les Juifs d'Avignon, à ce député par le Pape Benoît XIV, auteur d'un ouvrage Polémique, intitulé l'*Usure démasquée* ; — 3. Charles-Theodore, Religieux Capucin, ancien Professeur de Théologie ; — 4. Joseph-Esprit, Prêtre, Docteur, Bénéficier & Curé du Chapitre de Barjols ; — 5. Joseph-Bruno, Religieux Dominicain ; — 6. Félix, mort Prêtre séculier ; — 7. François-Madelon, ancien Lieutenant d'Artillerie & Gouverneur de la ville de Barjols, par lettres du Roi Louis XV. de 1767 ; — 8. Jean-Bernard, d'abord Lieutenant dans le Régiment de Bourgogne, ensuite entré dans le service de la Marine, qui fit, en qualité d'Enseigne, plusieurs campagnes, dont sept de long cours ; s'est trouvé à différens combats contre les Anglois, servant sur les Vaisseaux du Roi, l'*Illustre*, l'*Héroïne*, le *Saint-Michel*, le *Héros*, le *Sceptre* & l'*Entreprenant*, donnant par-tout des preuves de sa valeur & de la capacité. Pendant le siége de Louisbourg, par les Anglois, en 1760, il commanda une chaloupe Carcassienne de son invention, portant deux canons de 18 sur son avant, deux de 14 sur chaque côté, & il protégea toutes les Chaloupes employées à faire de l'eau pour le Roi ; battit les retranchemens des ennemis, & garda pendant la nuit l'entrée du port : commandant la même Chaloupe, il se battit deux fois pendant six heures de suite contre deux frégates ennemies, dont l'une de 30 & l'autre de 36 canons. Enfin ayant été blessé à la tête, il fut fait prisonnier & relâché sur sa parole. Depuis la publication de la paix en 1763, il a été employé à d'autres commissions, & la distinction avec laquelle il les a remplies, lui a fait obtenir du Roi une gratification de 1800 livres. Il a été fait Lieutenant de Vaisseau au mois de Novembre 1765, & Capitaine de Vaisseau en 1779. & marié depuis à N. de Marliani d'une famille noble & ancienne, originaire de Milan, dont un garçon & une fille. — 9. Charlotte, Religieuse réformée de Sainte Claire, Abbesse des Capucines de Marseille ; — 10. & 11. Marie-Françoise & Claire, non mariées. Cette branche ne porte que les armes de Gasquet.

Branche des Marquis de CLERMONT, *établie à Figeac en Quercy.*

Guillaume de Gasquet, III. du nom, second fils de Bertrand IV, & VII. d'*Antoinette de Pinto*, fut pere de

Jean de Gasquet, I. du nom qui eut pour fils VIII.

Jean de Gasquet, II. du nom, lequel ayant pris le parti des armes, s'établit à Figeac en Quercy, & y épousa *Anne de Paramelle*, par contrat du 22 Août 1534, où il est qualifié *nobilis Joannes Gasqueti, filius nobilis Joannis Gasqueti*. De ce mariage vint IX.

Etienne de Gasquet, Seigneur de Cardailhaguet, qui s'allia, par X. contrat du 14 Avril 1580, avec *Marguerite de Henri*, fille de noble *Pierre de Henri*, Seigneur de Sarailhac, dont : — 1. Pierre, qui suit ; — 2. Jacques, Seigneur de Sainte-Colombe, &c., marié, par contrat du 10 Février 1623, à N.... *de Courros de Saint-Marfal*. Il fit une branche qui s'eft éteinte par le mariage de la derniere fille, dans la Maifon de *Marfillac*, où elle a porté fon bien.

XI. Pierre de Gafquet, Seigneur de Brats, époufa, le 10 Septembre 1624, *Jeanne de Caftelnau*, fille de *Jean-Jofeph*, Confeiller au Parlement de Bordeaux, dont : — 1. Thomas, qui fuit ; — 2. & Jofeph, Maréchal des Camps & Armées du Roi, Cordon rouge, Commandeur de l'Ordre Royal & Militaire de Saint-Louis.

XII. Thomas de Gafquet, époufa, par contrat du 24 Février 1658, *Jeanne Dubiot-de-Merignac*, fille de *Mathurin de Merignac*, Lieutenant-Général en la Sénéchauffée d'Aiguillon, dont : — 1. Jofeph, qui fuit ; — 2. Mathurin, auteur d'une branche établie à Aiguillon.

XIII. Jofeph de Gafquet, I. du nom, Marquis de Clermont, s'eft allié, par contrat du 3 Février 1719, avec *Marie de Lafferre-de-Belmont-Gondrin*. Il en a eu :

XIV. Jofeph de Gafquet, II. du nom, Marquis de Clermont, qui a époufé, par contrat paffé à Touloufe le 12 Août 1749, *Louife-Charlotte d'Ouvrier*, fille de *Jean-Baptifte*, Seigneur de Poffi, & *d'Elifabeth de Peiter*.

On peut confulter fur cette Famille les Hiftoriens de Provence & de Marfeille à l'an 1262 ; les Archives du Roi, *Chapitre de Paix*, & celles de la maifon commune de Marfeille, à la même année ; l'Abbé *Marcheti*, *p.* 61 ; les Mémoires de *Martin du Bellay*, *p.* 490 ; les Commentaires du Maréchal *de Montluc*, *T.* 1, *fol.* 837, &c. ; les anciens Cartulaires des élections & délibérations de la Communauté de Tourves, Seiffou & Gueilet, depuis 1390 jufqu'en 1482 ; les Archives de la ville d'Arles vers l'an 1633 ; les Regiftres du Grand-Confeil & du Confeil d'État, aux années 1654, 55, 62, 70 & 1671 ; les Regiftres des hommages & dénombremens aux années 1691, 1717, 1727, & 1764, à la Cour des Comptes, Aides & Finances de Provence. La même Généalogie fe trouve dans l'Armorial de Provence, *Tome III*, imprimé à Avignon en 1769, & dans le Supplément à cet Armorial.

Les armes de Gafquet font *de finople, au coq d'argent, béqueté d'or, crêté & barbillonné de gueules ; au chef d'azur, à un foleil d'or.*

La feconde branche y joint celles de Villeneuve : *écartelées au 2 & 3 de gueules, frêté de lances d'or, les claires-voyes garnies d'écuffons d'or, en cœur un écuffon d'azur, chargé d'une fleur de lys d'or.*

Cette Famille a été maintenue dans fon ancienne nobleffe par un Jugement de M. de la Tour, premier Préfident & Intendant de Provence, le 4 Août 1778, & par un fecond Jugement de M. Caze de la Bove, Intendant de Bretagne, le 8 Mai 1781.

Elle eft alliée aux Maifons de Sabran, de Vintimille, de Grimaldi, de Dubourg, de Renty, de Lombard, d'Arbaud de Porcheres, de Dominici. Cette derniere eft éteinte ; elle poffédoit les Seigneuries du Caftelet & de Guilleaume.

FIN.

www.ingramcontent.com/pod-product-compliance
Lightning Source LLC
Chambersburg PA
CBHW070850170426
43202CB00012B/2013